KB232550

河洛 歲運訣

하락 세운결

高明 周易 研究院

島飛山人 晩碩 徐廷起 編著

도서출판 청연

머리말

이 책은 하락이수를 근기로 해서 일생을 걸어가야 할 원명과 세운을 독자들이 각자 열람해 보도록 되어 있다.

그러면 하락이수란 무슨 학문인가?

주역은 상수학과 의리학으로 구분이 되는데 하락이수는

그 중에서 상수학으로써 근기로 삼은 것이다.

대개 기원 후 1000년 경 중국 송대에 진단(진희이) 선생이 엮어 놓은 책이다.

주역은 대별해서 의리학과 상수학으로써 분류하니 대개 상수학 중에 이러한 글귀를 인용해서 알아본다. 주역절중 강령 제 2를 보아 내려가노라면 이러한 글귀를 보게 된다.

(본문) 역지서(易之書) 본위복서이작고(本爲卜筮而作故),
기사필근어상수(其辭必根於象數)

(해설) 주역의 글은 근본이 복서를 위하여 지어진 고로,
그 말이 반드시 상수에 근원하느니라.

이상이 주역이 복서의 개념을 확실하게 나타내고 있는 대목이다.

그러면 왜 의리학파에서는 현재도 그러하려니와 옛날로부터 그렇게 완고하게 의리학을 고집하고 있는가?

그 근거를 확실하게 하기 위해서 문헌을 찾아 알아보자.

주역은 주역절중, 주역전의대전, 기타 몇 가지의 주역 책이 있는 바 그 중에서 주역전의대전 강령 제 3에 보면 정자는 의리학을 주장했고 주자는 상수학을 주장한 내용이 나타난다.

그 중에 그 내용을 읽어 내려가면 어째서 그들은 의리학을 주장하게 되었는가? 주역은 성인의 작품인 고로 복서(卜筮)라고 하면 성인에 대한 모독이 된다고 하여 의리학파들이 강력하게 의리학을 주장하며 현존하고 있는 것이다.

그러나 의리학으로서는 주역의 본체를 알아낼 수가 없기 때문에 진단(진희이) 선생께서는 상수학으로써 하락이수를 만들어 내게 된 것이다.

그러면 운명이란 무엇인가?
근기를 위해서 한문학의 입문편인 명심보감에 보면

子曰, 萬事分已定 浮生空自忙
공자께서 말씀하시기를 모든 일은 이미 분수가 정해져 있는데 모든 창생들은 부질없이 스스로 바쁘기만 하다.

또 하나의 예를 들면
癡聾瘖啞家豪富, 智慧聰明却受貧.
年月日時該載定, 算來由命不由人.
어리석고 귀가 먹고 눈이 멀고 벙어리라도 집은 호화롭고 부자요, 지혜있고 총명한 사람도 도리어 가난함을 받느니라.
(운명은) 연월일시가 모두 처음에 정해져 있으니 계산해 보면 운명에 말미암고 사람에 말미암지 않느니라.

본 책자는 앞서 말한 바와 같이 주역의 상수학을 바탕으로 한 하락이수를 근기로 삼은 것이다. 대체로 사람들의 욕망은 한도 끝도 없으므로 지나쳐서 망하고 불급(不及)해서 망하는 경우가 많다. 그러므로 이 책자를 통해서 자기의 운명을 기본으로 하여 지나치지도 말고 못 미치지도 말아야 된다는 것을 본 저자는 두 손 모아 아주 강조하는 바이다.

그런대 사람이 생년월일시로 자기 운명이 결정되는 바 이 수치를 잘못하면 좋은 운임에도 망하게 나타나고 그른 운임에도 좋게 나타나는 바이니 아주 각별히 주의해야 할 것이다.
특히 세간에는 운명을 알기 위한 여러 가지 운명학이 존재하고 있는데 대별해서 출생 시간을 계측하는 방법은 子丑寅卯辰巳午未申酉戌亥로서 2시간의 간격을 두게 되어 있는바 이미 모두 알고 있는 사실이지만 우리나라가 현재 사용하고 있는 시간은 국제협약에 의거하여 동경 135도 자오선을 기준으로 해서 산출된 시간이므로 과거의 계측하는 방법과는 차이가 있으니 이 점을 유의해야 할 것이다. 혹 자기의 생년월일시를 추출해서 자기의 운명을 보게 되는 바 만약에 적중되지 않고 차이가 있다면 그 출생시간의 개념을 중요시 해서 시간을 앞당겨서 보아야 할 것이다.

(예 : 未時라면 午時로)

또한 예를 들어

남녀가 혼인하여 가정을 이루고자 함에 우선 하는 것이 궁합을 관측하고 있는데 궁합의 논리는 오행학을 근기로 해서 납음오행, 도화살, 과숙살, 고란살, 육친 등을 관측해서 하는 바 이것만으로는 투명하게 알 수가 없으니 결혼 전에 궁합이 좋다고 해서 결혼을 하였는데 이혼하는 가정을 많이 보기도 한다. 이는 이러한 근기를 아무리 강조해 봐야 실체가 못되고 있으나 본 하락이수는 타고난 부부관계를 하나하나 세부적으로 지적을 하고 있으니 이것이 아주 중요한 내용이다.

또한 사업관계나 두뇌의 준수성을 다른 학문으로서 아무리 관측해야 알아낼 방법이 없다.

그러나 본 하락이수는 한 사람 마다 지적하고 있는 운명을 그대로 밟고 걸어갈 뿐이다.

하락 원명결이라고 해서 일생의 걸어가야 할 원명이 있고 또한 매년 바뀌어 돌아가는 세운이 있으니 이 세운은 해마다 돌아가는 신수인 고로 이를 참고한다면 풍운의 큰 뜻을 품고 국회의원에 출마한다든가 또한 고등고시를 목표로 해서 수년간의 각고의 세월을 보내게 되는데 이 세운에서 불운하게 되면 절대적임을 강조하니 잘 참고하면 도움이 될 것이다.

타 학문에 비교하지 말고 본 하락이수를 절대로 신봉한다면 유익한 점이 많이 발견될 것이다.

강호제현의 동참을 기대하면서...

저자 서 정 기

목　　차

1. 작괘상의 구성내역(입문편)

이 서책은 주역의 상수학인 하락이수와 대연수이진법(일명 토정수)으로서 추계하여 목적 년도의 괘를 얻어 1년간의 취길피흉을 목적으로 하는 신수결인 것입니다.

주역의 신비론에 대해서는 새삼 재론의 여지가 없겠습니다만 그러나 신비학이라고 하더라도 괘를 추출하여 활용하게 되는 공식 수치의 개념이 관건이 되는 것입니다. 수치의 개념에 따라 신출귀몰하게 놀라운 적중률을 나타내는가 하면 부실한 공식수를 도입할 경우 실상과는 거리가 먼 허탈감을 가져오게 되기도 하는 것입니다. 예를 들어 어부들의 터전격인 양질의 어망이 장장 수천척이 있다고 하더라도 이를 추수려 운용할 수 있는 벼리줄(그물의 아래, 위에 꾀어져 잇는 로프 줄)의 품격여하에 따라 어망의 실효는 달라질 수가 있는 것입니다.

부연 설명하면 아무리 신비의 학문이라고 하더라도 작괘 상에 도입하여 활용할 수 있는 수치의 공식에 따라 적중여부는 소양지판이 되는 것입니다. 필자는 일찍이 주역의 상수학을 전공해 온 서생으로서 다양한 수치의 공식을 도입하여 실상에 임해서 시험한 바가 있으나 어느 공식은 복잡한 과정을 거쳐서 괘를 얻게 되는 전문가 이외에는 도저히 괘를 얻어낼 수가 없이 되었는가 하면 또 어느 공식은 적중률이 미흡하야 만족할 만한 공식을 찾아내기에 급급하던 차에 이토정(李土亭) 선생께서 창출하신 바 있는 대연수이진법에 착안하여 실상에 시도해 본 결과 그의 차원 높은 적중률에 도취되어

1년간의 신수결에는 유일한 공식수임을 확신하고 이가 도출된 근기를 찾아내기에 착수하였던 것입니다. 서울 국립 도서관 고전 문헌 실에 수 삼차 탐색을 시도해 보았으나 획기적인 문헌을 발견하지 못해 고심에 빠져 전전긍긍하던 차에 문득 주역의 십전 중 설괘전에 대상지괘를 착상하기에 이르렀던 것입니다.

이 대상지괘에 곤은 대여라고 하였고 감은 월이라고 되어 있으며 리는 일이라 함을 옛 학창으로 돌아가서 상기하게 되었을 때에 서생으로서는 지상 최대의 소둑이라고나 할까? 환희에 차 가일층의 노력을 기울인 바 이는 주역의 독보적인 대우주의 철학수임을 확신하기에 이르렀던 것입니다.

그러면 이의 논리에 대하여 언급하면 이 태세수에서 얻어지는 괘는 내괘로서 이는 월과 일에 앞서 그 해의 기본이 되는 까닭이라고 하겠으며 다음에 월에서 얻어지는 괘는 외괘로서 이는 년 중에 월이 있는 까닭이라고 하겠다. 또한 일에서 얻어지는 수는 외괘의 동효로서 쓰이게 되니 이는 월에 일이 있기 때문인 것입니다.

이를 다시 한 부연 설명하면 년 속에 월이 있고 월 속에 일이 있으므로 곧 천리에 입각한 합리적인 작괘 방식이라고 하겠습니다.

이의 공식수를 써서 1년간에 얻어지는 괘는 원괘와 변괘를 합하여 모두 288효 임에 반하여 주역 전체의 384효에는 그 효수가 부족하여 적중률이 미흡한 면이 있지 않을까? 의구심이 들지 모르겠으나 하락이수에 세운봉지의 사의 중에는 유사한 어휘가 많이 발견됨으로 이는 얼마든 간에 당해자의 실상을 반영시킬 수가 있는 것입니다. 이는 철칙에 의한 작괘 방식이며 또한 오랜 세월에 많은 실상에서 검증된 바가 있으니 유감없이 확신함을 말해두고자 하는 바입니다.

2. 대연수이진법(大衍數移進法)에 대하여

대연수이진법이라 함은 공식된 선후천 수로서 주역의 괘를 얻는 방법을 일컫는 말이다.

그러면 전장에서 언급한 바 있는 대연수(토정수)이진법에 대하여 알아본다.

이 대연수(大衍數)의 작괘방식(作卦方式)에 대하여는 너무도 통속적(通俗的)으로 일반화(一般化)되어 있어 설명(說明)이 불요(不要)하게 생각 될지도 모르나 이는 그 심오(深奧)한 근기(根基)를 모르는데서 기인(起因)된 까닭이라 하겠으며 여기에서는 작괘(作卦)하는 방식(方式)보다 그 원천적(源泉的) 수치(數値:八六三)의 개념(概念)과 도출(導出)된 원리(原理)에 대하여 알아보기로 한다. 이 공식(公式)이 되는 태세공제수(太歲控除數)인 팔(八)과 월건(月建) 공제수(控除數)인 육(六)과 일진공제수(日辰控除數)인 삼(三)의 원천적(源泉的)으로 도출(導出)된 근기(根基)는 다음과 같다.주역(周易)의 십전중(十傳中) 설괘전(設卦傳)에 그 근원(根源)을 하고 있음을 볼 수가 있으니 그의 광팔괘지상(廣八卦之象)에 이러하게 서술(敍述)하고 있다. 곧 곤(坤:八)은 대여[大輿:큰 땅 곧 地球)로도 본다고 되어 있으며, 감(坎:六)은 위월(爲月:달이 됨)]로도 본다고 되어 있고 리(離:三)는 위일(爲日:날로도 됨)로도 본다고 되어 있음을 찾아 볼 수가 있으니 이를 부연 설명하면 다음과 같다.

가. 팔수(八數)

해당(當該) 연도(年度)의 태세수(太歲數)에 해당자(當該者)의 연령(年齡)을 가(加)한 다음 기본(基本)의 공식수(公式數)인 팔(八)로 공제(控除)한다. 이 원리(原理)는 앞의 문항(文項)에서 언급한 바 있는 대여(大輿:地球)는 정월일일(正月一日)로 시작하여 십이월(十二月) 그믐까지 태양(太陽)을 중심으로 크게 한 바퀴를 회전(回轉)하여 일년(一年)의 광음(光陰)을 지내게 되니 즉 대여(大輿:地球)는 곤괘(坤卦)에 속(屬)해 있으며 곧 곤(坤)은 하도상(河圖上)에 팔(八)의 수치(數值)와 함께하니 이 일년(一年)의 광음(光陰)이 지나가는 동시에 이 팔(八)의 수(數)와 함께 하였으므로 일년간(一年間) 광음(光陰)을 헤아리는 공식수(公式數)가 되며 팔(八)로 제(除)하는 원유(原由)로써 쓰이게 되며 이의 잔여수(殘餘數)로써 목적(目的)하는 세운(歲運)의 신수결(身數訣)에 내괘(內卦)로 쓰이게 되는 것이다. 이 수(數)는 일년(一年)의 미완성(未完成)된 수치(數值)로써 미지(未知)의 전도(前途)를 계측(計測)하려는 데 쓰이게 되는 것이다.

나. 육수(六數)

당해자(當該者)의 출생(出生)된 월건수(月建數)와 생월(生月)의 대소(大小)를 보아 수(數)를 정(定)하게 되는 바 대월(大月)인 즉 영수(零數)와 소월(小月)인 즉 오수(五數:이는 小月의 29일에서 공식수 6×4=24를 제외하면 잔여수 5가 됨)를 합(合)한 다음 기본(基本)의 공식수(公式數)인 육(六)으로 공제(控除)하는 원리(原理)는 또한 앞의 문항(文項)에서 언급(言及)한 바 있는 월(月)은 감괘(坎卦)에 속(屬)해 있으며 감(坎)은 곧 하도상(河圖上)에 육(六)의 수(數)와 함께 하였으므로 이가 공식수(公式數)가 되어 육(六)으로 제(除)하는 원유(原由)로 쓰이게 된 것이며 이의 잔여수(殘餘數)로써 그 목적(目的)하는 세운(歲運)의 신수결(身數訣)에 외괘(外卦)로 쓰이는 것이다.

이 수치(數值)는 한달에 미완성(未完成)된 수치(數值)이므로 이로써 주역(周易)에

괘(卦)를 얻어 미지(未知)의 전도(前途)를 계측(計測)하려는 데 쓰이게 되는 것이다.

다. 삼수(三數)

당해자(當該者)의 출생(出生)한 일진수(日辰數)와 출생(出生)된 일수(日數)를 합(合)한 다음 기본(基本)의 공식수(公式數)인 삼(三)으로써 공제(控除)함은 또한 앞의 문항(文項)에서 언급한 바 있는 일(日)은 리괘(離卦)에 속(屬)해 있으며 이(離)는 곧 하도상(河圖上)에 삼(三)의 수(數)와 함께 하였으므로, 이가 공식수(公式數)가 되며 삼(三)으로 제(除)하는 원유(原由)로 쓰이게 된 것이며 이의 잔여수(殘餘數)로써 그 목적(目的)하는 세운(歲運)의 신수결(身數訣)에 동효(動爻)로 쓰이는 것이다.

이 수치(數値)는 공식수(公式數)의 미완성(未完成)된 수치(數値)이므로 이로써 얻어진 괘(卦)에 동효(動爻)로써 미지(未知)에 전도(前途)를 계측(計測)하려는데 쓰이게 되는 것이다.

다음은 작괘상에 필수적인 수리에 대하여 알아본다.

天干	甲己	乙庚	丙辛	丁壬	戊癸	
月支	子午	丑未	寅申	卯酉	辰戌	巳亥
數	9	8	7	6	5	4

地支	土	金	水	木	火
年支	13	12	11	10	9
日支	11	10	9	8	7

태세수(태세수) : 공제 공식수는 8이 되도다.

甲子 20	丙子 18	戊子 16	庚子 19	壬子 17
乙丑 21	丁丑 19	己丑 22	辛丑 20	癸丑 18
丙寅 17	戊寅 15	庚寅 18	壬寅 16	甲寅 19
丁卯 16	己卯 19	辛卯 17	癸卯 15	乙卯 18
戊辰 18	庚辰 21	壬辰 19	甲辰 22	丙辰 20
己巳 18	辛巳 16	癸巳 14	乙巳 17	丁巳 15
庚午 17	壬午 15	甲午 18	丙午 16	戊午 14
辛未 20	癸未 18	乙未 21	丁未 19	己未 22
壬申 18	甲申 21	丙申 19	戊申 17	庚申 20
癸酉 17	乙酉 20	丁酉 18	己酉 21	辛酉 19
甲戌 20	丙戌 20	戊戌 18	庚戌 21	壬戌 19
乙亥 19	丁亥 17	己亥 20	辛亥 18	癸亥 16

월건수(월건수) : 공제 공식수는 6이 되도다.

甲子 18	丙子 16	戊子 14	庚子 17	壬子 15
乙丑 16	丁丑 14	己丑 17	辛丑 15	癸丑 13
丙寅 14	戊寅 12	庚寅 15	壬寅 13	甲寅 16
丁卯 12	己卯 15	辛卯 13	癸卯 11	乙卯 14
戊辰 10	庚辰 13	壬辰 11	甲辰 14	丙辰 12
己巳 13	辛巳 11	癸巳 9	乙巳 12	丁巳 10
庚午 17	壬午 15	甲午 18	丙午 16	戊午 14
辛未 15	癸未 13	乙未 16	丁未 14	己未 17
壬申 13	甲申 16	丙申 14	戊申 12	庚申 15
癸酉 11	乙酉 14	丁酉 12	己酉 15	辛酉 13
甲戌 14	丙戌 12	戊戌 10	庚戌 13	壬戌 11
乙亥 12	丁亥 10	己亥 13	辛亥 11	癸亥 9

일진수 : 공제 공식수는 3이 되도다.

甲子 18	丙子 16	戊子 14	庚子 17	壬子 15
乙丑 19	丁丑 17	己丑 20	辛丑 18	癸丑 16
丙寅 15	戊寅 13	庚寅 16	壬寅 14	甲寅 17
丁卯 14	己卯 17	辛卯 15	癸卯 13	乙卯 16
戊辰 16	庚辰 19	壬辰 17	甲辰 20	丙辰 18
己巳 16	辛巳 14	癸巳 12	乙巳 15	丁巳 13
庚午 15	壬午 13	甲午 16	丙午 14	戊午 12
辛未 18	癸未 16	乙未 19	丁未 17	己未 20
壬申 16	甲申 19	丙申 17	戊申 15	庚申 18
癸酉 15	乙酉 18	丁酉 16	己酉 19	辛酉 17
甲戌 20	丙戌 18	戊戌 16	庚戌 19	壬戌 17
乙亥 17	丁亥 15	己亥 18	辛亥 16	癸亥 14

3. 작괘상(作卦上)의 순서(順序)에 대하여

가. 년(年:太歲)에서 얻어진 소성괘(小成卦)는 내괘(內卦)로 구성(構成)되니 이는 년(年)이 월(月)과 일(日)에 대한 기초(基礎)가 되는 까닭이라 하겠다.

나. 월(月)에서 얻어진 소성괘(小成卦)는 외괘(外卦)로 구성(構成)되니 이는 년중(年中)에 월(月)이 있는 까닭이라 하겠다.

다. 일(日)에서 얻어진 동효(動爻)는 반드시 소성외괘(小成外卦)인 월괘(月卦)에 취(取)해 지니 이는 월중(月中)에 일(日)이 있는 까닭이라 하겠다.

라. 작괘후(作卦後) 판독(判讀)할 시에는 반드시 내외괘(內外卦)를 환괘(換卦)함이 필수적(必需的)임을 주지(周知)하기 바란다. 이의 논리는 작괘(作卦)할 시에는 년수괘(年數卦)가 기초(基礎)가 되므로 내괘(內卦)에 설시(設施)하며 년중(年中)에 월(月)이 있으므로 월수괘(月數卦)는 외괘(外卦)가 되고 이 월(月)중에

일(日)이 있으므로 일수(日數)인 동효(動爻)는 반드시 이 월괘(月卦)인 외괘(外卦)에 설시(設施)케 되어 다음의 예시(例示)와 같이 작괘(作卦)를 하게 되는 것이다.

例示

作卦할 時에 쓰는 式
1962年 陰曆 3月 25日 生의 1996年의 運勢 (당시 35세)

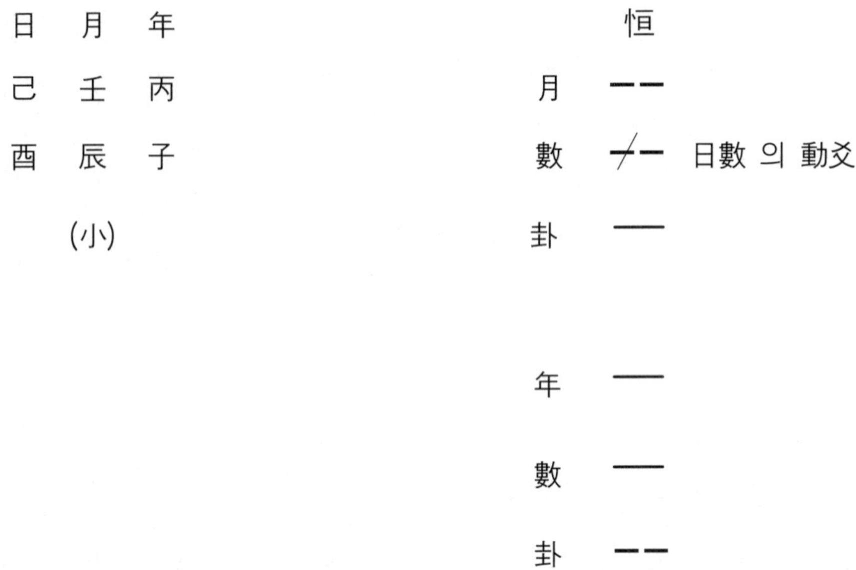

앞에서는 作卦하는 순서에 대하여 알아보았다. 다음에는 일단 작성된 괘를 판독함에 대하여 알아본다. 이는 필수적으로 換卦를 해야 하므로 그 논리를 설명하면 앞에서 설명한 年數가 기반이 되며 年中에 月이 있고 月中에 日이 있는 원리로 작성된 괘는 또한 이와 같은 換卦를 거쳐 판독해야 순서가 바로 서게 되는 것이다. 이와 같이 年부터 부르고 다음에 月을 부르며 다음의 日을 부르는 순서가 天理에 의한 것이다. 이와 같은 수순을 거쳐야 학리와 실상이 일치가 되는 것이다.

例示

판독(判讀)에 쓰이는 식

	上半期 運	下半期 運
	益	中孚
年	—	—
數	—	—
卦	- -	- -
月	- -	- -
數	- - 元堂	— 元堂
卦	—	—

4. 작괘상(作卦上)의 필수적(必需的)인 요식(要式)에 대하여

다음은 작괘상(作卦上)의 필수적(必需的)인 요식(要式)에 대하여 알아본다.

가. 납갑(納甲) : 하락이수(河洛理數) 작괘상(作卦上)의 납갑장(納甲章)에 수록(收錄)되어 있음.

나. 괘신(卦身):이는 하락이수(河洛理數) 작괘상(作卦上)의 괘신장(卦身章)에 수록(收錄)돼있음.

다. 신명(身命): 이는 다음의 표(表)와 같음

身			命		
子	丑	寅	卯	辰	巳
午	未	申	酉	戌	亥
를	를	을	를	을	를
持	持	持	持	持	持
世	世	世	世	世	世
에	에	에	에	에	에
는	는	는	는	는	는
身	身	身	身	身	身
은	은	은	은	은	은
初	二	三	四	五	上
爻	爻	爻	爻	爻	爻
에	에	에	에	에	에
命	命	命	命	命	命
은	은	은	은	은	은
四	五	上	初	二	三
爻	爻	爻	爻	爻	爻
에	에	에	에	에	에

5. 육 수(六 獸)

다음은 육수(六獸:六神)에 대하여 알아본다.

이 육수(六獸)라 함은 여섯 가지의 상징적(象徵的)인 짐승을 말함이니 이 다음의 논리와 같이 길신(吉神)과 흉살(凶殺)로 분류분석(分類分析)되는 것이다. 이의 설시(設施)는 일진천간(日辰天干)을 기준(基準)하여 초효(初爻)로부터 상진 기록하는 것이다.

甲乙 청룡(青龍)은 희경간(喜慶看): 이 청룡은 기쁘고 경사스러운 일로 본다.

庚辛 백호(白虎)는 흉상시(凶喪視): 이 백호는 흉하고 또한 상망으로 본다.

丙丁 주작(朱雀)은 응구설(應口舌): 이 주작은 구설지신으로 본다.

己 등사(騰蛇)는 다괴몽(多怪夢): 이 등사는 큰 괴몽으로 본다.

戊　구진(句陳)은 사전토(事田土): 이 구전은 전토의 일로 본다.
壬癸 현무(玄武)는 다암매(多暗昧): 이 현무는 많이 암매함으로 본다.

6. 십이운성(十二運星)

다음은 십이운성(十二運星)에 대하여 알아본다.
이 십이운성(十二運星)이라 함은 인생(人生)이 일대(一代)에 거처가야만 할 생장로병사(生長老病死)에 관한 십이종(十二種)의 논리를 부설(附設)하여 관측(觀測)하는 방법이니 이를 육효(六爻)에 붙여 길흉(吉凶)의 판단(判斷)에 쓰이는 것이다.

가. 십이운성(十二運星)의 분석론(分析論)

1). 생자(生者)는 발생지상(發生之象)이라: 이 생(生)이란 자(者)는 무슨 일이 발생(發生)함으로 보도다.
2). 욕자(浴者)는 음탕지상(淫蕩之象)이라: 이 욕(浴)이란 자(者)는 주로 음탕하고 일의 부진으로 보도다.
3). 대자(帶者)는 장식지상(裝飾之象)이라: 이 대(帶)란 자(者)는 주로 가식 또는 장식으로 보도다.
4). 관자(冠者)는 취록지상(取祿之象)이라: 이 관자(冠者)는 주로 록을 취함으로 보도다.
5). 왕자(旺者)는 강건지상(剛健之象)이라: 이 왕(旺)이란 자(者)는 주로 강하고 건전한 상으로 보도다.
6). 쇠자(衰者)는 전락지상(轉落之象)이라: 이 쇠(衰)란 자(者)는 주로 일이 전락하여 쇠하는 상으로 보도다.
7). 병자(病者)는 신음지상(呻吟之象)이라: 이 병(病)이란 자(者)는 신음하는 고통지상으로 보도다.
8). 사자(死者)는 종식지상(終息之象)이라: 이 사자(死者)는 무슨 일이 종식되는

상으로 보도다.

9). 묘자(墓者)는 수장지상(收藏之象)이라: 이 묘(墓)란 자(者)는 수장되어 감추는 상으로 보도다.

10). 절자(絶者)는 두절지상(杜絶之象)이라: 이 절(絶)이란 자(者)는 외부와의 두절, 종식의 상으로 보도다.

11). 태자(胎者)는 외곽불미지상(外廓不美之象)이라: 이 태(胎)란 자(者)는 외곽이 불미스러운 상으로 보도다.

12). 양자(養者)는 양육지상(養育之象)이라: 이 양(養)이란 자는 양육(養育)하는 상으로 보도다.

이상은 십이운성(十二運星)의 학리(學理)에 대하여 알아보았다.

나. 다음은 이 십이운성(十二運星)의 활용방법(活用方法)에 대하여 알아본다.

이는 일진(日辰)의 십이지(十二支)를 오행(五行)으로 분류(分類)하게 되니 금(金)에 대한 장생(長生)은 사궁(巳宮)에서 시작하여 좌회(左回)하여 시계방향(時計方向)으로 돌아가며 십이지(十二支)에 배열(配列)하게 되니 다음과 같다.

금(金)의 장생(長生)은 사(巳)에서 시작하여 욕(浴)은 오(午)에, 대(帶)는 미(未)에,
관(冠)은 신(申)에, 왕(旺)은 유(酉)에, 쇠(衰)는 술(戌)에, 병(病)은 해(亥)에,
사(死)는 자(子)에, 묘(墓)는 축(丑)에, 절(絶)은 인(寅)에, 태(胎)는 묘(卯)에,
양(養)은 진(辰)에 해당하도다.

목(木)의 장생(長生)은 해(亥)에서 시작하여 욕(浴)은 자(子)에, 대(帶)는 축(丑)에,
관(冠)은 인(寅)에, 왕(旺)은 묘(卯)에, 쇠(衰)는 진(辰)에, 병(病)은 사(巳)에,
사(死)는 오(午)에 묘(墓)는 미(未)에, 절(絶)은 신(申)에, 태(胎)는 유(酉)에,
양(養)은 술(戌)에 해당하도다.

화(火)의 장생(長生)은 인(寅)에서 시작하여 욕(浴)은 묘(卯)에, 대(帶)는 진(辰)에,

관(冠)은 사(巳)에, 왕(旺)은 오(午)에, 쇠(衰)는 미(未)에, 병(病)은 신(申)에, 사(死)는 유(酉)에, 묘(墓)는 술(戌)에, 절(絶)은 해(亥)에, 태(胎)는 자(子)에, 양(養)은 축(丑)에 해당하도다.

수토(水土)는 장생(長生)이 모두 신(申)에서 시작되며 욕(浴)은 유(酉)에, 대(帶)는 술(戌)에, 관(冠)은 해(亥)에, 왕(旺)은 자(子)에, 쇠(衰)는 축(丑)에, 병(病)은 인(寅)에,

사(死)는 묘(卯)에, 묘(墓)는 진(辰)에, 절(絶)은 사(巳)에, 태(胎)는 오(午)에, 양(養)은 미(未)에 해당하도다.

7. 육친론(六 親 論)

다음은 육친론(六親論)에 대하여 알아본다.

생 아 자부 모 부
生我者父母(父) 나를 낳은 者는 父母요

극 아 자 관 귀 관
剋我者官鬼(官) 나를 극하는 者는 관귀며

아 생 자 자 손 손
我生者子孫(孫) 내가 낳은 者는 자손이요

차 견 자 형 제 형
比肩者兄弟(兄) 나와 같은 者는 형제이며

아 극 자 처 재 재
我剋者妻財(才) 내가 극하는 者는 처와 재이다

8. 육갑공망(六甲空亡)

다음은 육갑공망(六甲空亡:一名 旬空)에 대하여 알아본다. 이는 일진(日辰)으로부터 공망(空亡) 여부를 살피게 된다.

六甲空亡

甲	甲	甲	甲	甲	甲
子	戌	甲	午	辰	寅
旬	旬	旬	旬	旬	旬
中	中	中	中	中	中
,	,	,	,	,	,
空	空	空	空	空	空
戌	申	午	辰	寅	子
亥	酉	未	巳	卯	丑

9. 지지육충(地支六沖)

다음은 지지(地支)의 육충(六沖)에 대하여 알아본다. 이 충(沖)이라 함은 두가지의 성질(性質)이 있으니 하나는 기신(忌神)에 상충(相沖)한 즉 길(吉)로 보며 길신(吉神)에 상충(相沖)한 즉 凶으로 추리(推理)케 되어 이는 일진(日辰)으로부터 상충(相沖) 여부를 살피게 된다.

地支六沖

子	丑	寅	卯	辰	巳
午	未	申	酉	戌	亥
相	相	相	相	相	相
沖	沖	沖	沖	沖	沖

10. 삼형(三刑)

다음은 삼형(三刑)에 대하여 알아본다. 이 삼형(三刑)이라 함은 형살(刑殺)의 종류(種類)를 일컬음이니 이는 일진(日辰)으로부터 살피게 된다.

三 刑

<table>
<tr><td rowspan="3">형刑
살殺</td><td>寅 丑
巳 戌
申 未</td><td>이는 三刑이라 하여 삼각(三角)의 刑을 이름이다</td></tr>
<tr><td>子
卯</td><td>이는 상형(相刑)이라 하여 서로 刑함을 뜻한다</td></tr>
<tr><td>辰
午
酉
亥</td><td>이는 자형(自刑)이라 하여 동종형(同種刑)을 말함이니 곧 辰은辰과 午는 午와 酉는 酉와 亥는亥를 만날 경우에만 刑의 作用을 나타낸다</td></tr>
</table>

11. 육해(六害)

다음은 육해에 대하여 알아본다. 이는 일진(日辰)으로부터 살펴보게 된다.

六害

<table>
<tr><td>子丑
害害
未午</td><td>寅卯
害害
巳辰</td><td>申酉
害害
亥戌</td></tr>
</table>

이상으로써 대연수이진법(大衍數移進法 : 土亭數)을 활용하여 본 하락이수(河洛理數)로써 세운(歲運)을 시도하기 위한 여러 도식(圖式)을 통하여 요식(要式)을 알아보았다.

12. 황금책 총단 천금부

그러면 황금책총단천금부(黃金策總斷千金賦) 중에서 필수적이고 중요한 문제만을 들어 작괘상(作卦上)의 길흉(吉凶)의 기준으로 시도(試圖)해 보기로 한다.

황금책총단천금부(黃金策總斷千金賦)를 응용하는 예(例)

이를 시행(施行)함에 있어서는 일진(日辰)이 중요하며 이 일진(日辰)이 주재(主宰)가 되는 것이다.

그럼 다음에 응용(應用)의 예(例)를 들어 한 문제씩 다루어 본다.

(本文) 동봉충이사산(動逢沖而事散)

(解) 동효(動爻)가 일충(日沖)을 만나면 하는 일이 흐트러지도다.

이 동봉충(動逢沖)은 다음의 두 가지가 있으니 그 하나는 순공(旬空)의 발동효(發動爻)에 봉충(逢沖)되면, 하는 일이 실(實)하게 되고, 다른 하나는 단순하게 발동(發動)한 효(爻)에 봉충(逢沖)하면, 일이 산탈(散脫)되니, 곧 이를 일컬음이다.

<例 示>

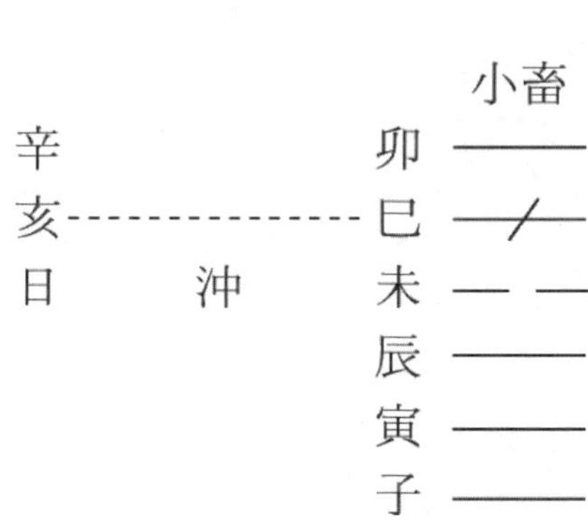

(本文) 자공화공(自空化空), 필성흉구(必成凶咎)

(解) 세효(世爻)가 동(動)하여 공망(空亡)되고, 변효(變爻)가 또한 공망(空亡)되면 반드시 흉구(凶咎)를 이루도다.

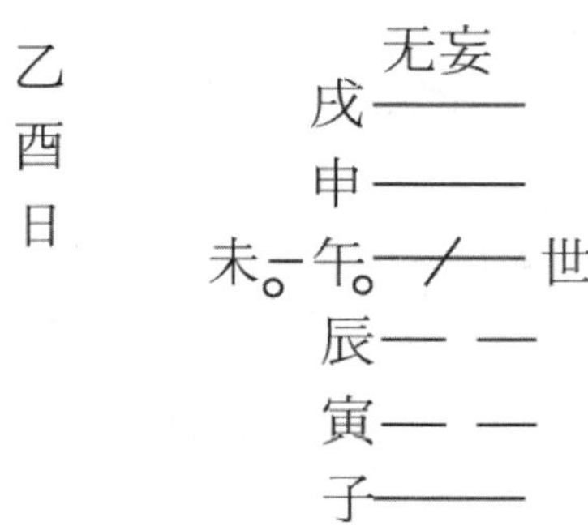

(本文) 관귀은복(官鬼隱伏), 목전유재(目前有災)

(解) 관귀(官鬼)가 은복(隱伏)되면 목전(目前)에 재앙이 있도다.

<例 示>

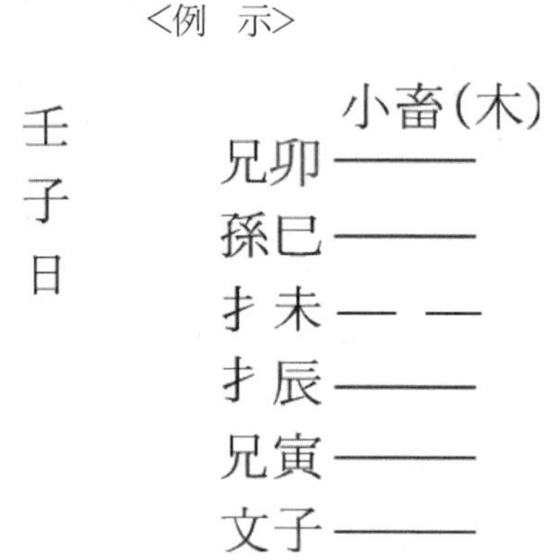

(本文) 수관입묘(隨官入墓)에는 점병(占病)에 봉지(逢之)면 십점구사(十占九死)하고 점신 (占身)에 우지(遇之)면 목하유재(目下有災)라.

(解) 귀(鬼)를 따라 묘(墓)에 들어가 병점(病占)에 이를 만나면, 열번의 점(占)에 구(九)명은 사망하고 신수점(身數占)에 이를 만나면 눈 앞에 재앙이 있도다.

(說明) 수관입묘(隨官入墓)는 삼종(三種)이 있으니 ① 신수귀입묘(身隨鬼入墓) ② 세수귀입묘(世隨鬼入墓) ③ 명수귀입묘(命隨鬼入墓) 등이 이것이니, 이를 하나 하나 열거해 보기로 한다.

우선 신수귀입묘(身隨鬼入墓)에 대해 다음과 같이 예시(例示)로써 알아본다.

<例 示> 신수귀입묘(身隨鬼入墓)

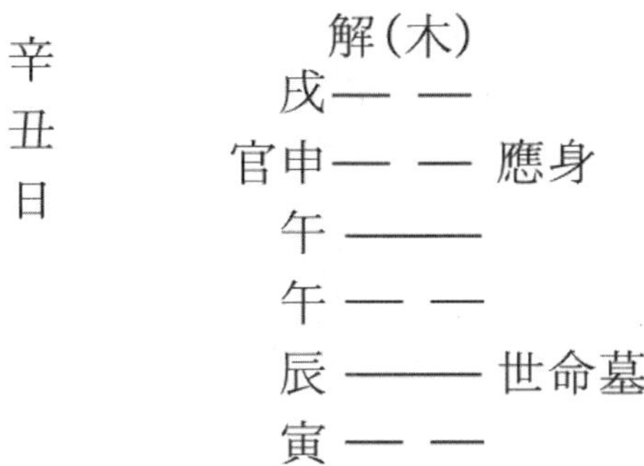

위의 예시(例示)를 보는 바와 같이 관귀(官鬼)는 신궁(身宮)에 있고 일진(日辰)과 세효(世爻)는 묘고(墓庫)를 이르니, 이것을 곧 신수귀입묘(身隨鬼入墓)라 칭하는 것이다.

다음은 세수귀입묘(世隨鬼入墓)에 대하여 예시(例示)를 통해 알아본다.

<例 示> 세수귀입묘(世隨鬼入墓)

己未日

大畜(土)
官寅 —— 命
子— — 応
戌— —
辰 —— 身墓
官寅 —— 世
子 ——

위의 예시(例示)를 보는 바와 같이 관귀(官鬼)는 세효(世爻)에 따랐으며, 일진(日辰)과 신궁(身宮)은 묘고(墓庫)를 이르니, 이것을 곧 세수귀입묘(世隨鬼入墓)라 칭하는 것이다.

다음은 명수귀입묘(命隨鬼入墓)에 대하여 예시(例示)를 통해 알아본다.

<例 示> 명수귀입묘(命隨鬼入墓)

復(土)
剋
○ ○ ○ — —
— —
寅 ○ 未 — — 応
年 月 日 墓 — —
— —
—— 世

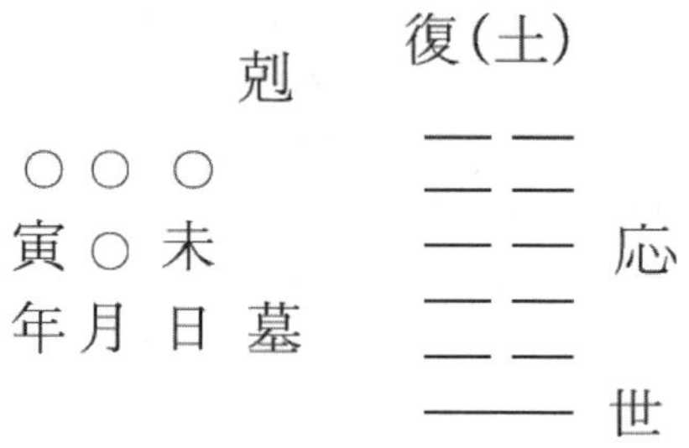

위의 예시(例示)를 보는 바와 같이 괘체(卦體)의 복토(復土)는 생년(生年)의 인목(寅木)이 관귀(官鬼)가 되며, 인목(寅木)으로부터 생일(生日)의 미토(未土)에는 묘고(墓庫)가 되니 이를 일컬어 명수귀입묘(命隨鬼入墓)라 칭하는 것이다.

(本文) 논관귀단작화앙(論官鬼斷作禍殃)

(解) 관귀(官鬼)는 논하여 화앙(禍殃)으로 단작하라.

여기에서 수반(隨伴)된 관귀(官鬼)는 두 종(種)이 있으니, 서(書)에 왈(曰) 비관즉재(非官則災)라 하니, 하나는 청운(靑雲)에 뜻을 두고 과시(科試)에 응(應)할 시(時)엔 길신(吉神)이 되며 신수(神數)나 점병(占病)에는 귀(鬼)로 보게 되어 흉살(凶殺)을 의미함이다.

다음은 논관귀(論官鬼)하여 단작화앙(斷作禍殃)을 예시(例示)를 통하여 알아본다.

<例 示> 蠱(木)

—

- -

- -

世 — 酉(官)

—

- -

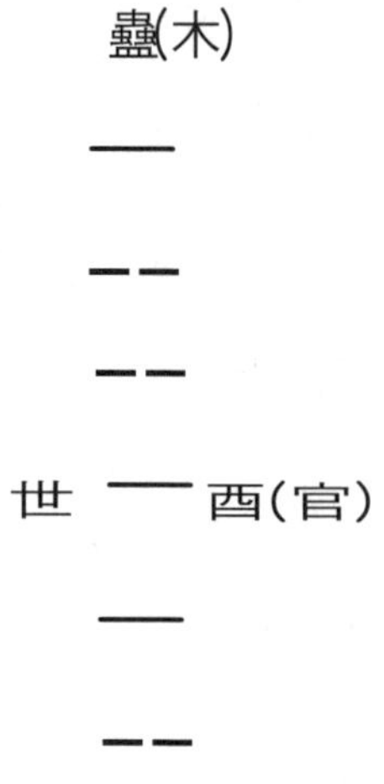

위의 예시(例示)는 관귀(官鬼)가 지세(持世)됨을 보여주니 이도 역시 관귀(官鬼)를 논(論)하여 단작하여야 하도다.

(本文) 관화위관(官化爲官), 유기재(有奇災):
(解) 관효(官爻)가 발동(發動)하여 관(官)으로 화(化)하면 괴상한 재앙이 있도다.

예시(例示)를 보는 바와 같이 신금(申金)의 동효(動爻)가 관귀효(官鬼爻)이며, 또한 변효(變爻)인 유금(酉金)도 또한 관효(官爻)임을 볼 수가 있다

<例 示>

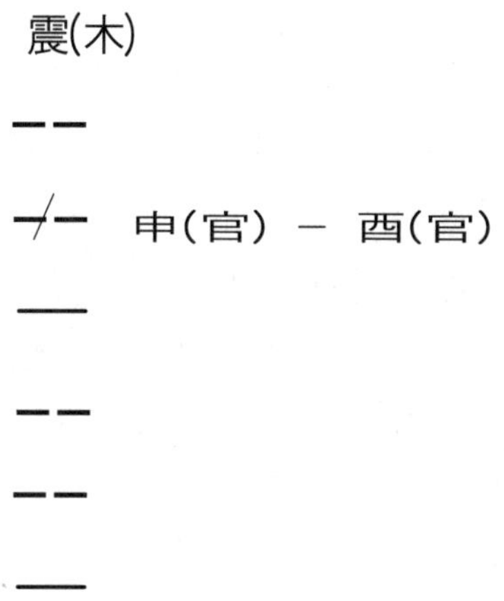

震(木)

‒ ‒
‒/‒ 申(官) – 酉(官)
——
‒ ‒
‒ ‒
——

<例 示>
(本文) 세효발동(世爻發動), 개작신실(改作信失):
(解) 세효(世爻)가 발동하면 신의(信義)를 잃는 것을 고쳐서 짓도다. 아래의 예시(例示)와 같이 세효가 발동하면 신실(信失)을 고친다는 뜻으로써, 이는 거주지(居住地)와 또한 생활(生活) 근거지(根據地)를 옮기어 이동(移動)하게 되도다.

<例 示>

升

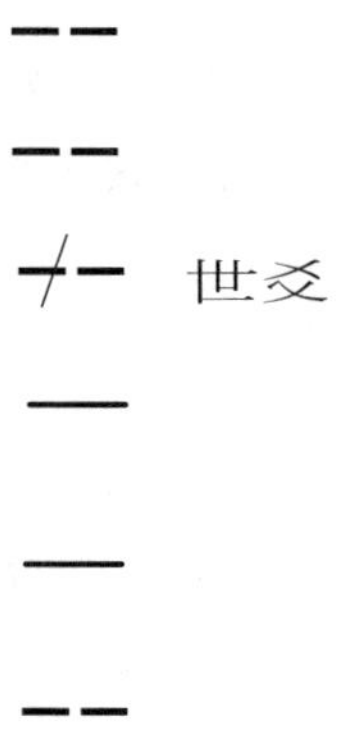

⚋

⚋

⚋̸ 世爻

⚊

⚊

⚋

(本文) 응효발동(應爻發動), 사탁어원반(似托於猿攀):

(解) 응효(應爻)가 발동(發動)하면, 마치 원숭이가 나무를 타는 것과 같이 두리번거리도다.

예시(例示)에서 보는 바와 같이 응효(應爻) 가 발동(發動)하면 원숭이가 나무를 타는 것과 같이 안정(安定)이 되지 않아, 이도 또한 거주지(居住地)를 이전(移轉)하거나 생활(生活)의 근거(根據)를 옮기게 되도다.

<例 示>

節

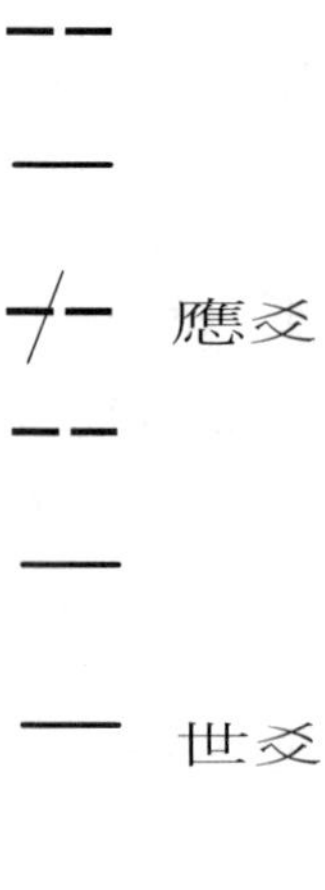

⚋

⚊

⚋̸ 應爻

⚋

⚊

⚊ 世爻

예시(例示)에서 보는 바와 같이 응효(應爻) 가 발동(發動)하면 원숭이가 나무를 타는 것과 같이 안정(安定)이 되지 않아, 이도 또한 거주지(居住地)를 이전(移轉)하거나 생활(生活)의 근거(根據)를 옮기게 되도다.

이상의 황금책총단(黃金策總斷), 천금부(千金賦)의 일부를 열거한 바 있으니, 이는 대연수이진법(大衍數移進法 : 土亭數)을 활용하여 본(本) 하락이수(河洛理數)의 세운봉지(歲運逢之) 중에서 수흉자(數凶者)의 논리에 적용하고자 함이며, 이 천금부(千金賦)는 일부분에 불과하므로 넓은 연구와 시험 또한 가(可)하리라 생각하는 바이다.

13. 대연수이진법으로 세운(歲運)을 뽑는 사례

가. 1961년 5월 16일 군사혁명을 운명학상(運命學上)으로 본 사례

세운명국(歲運命局)

辛	戊	甲
丑	戌	辰
年	月	日

大有(金)

玄 ―― 巳官絶
白身 ― ― 未父養
蛇 ―― 酉兄浴
句世 ―/― 辰父墓
朱命 ―― 寅財病
青 ―― 子孫旺

※ 三十日의 삭제에 대한 설명 : 이 삼십일은 출생당시의 생일인데 이 辛丑년에는 二十九日로서 그믐이 되어 있다. 그러므로 위의 사선은 삭제가 아닌 대체의 의미이다.

세칭(世稱) 5·16 군사혁명(軍事革命)을 주도한 당시의 박정희 소장(朴正熙 少將)은 어떠한 세운(世運)의 소유자였던가? 괘효사(卦爻辭)를 통해 분석했으며, 때는 1961년, 이 때 나이 45세, 신축년(辛丑年)의 세운(世運)을 대연수이진법(大衍數移進法 : 土亭數)으로써 추리해 보았다.

앞 쪽의 표는 당시 육군소장의 신분(身分)으로 군사혁명(軍事革命)을 성공리에 이끈 세운(歲運)인 바, 이를 문절(文節)별로 해설을 통해 알아본다.

- 세운(歲運)의 해설(解說)

(本文) 세응상생(世應相生), 인쾌순(人快順):

(解) 세효와 응효가 상생하니, 남과 하는 일이 쾌하고 순조롭게 되도다.

(本文) 세효입묘(世爻入墓), 사다암매(事多暗昧):

(解)세효가 고묘에 들어가니, 일에 암매함이 많도다.

(本文) 입내대이승천(入內臺而陞遷):

(解) 내대에 들어가서 승진하여 옮기도다.

(本文) 견기해조(見機解組):

(解) 기회를 보아서 인끈을 풀도다.

— 위 혁명사례에 대한 총평 —

이 세운(歲運)은 총체적으로 큰 변화를 암시하니, 두드러진 점을 들어 평을 해 보기로 한다.

첫째, 세운에 양둔의 동인초구효사(同人初九爻辭)는 '내대에 들어가 높이 오르고 옮긴다(入內臺而陞遷)'는 뜻으로, 이는 당시 야전사령관(野戰司令官)의 신분에서 중앙관서(中央官署)에 높이 오른다는 말로 이해하여 본다.

둘째, 기회를 봤다가 인끈을 푼다(見機解組)는 뜻은 세인(世人)이 놀랄만한 어의(語意)가 아닌가 생각된다. 이를 독자의 이해를 돕기 위해 부연설명해 보기로 한다.

혁명에 성공한 당시 박소장은 실권(實權)은 직접 주도 관장하면서 외형적으로는 당시 참모총장 장도영(參謀總長 張都暎)에게 군사혁명위원회 위원장(軍事革命委員會 委員長)의 자격을 부여하여, 그로 하여금 모든 법령(法令)의 포고(布告) 내지는 내무적(內務的)인 행정명령(行政命令)까지도 대행발표(代行發表)하여 실무(實務)케 하다가, 당년(當年) 11월의 세모(歲暮)에 세운(世運)이 바뀌어질 무렵, 전격적으로 이를 해임시키고 자신이 전면에 신분을 노출하여 당무(當務)에 임(臨)하니, 당시의 박소장은 1961년 곧 신축(辛丑)의 하반기의 천명(天命 : 見機解組)을 알아 그 안위(安危)의 기회(機會)를 봤다가 인끈을 풀어 그 실권(實權)을 행한 것인가 하는 착각을 불러일으키기에 충분하다 하겠다.

이상에서 열거한 모든 요식(要式)을 활용하여 다음의 명국(命局)을 통해 알아보기로 한다.

나. 고 박정희 대통령(故 朴正熙 大統領)의 시해(弑害)사건에 대한 사례

그러면 만인(萬人)이 잘 아는 고 박정희 대통령(故 朴正熙 大統領)의 시해사건을 들어 알아 보도록 한다. 때는 1979년 당시 춘추(春秋) 63세 기미년(己未年)의 세운(世運)을 대연수이진법(大衍數移進法 : 土亭數)으로 추리(推理)해 보기로 한다.

세운명국(歲運命局)

己	甲	庚	
未	戌	寅	大過(木)
年	月	日	

匕身— — 未財墓
句 —— 酉官胎
朱世—/— 亥父生
青命—— 酉官胎
玄 —— 亥父生
白応— — 丑財帶

이상은 고 박정희 대통령의 시해년(弑害年) 세운(歲運)이니, 각 문절(文節)별로 해설을 통해 알아본다.

● 세운(歲運)의 해설(解說)

(本文) 수관입묘, 목하유재(隨官入墓, 目下有災):
(解) 관귀(官鬼)를 따라 묘고(墓庫)에 들어가니, 눈앞에 재앙이 있도다.

(本文) 세효발동, 개작신실(世爻發動, 改作信失):
(解) 세효(世爻)가 발동하니, 신실(信失)을 고쳐 짓도다.

(本文) 신효봉공, 작사불성(身爻逢空, 作事不成):
(解) 신효(身爻)에 공망(空亡)을 만나니, 짓는 일이 성사를 못하도다.
(本文) 단희중유우, 심지인재파손(但喜中有憂, 甚至人財破損):
(解) 다만 기쁜 중에 근심이 있으니, 심한 데 이르면 사람과 재물이 파손되도다.

(本文) 유오마융마지조(有五馬戎馬之兆):
(解) 다섯 말중에 오랑캐 말이 있는 징조이도다. 이 융마(戎馬)는 무리와 다른 사람, 즉 이심(異心)을 품은 사람이 있다는 말이다.

— 위 시해 사건에 대한 총평 —

이 세운(歲運)에서 두드러진 점을 들어 총체적인 평을 해 보기로 한다.

첫째, 이 세운에 주재가 되는 효사를 중시하게 되니, 중부초구효사(中孚初九爻辭) 및 환초육효사(渙初六爻辭)를 하락이수(河洛理數) 본문들을 통해 보면, 두 개의 효사(爻辭) 모두 한 효사(爻辭) 속에 길흉(吉凶)이 공존하고 있음을 보게 된다. 본(本) 세운괘(歲運卦)에서 수흉(數凶)으로 관측케 됨은 보조학격(補助學格)인 귀곡변효법(鬼谷變爻法)으로 길흉(吉凶)을 판별한 것이니, 여기에서 연유(緣由)된 것이라 하겠다.

둘째, 보조학(補助學)인 귀곡변효법(鬼谷變爻法)으로 본 세운괘(歲運卦)를 측정해 보면, '관귀(官鬼)를 따라 묘고(墓庫)에 들어가니 눈 앞에 재앙이 있다(隨官入墓目下

有災)'라고 시사한 점을 들 수 있는 것이다.

셋째, 전반적인 양둔운(陽遁運)에서는 인재파손(人財破損)을 예고하고 있으며, 음둔운(陰遁運)에서는 결정타이며 정곡을 찌르는 '다섯 말 중에 오랑캐 말이 있다(五馬戎馬之兆)'하는 어의이니, 이것이 바로 궁정동(宮井洞)에서 졸연(猝然)히 저격한 중앙정보부장인 김재규(金載圭)를 뜻하니, 이를 우연(偶然)한 일로만 봐서 넘기겠는가 하는 말이다.

1년의 운을 찾아보는 방법

1. 조견표(28페이지부터)를 보고 그 해에 맞는 년도를 선택한다.
   가. 먼저 그 해에 자신의 나이에 해당하는 숫자를 본다(태세).
   나. 출생한 달(월)을 음력으로 찾아서 숫자를 본다(월건).
   다. 생월과 생일이 만나는 지점에서 숫자를 본다(일진).

이와 같이 찾아보면 반드시 세 자리 숫자가 나오게 되는데 목차에서 세 자리 밑에 있는 페이지를 찾아가서 보면 그 곳에 1년 중 전반기 운세가 기록되어 있으며, 이어서 1년 중 후반기 운세가 기록되어 있다.

2. 예를 들어보면

   1949년 음력 2월 27일 생의 2013년도 운세를 알고자하면

   가. 2013년(계사년) 조견표(33페이지)에서

   나이가 65세가 되므로 태세가 7이 나온다.

   월이 2월이므로 월건에서 1이 나온다.

   생일이 2월 27일이므로 1이 나온다.

이와 같이 찾은 다음에 숫자를 순서대로 나열하면 711이 나온다.

그 다음에 70페이지에 있는 하락 세운결 목차에서 711 세 자리 밑에 있는 페이지(440페이지)를 찾아가면 2013년도 운세가 전반기, 후반기로 기록되어 있다.

2013년 (계사년)

나이	계사 1	임진 2	신묘 3	경인 4	기축 5	무자 6	정해 7	병술 8	을유 9	갑신 10	계미 11	임오 12	신사 13	경진 14	기묘 15	무인 16	정축 17	병자 18	을해 19	갑술 20
태세	7	8	1	2	3	4	5	6	7	8	1	2	3	4	5	6	7	8	1	2
나이	계유 21	임신 22	신미 23	경오 24	기사 25	무진 26	정묘 27	병인 28	을축 29	갑자 30	계해 31	임술 32	신유 33	경신 34	기미 35	무오 36	정사 37	병진 38	을묘 39	갑인 40
태세	3	4	5	6	7	8	1	2	3	4	5	6	7	8	1	2	3	4	5	6
나이	계축 41	임자 42	신해 43	경술 44	기유 45	무신 46	정미 47	병오 48	을사 49	갑진 50	계묘 51	임인 52	신축 53	경자 54	기해 55	무술 56	정유 57	병신 58	을미 59	갑오 60
태세	7	8	1	2	3	4	5	6	7	8	1	2	3	4	5	6	7	8	1	2
나이	계사 61	임진 62	신묘 63	경인 64	기축 65	무자 66	정해 67	병술 68	을유 69	갑신 70	계미 71	임오 72	신사 73	경진 74	기묘 75	무인 76	정축 77	병자 78	을해 79	갑술 80
태세	3	4	5	6	7	8	1	2	3	4	5	6	7	8	1	2	3	4	5	6
나이	계유 81	임신 82	신미 83	경오 84	기사 85	무진 86	정묘 87	병인 88	을축 89	갑자 90	계해 91	임술 92	신유 93	경신 94	기미 95	무오 96	정사 97	병진 98	을묘 99	갑인 100
태세	7	8	1	2	3	4	5	6	7	8	1	2	3	4	5	6	7	8	1	2

월건	1월 갑인	2월 을묘	3월 병진	4월 정사	5월 무오	6월 기미	7월 경신	8월 신유	9월 임술	10월 계해	11월 갑자	12월 을축
	4	1	6	4	1	5	2	1	4	3	5	4

	일 월	1	2	3	4	5	6	7	8	9	10	11	12	13	14	15	16	17	18	19	20	21	22	23	24	25	26	27	28	29	30
일	1월(대)	3	2	1	2	3	3	2	1	1	1	3	3	3	2	2	3	1	3	2	2	2	2	3	3	1	3	3	3	1	1
	2월(소)	3	3	2	2	1	1	2	3	3	1	2	2	3	3	3	3	2	1	2	1	1	2	2	2	1	1	1	3	2	
	3월(대)	3	1	3	2	3	1	1	3	2	2	2	1	1	1	3	3	1	2	1	3	3	3	3	1	1	2	1	1	1	2
	4월(대)	2	1	1	3	3	2	2	3	1	1	2	3	3	1	1	1	1	3	2	3	2	2	3	3	3	2	2	2	1	3
	5월(소)	3	1	3	2	3	1	1	3	2	2	2	1	1	1	3	3	1	2	1	3	3	3	3	1	1	2	1	1	1	
	6월(대)	3	3	2	2	1	1	3	3	1	2	2	3	1	1	2	2	2	2	1	3	1	3	3	1	1	1	3	3	3	2
	7월(소)	1	1	2	1	3	1	2	2	1	3	3	3	2	2	2	1	1	2	3	2	1	1	1	1	2	2	3	2	2	
	8월(대)	3	1	1	3	3	2	2	1	1	2	3	3	1	2	2	3	3	3	3	2	1	2	1	1	2	2	2	1	1	1
	9월(소)	3	2	2	3	2	1	2	3	3	2	1	1	1	3	3	3	2	2	3	1	3	2	2	2	2	3	3	1	3	
	10월(대)	1	1	2	2	1	1	3	3	2	2	3	1	1	2	3	3	1	1	1	1	3	2	3	2	2	3	3	3	2	2
진	11월(소)	2	1	3	3	1	3	2	3	1	1	3	2	2	2	1	1	1	3	3	1	2	1	3	3	3	3	1	1	2	
	12월(대)	2	2	2	3	3	2	2	1	1	3	3	1	2	2	3	1	1	2	2	2	2	1	3	1	3	3	1	1	1	3

2014년 (갑오년)

나이	갑오 1	계사 2	임진 3	신묘 4	경인 5	기축 6	무자 7	정해 8	병술 9	을유 10	갑신 11	계미 12	임오 13	신사 14	경진 15	기묘 16	무인 17	정축 18	병자 19	을해 20
태세	3	4	5	6	7	8	1	2	3	4	5	6	7	8	1	2	3	4	5	6
나이	갑술 21	계유 22	임신 23	신미 24	경오 25	기사 26	무진 27	정묘 28	병인 29	을축 30	갑자 31	계해 32	임술 33	신유 34	경신 35	기미 36	무오 37	정사 38	병진 39	을묘 40
태세	7	8	1	2	3	4	5	6	7	8	1	2	3	4	5	6	7	8	1	2
나이	갑인 41	계축 42	임자 43	신해 44	경술 45	기유 46	무신 47	정미 48	병오 49	을사 50	갑진 51	계묘 52	임인 53	신축 54	경자 55	기해 56	무술 57	정유 58	병신 59	을미 60
태세	3	4	5	6	7	8	1	2	3	4	5	6	7	8	1	2	3	4	5	6
나이	갑오 61	계사 62	임진 63	신묘 64	경인 65	기축 66	무자 67	정해 68	병술 69	을유 70	갑신 71	계미 72	임오 73	신사 74	경진 75	기묘 76	무인 77	정축 78	병자 79	을해 80
태세	7	8	1	2	3	4	5	6	7	8	1	2	3	4	5	6	7	8	1	2
나이	갑술 81	계유 82	임신 83	신미 84	경오 85	기사 86	무진 87	정묘 88	병인 89	을축 90	갑자 91	계해 92	임술 93	신유 94	경신 95	기미 96	무오 97	정사 98	병진 99	을묘 100
태세	3	4	5	6	7	8	1	2	3	4	5	6	7	8	1	2	3	4	5	6

월건	1월 병인	2월 정묘	3월 무진	4월 기사	5월 경오	6월 신미	7월 임신	8월 계유	9월 갑술	윤9월 갑술	10월 을해	11월 병자	12월 정축
	1	6	3	1	4	3	6	5	2	1	6	3	2

	월 \ 일	1	2	3	4	5	6	7	8	9	10	11	12	13	14	15	16	17	18	19	20	21	22	23	24	25	26	27	28	29	30
일진	1월(소)	3	3	2	1	1	2	1	3	1	2	2	1	3	3	3	2	2	2	1	1	2	3	2	1	1	1	1	2	2	
	2월(대)	1	3	3	3	1	1	3	3	2	2	1	1	2	3	3	1	2	2	3	3	3	3	2	1	2	1	1	2	2	2
	3월(소)	1	1	1	3	2	2	3	2	1	2	3	3	2	1	1	1	3	3	3	2	2	3	1	3	2	2	2	2	3	
	4월(대)	1	2	1	1	1	2	2	1	1	3	3	2	2	3	1	1	2	3	3	1	1	1	1	3	2	3	2	2	3	3
	5월(소)	3	2	2	2	1	3	3	1	3	2	3	1	1	3	2	2	2	1	1	1	3	3	1	2	1	3	3	3	3	
	6월(대)	2	2	3	2	2	2	3	3	2	2	1	1	3	3	1	2	2	3	1	1	2	2	2	2	1	3	1	3	3	1
	7월(소)	1	1	3	3	3	2	1	1	2	1	3	1	2	2	1	3	3	3	2	2	2	1	1	2	3	2	1	1	1	
	8월(대)	2	3	3	1	3	3	3	1	1	3	3	2	2	1	1	2	3	3	1	2	2	3	3	3	3	2	1	2	1	1
	9월(대)	2	2	2	1	1	1	3	2	2	3	2	1	2	3	3	2	1	1	1	3	3	3	2	2	3	1	3	2	2	2
	윤9월(소)	2	3	3	1	3	3	3	1	1	3	3	2	2	1	1	2	3	3	1	2	2	3	3	3	3	2	1	2	1	
	10월(대)	2	3	3	3	2	2	2	1	3	3	1	3	2	3	1	1	3	2	2	2	1	1	1	3	3	1	2	1	3	3
	11월(소)	3	3	1	1	2	1	1	1	2	2	1	1	3	3	2	2	3	1	1	2	3	3	1	1	1	1	3	2	3	
	12월(대)	3	3	1	1	1	3	3	3	2	1	1	2	1	3	1	2	2	1	3	3	3	2	2	2	1	1	2	3	2	1

2015년 (을미년)

나이	을미 1	갑오 2	계사 3	임진 4	신묘 5	경인 6	기축 7	무자 8	정해 9	병술 10	을유 11	갑신 12	계미 13	임오 14	신사 15	경진 16	기묘 17	무인 18	정축 19	병자 20
태세	6	7	8	1	2	3	4	5	6	7	8	1	2	3	4	5	6	7	8	1
나이	을해 21	갑술 22	계유 23	임신 24	신미 25	경오 26	기사 27	무진 28	정묘 29	병인 30	을축 31	갑자 32	계해 33	임술 34	신유 35	경신 36	기미 37	무오 38	정사 39	병진 40
태세	2	3	4	5	6	7	8	1	2	3	4	5	6	7	8	1	2	3	4	5
나이	을묘 41	갑인 42	계축 43	임자 44	신해 45	경술 46	기유 47	무신 48	정미 49	병오 50	을사 51	갑진 52	계묘 53	임인 54	신축 55	경자 56	기해 57	무술 58	정유 59	병신 60
태세	6	7	8	1	2	3	4	5	6	7	8	1	2	3	4	5	6	7	8	1
나이	을미 61	갑오 62	계사 63	임진 64	신묘 65	경인 66	기축 67	무자 68	정해 69	병술 70	을유 71	갑신 72	계미 73	임오 74	신사 75	경진 76	기묘 77	무인 78	정축 79	병자 80
태세	2	3	4	5	6	7	8	1	2	3	4	5	6	7	8	1	2	3	4	5
나이	을해 81	갑술 82	계유 83	임신 84	신미 85	경오 86	기사 87	무진 88	정묘 89	병인 90	을축 91	갑자 92	계해 93	임술 94	신유 95	경신 96	기미 97	무오 98	정사 99	병진 100
태세	6	7	8	1	2	3	4	5	6	7	8	1	2	3	4	5	6	7	8	1

월	1월 무인	2월 기묘	3월 경진	4월 신사	5월 임오	6월 계미	7월 갑신	8월 을유	9월 병술	10월 정해	11월 무자	12월 기축
건	5	3	6	4	3	6	4	2	6	3	2	4

	일 / 월	1	2	3	4	5	6	7	8	9	10	11	12	13	14	15	16	17	18	19	20	21	22	23	24	25	26	27	28	29	30
일	1월(소)	1	1	1	2	2	3	2	2	2	3	3	2	2	1	1	3	3	1	2	2	3	1	1	2	2	2	2	1	3	
	2월(대)	2	1	1	2	2	2	1	1	1	3	2	2	3	2	1	2	3	3	2	1	1	1	3	3	3	2	2	3	1	3
	3월(소)	2	2	2	2	3	3	1	3	3	3	1	1	3	3	2	2	1	1	2	3	3	1	2	2	3	3	3	3	2	
	4월(소)	2	3	2	2	3	3	3	2	2	2	1	3	3	1	3	2	3	1	1	3	2	2	2	1	1	1	3	3	1	
	5월(대)	3	2	1	1	1	1	2	2	3	2	2	2	3	3	2	2	1	1	3	3	1	2	2	3	1	1	2	2	2	2
	6월(소)	1	3	1	3	3	1	1	1	3	3	3	2	1	1	2	1	3	1	2	2	1	3	3	3	2	2	2	1	1	
진	7월(대)	3	1	3	2	2	2	2	3	3	1	3	3	3	1	1	3	3	2	2	1	1	2	3	3	1	2	2	3	3	3
	8월(대)	3	2	1	2	1	1	2	2	2	1	1	1	3	2	2	3	2	1	2	3	3	2	1	1	1	3	3	3	2	2
	9월(대)	3	1	3	2	2	2	2	3	3	1	3	3	3	1	1	3	3	2	2	1	1	2	3	3	1	2	2	3	3	3
	10월(소)	3	2	1	2	1	1	2	2	2	1	1	1	3	2	2	3	2	1	2	3	3	2	1	1	1	3	3	3	2	
	11월(대)	3	1	2	1	3	3	3	3	1	1	2	1	1	1	2	2	1	1	3	3	2	2	3	1	1	2	3	3	1	1
	12월(소)	1	1	3	2	3	2	2	3	3	3	2	2	2	1	3	3	1	3	2	3	1	1	3	2	2	2	1	1	1	

2016년 (병신년)

나이	병신 1	을미 2	갑오 3	계사 4	임진 5	신묘 6	경인 7	기축 8	무자 9	정해 10	병술 11	을유 12	갑신 13	계미 14	임오 15	신사 16	경진 17	기묘 18	무인 19	정축 20
태세	4	5	6	7	8	1	2	3	4	5	6	7	8	1	2	3	4	5	6	7
나이	병자 21	을해 22	갑술 23	계유 24	임신 25	신미 26	경오 27	기사 28	무진 29	정묘 30	병인 31	을축 32	갑자 33	계해 34	임술 35	신유 36	경신 37	기미 38	무오 39	정사 40
태세	8	1	2	3	4	5	6	7	8	1	2	3	4	5	6	7	8	1	2	3
나이	병진 41	을묘 42	갑인 43	계축 44	임자 45	신해 46	경술 47	기유 48	무신 49	정미 50	병오 51	을사 52	갑진 53	계묘 54	임인 55	신축 56	경자 57	기해 58	무술 59	정유 60
태세	4	5	6	7	8	1	2	3	4	5	6	7	8	1	2	3	4	5	6	7
나이	병신 61	을미 62	갑오 63	계사 64	임진 65	신묘 66	경인 67	기축 68	무자 69	정해 70	병술 71	을유 72	갑신 73	계미 74	임오 75	신사 76	경진 77	기묘 78	무인 79	정축 80
태세	8	1	2	3	4	5	6	7	8	1	2	3	4	5	6	7	8	1	2	3
나이	병자 81	을해 82	갑술 83	계유 84	임신 85	신미 86	경오 87	기사 88	무진 89	정묘 90	병인 91	을축 92	갑자 93	계해 94	임술 95	신유 96	경신 97	기미 98	무오 99	정사 100
태세	4	5	6	7	8	1	2	3	4	5	6	7	8	1	2	3	4	5	6	7

월건	1월 경인	2월 신묘	3월 임진	4월 계사	5월 갑오	6월 을미	7월 병신	8월 정유	9월 무술	10월 기해	11월 경자	12월 신축
	2	6	5	2	5	4	1	6	4	6	5	3

	월 \ 일	1	2	3	4	5	6	7	8	9	10	11	12	13	14	15	16	17	18	19	20	21	22	23	24	25	26	27	28	29	30
일진	1월 (대)	3	1	2	1	3	3	3	3	1	1	2	1	1	1	2	2	1	1	3	3	1	2	3	1	1	2	3	3	1	
	2월 (소)	2	2	2	1	3	1	3	3	1	1	1	3	3	3	2	1	1	2	1	3	1	2	2	1	3	3	3	2	2	
	3월 (대)	3	2	2	3	1	3	2	2	2	2	3	3	1	3	3	3	1	1	3	3	2	2	1	1	2	3	3	1	2	2
	4월(소)	3	3	3	3	2	1	2	1	1	2	2	2	1	1	1	3	2	2	3	2	1	2	3	3	2	1	1	1	3	
	5월(소)	1	1	3	3	1	2	1	3	3	3	3	1	1	2	1	1	1	2	2	1	1	3	3	2	2	3	1	1	2	
	6월(대)	1	1	2	2	2	2	1	3	1	3	3	1	1	1	3	3	3	2	1	1	2	1	3	1	2	2	1	3	3	3
	7월(소)	2	2	2	1	1	2	3	2	1	1	1	1	2	2	3	2	2	2	3	3	2	2	1	1	3	3	1	2	2	
	8월(대)	1	2	2	3	3	3	3	2	1	2	1	1	2	2	2	1	1	1	3	2	2	3	2	1	2	3	3	2	1	1
	9월(대)	1	3	3	3	2	2	3	1	3	2	2	2	2	3	3	1	3	3	3	1	1	3	3	2	2	1	1	2	3	3
	10월(소)	1	2	2	3	3	3	3	2	1	2	1	1	2	2	2	1	1	1	3	2	2	3	2	1	2	3	3	2	1	
	11월(대)	2	2	1	1	1	3	3	1	2	1	3	3	3	3	1	1	2	1	1	1	2	2	1	1	3	3	2	2	3	1
	12월(대)	1	2	3	3	1	1	1	1	3	2	3	2	2	3	3	3	2	2	2	1	3	3	1	3	2	3	1	1	3	2

2017년 (정유년)

나이	정유 1	병신 2	을미 3	갑오 4	계사 5	임진 6	신묘 7	경인 8	기축 9	무자 10	정해 11	병술 12	을유 13	갑신 14	계미 15	임오 16	신사 17	경진 18	기묘 19	무인 20
태세	3	4	5	6	7	8	1	2	3	4	5	6	7	8	1	2	3	4	5	6
나이	정축 21	병자 22	을해 23	갑술 24	계유 25	임신 26	신미 27	경오 28	기사 29	무진 30	정묘 31	병인 32	을축 33	갑자 34	계해 35	임술 36	신유 37	경신 38	기미 39	무오 40
태세	7	8	1	2	3	4	5	6	7	8	1	2	3	4	5	6	7	8	1	2
나이	정사 41	병진 42	을묘 43	갑인 44	계축 45	임자 46	신해 47	경술 48	기유 49	무신 50	정미 51	병오 52	을사 53	갑진 54	계묘 55	임인 56	신축 57	경자 58	기해 59	무술 60
태세	3	4	5	6	7	8	1	2	3	4	5	6	7	8	1	2	3	4	5	6
나이	정유 61	병신 62	을미 63	갑오 64	계사 65	임진 66	신묘 67	경인 68	기축 69	무자 70	정해 71	병술 72	을유 73	갑신 74	계미 75	임오 76	신사 77	경진 78	기묘 79	무인 80
태세	7	8	1	2	3	4	5	6	7	8	1	2	3	4	5	6	7	8	1	2
나이	정축 81	병자 82	을해 83	갑술 84	계유 85	임신 86	신미 87	경오 88	기사 89	무진 90	정묘 91	병인 92	을축 93	갑자 94	계해 95	임술 96	신유 97	경신 98	기미 99	무오 100
태세	3	4	5	6	7	8	1	2	3	4	5	6	7	8	1	2	3	4	5	6

월건	1월 임인	2월 계묘	3월 갑진	4월 을사	5월 병오	윤5월 병오	6월 정미	7월 무신	8월 기유	9월 경술	10월 신해	11월 임자	12월 계축
	1	5	1	6	3	3	2	5	3	6	5	3	1

	월 \ 일	1	2	3	4	5	6	7	8	9	10	11	12	13	14	15	16	17	18	19	20	21	22	23	24	25	26	27	28	29	30
일	1월(대)	2	2	1	1	1	3	3	1	2	1	3	3	3	3	1	1	2	1	1	1	2	2	1	1	3	3	2	2	3	1
	2월(대)	1	2	3	3	1	1	1	1	3	2	3	2	2	3	3	3	2	2	2	1	3	3	1	3	2	3	1	1	3	
	3월(소)	3	3	3	2	2	2	1	1	2	3	2	1	1	1	1	2	2	3	2	2	2	3	3	2	2	1	1	3	3	
	4월(대)	2	3	3	1	2	2	3	3	3	3	2	1	2	1	1	2	2	2	1	1	1	3	2	2	3	2	1	2	3	3
	5월(소)	2	1	1	1	3	3	3	2	2	3	1	3	2	2	2	2	3	3	1	3	3	3	1	1	3	3	2	2	1	
	윤5월(소)	2	3	1	1	2	3	3	1	1	1	1	3	2	3	2	2	3	3	3	2	2	2	1	3	3	1	3	2	3	
	6월(대)	2	2	1	3	3	3	2	2	2	1	1	2	3	2	1	1	1	1	2	2	3	2	2	2	3	3	2	2	1	1
	7월(소)	3	3	1	2	2	3	1	1	2	2	2	2	1	3	1	3	3	1	1	1	3	3	3	2	1	1	2	1	3	
	8월(대)	2	3	3	2	1	1	1	3	3	3	2	2	3	1	3	2	2	2	2	3	3	1	3	3	3	1	1	3	3	2
	9월(소)	2	1	1	2	3	3	1	2	2	3	3	3	3	2	1	2	1	1	2	2	2	1	1	1	3	2	2	3	2	
	10월(대)	2	3	1	1	3	2	2	2	1	1	1	3	3	1	2	1	3	3	3	3	1	1	2	1	1	1	2	2	1	1
진	11월(대)	3	3	2	2	3	1	1	2	3	3	1	1	1	1	3	2	3	2	2	3	3	3	2	2	2	1	3	3	1	3
	12월(대)	2	3	1	1	3	2	2	2	1	1	1	3	3	1	2	1	3	3	3	3	1	1	2	1	1	1	2	2	1	1

2018년 (무술년)

나이	무술 1	정유 2	병신 3	을미 4	갑오 5	계사 6	임진 7	신묘 8	경인 9	기축 10	무자 11	정해 12	병술 13	을유 14	갑신 15	계미 16	임오 17	신사 18	경진 19	기묘 20
태세	3	4	5	6	7	8	1	2	3	4	5	6	7	8	1	2	3	4	5	6
나이	무인 21	정축 22	병자 23	을해 24	갑술 25	계유 26	임신 27	신미 28	경오 29	기사 30	무진 31	정묘 32	병인 33	을축 34	갑자 35	계해 36	임술 37	신유 38	경신 39	기미 40
태세	7	8	1	2	3	4	5	6	7	8	1	2	3	4	5	6	7	8	1	2
나이	무오 41	정사 42	병진 43	을묘 44	갑인 45	계축 46	임자 47	신해 48	경술 49	기유 50	무신 51	정미 52	병오 53	을사 54	갑진 55	계묘 56	임인 57	신축 58	경자 59	기해 60
태세	3	4	5	6	7	8	1	2	3	4	5	6	7	8	1	2	3	4	5	6
나이	무술 61	정유 62	병신 63	을미 64	갑오 65	계사 66	임진 67	신묘 68	경인 69	기축 70	무자 71	정해 72	병술 73	을유 74	갑신 75	계미 76	임오 77	신사 78	경진 79	기묘 80
태세	7	8	1	2	3	4	5	6	7	8	1	2	3	4	5	6	7	8	1	2
나이	무인 81	정축 82	병자 83	을해 84	갑술 85	계유 86	임신 87	신미 88	경오 89	기사 90	무진 91	정묘 92	병인 93	을축 94	갑자 95	계해 96	임술 97	신유 98	경신 99	기미 100
태세	3	4	5	6	7	8	1	2	3	4	5	6	7	8	1	2	3	4	5	6

월건	1월 갑인	2월 을묘	3월 병진	4월 정사	5월 무오	6월 기미	7월 경신	8월 신유	9월 임술	10월 계해	11월 갑자	12월 을축
	3	2	5	4	1	4	3	6	5	2	6	4

일진	월 \ 일	1	2	3	4	5	6	7	8	9	10	11	12	13	14	15	16	17	18	19	20	21	22	23	24	25	26	27	28	29	30
	1월 (소)	3	3	2	2	3	1	1	2	3	3	1	1	1	1	3	2	3	2	2	3	3	3	2	2	2	1	3	3	1	
	2월 (대)	1	3	1	2	2	1	3	3	3	2	2	2	1	1	2	3	2	1	1	1	1	2	2	3	2	2	2	3	3	2
	3월 (소)	2	1	1	3	3	1	2	2	3	1	1	2	2	2	2	1	3	1	3	3	1	1	1	3	3	3	2	1	1	
	4월(대)	3	2	1	2	3	3	2	1	1	1	3	3	3	2	2	3	1	3	2	2	2	2	3	3	1	3	3	3	1	1
	5월(소)	3	3	2	2	1	1	2	3	3	1	2	2	3	3	3	3	2	1	2	1	1	2	2	2	1	1	1	3	2	
	6월(소)	3	1	3	2	3	1	1	3	2	2	2	1	1	1	3	3	1	2	1	3	3	3	3	1	1	2	1	1	1	
	7월(대)	3	3	2	2	1	1	3	3	1	2	2	3	1	1	2	2	2	2	1	3	1	3	3	1	1	1	3	3	3	2
	8월(소)	1	1	2	1	3	1	2	2	1	3	3	3	2	2	2	1	1	2	3	2	1	1	1	1	2	2	3	2	2	
	9월(대)	3	1	1	3	3	2	2	1	1	2	3	3	1	2	2	3	3	3	3	2	1	2	1	1	2	2	2	1	1	1
	10월(소)	3	2	2	3	2	1	2	3	3	2	1	1	1	3	3	3	2	2	3	1	3	2	2	2	2	3	3	1	3	
	11월(대)	1	1	2	2	1	1	3	3	2	2	3	1	1	2	3	3	1	1	1	1	3	2	3	2	2	3	3	3	2	2
	12월(대)	2	1	3	3	1	3	2	3	1	1	3	2	2	2	1	1	1	3	3	1	2	1	3	3	3	3	1	1	2	1

2019년 (기해년)

나이	기해 1	무술 2	정유 3	병신 4	을미 5	갑오 6	계사 7	임진 8	신묘 9	경인 10	기축 11	무자 12	정해 13	병술 14	을유 15	갑신 16	계미 17	임오 18	신사 19	경진 20
태세	5	6	7	8	1	2	3	4	5	6	7	8	1	2	3	4	5	6	7	8
나이	기묘 21	무인 22	정축 23	병자 24	을해 25	갑술 26	계유 27	임신 28	신미 29	경오 30	기사 31	무진 32	정묘 33	병인 34	을축 35	갑자 36	계해 37	임술 38	신유 39	경신 40
태세	1	2	3	4	5	6	7	8	1	2	3	4	5	6	7	8	1	2	3	4
나이	기미 41	무오 42	정사 43	병진 44	을묘 45	갑인 46	계축 47	임자 48	신해 49	경술 50	기유 51	무신 52	정미 53	병오 54	을사 55	갑진 56	계묘 57	임인 58	신축 59	경자 60
태세	5	6	7	8	1	2	3	4	5	6	7	8	1	2	3	4	5	6	7	8
나이	기해 61	무술 62	정유 63	병신 64	을미 65	갑오 66	계사 67	임진 68	신묘 69	경인 70	기축 71	무자 72	정해 73	병술 74	을유 75	갑신 76	계미 77	임오 78	신사 79	경진 80
태세	1	2	3	4	5	6	7	8	1	2	3	4	5	6	7	8	1	2	3	4
나이	기묘 81	무인 82	정축 83	병자 84	을해 85	갑술 86	계유 87	임신 88	신미 89	경오 90	기사 91	무진 92	정묘 93	병인 94	을축 95	갑자 96	계해 97	임술 98	신유 99	경신 100
태세	5	6	7	8	1	2	3	4	5	6	7	8	1	2	3	4	5	6	7	8

월건	1월 병인	2월 정묘	3월 무진	4월 기사	5월 경오	6월 신미	7월 임신	8월 계유	9월 갑술	10월 을해	11월 병자	12월 정축
	2	5	4	6	5	2	6	5	1	6	3	2

	일 월	1	2	3	4	5	6	7	8	9	10	11	12	13	14	15	16	17	18	19	20	21	22	23	24	25	26	27	28	29	30
일진	1월 (대)	1	1	2	2	1	1	3	3	2	2	3	1	1	2	3	3	1	1	1	1	3	2	3	2	2	3	3	3	2	2
	2월 (소)	2	1	3	3	1	3	2	3	1	1	3	2	2	2	1	1	1	3	3	1	2	1	3	3	3	3	1	1	2	
	3월 (대)	2	2	2	3	3	2	2	1	1	3	3	1	2	2	3	1	1	2	2	2	2	1	3	1	3	3	1	1	1	3
	4월(소)	3	3	2	1	1	2	1	3	1	2	2	1	3	3	3	2	2	2	1	1	2	3	2	1	1	1	1	2	2	
	5월(대)	1	3	3	3	1	1	3	3	2	2	1	1	2	3	3	1	2	2	3	3	3	3	2	1	2	1	1	2	2	2
	6월(소)	1	1	1	3	2	2	3	2	1	2	3	3	2	1	1	1	3	3	3	2	2	3	1	3	2	2	2	2	3	
	7월(소)	1	2	1	1	1	2	2	1	1	3	3	2	2	3	1	1	2	3	3	1	1	1	1	3	2	3	2	2	3	
	8월(대)	1	1	3	3	3	2	1	1	2	1	3	1	2	2	1	3	3	3	2	2	2	1	1	2	3	2	1	1	1	1
	9월(소)	2	2	3	2	2	2	3	3	2	2	1	1	3	3	1	2	2	3	1	1	2	2	2	2	1	3	1	3	3	
	10월(대)	2	2	2	1	1	1	3	2	2	3	2	1	2	3	3	2	1	1	1	3	3	3	2	2	3	1	3	2	2	2
	11월(소)	2	3	3	1	3	3	3	1	1	3	3	2	2	1	1	2	3	3	1	2	2	3	3	3	3	2	1	2	1	
	12월(대)	2	3	3	3	2	2	2	1	3	3	1	3	2	3	1	1	3	2	2	2	1	1	1	3	3	1	2	1	3	3

2020년 (경자년)

나이	경자 1	기해 2	무술 3	정유 4	병신 5	을미 6	갑오 7	계사 8	임진 9	신묘 10	경인 11	기축 12	무자 13	정해 14	병술 15	을유 16	갑신 17	계미 18	임오 19	신사 20
태세	4	5	6	7	8	1	2	3	4	5	6	7	8	1	2	3	4	5	6	7
나이	경진 21	기묘 22	무인 23	정축 24	병자 25	을해 26	갑술 27	계유 28	임신 29	신미 30	경오 31	기사 32	무진 33	정묘 34	병인 35	을축 36	갑자 37	계해 38	임술 39	신유 40
태세	8	1	2	3	4	5	6	7	8	1	2	3	4	5	6	7	8	1	2	3
나이	경신 41	기미 42	무오 43	정사 44	병진 45	을묘 46	갑인 47	계축 48	임자 49	신해 50	경술 51	기유 52	무신 53	정미 54	병오 55	을사 56	갑진 57	계묘 58	임인 59	신축 60
태세	4	5	6	7	8	1	2	3	4	5	6	7	8	1	2	3	4	5	6	7
나이	경자 61	기해 62	무술 63	정유 64	병신 65	을미 66	갑오 67	계사 68	임진 69	신묘 70	경인 71	기축 72	무자 73	정해 74	병술 75	을유 76	갑신 77	계미 78	임오 79	신사 80
태세	8	1	2	3	4	5	6	7	8	1	2	3	4	5	6	7	8	1	2	3
나이	경진 81	기묘 82	무인 83	정축 84	병자 85	을해 86	갑술 87	계유 88	임신 89	신미 90	경오 91	기사 92	무진 93	정묘 94	병인 95	을축 96	갑자 97	계해 98	임술 99	신유 100
태세	4	5	6	7	8	1	2	3	4	5	6	7	8	1	2	3	4	5	6	7

월건	1월 무인	2월 기묘	3월 경진	4월 신사	윤4월 신사	5월 임오	6월 계미	7월 갑신	8월 을유	9월 병술	10월 정해	11월 무자	12월 기축
	6	2	1	5	4	3	6	3	2	5	4	1	5

	일 / 월	1	2	3	4	5	6	7	8	9	10	11	12	13	14	15	16	17	18	19	20	21	22	23	24	25	26	27	28	29	30
일진	1월(대)	3	3	1	1	2	1	1	1	2	2	1	1	3	3	2	2	3	1	1	2	3	3	1	1	1	1	3	2	3	2
	2월(소)	2	3	3	3	2	2	2	1	3	3	1	3	2	3	1	1	3	2	2	2	1	1	1	3	3	1	2	1	3	
	3월(대)	1	1	1	2	2	3	2	2	2	3	3	2	2	1	1	3	3	1	2	2	3	1	1	2	2	2	2	1	3	1
	4월(대)	3	3	1	1	1	3	3	3	2	1	1	2	1	3	1	2	2	1	3	3	3	2	2	2	1	1	2	3	2	1
	윤4월(소)	1	1	1	2	2	3	2	2	2	3	3	2	2	1	1	3	3	1	2	2	3	1	1	2	2	2	2	1	3	
	5월(대)	2	1	1	2	2	2	1	1	1	3	2	2	3	2	1	2	3	3	2	1	1	1	3	3	3	2	2	3	1	3
	6월(소)	2	2	2	2	3	3	1	3	3	3	1	1	3	3	2	2	1	1	2	3	3	1	2	2	3	3	3	3	2	
	7월(소)	2	3	2	2	3	3	3	2	2	2	1	3	3	1	3	2	3	1	1	3	2	2	2	1	1	1	3	3	1	
	8월(대)	3	2	1	1	1	1	2	2	3	2	2	2	3	3	2	2	1	1	3	3	1	2	2	3	1	1	2	2	2	2
	9월(소)	1	3	1	3	3	1	1	1	3	3	3	2	1	1	2	1	3	1	2	2	1	3	3	3	2	2	2	1	1	
	10월(대)	3	1	3	2	2	2	2	3	3	1	3	3	3	1	1	3	3	2	2	1	1	2	3	3	1	2	2	3	3	3
	11월(소)	3	2	1	2	1	1	2	2	2	1	1	1	3	2	2	3	2	1	2	3	3	2	1	1	1	3	3	3	2	
	12월(대)	3	1	2	1	3	3	3	3	1	1	2	1	1	1	2	2	1	1	3	3	2	2	3	1	1	2	3	3	1	1

2021년 (신축년)

나이	신축 1	경자 2	기해 3	무술 4	정유 5	병신 6	을미 7	갑오 8	계사 9	임진 10	신묘 11	경인 12	기축 13	무자 14	정해 15	병술 16	을유 17	갑신 18	계미 19	임오 20
태세	5	6	7	8	1	2	3	4	5	6	7	8	1	2	3	4	5	6	7	8
나이	신사 21	경진 22	기묘 23	무인 24	정축 25	병자 26	을해 27	갑술 28	계유 29	임신 30	신미 31	경오 32	기사 33	무진 34	정묘 35	병인 36	을축 37	갑자 38	계해 39	임술 40
태세	1	2	3	4	5	6	7	8	1	2	3	4	5	6	7	8	1	2	3	4
나이	신유 41	경신 42	기미 43	무오 44	정사 45	병진 46	을묘 47	갑인 48	계축 49	임자 50	신해 51	경술 52	기유 53	무신 54	정미 55	병오 56	을사 57	갑진 58	계묘 59	임인 60
태세	5	6	7	8	1	2	3	4	5	6	7	8	1	2	3	4	5	6	7	8
나이	신축 61	경자 62	기해 63	무술 64	정유 65	병신 66	을미 67	갑오 68	계사 69	임진 70	신묘 71	경인 72	기축 73	무자 74	정해 75	병술 76	을유 77	갑신 78	계미 79	임오 80
태세	1	2	3	4	5	6	7	8	1	2	3	4	5	6	7	8	1	2	3	4
나이	신사 81	경진 82	기묘 83	무인 84	정축 85	병자 86	을해 87	갑술 88	계유 89	임신 90	신미 91	경오 92	기사 93	무진 94	정묘 95	병인 96	을축 97	갑자 98	계해 99	임술 100
태세	5	6	7	8	1	2	3	4	5	6	7	8	1	2	3	4	5	6	7	8

월건	1월 경인	2월 신묘	3월 임진	4월 계사	5월 갑오	6월 을미	7월 병신	8월 정유	9월 무술	10월 기해	11월 경자	12월 신축
	2	1	5	2	6	3	2	5	4	6	5	2

	월 \ 일	1	2	3	4	5	6	7	8	9	10	11	12	13	14	15	16	17	18	19	20	21	22	23	24	25	26	27	28	29	30
일진	1월(소)	1	1	3	2	3	2	2	3	3	3	2	2	2	1	3	3	1	3	2	3	1	1	3	2	2	2	1	1	1	
	2월(대)	1	1	2	3	2	1	1	1	1	2	2	3	2	2	2	3	3	2	2	1	1	3	3	1	2	2	3	1	1	2
	3월(대)	2	2	2	1	3	1	3	3	1	1	1	3	3	3	2	1	1	2	1	3	1	2	2	1	3	3	3	2	2	2
	4월(소)	1	1	2	3	2	1	1	1	1	2	2	3	2	2	2	3	3	2	2	1	1	3	3	1	2	2	3	1	1	
	5월(대)	3	3	3	3	2	1	2	1	1	2	2	2	1	1	1	3	2	2	3	2	1	2	3	3	2	1	1	1	3	3
	6월(소)	3	2	2	3	1	3	2	2	2	2	3	3	1	3	3	3	1	1	3	3	2	2	1	1	2	3	3	1	2	
	7월(대)	3	1	1	1	1	3	2	3	2	2	3	3	3	2	2	2	1	3	3	1	3	2	3	1	1	3	2	2	2	1
	8월(소)	1	1	3	3	1	2	1	3	3	3	3	1	1	2	1	1	1	2	2	1	1	3	3	2	2	3	1	1	2	
	9월(대)	1	1	2	2	2	2	1	3	1	3	3	1	1	1	3	3	3	2	1	1	2	1	3	1	2	2	1	3	3	3
	10월(소)	2	2	2	1	1	2	3	2	1	1	1	1	2	2	3	2	2	2	3	3	2	2	1	1	3	3	1	2	2	
	11월(대)	1	2	2	3	3	3	3	2	1	2	1	1	2	2	2	1	1	1	3	2	2	3	2	1	2	3	3	2	1	1
	12월(소)	1	3	3	3	2	2	3	1	3	2	2	2	2	3	3	1	3	3	3	1	1	3	3	2	2	1	1	2	3	

2022년 (임인년)

나이	임인 1	신축 2	경자 3	기해 4	무술 5	정유 6	병신 7	을미 8	갑오 9	계사 10	임진 11	신묘 12	경인 13	기축 14	무자 15	정해 16	병술 17	을유 18	갑신 19	계미 20
태세	1	2	3	4	5	6	7	8	1	2	3	4	5	6	7	8	1	2	3	4
나이	임오 21	신사 22	경진 23	기묘 24	무인 25	정축 26	병자 27	을해 28	갑술 29	계유 30	임신 31	신미 32	경오 33	기사 34	무진 35	정묘 36	병인 37	을축 38	갑자 39	계해 40
태세	5	6	7	8	1	2	3	4	5	6	7	8	1	2	3	4	5	6	7	8
나이	임술 41	신유 42	경신 43	기미 44	무오 45	정사 46	병진 47	을묘 48	갑인 49	계축 50	임자 51	신해 52	경술 53	기유 54	무신 55	정미 56	병오 57	을사 58	갑진 59	계묘 60
태세	1	2	3	4	5	6	7	8	1	2	3	4	5	6	7	8	1	2	3	4
나이	임인 61	신축 62	경자 63	기해 64	무술 65	정유 66	병신 67	을미 68	갑오 69	계사 70	임진 71	신묘 72	경인 73	기축 74	무자 75	정해 76	병술 77	을유 78	갑신 79	계미 80
태세	5	6	7	8	1	2	3	4	5	6	7	8	1	2	3	4	5	6	7	8
나이	임오 81	신사 82	경진 83	기묘 84	무인 85	정축 86	병자 87	을해 88	갑술 89	계유 90	임신 91	신미 92	경오 93	기사 94	무진 95	정묘 96	병인 97	을축 98	갑자 99	계해 100
태세	1	2	3	4	5	6	7	8	1	2	3	4	5	6	7	8	1	2	3	4

월건	1월 임인	2월 계묘	3월 갑진	4월 을사	5월 병오	6월 정미	7월 무신	8월 기유	9월 경술	10월 신해	11월 임자	12월 계축
	1	4	2	5	4	2	5	3	6	5	2	1

	일 / 월	1	2	3	4	5	6	7	8	9	10	11	12	13	14	15	16	17	18	19	20	21	22	23	24	25	26	27	28	29	30
일진	1월 (대)	1	2	3	3	1	1	1	1	3	2	3	2	2	3	3	3	2	2	2	1	3	3	1	3	2	3	1	1	3	2
	2월 (소)	2	2	1	1	1	3	3	1	2	1	3	3	3	3	1	1	2	1	1	1	2	2	1	1	3	3	2	2	3	
	3월 (대)	2	2	3	1	1	2	2	2	2	1	3	1	3	3	1	1	1	3	3	3	2	1	1	2	1	3	1	2	2	1
	4월(소)	3	3	3	2	2	2	1	1	2	3	2	1	1	1	1	2	2	3	2	2	2	3	3	2	2	1	1	3	3	
	5월(대)	2	3	3	1	2	2	3	3	3	3	2	1	2	1	1	2	2	2	1	1	1	3	2	2	3	2	1	2	3	3
	6월(대)	2	1	1	1	3	3	3	2	2	3	1	3	2	2	2	2	3	3	1	3	3	3	1	1	3	3	2	2	1	1
	7월(소)	2	3	3	1	2	2	3	3	3	3	2	1	2	1	1	2	2	2	1	1	1	3	2	2	3	2	1	2	3	
	8월(대)	1	3	2	2	2	1	1	1	3	3	1	2	1	3	3	3	3	1	1	2	1	1	1	2	2	1	1	3	3	2
	9월(소)	2	3	1	1	2	3	3	1	1	1	1	3	2	3	2	2	3	3	3	2	2	2	1	3	3	1	3	2	3	
	10월(대)	2	2	1	3	3	3	2	2	2	1	1	2	3	2	1	1	1	1	2	2	3	2	2	2	3	3	2	2	1	1
	11월(소)	3	3	1	2	2	3	1	1	2	2	2	2	1	3	1	3	3	1	1	1	3	3	3	2	1	1	2	1	3	
	12월(대)	2	3	3	2	1	1	1	3	3	3	2	2	3	1	3	2	2	2	2	3	3	1	3	3	3	1	1	3	3	2

2023년 (계묘년)

나이	계묘 1	임인 2	신축 3	경자 4	기해 5	무술 6	정유 7	병신 8	을미 9	갑오 10	계사 11	임진 12	신묘 13	경인 14	기축 15	무자 16	정해 17	병술 18	을유 19	갑신 20
태세	8	1	2	3	4	5	6	7	8	1	2	3	4	5	6	7	8	1	2	3
나이	계미 21	임오 22	신사 23	경진 24	기묘 25	무인 26	정축 27	병자 28	을해 29	갑술 30	계유 31	임신 32	신미 33	경오 34	기사 35	무진 36	정묘 37	병인 38	을축 39	갑자 40
태세	4	5	6	7	8	1	2	3	4	5	6	7	8	1	2	3	4	5	6	7
나이	계해 41	임술 42	신유 43	경신 44	기미 45	무오 46	정사 47	병진 48	을묘 49	갑인 50	계축 51	임자 52	신해 53	경술 54	기유 55	무신 56	정미 57	병오 58	을사 59	갑진 60
태세	8	1	2	3	4	5	6	7	8	1	2	3	4	5	6	7	8	1	2	3
나이	계묘 61	임인 62	신축 63	경자 64	기해 65	무술 66	정유 67	병신 68	을미 69	갑오 70	계사 71	임진 72	신묘 73	경인 74	기축 75	무자 76	정해 77	병술 78	을유 79	갑신 80
태세	4	5	6	7	8	1	2	3	4	5	6	7	8	1	2	3	4	5	6	7
나이	계미 81	임오 82	신사 83	경진 84	기묘 85	무인 86	정축 87	병자 88	을해 89	갑술 90	계유 91	임신 92	신미 93	경오 94	기사 95	무진 96	정묘 97	병인 98	을축 99	갑자 100
태세	8	1	2	3	4	5	6	7	8	1	2	3	4	5	6	7	8	1	2	3

월건	1월 갑인	2월 을묘	윤2월 을묘	3월 병진	4월 정사	5월 무오	6월 기미	7월 경신	8월 신유	9월 임술	10월 계해	11월 갑자	12월 을축
	3	2	1	6	3	2	4	3	1	4	3	5	4

	일 / 월	1	2	3	4	5	6	7	8	9	10	11	12	13	14	15	16	17	18	19	20	21	22	23	24	25	26	27	28	29	30
	1월(소)	2	1	1	2	3	3	1	2	2	3	3	3	3	2	1	2	1	1	2	2	2	1	1	1	3	2	2	3	2	
	2월(대)	2	3	1	1	3	2	2	2	1	1	1	3	3	1	2	1	3	3	3	3	1	1	2	1	1	1	2	2	1	1
일	윤2월(소)	3	3	2	2	3	1	1	2	3	3	1	1	1	1	3	2	3	2	2	3	3	3	2	2	2	1	3	3	1	
	3월(대)	1	3	1	2	2	1	3	3	3	2	2	2	1	1	2	3	2	1	1	1	1	2	2	3	2	2	2	3	3	2
	4월(소)	2	1	1	3	3	1	2	2	3	1	1	2	2	2	2	1	3	1	3	3	1	1	1	3	3	3	2	1	1	
	5월(대)	3	2	1	2	3	3	2	1	1	1	3	3	3	2	2	3	1	3	2	2	2	2	3	3	1	3	3	3	1	1
	6월(소)	3	3	2	2	1	1	2	3	3	1	2	2	3	3	3	3	2	1	2	1	1	2	2	2	1	1	1	3	2	
	7월(대)	3	1	3	2	3	1	1	3	2	2	2	1	1	1	3	3	1	2	1	3	3	3	3	1	1	2	1	1	1	2
	8월(대)	2	1	1	3	3	2	2	3	1	1	2	3	3	1	1	1	1	3	2	3	2	2	3	3	3	2	2	2	1	3
	9월(소)	3	1	3	2	3	1	1	3	2	2	2	1	1	1	3	3	1	2	1	3	3	3	3	1	1	2	1	1	1	
진	10월(대)	3	3	2	2	1	1	3	3	1	2	2	3	1	1	2	2	2	2	1	3	1	3	3	1	1	1	3	3	3	2
	11월(소)	1	1	2	1	3	1	2	2	1	3	3	3	2	2	2	1	1	2	3	2	1	1	1	1	2	2	3	2	2	
	12월(대)	3	1	1	3	3	2	2	1	1	2	3	3	1	2	2	3	3	3	3	2	1	2	1	1	2	2	2	1	1	1

2024년 (갑진년)

나이	갑진 1	계묘 2	임인 3	신축 4	경자 5	기해 6	무술 7	정유 8	병신 9	을미 10	갑오 11	계사 12	임진 13	신묘 14	경인 15	기축 16	무자 17	정해 18	병술 19	을유 20
태세	7	8	1	2	3	4	5	6	7	8	1	2	3	4	5	6	7	8	1	2
나이	갑신 21	계미 22	임오 23	신사 24	경진 25	기묘 26	무인 27	정축 28	병자 29	을해 30	갑술 31	계유 32	임신 33	신미 34	경오 35	기사 36	무진 37	정묘 38	병인 39	을축 40
태세	3	4	5	6	7	8	1	2	3	4	5	6	7	8	1	2	3	4	5	6
나이	갑자 41	계해 42	임술 43	신유 44	경신 45	기미 46	무오 47	정사 48	병진 49	을묘 50	갑인 51	계축 52	임자 53	신해 54	경술 55	기유 56	무신 57	정미 58	병오 59	을사 60
태세	7	8	1	2	3	4	5	6	7	8	1	2	3	4	5	6	7	8	1	2
나이	갑진 61	계묘 62	임인 63	신축 64	경자 65	기해 66	무술 67	정유 68	병신 69	을미 70	갑오 71	계사 72	임진 73	신묘 74	경인 75	기축 76	무자 77	정해 78	병술 79	을유 80
태세	3	4	5	6	7	8	1	2	3	4	5	6	7	8	1	2	3	4	5	6
나이	갑신 81	계미 82	임오 83	신사 84	경진 85	기묘 86	무인 87	정축 88	병자 89	을해 90	갑술 91	계유 92	임신 93	신미 94	경오 95	기사 96	무진 97	정묘 98	병인 99	을축 100
태세	7	8	1	2	3	4	5	6	7	8	1	2	3	4	5	6	6	7	1	2

월건	1월 병인	2월 정묘	3월 무진	4월 기사	5월 경오	6월 신미	7월 임신	8월 계유	9월 갑술	10월 을해	11월 병자	12월 정축
	1	6	3	6	5	2	1	5	1	6	4	1

	월 \ 일	1	2	3	4	5	6	7	8	9	10	11	12	13	14	15	16	17	18	19	20	21	22	23	24	25	26	27	28	29	30
	1월 (소)	3	2	2	3	2	1	2	3	3	2	1	1	1	3	3	3	2	2	3	1	3	2	2	2	2	3	3	1	3	
	2월 (대)	1	1	2	2	1	1	3	3	2	2	3	1	1	2	3	3	1	1	1	1	3	2	3	2	2	3	3	3	2	2
일	3월 (소)	2	1	3	3	1	3	2	3	1	1	3	2	2	2	1	1	1	3	3	1	2	1	3	3	3	3	1	1	2	
	4월(소)	2	2	2	3	3	2	2	1	1	3	3	1	2	2	3	1	1	2	2	2	2	1	3	1	3	3	1	1	1	
	5월(대)	1	1	1	3	2	2	3	2	1	2	3	3	2	1	1	1	3	3	3	2	2	3	1	3	2	2	2	2	3	3
	6월(소)	1	3	3	3	1	1	3	3	2	2	1	1	2	3	3	1	2	2	3	3	3	3	2	1	2	1	1	2	2	
	7월(대)	3	2	2	2	1	3	3	1	3	2	3	1	1	3	2	2	2	1	1	1	3	3	1	2	1	3	3	3	3	1
	8월(대)	1	2	1	1	1	2	2	1	1	3	3	2	2	3	1	1	2	3	3	1	1	1	1	3	2	3	2	2	3	3
	9월(소)	3	2	2	2	1	3	3	1	3	2	3	1	1	3	2	2	2	1	1	1	3	3	1	2	1	3	3	3	3	
진	10월(대)	2	2	3	2	2	2	3	3	2	2	1	1	3	3	1	2	2	3	1	1	2	2	2	2	1	3	1	3	3	1
	11월(대)	1	1	3	3	3	2	1	1	2	1	3	1	2	2	1	3	3	3	2	2	2	1	1	2	3	2	1	1	1	1
	12월(소)	2	2	3	2	2	2	3	3	2	2	1	1	3	3	1	2	2	3	1	1	2	2	2	2	1	3	1	3	3	

2025년 (을사년)

나이	을사 1	갑진 2	계묘 3	임인 4	신축 5	경자 6	기해 7	무술 8	정유 9	병신 10	을미 11	갑오 12	계사 13	임진 14	신묘 15	경인 16	기축 17	무자 18	정해 19	병술 20
태세	2	3	4	5	6	7	8	1	2	3	4	5	6	7	8	1	2	3	4	5
나이	을유 21	갑신 22	계미 23	임오 24	신사 25	경진 26	기묘 27	무인 28	정축 29	병자 30	을해 31	갑술 32	계유 33	임신 34	신미 35	경오 36	기사 37	무진 38	정묘 39	병인 40
태세	6	7	8	1	2	3	4	5	6	7	8	1	2	3	4	5	6	7	8	1
나이	을축 41	갑자 42	계해 43	임술 44	신유 45	경신 46	기미 47	무오 48	정사 49	병진 50	을묘 51	갑인 52	계축 53	임자 54	신해 55	경술 56	기유 57	무신 58	정미 59	병오 60
태세	2	3	4	5	6	7	8	1	2	3	4	5	6	7	8	1	2	3	4	5
나이	을사 61	갑진 62	계묘 63	임인 64	신축 65	경자 66	기해 67	무술 68	정유 69	병신 70	을미 71	갑오 72	계사 73	임진 74	신묘 75	경인 76	기축 77	무자 78	정해 79	병술 80
태세	6	7	8	1	2	3	4	5	6	7	8	1	2	3	4	5	6	7	8	1
나이	을유 81	갑신 82	계미 83	임오 84	신사 85	경진 86	기묘 87	무인 88	정축 89	병자 90	을해 91	갑술 92	계유 93	임신 94	신미 95	경오 96	기사 97	무진 98	정묘 99	병인 100
태세	2	3	4	5	6	7	8	1	2	3	4	5	6	7	8	1	2	3	4	5

월건	1월 무인	2월 기묘	3월 경진	4월 신사	5월 임오	6월 계미	윤6월 계미	7월 갑신	8월 을유	9월 병술	10월 정해	11월 무자	12월 기축
	6	2	1	4	2	1	6	4	1	6	4	2	4

	월 \ 일	1	2	3	4	5	6	7	8	9	10	11	12	13	14	15	16	17	18	19	20	21	22	23	24	25	26	27	28	29	30
	1월(대)	2	2	2	1	1	1	3	2	2	3	2	1	2	3	3	2	1	1	1	3	3	3	2	2	3	1	3	2	2	2
	2월(소)	2	3	3	1	3	3	3	1	1	3	3	2	2	1	1	2	3	3	1	2	2	3	3	3	3	2	1	2	1	
일	3월(대)	2	3	3	3	2	2	2	1	3	3	1	3	2	3	1	1	3	2	2	2	1	1	1	3	3	1	2	1	3	3
	4월(소)	3	3	1	1	2	1	1	1	2	2	1	1	3	3	2	2	3	1	1	2	3	3	1	1	1	1	3	2	3	
	5월(소)	3	3	1	1	1	3	3	3	2	1	1	2	1	3	1	2	2	1	3	3	3	2	2	2	1	1	2	3	2	
	6월(대)	2	2	2	2	3	3	1	3	3	3	1	1	3	3	2	2	1	1	2	3	3	1	2	2	3	3	3	3	2	1
	윤6월(소)	2	1	1	2	2	2	1	1	1	3	2	2	3	2	1	2	3	3	2	1	1	1	3	3	3	2	2	3	1	
	7월(대)	1	3	3	3	3	1	1	2	1	1	1	2	2	1	1	3	3	2	2	3	1	1	2	3	3	1	1	1	1	3
	8월(소)	2	3	2	2	3	3	3	2	2	2	1	3	3	1	3	2	3	1	1	3	2	2	2	1	1	1	3	3	1	
	9월(대)	3	2	1	1	1	1	2	2	3	2	2	2	3	3	2	2	1	1	3	3	1	2	2	3	1	1	2	2	2	2
진	10월(대)	1	3	1	3	3	1	1	1	3	3	3	2	1	1	2	1	3	1	2	2	1	3	3	3	2	2	2	1	1	2
	11월(대)	3	2	1	1	1	1	2	2	3	2	2	2	3	3	2	2	1	1	3	3	1	2	2	3	1	1	2	2	2	2
	12월(소)	1	3	1	3	3	1	1	1	3	3	3	2	1	1	2	1	3	1	2	2	1	3	3	3	2	2	2	1	1	

2026년 (병오년)

나이	병오 1	을사 2	갑진 3	계묘 4	임인 5	신축 6	경자 7	기해 8	무술 9	정유 10	병신 11	을미 12	갑오 13	계사 14	임진 15	신묘 16	경인 17	기축 18	무자 19	정해 20
태세	1	2	3	4	5	6	7	8	1	2	3	4	5	6	7	8	1	2	3	4
나이	병술 21	을유 22	갑신 23	계미 24	임오 25	신사 26	경진 27	기묘 28	무인 29	정축 30	병자 31	을해 32	갑술 33	계유 34	임신 35	신미 36	경오 37	기사 38	무진 39	정묘 40
태세	5	6	7	8	1	2	3	4	5	6	7	8	1	2	3	4	5	6	7	8
나이	병인 41	을축 42	갑자 43	계해 44	임술 45	신유 46	경신 47	기미 48	무오 49	정사 50	병진 51	을묘 52	갑인 53	계축 54	임자 55	신해 56	경술 57	기유 58	무신 59	정미 60
태세	1	2	3	4	5	6	7	8	1	2	3	4	5	6	7	8	1	2	3	4
나이	병오 61	을사 62	갑진 63	계묘 64	임인 65	신축 66	경자 67	기해 68	무술 69	정유 70	병신 71	을미 72	갑오 73	계사 74	임진 75	신묘 76	경인 77	기축 78	무자 79	정해 80
태세	5	6	7	8	1	2	3	4	5	6	7	8	1	2	3	4	5	6	7	8
나이	병술 81	을유 82	갑신 83	계미 84	임오 85	신사 86	경진 87	기묘 88	무인 89	정축 90	병자 91	을해 92	갑술 93	계유 94	임신 95	신미 96	경오 97	기사 98	무진 99	정묘 100
태세	1	2	3	4	5	6	7	8	1	2	3	4	5	6	7	8	1	2	3	4

월건	1월 경인	2월 신묘	3월 임진	4월 계사	5월 갑오	6월 을미	7월 병신	8월 정유	9월 무술	10월 기해	11월 경자	12월 신축
	3	6	5	2	5	4	1	6	3	1	5	3

일진	월＼일	1	2	3	4	5	6	7	8	9	10	11	12	13	14	15	16	17	18	19	20	21	22	23	24	25	26	27	28	29	30
	1월 (대)	3	1	3	2	2	2	2	3	3	1	3	3	3	1	1	3	3	2	2	1	1	2	3	3	1	2	2	3	3	3
	2월 (소)	3	2	1	2	1	1	2	2	2	1	1	1	3	2	2	3	2	1	2	3	3	2	1	1	1	3	3	3	2	
	3월 (대)	3	1	2	1	3	3	3	3	1	1	2	1	1	1	2	2	1	1	3	3	2	2	3	1	1	2	3	3	1	1
	4월(소)	1	1	3	2	3	2	2	3	3	3	2	2	2	1	3	3	1	3	2	3	1	1	3	2	2	2	1	1	1	
	5월(소)	1	1	2	3	2	1	1	1	1	2	2	3	2	2	2	3	3	2	2	1	1	3	3	1	2	2	3	1	1	
	6월(대)	3	3	3	3	2	1	2	1	1	2	2	2	1	1	1	3	2	2	3	2	1	2	3	3	2	1	1	1	3	3
	7월(소)	3	2	2	3	1	3	2	2	2	2	3	3	1	3	3	3	1	1	3	3	2	2	1	1	2	3	3	1	2	
	8월(대)	3	1	1	1	1	3	2	3	2	2	3	3	3	2	2	2	1	3	3	1	3	2	3	1	1	3	2	2	2	1
	9월(소)	1	1	3	3	1	2	1	3	3	3	3	1	1	2	1	1	1	2	2	1	1	3	3	2	2	3	1	1	2	
	10월(대)	1	1	2	2	2	2	1	3	1	3	3	1	1	1	3	3	3	2	1	1	2	1	3	1	2	2	1	3	3	3
	11월(대)	2	2	2	1	1	2	3	2	1	1	1	1	2	2	3	2	2	2	3	3	2	2	1	1	3	3	1	2	2	3
	12월(대)	1	1	2	2	2	2	1	3	1	3	3	1	1	1	3	3	3	2	1	1	2	1	3	1	2	2	1	3	3	3

2027년 (정미년)

나이	정미 1	병오 2	을사 3	갑진 4	계묘 5	임인 6	신축 7	경자 8	기해 9	무술 10	정유 11	병신 12	을미 13	갑오 14	계사 15	임진 16	신묘 17	경인 18	기축 19	무자 20
태세	4	5	6	7	8	1	2	3	4	5	6	7	8	1	2	3	4	5	6	7
나이	정해 21	병술 22	을유 23	갑신 24	계미 25	임오 26	신사 27	경진 28	기묘 29	무인 30	정축 31	병자 32	을해 33	갑술 34	계유 35	임신 36	신미 37	경오 38	기사 39	무진 40
태세	8	1	2	3	4	5	6	7	8	1	2	3	4	5	6	7	8	1	2	3
나이	정묘 41	병인 42	을축 43	갑자 44	계해 45	임술 46	신유 47	경신 48	기미 49	무오 50	정사 51	병진 52	을묘 53	갑인 54	계축 55	임자 56	신해 57	경술 58	기유 59	무신 60
태세	4	5	6	7	8	1	2	3	4	5	6	7	8	1	2	3	4	5	6	7
나이	정미 61	병오 62	을사 63	갑진 64	계묘 65	임인 66	신축 67	경자 68	기해 69	무술 70	정유 71	병신 72	을미 73	갑오 74	계사 75	임진 76	신묘 77	경인 78	기축 79	무자 80
태세	8	1	2	3	4	5	6	7	8	1	2	3	4	5	6	7	8	1	2	3
나이	정해 81	병술 82	을유 83	갑신 84	계미 85	임오 86	신사 87	경진 88	기묘 89	무인 90	정축 91	병자 92	을해 93	갑술 94	계유 95	임신 96	신미 97	경오 98	기사 99	무진 100
태세	4	5	6	7	8	1	2	3	4	5	6	7	8	1	2	3	4	5	6	7

월건	1월 임인	2월 계묘	3월 갑진	4월 을사	5월 병오	6월 정미	7월 무신	8월 기유	9월 경술	10월 신해	11월 임자	12월 계축
	6	5	1	6	3	1	6	2	6	5	3	1

	일 \ 월	1	2	3	4	5	6	7	8	9	10	11	12	13	14	15	16	17	18	19	20	21	22	23	24	25	26	27	28	29	30
일진	1월(소)	2	2	2	1	1	2	3	2	1	1	1	1	2	2	3	2	2	2	3	3	2	2	1	1	3	3	1	2	2	
	2월(대)	1	2	2	3	3	3	3	2	1	2	1	1	2	2	2	1	1	1	3	2	2	3	2	1	2	3	3	2	1	1
	3월(소)	1	3	3	3	2	2	3	1	3	2	2	2	2	3	3	1	3	3	3	1	1	3	3	2	2	1	1	2	3	
	4월(대)	1	2	3	3	1	1	1	1	3	2	3	2	2	3	3	3	2	2	2	1	3	3	1	3	2	3	1	1	3	2
	5월(소)	2	2	1	1	1	3	3	1	2	1	3	3	3	3	1	1	2	1	1	1	2	2	1	1	3	3	2	2	3	
	6월(소)	2	2	3	1	1	2	2	2	2	1	3	1	3	3	1	1	1	3	3	3	2	1	1	2	1	3	1	2	2	
	7월(대)	2	1	1	1	3	3	3	2	2	3	1	3	2	2	2	2	3	3	1	3	3	3	1	1	3	3	2	2	1	1
	8월(소)	2	3	3	1	2	2	3	3	3	3	2	1	2	1	1	2	2	2	1	1	1	3	2	2	3	2	1	2	3	
	9월(소)	1	3	2	2	2	1	1	1	3	3	1	2	1	3	3	3	3	1	1	2	1	1	1	2	2	1	1	3	3	
	10월(대)	3	3	1	2	2	3	1	1	2	2	2	2	1	3	1	3	3	1	1	1	3	3	3	2	1	1	2	1	3	1
	11월(대)	2	2	1	3	3	3	2	2	2	1	1	2	3	2	1	1	1	1	2	2	3	2	2	2	3	3	2	2	1	1
	12월(대)	3	3	1	2	2	3	1	1	2	2	2	2	1	3	1	3	3	1	1	1	3	3	3	2	1	1	2	1	3	1

2028년 (무신년)

나이	무신 1	정미 2	병오 3	을사 4	갑진 5	계묘 6	임인 7	신축 8	경자 9	기해 10	무술 11	정유 12	병신 13	을미 14	갑오 15	계사 16	임진 17	신묘 18	경인 19	기축 20
태세	2	3	4	5	6	7	8	1	2	3	4	5	6	7	8	1	2	3	4	5
나이	무자 21	정해 22	병술 23	을유 24	갑신 25	계미 26	임오 27	신사 28	경진 29	기묘 30	무인 31	정축 32	병자 33	을해 34	갑술 35	계유 36	임신 37	신미 38	경오 39	기사 40
태세	6	7	8	1	2	3	4	5	6	7	8	1	2	3	4	5	6	7	8	1
나이	무진 41	정묘 42	병인 43	을축 44	갑자 45	계해 46	임술 47	신유 48	경신 49	기미 50	무오 51	정사 52	병진 53	을묘 54	갑인 55	계축 56	임자 57	신해 58	경술 59	기유 60
태세	2	3	4	5	6	7	8	1	2	3	4	5	6	7	8	1	2	3	4	5
나이	무신 61	정미 62	병오 63	을사 64	갑진 65	계묘 66	임인 67	신축 68	경자 69	기해 70	무술 71	정유 72	병신 73	을미 74	갑오 75	계사 76	임진 77	신묘 78	경인 79	기축 80
태세	6	7	8	1	2	3	4	5	6	7	8	1	2	3	4	5	6	7	8	1
나이	무자 81	정해 82	병술 83	을유 84	갑신 85	계미 86	임오 87	신사 88	경진 89	기묘 90	무인 91	정축 92	병자 93	을해 94	갑술 95	계유 96	임신 97	신미 98	경오 99	기사 100
태세	2	3	4	5	6	7	8	1	2	3	4	5	6	7	8	1	2	3	4	5

월건	1월 갑인	2월 을묘	3월 병진	4월 정사	5월 무오	윤5월 무오	6월 기미	7월 경신	8월 신유	9월 임술	10월 계해	11월 갑자	12월 을축
	3	2	6	3	2	1	4	3	6	4	3	6	3

	월 \ 일	1	2	3	4	5	6	7	8	9	10	11	12	13	14	15	16	17	18	19	20	21	22	23	24	25	26	27	28	29	30
	1월(소)	2	2	1	3	3	3	2	2	2	1	1	2	3	2	1	1	1	1	2	2	3	2	2	2	3	3	2	2	1	
	2월(대)	2	1	1	2	3	3	1	2	2	3	3	3	3	2	1	2	1	1	2	2	2	1	1	1	3	2	2	3	2	1
	3월(대)	2	3	3	2	1	1	1	3	3	3	2	2	3	1	3	2	2	2	2	3	3	1	3	3	3	1	1	3	3	2
일	4월(소)	2	1	1	2	3	3	1	2	2	3	3	3	3	2	1	2	1	1	2	2	2	1	1	1	3	2	2	3	2	
	5월(대)	2	3	1	1	3	2	2	2	1	1	1	3	3	1	2	1	3	3	3	3	1	1	2	1	1	1	2	2	1	1
	윤5월(소)	3	3	2	2	3	1	1	2	3	3	1	1	1	1	3	2	3	2	2	3	3	3	2	2	2	1	3	3	1	
	6월(소)	1	3	1	2	2	1	3	3	3	2	2	2	1	1	2	3	2	1	1	1	1	2	2	3	2	2	2	3	3	
	7월(대)	3	3	2	2	1	1	2	3	3	1	2	2	3	3	3	3	2	1	2	1	1	2	2	2	1	1	1	3	2	2
	8월(소)	3	2	1	2	3	3	2	1	1	1	3	3	3	2	2	3	1	3	2	2	2	2	3	3	1	3	3	3	1	
진	9월(소)	2	1	1	3	3	2	2	3	1	1	2	3	3	1	1	1	1	3	2	3	2	2	3	3	3	2	2	2	1	
	10월(대)	1	1	2	1	3	1	2	2	1	3	3	3	2	2	2	1	1	2	3	2	1	1	1	1	2	2	3	2	2	2
	11월(대)	3	3	2	2	1	1	3	3	1	2	2	3	1	1	2	2	2	2	1	3	1	3	3	1	1	1	3	3	3	2
	12월(소)	1	1	2	1	3	1	2	2	1	3	3	3	2	2	2	1	1	2	3	2	1	1	1	1	2	2	3	2	2	

2029년 (기유년)

나이	기유 1	무신 2	정미 3	병오 4	을사 5	갑진 6	계묘 7	임인 8	신축 9	경자 10	기해 11	무술 12	정유 13	병신 14	을미 15	갑오 16	계사 17	임진 18	신묘 19	경인 20
태세	6	7	8	1	2	3	4	5	6	7	8	1	2	3	4	5	6	7	8	1
나이	기축 21	무자 22	정해 23	병술 24	을유 25	갑신 26	계미 27	임오 28	신사 29	경진 30	기묘 31	무인 32	정축 33	병자 34	을해 35	갑술 36	계유 37	임신 38	신미 39	경오 40
태세	2	3	4	5	6	7	8	1	2	3	4	5	6	7	8	1	2	3	4	5
나이	기사 41	무진 42	정묘 43	병인 44	을축 45	갑자 46	계해 47	임술 48	신유 49	경신 50	기미 51	무오 52	정사 53	병진 54	을묘 55	갑인 56	계축 57	임자 58	신해 59	경술 60
태세	6	7	8	1	2	3	4	5	6	7	8	1	2	3	4	5	6	7	8	1
나이	기유 61	무신 62	정미 63	병오 64	을사 65	갑진 66	계묘 67	임인 68	신축 69	경자 70	기해 71	무술 72	정유 73	병신 74	을미 75	갑오 76	계사 77	임진 78	신묘 79	경인 80
태세	2	3	4	5	6	7	8	1	2	3	4	5	6	7	8	1	2	3	4	5
나이	기축 81	무자 82	정해 83	병술 84	을유 85	갑신 86	계미 87	임오 88	신사 89	경진 90	기묘 91	무인 92	정축 93	병자 94	을해 95	갑술 96	계유 97	임신 98	신미 99	경오 100
태세	6	7	8	1	2	3	4	5	6	7	8	1	2	3	4	5	6	7	8	1

월건	1월 병인	2월 정묘	3월 무진	4월 기사	5월 경오	6월 신미	7월 임신	8월 계유	9월 갑술	10월 을해	11월 병자	12월 정축
	2	6	3	1	5	2	6	5	1	5	4	2

일진	월＼일	1	2	3	4	5	6	7	8	9	10	11	12	13	14	15	16	17	18	19	20	21	22	23	24	25	26	27	28	29	30
일	1월 (대)	3	1	1	3	3	2	2	1	1	2	3	3	1	2	2	3	3	3	3	2	1	2	1	1	2	2	2	1	1	1
	2월 (대)	3	2	2	3	2	1	2	3	3	2	1	1	1	3	3	3	2	2	3	1	3	2	2	2	2	3	3	1	3	3
	3월 (소)	3	1	1	3	3	2	2	1	1	2	3	3	1	2	2	3	3	3	3	2	1	2	1	1	2	2	2	1	1	
	4월(대)	2	1	3	3	1	3	2	3	1	1	3	2	2	2	1	1	1	3	3	1	2	1	3	3	3	3	1	1	2	1
	5월(대)	1	1	2	2	1	1	3	3	2	2	3	1	1	2	3	3	1	1	1	1	3	2	3	2	2	3	3	3	2	2
	6월(소)	2	1	3	3	1	3	2	3	1	1	3	2	2	2	1	1	1	3	3	1	2	1	3	3	3	3	1	1	2	
	7월(소)	2	2	2	3	3	2	2	1	1	3	3	1	2	2	3	1	1	2	2	2	2	1	3	1	3	3	1	1	1	
	8월(대)	1	1	1	3	2	2	3	2	1	2	3	3	2	1	1	1	3	3	3	2	2	3	1	3	2	2	2	2	3	3
	9월(소)	1	3	3	3	1	1	3	3	2	2	1	1	2	3	3	1	2	2	3	3	3	3	2	1	2	1	1	2	2	
진	10월(소)	3	2	2	2	1	3	3	1	3	2	3	1	1	3	2	2	2	1	1	1	3	3	1	2	1	3	3	3	3	
	11월(대)	2	2	3	2	2	2	3	3	2	2	1	1	3	3	1	2	2	3	1	1	2	2	2	2	1	3	1	3	3	1
	12월(대)	1	1	3	3	3	2	1	1	2	1	3	1	2	2	1	3	3	3	2	2	2	1	1	2	3	2	1	1	1	1

2030년 (경술년)

나이	경술 1	기유 2	무신 3	정미 4	병오 5	을사 6	갑진 7	계묘 8	임인 9	신축 10	경자 11	기해 12	무술 13	정유 14	병신 15	을미 16	갑오 17	계사 18	임진 19	신묘 20
태세	6	7	8	1	2	3	4	5	6	7	8	1	2	3	4	5	6	7	8	1
나이	경인 21	기축 22	무자 23	정해 24	병술 25	을유 26	갑신 27	계미 28	임오 29	신사 30	경진 31	기묘 32	무인 33	정축 34	병자 35	을해 36	갑술 37	계유 38	임신 39	신미 40
태세	2	3	4	5	6	7	8	1	2	3	4	5	6	7	8	1	2	3	4	5
나이	경오 41	기사 42	무진 43	정묘 44	병인 45	을축 46	갑자 47	계해 48	임술 49	신유 50	경신 51	기미 52	무오 53	정사 54	병진 55	을묘 56	갑인 57	계축 58	임자 59	신해 60
태세	6	7	8	1	2	3	4	5	6	7	8	1	2	3	4	5	6	7	8	1
나이	경술 61	기유 62	무신 63	정미 64	병오 65	을사 66	갑진 67	계묘 68	임인 69	신축 70	경자 71	기해 72	무술 73	정유 74	병신 75	을미 76	갑오 77	계사 78	임진 79	신묘 80
태세	2	3	4	5	6	7	8	1	2	3	4	5	6	7	8	1	2	3	4	5
나이	경인 81	기축 82	무자 83	정해 84	병술 85	을유 86	갑신 87	계미 88	임오 89	신사 90	경진 91	기묘 92	무인 93	정축 94	병자 95	을해 96	갑술 97	계유 98	임신 99	신미 100
태세	6	7	8	1	2	3	4	5	6	7	8	1	2	3	4	5	6	7	8	1

월건	1월 무인	2월 기묘	3월 경진	4월 신사	5월 임오	6월 계미	7월 갑신	8월 을유	9월 병술	10월 정해	11월 무자	12월 기축
	5	3	6	5	3	6	4	1	6	3	2	4

일진	월 \ 일	1	2	3	4	5	6	7	8	9	10	11	12	13	14	15	16	17	18	19	20	21	22	23	24	25	26	27	28	29	30
	1월 (소)	2	2	3	2	2	2	3	3	2	2	1	1	3	3	1	2	2	3	1	1	2	2	2	2	1	3	1	3	3	
	2월 (대)	2	2	2	1	1	1	3	2	2	3	2	1	2	3	3	2	1	1	1	3	3	3	2	2	3	1	3	2	2	2
	3월 (소)	2	3	3	1	3	3	3	1	1	3	3	2	2	1	1	2	3	3	1	2	2	3	3	3	3	2	1	2	1	
	4월(대)	2	3	3	3	2	2	2	1	3	3	1	3	2	3	1	1	3	2	2	2	1	1	1	3	3	1	2	1	3	3
	5월(대)	3	3	1	1	2	1	1	1	2	2	1	1	3	3	2	2	3	1	1	2	3	3	1	1	1	1	3	2	3	2
	6월(소)	2	3	3	3	2	2	2	1	3	3	1	3	2	3	1	1	3	2	2	2	1	1	1	3	3	1	2	1	3	
	7월(대)	1	1	1	2	2	3	2	2	2	3	3	2	2	1	1	3	3	1	2	2	3	1	1	2	2	2	2	1	3	1
	8월(소)	3	3	1	1	1	3	3	3	2	1	1	2	1	3	1	2	2	1	3	3	3	2	2	2	1	1	2	3	2	
	9월(대)	2	2	2	2	3	3	1	3	3	3	1	1	3	3	2	2	1	1	2	3	3	1	2	2	3	3	3	3	2	1
	10월(소)	2	1	1	2	2	2	1	1	1	3	2	2	3	2	1	2	3	3	2	1	1	1	3	3	3	2	2	3	1	
	11월(대)	1	3	3	3	3	1	1	2	1	1	1	2	2	1	1	3	3	2	2	3	1	1	2	3	3	1	1	1	1	3
	12월(소)	2	3	2	2	3	3	3	2	2	2	1	3	3	1	3	2	3	1	1	3	2	2	2	1	1	1	3	3	1	

2031년 (신해년)

나이	신해 1	경술 2	기유 3	무신 4	정미 5	병오 6	을사 7	갑진 8	계묘 9	임인 10	신축 11	경자 12	기해 13	무술 14	정유 15	병신 16	을미 17	갑오 18	계사 19	임진 20
태세	3	4	5	6	7	8	1	2	3	4	5	6	7	8	1	2	3	4	5	6
나이	신묘 21	경인 22	기축 23	무자 24	정해 25	병술 26	을유 27	갑신 28	계미 29	임오 30	신사 31	경진 32	기묘 33	무인 34	정축 35	병자 36	을해 37	갑술 38	계유 39	임신 40
태세	7	8	1	2	3	4	5	6	7	8	1	2	3	4	5	6	7	8	1	2
나이	신미 41	경오 42	기사 43	무진 44	정묘 45	병인 46	을축 47	갑자 48	계해 49	임술 50	신유 51	경신 52	기미 53	무오 54	정사 55	병진 56	을묘 57	갑인 58	계축 59	임자 60
태세	3	4	5	6	7	8	1	2	3	4	5	6	7	8	1	2	3	4	5	6
나이	신해 61	경술 62	기유 63	무신 64	정미 65	병오 66	을사 67	갑진 68	계묘 69	임인 70	신축 71	경자 72	기해 73	무술 74	정유 75	병신 76	을미 77	갑오 78	계사 79	임진 80
태세	7	8	1	2	3	4	5	6	7	8	1	2	3	4	5	6	7	8	1	2
나이	신묘 81	경인 82	기축 83	무자 84	정해 85	병술 86	을유 87	갑신 88	계미 89	임오 90	신사 91	경진 92	기묘 93	무인 94	정축 95	병자 96	을해 97	갑술 98	계유 99	임신 100
태세	3	4	5	6	7	8	1	2	3	4	5	6	7	8	1	2	3	4	5	6

월건	1월 경인	2월 신묘	3월 임진	윤3월 임진	4월 계사	5월 갑오	6월 을미	7월 병신	8월 정유	9월 무술	10월 기해	11월 경자	12월 신축
	3	6	5	4	3	5	4	2	5	4	6	5	2

	일 / 월	1	2	3	4	5	6	7	8	9	10	11	12	13	14	15	16	17	18	19	20	21	22	23	24	25	26	27	28	29	30
	1월(대)	3	2	1	1	1	1	2	2	3	2	2	2	3	3	2	2	1	1	3	3	1	2	2	3	1	1	2	2	2	2
일	2월(소)	1	3	1	3	3	1	1	1	3	3	3	2	1	1	2	1	3	1	2	2	1	3	3	3	2	2	2	1	1	
	3월(대)	3	1	3	2	2	2	2	3	3	1	3	3	3	1	1	3	3	2	2	1	1	2	3	3	1	2	2	3	3	3
	윤3월(소)	3	2	1	2	1	1	2	2	2	1	1	1	3	2	2	3	2	1	2	3	3	2	1	1	1	3	3	3	2	
	4월(대)	3	1	2	1	3	3	3	3	1	1	2	1	1	1	2	2	1	1	3	3	2	2	3	1	1	2	3	3	1	1
	5월(소)	1	1	3	2	3	2	2	3	3	3	2	2	2	1	3	3	1	3	2	3	1	1	3	2	2	2	1	1	1	
	6월(대)	1	1	2	3	2	1	1	1	1	2	2	3	2	2	2	3	3	2	2	1	1	3	3	1	2	2	3	1	1	2
	7월(대)	2	2	2	1	3	1	3	3	1	1	1	3	3	3	2	1	1	2	1	3	1	2	2	1	3	3	3	2	2	2
	8월(소)	1	1	2	3	2	1	1	1	1	2	2	3	2	2	2	3	3	2	2	1	1	3	3	1	2	2	3	1	1	
	9월(대)	3	3	3	3	2	1	2	1	1	2	2	2	1	1	1	3	2	2	3	2	1	2	3	3	2	1	1	1	3	3
진	10월(소)	3	2	2	3	1	3	2	2	2	2	3	3	1	3	3	3	1	1	3	3	2	2	1	1	2	3	3	1	2	
	11월(대)	3	1	1	1	1	3	2	3	2	2	3	3	3	2	2	2	1	3	3	1	3	2	3	1	1	3	2	2	2	1
	12월(소)	1	1	3	3	1	2	1	3	3	3	3	1	1	2	1	1	1	2	2	1	1	3	3	2	2	3	1	1	2	

2032년 (임자년)

나이	임자 1	신해 2	경술 3	기유 4	무신 5	정미 6	병오 7	을사 8	갑진 9	계묘 10	임인 11	신축 12	경자 13	기해 14	무술 15	정유 16	병신 17	을미 18	갑오 19	계사 20
태세	2	3	4	5	6	7	8	1	2	3	4	5	6	7	8	1	2	3	4	5
나이	임진 21	신묘 22	경인 23	기축 24	무자 25	정해 26	병술 27	을유 28	갑신 29	계미 30	임오 31	신사 32	경진 33	기묘 34	무인 35	정축 36	병자 37	을해 38	갑술 39	계유 40
태세	6	7	8	1	2	3	4	5	6	7	8	1	2	3	4	5	6	7	8	1
나이	임신 41	신미 42	경오 43	기사 44	무진 45	정묘 46	병인 47	을축 48	갑자 49	계해 50	임술 51	신유 52	경신 53	기미 54	무오 55	정사 56	병진 57	을묘 58	갑인 59	계축 60
태세	2	3	4	5	6	7	8	1	2	3	4	5	6	7	8	1	2	3	4	5
나이	임자 61	신해 62	경술 63	기유 64	무신 65	정미 66	병오 67	을사 68	갑진 69	계묘 70	임인 71	신축 72	경자 73	기해 74	무술 75	정유 76	병신 77	을미 78	갑오 79	계사 80
태세	6	7	8	1	2	3	4	5	6	7	8	1	2	4	5	6	7	8	9	1
나이	임진 81	신묘 82	경인 83	기축 84	무자 85	정해 86	병술 87	을유 88	갑신 89	계미 90	임오 91	신사 92	경진 93	기묘 94	무인 95	정축 96	병자 97	을해 98	갑술 99	계유 100
태세	2	3	4	5	6	7	8	1	2	3	4	5	6	7	8	1	2	3	4	5

월건	1월 임인	2월 계묘	3월 갑진	4월 을사	5월 병오	6월 정미	7월 무신	8월 기유	9월 경술	10월 신해	11월 임자	12월 계축
	1	4	1	6	3	2	6	2	1	5	2	1

	월 \ 일	1	2	3	4	5	6	7	8	9	10	11	12	13	14	15	16	17	18	19	20	21	22	23	24	25	26	27	28	29	30
일진	1월 (대)	1	1	2	2	2	2	1	3	1	3	3	1	1	1	3	3	3	2	1	1	2	1	3	1	2	2	1	3	3	3
	2월 (소)	2	2	2	1	1	2	3	2	1	1	1	1	2	2	3	2	2	2	3	3	2	2	1	1	3	3	1	2	2	
	3월 (소)	1	2	2	3	3	3	3	2	1	2	1	1	2	2	2	1	1	1	3	2	2	3	2	1	2	3	3	2	1	
	4월(대)	2	2	1	1	1	3	3	1	2	1	3	3	3	3	1	1	2	1	1	1	2	2	1	1	3	3	2	2	3	1
	5월(소)	1	2	3	3	1	1	1	1	3	2	3	2	2	3	3	3	2	2	2	1	3	3	1	3	2	3	1	1	3	
	6월(대)	3	3	3	2	2	2	1	1	2	3	2	1	1	1	1	2	2	3	2	2	2	3	3	2	2	1	1	3	3	1
	7월(대)	2	2	3	1	1	2	2	2	2	1	3	1	3	3	1	1	1	3	3	3	2	1	1	2	1	3	1	2	2	1
	8월(소)	3	3	3	2	2	2	1	1	2	3	2	1	1	1	1	2	2	3	2	2	2	3	3	2	2	1	1	3	3	
	9월(대)	2	3	3	1	2	2	3	3	3	3	2	1	2	1	1	2	2	2	1	1	1	3	2	2	3	2	1	2	3	3
	10월(대)	2	1	1	1	3	3	3	2	2	3	1	3	2	2	2	2	3	3	1	3	3	3	1	1	3	3	2	2	1	1
	11월(소)	2	3	3	1	2	2	3	3	3	3	2	1	2	1	1	2	2	2	1	1	1	3	2	2	3	2	1	2	3	
	12월(대)	1	3	2	2	2	1	1	1	3	3	1	2	1	3	3	3	3	1	1	2	1	1	1	2	2	1	1	3	3	2

2033년 (계축년)

나이	계축 1	임자 2	신해 3	경술 4	기유 5	무신 6	정미 7	병오 8	을사 9	갑진 10	계묘 11	임인 12	신축 13	경자 14	기해 15	무술 16	정유 17	병신 18	을미 19	갑오 20
태세	3	4	5	6	7	8	1	2	3	4	5	6	7	8	1	2	3	4	5	6
나이	계사 21	임진 22	신묘 23	경인 24	기축 25	무자 26	정해 27	병술 28	을유 29	갑신 30	계미 31	임오 32	신사 33	경진 34	기묘 35	무인 36	정축 37	병자 38	을해 39	갑술 40
태세	7	8	1	2	3	4	5	6	7	8	1	2	3	4	5	6	7	8	1	2
나이	계유 41	임신 42	신미 43	경오 44	기사 45	무진 46	정묘 47	병인 48	을축 49	갑자 50	계해 51	임술 52	신유 53	경신 54	기미 55	무오 56	정사 57	병진 58	을묘 59	갑인 60
태세	3	4	5	6	7	8	1	2	3	4	5	6	7	8	1	2	3	4	5	6
나이	계축 61	임자 62	신해 63	경술 64	기유 65	무신 66	정미 67	병오 68	을사 69	갑진 70	계묘 71	임인 72	신축 73	경자 74	기해 75	무술 76	정유 77	병신 78	을미 79	갑오 80
태세	7	8	1	2	3	4	5	6	7	8	1	2	3	4	5	6	7	8	1	2
나이	계사 81	임진 82	신묘 83	경인 84	기축 85	무자 86	정해 87	병술 88	을유 89	갑신 90	계미 91	임오 92	신사 93	경진 94	기묘 95	무인 96	정축 97	병자 98	을해 99	갑술 100
태세	3	4	5	6	7	8	1	2	3	4	5	6	7	8	1	2	3	4	5	6

월건	1월 갑인	2월 을묘	3월 병진	4월 정사	5월 무오	6월 기미	7월 경신	윤7월 경신	8월 신유	9월 임술	10월 계해	11월 갑자	12월 을축
	3	2	5	3	2	4	3	2	1	5	3	5	4

	일 / 월	1	2	3	4	5	6	7	8	9	10	11	12	13	14	15	16	17	18	19	20	21	22	23	24	25	26	27	28	29	30
일	1월(소)	2	3	1	1	2	3	3	1	1	1	1	3	2	3	2	2	3	3	3	2	2	2	1	3	3	1	3	2	3	
	2월(대)	2	2	1	3	3	3	2	2	2	1	1	2	3	2	1	1	1	1	2	2	3	2	2	2	3	3	2	2	1	1
	3월(소)	3	3	1	2	2	3	1	1	2	2	2	2	1	3	1	3	3	1	1	1	3	3	3	2	1	1	2	1	3	
	4월(소)	2	3	3	2	1	1	1	3	3	3	2	2	3	1	3	2	2	2	2	3	3	1	3	3	3	1	1	3	3	
	5월(대)	3	3	2	2	3	1	1	2	3	3	1	1	1	1	3	2	3	2	2	3	3	3	2	2	2	1	3	3	1	3
	6월(소)	2	3	1	1	3	2	2	2	1	1	1	3	3	1	2	1	3	3	3	3	1	1	2	1	1	1	2	2	1	
	7월(대)	2	1	1	3	3	1	2	2	3	1	1	2	2	2	2	1	3	1	3	3	1	1	1	3	3	3	2	1	1	2
	윤7월(소)	1	3	1	2	2	1	3	3	3	2	2	2	1	1	2	3	2	1	1	1	1	2	2	3	2	2	2	3	3	
	8월(대)	3	3	2	2	1	1	2	3	3	1	2	2	3	3	3	3	2	1	2	1	1	2	2	2	1	1	1	3	2	2
진	9월(대)	3	2	1	2	3	3	2	1	1	1	3	3	3	2	2	3	1	3	2	2	2	2	3	3	1	3	3	3	1	1
	10월(대)	3	3	2	2	1	1	2	3	3	1	2	2	3	3	3	3	2	1	2	1	1	2	2	2	1	1	1	3	2	2
	11월(소)	3	2	1	2	3	3	2	1	1	1	3	3	3	2	2	3	1	3	2	2	2	2	3	3	1	3	3	3	1	
	12월(대)	2	1	1	3	3	2	2	3	1	1	2	3	3	1	1	1	1	3	2	3	2	2	3	3	3	2	2	2	1	3

2034년 (갑인년)

나이	갑인	계축	임자	신해	경술	기유	무신	정미	병오	을사	갑진	계묘	임인	신축	경자	기해	무술	정유	병신	을미
	1	2	3	4	5	6	7	8	9	10	11	12	13	14	15	16	17	18	19	20
태세	4	5	6	7	8	1	2	3	4	5	6	7	8	1	2	3	4	5	6	7
나이	갑오	계사	임진	신묘	경인	기축	무자	정해	병술	을유	갑신	계미	임오	신사	경진	기묘	무인	정축	병자	을해
	21	22	23	24	25	26	27	28	29	30	31	32	33	34	35	36	37	38	39	40
태세	8	1	2	3	4	5	6	7	8	1	2	3	4	5	6	7	8	1	2	3
나이	갑술	계유	임신	신미	경오	기사	무진	정묘	병인	을축	갑자	계해	임술	신유	경신	기미	무오	정사	병진	을묘
	41	42	43	44	45	46	47	48	49	50	51	52	53	54	55	56	57	58	59	60
태세	4	5	6	7	8	1	2	3	4	5	6	7	8	1	2	3	4	5	6	7
나이	갑인	계축	임자	신해	경술	기유	무신	정미	병오	을사	갑진	계묘	임인	신축	경자	기해	무술	정유	병신	을미
	61	62	63	64	65	66	67	68	69	70	71	72	73	74	75	76	77	78	79	80
태세	8	1	2	3	4	5	6	7	8	1	2	3	4	5	6	7	8	1	2	3
나이	갑오	계사	임진	신묘	경인	기축	무자	정해	병술	을유	갑신	계미	임오	신사	경진	기묘	무인	정축	병자	을해
	81	82	83	84	85	86	87	88	89	90	91	92	93	94	95	96	97	98	99	100
태세	4	5	6	7	8	1	2	3	4	5	6	7	8	1	2	3	4	5	6	7

월건	1월 병인	2월 정묘	3월 무진	4월 기사	5월 경오	6월 신미	7월 임신	8월 계유	9월 갑술	10월 을해	11월 병자	12월 정축
	1	6	3	6	5	2	1	4	2	6	4	1

일진	월＼일	1	2	3	4	5	6	7	8	9	10	11	12	13	14	15	16	17	18	19	20	21	22	23	24	25	26	27	28	29	30
	1월 (소)	3	1	3	2	3	1	1	3	2	2	2	1	1	1	3	3	1	2	1	3	3	3	3	1	1	2	1	1	1	
	2월 (대)	3	3	2	2	1	1	3	3	1	2	2	3	1	1	2	2	2	2	1	3	1	3	3	1	1	1	3	3	3	2
	3월 (소)	1	1	2	1	3	1	2	2	1	3	3	3	2	2	2	1	1	2	3	2	1	1	1	1	2	2	3	2	2	
	4월(소)	3	1	1	3	3	2	2	1	1	2	3	3	1	2	2	3	3	3	3	2	1	2	1	1	2	2	2	1	1	
일	5월(대)	2	1	3	3	1	3	2	3	1	1	3	2	2	2	1	1	1	3	3	1	2	1	3	3	3	3	1	1	2	1
	6월(소)	1	1	2	2	1	1	3	3	2	2	3	1	1	2	3	3	1	1	1	1	3	2	3	2	2	3	3	3	2	
	7월(대)	3	3	2	1	1	2	1	3	1	2	2	1	3	3	3	2	2	2	1	1	2	3	2	1	1	1	1	2	2	3
진	8월(소)	2	2	2	3	3	2	2	1	1	3	3	1	2	2	3	1	1	2	2	2	2	1	3	1	3	3	1	1	1	
	9월(대)	1	1	1	3	2	2	3	2	1	2	3	3	2	1	1	1	3	3	3	2	2	3	1	3	2	2	2	2	3	3
	10월(대)	1	3	3	3	1	1	3	3	2	2	1	1	2	3	3	1	2	2	3	3	3	3	2	1	2	1	1	2	2	2
	11월(대)	1	1	1	3	2	2	3	2	1	2	3	3	2	1	1	1	3	3	3	2	2	3	1	3	2	2	2	2	3	3
	12월(소)	1	3	3	3	1	1	3	3	2	2	1	1	2	3	3	1	2	2	3	3	3	3	2	1	2	1	1	2	2	

2035년 (을묘년)

나이	을묘 1	갑인 2	계축 3	임자 4	신해 5	경술 6	기유 7	무신 8	정미 9	병오 10	을사 11	갑진 12	계묘 13	임인 14	신축 15	경자 16	기해 17	무술 18	정유 19	병신 20
태세	3	4	5	6	7	8	1	2	3	4	5	6	7	8	1	2	3	4	5	6
나이	을미 21	갑오 22	계사 23	임진 24	신묘 25	경인 26	기축 27	무자 28	정해 29	병술 30	을유 31	갑신 32	계미 33	임오 34	신사 35	경진 36	기묘 37	무인 38	정축 39	병자 40
태세	7	8	1	2	3	4	5	6	7	8	1	2	3	4	5	6	7	8	1	2
나이	을해 41	갑술 42	계유 43	임신 44	신미 45	경오 46	기사 47	무진 48	정묘 49	병인 50	을축 51	갑자 52	계해 53	임술 54	신유 55	경신 56	기미 57	무오 58	정사 59	병진 60
태세	3	4	5	6	7	8	1	2	3	4	5	6	7	8	1	2	3	4	5	6
나이	을묘 61	갑인 62	계축 63	임자 64	신해 65	경술 66	기유 67	무신 68	정미 69	병오 70	을사 71	갑진 72	계묘 73	임인 74	신축 75	경자 76	기해 77	무술 78	정유 79	병신 80
태세	7	8	1	2	3	4	5	6	7	8	1	2	3	4	5	6	7	8	1	2
나이	을미 81	갑오 82	계사 83	임진 84	신묘 85	경인 86	기축 87	무자 88	정해 89	병술 90	을유 91	갑신 92	계미 93	임오 94	신사 95	경진 96	기묘 97	무인 98	정축 99	병자 100
태세	3	4	5	6	7	8	1	2	3	4	5	6	7	8	1	2	3	4	5	6

월건	1월 무인	2월 기묘	3월 경진	4월 신사	5월 임오	6월 계미	7월 갑신	8월 을유	9월 병술	10월 정해	11월 무자	12월 기축
	6	2	1	4	2	1	3	1	6	4	1	5

일진	월 \ 일	1	2	3	4	5	6	7	8	9	10	11	12	13	14	15	16	17	18	19	20	21	22	23	24	25	26	27	28	29	30
일	1월 (대)	3	2	2	2	1	3	3	1	3	2	3	1	1	3	2	2	2	1	1	1	3	3	1	2	1	3	3	3	3	1
	2월 (소)	1	2	1	1	1	2	2	1	1	3	3	2	2	3	1	1	2	3	3	1	1	1	1	3	2	3	2	2	3	
	3월 (대)	1	1	3	3	3	2	1	1	2	1	3	1	2	2	1	3	3	3	2	2	2	1	1	2	3	2	1	1	1	1
	4월(소)	2	2	3	2	2	2	3	3	2	2	1	1	3	3	1	2	2	3	1	1	2	2	2	2	1	3	1	3	3	
	5월(소)	2	2	2	1	1	1	3	2	2	3	2	1	2	3	3	2	1	1	1	3	3	3	2	2	3	1	3	2	2	
	6월(대)	3	3	1	1	2	1	1	1	2	2	1	1	3	3	2	2	3	1	1	2	3	3	1	1	1	1	3	2	3	2
	7월(소)	2	3	3	3	2	2	2	1	3	3	1	3	2	3	1	1	3	2	2	2	1	1	1	3	3	1	2	1	3	
	8월(소)	1	1	1	2	2	3	2	2	2	3	3	2	2	1	1	3	3	1	2	2	3	1	1	2	2	2	2	1	3	
	9월(대)	2	1	1	2	2	2	1	1	1	3	2	2	3	2	1	2	3	3	2	1	1	1	3	3	3	2	2	3	1	3
진	10월(대)	2	2	2	2	3	3	1	3	3	3	1	1	3	3	2	2	1	1	2	3	3	1	2	2	3	3	3	3	2	1
	11월(소)	2	1	1	2	2	2	1	1	1	3	2	2	3	2	1	2	3	3	2	1	1	1	3	3	3	2	2	3	1	
	12월(대)	1	3	3	3	3	1	1	2	1	1	1	2	2	1	1	3	3	2	2	3	1	1	2	3	3	1	1	1	1	3

2036년 (병진년)

나이	병진 1	을묘 2	갑인 3	계축 4	임자 5	신해 6	경술 7	기유 8	무신 9	정미 10	병오 11	을사 12	갑진 13	계묘 14	임인 15	신축 16	경자 17	기해 18	무술 19	정유 20
태세	5	6	7	8	1	2	3	4	5	6	7	8	1	2	3	4	5	6	7	8
나이	병신 21	을미 22	갑오 23	계사 24	임진 25	신묘 26	경인 27	기축 28	무자 29	정해 30	병술 31	을유 32	갑신 33	계미 34	임오 35	신사 36	경진 37	기묘 38	무인 39	정축 40
태세	1	2	3	4	5	6	7	8	1	2	3	4	5	6	7	8	1	2	3	4
나이	병자 41	을해 42	갑술 43	계유 44	임신 45	신미 46	경오 47	기사 48	무진 49	정묘 50	병인 51	을축 52	갑자 53	계해 54	임술 55	신유 56	경신 57	기미 58	무오 59	정사 60
태세	5	6	7	8	1	2	3	4	5	6	7	8	1	2	3	4	5	6	7	8
나이	병진 61	을묘 62	갑인 63	계축 64	임자 65	신해 66	경술 67	기유 68	무신 69	정미 70	병오 71	을사 72	갑진 73	계묘 74	임인 75	신축 76	경자 77	기해 78	무술 79	정유 80
태세	1	2	3	4	5	6	7	8	1	2	3	4	5	6	7	8	1	2	3	4
나이	병신 81	을미 82	갑오 83	계사 84	임진 85	신묘 86	경인 87	기축 88	무자 89	정해 90	병술 91	을유 92	갑신 93	계미 94	임오 95	신사 96	경진 97	기묘 98	무인 99	정축 100
태세	5	6	7	8	1	2	3	4	5	6	7	8	1	2	3	4	5	6	7	8

월건	1월 경인	2월 신묘	3월 임진	4월 계사	5월 갑오	6월 을미	윤6월 을미	7월 병신	8월 정유	9월 무술	10월 기해	11월 경자	12월 신축
	3	1	4	3	5	3	4	1	5	4	6	5	3

	일 월	1	2	3	4	5	6	7	8	9	10	11	12	13	14	15	16	17	18	19	20	21	22	23	24	25	26	27	28	29	30
일	1월(대)	2	3	2	2	3	3	3	2	2	2	1	3	3	1	3	2	3	1	1	3	2	2	2	1	1	1	3	3	1	2
	2월(대)	1	3	3	3	3	1	1	2	1	1	1	2	2	1	1	3	3	2	2	3	1	1	2	3	3	1	1	1	1	3
	3월(소)	2	3	2	2	3	3	3	2	2	2	1	3	3	1	3	2	3	1	1	3	2	2	2	1	1	1	3	3	1	
	4월(대)	3	2	1	1	1	1	2	2	3	2	2	2	3	3	2	2	1	1	3	3	1	2	2	3	1	1	2	2	2	2
	5월(소)	1	3	1	3	3	1	1	1	3	3	3	2	1	1	2	1	3	1	2	2	1	3	3	3	2	2	2	1	1	
	6월(소)	3	1	3	2	2	2	2	3	3	1	3	3	3	1	1	3	3	2	2	1	1	2	3	3	1	2	2	3	3	
	윤6월(대)	1	1	3	2	3	2	2	3	3	3	2	2	2	1	3	3	1	3	2	3	1	1	3	2	2	2	1	1	1	3
	7월(소)	3	1	2	1	3	3	3	3	1	1	2	1	1	1	2	2	1	1	3	3	2	2	3	1	1	2	3	3	1	
진	8월(소)	2	2	2	1	3	1	3	3	1	1	1	3	3	3	2	1	1	2	1	3	1	2	2	1	3	3	3	2	2	
	9월(대)	3	2	2	3	1	3	2	2	2	2	3	3	1	3	3	3	1	1	3	3	2	2	1	1	2	3	3	1	2	2
	10월(소)	3	3	3	3	2	1	2	1	1	2	2	2	1	1	1	3	2	2	3	2	1	2	3	3	2	1	1	1	3	
	11월(대)	1	1	3	3	1	2	1	3	3	3	3	1	1	2	1	1	1	2	2	1	1	3	3	2	2	3	1	1	2	3
	12월(대)	3	1	1	1	1	3	2	3	2	2	3	3	3	2	2	2	1	3	3	1	3	2	3	1	1	3	2	2	2	1

2037년 (정사년)

나이	정사 1	병진 2	을묘 3	갑인 4	계축 5	임자 6	신해 7	경술 8	기유 9	무신 10	정미 11	병오 12	을사 13	갑진 14	계묘 15	임인 16	신축 17	경자 18	기해 19	무술 20
태세	8	1	2	3	4	5	6	7	8	1	2	3	4	5	6	7	8	1	2	3
나이	정유 21	병신 22	을미 23	갑오 24	계사 25	임진 26	신묘 27	경인 28	기축 29	무자 30	정해 31	병술 32	을유 33	갑신 34	계미 35	임오 36	신사 37	경진 38	기묘 39	무인 40
태세	4	5	6	7	8	1	2	3	4	5	6	7	8	1	2	3	4	5	6	7
나이	정축 41	병자 42	을해 43	갑술 44	계유 45	임신 46	신미 47	경오 48	기사 49	무진 50	정묘 51	병인 52	을축 53	갑자 54	계해 55	임술 56	신유 57	경신 58	기미 59	무오 60
태세	8	1	2	3	4	5	6	7	8	1	2	3	4	5	6	7	8	1	2	3
나이	정사 61	병진 62	을묘 63	갑인 64	계축 65	임자 66	신해 67	경술 68	기유 69	무신 70	정미 71	병오 72	을사 73	갑진 74	계묘 75	임인 76	신축 77	경자 78	기해 79	무술 80
태세	4	5	6	7	8	1	2	3	4	5	6	7	8	1	2	3	4	5	6	7
나이	정유 81	병신 82	을미 83	갑오 84	계사 85	임진 86	신묘 87	경인 88	기축 89	무자 90	정해 91	병술 92	을유 93	갑신 94	계미 95	임오 96	신사 97	경진 98	기묘 99	무인 100
태세	8	1	2	3	4	5	6	7	8	1	2	3	4	5	6	7	8	1	2	3

월건	1월 임인	2월 계묘	3월 갑진	4월 을사	5월 병오	6월 정미	7월 무신	8월 기유	9월 경술	10월 신해	11월 임자	12월 계축
	1	5	1	6	3	1	6	2	6	5	2	1

일진	월 \ 일	1	2	3	4	5	6	7	8	9	10	11	12	13	14	15	16	17	18	19	20	21	22	23	24	25	26	27	28	29	30
일진	1월 (대)	1	1	3	3	1	2	1	3	3	3	3	1	1	2	1	1	1	2	2	1	1	3	3	2	2	3	1	1	2	3
	2월 (대)	3	1	1	1	1	3	2	3	2	2	3	3	3	2	2	2	1	3	3	1	3	2	3	1	1	3	2	2	2	1
	3월 (소)	1	1	3	3	1	2	1	3	3	3	3	1	1	2	1	1	1	2	2	1	1	3	3	2	2	3	1	1	2	
	4월(대)	1	1	2	2	2	2	1	3	1	3	3	1	1	1	3	3	3	2	1	1	2	1	3	1	2	2	1	3	3	3
	5월(소)	2	2	2	1	1	2	3	2	1	1	1	1	2	2	3	2	2	2	3	3	2	2	1	1	3	3	1	2	2	
	6월(소)	1	2	2	3	3	3	3	2	1	2	1	1	2	2	2	1	1	1	3	2	2	3	2	1	2	3	3	2	1	
	7월(대)	2	2	1	1	1	3	3	1	2	1	3	3	3	3	1	1	2	1	1	1	2	2	1	1	3	3	2	2	3	1
	8월(소)	1	2	3	3	1	1	1	1	3	2	3	2	2	3	3	3	2	2	2	1	3	3	1	3	2	3	1	1	3	
	9월(소)	3	3	3	2	2	2	1	1	2	3	2	1	1	1	1	2	2	3	2	2	2	3	3	2	2	1	1	3	3	
	10월(대)	2	3	3	1	2	2	3	3	3	3	2	1	2	1	1	2	2	2	1	1	1	3	2	2	3	2	1	2	3	3
	11월(소)	2	1	1	1	3	3	3	2	2	3	1	3	2	2	2	2	3	3	1	3	3	3	1	1	3	3	2	2	1	
	12월(대)	2	3	1	1	2	3	3	1	1	1	1	3	2	3	2	2	3	3	3	2	2	2	1	3	3	1	3	2	3	1

2038년 (무오년)

나이	무오 1	정사 2	병진 3	을묘 4	갑인 5	계축 6	임자 7	신해 8	경술 9	기유 10	무신 11	정미 12	병오 13	을사 14	갑진 15	계묘 16	임인 17	신축 18	경자 19	기해 20
태세	7	8	1	2	3	4	5	6	7	8	1	2	3	4	5	6	7	8	1	2
나이	무술 21	정유 22	병신 23	을미 24	갑오 25	계사 26	임진 27	신묘 28	경인 29	기축 30	무자 31	정해 32	병술 33	을유 34	갑신 35	계미 36	임오 37	신사 38	경진 39	기묘 40
태세	3	4	5	6	7	8	1	2	3	4	5	6	7	8	1	2	3	4	5	6
나이	무인 41	정축 42	병자 43	을해 44	갑술 45	계유 46	임신 47	신미 48	경오 49	기사 50	무진 51	정묘 52	병인 53	을축 54	갑자 55	계해 56	임술 57	신유 58	경신 59	기미 60
태세	7	8	1	2	3	4	5	6	7	8	1	2	3	4	5	6	7	8	1	2
나이	무오 61	정사 62	병진 63	을묘 64	갑인 65	계축 66	임자 67	신해 68	경술 69	기유 70	무신 71	정미 72	병오 73	을사 74	갑진 75	계묘 76	임인 77	신축 78	경자 79	기해 80
태세	3	4	5	6	7	8	1	2	3	4	5	6	7	8	1	2	3	4	5	6
나이	무술 81	정유 82	병신 83	을미 84	갑오 85	계사 86	임진 87	신묘 88	경인 89	기축 90	무자 91	정해 92	병술 93	을유 94	갑신 95	계미 96	임오 97	신사 98	경진 99	기묘 100
태세	7	8	1	2	3	4	5	6	7	8	1	2	3	4	5	6	7	8	1	2

월건	1월 갑인	2월 을묘	3월 병진	4월 정사	5월 무오	6월 기미	7월 경신	8월 신유	9월 임술	10월 계해	11월 갑자	12월 을축
	4	2	5	4	1	5	2	1	4	2	6	3

	월 \ 일	1	2	3	4	5	6	7	8	9	10	11	12	13	14	15	16	17	18	19	20	21	22	23	24	25	26	27	28	29	30
일진	1월 (대)	1	3	2	2	2	1	1	1	3	3	1	2	1	3	3	3	3	1	1	2	1	1	1	2	2	1	1	3	3	2
	2월 (대)	2	3	1	1	2	3	3	1	1	1	1	3	2	3	2	2	3	3	3	2	2	2	1	3	3	1	3	2	3	1
	3월 (소)	1	3	2	2	2	1	1	1	3	3	1	2	1	3	3	3	3	1	1	2	1	1	1	2	2	1	1	3	3	
	4월(대)	3	3	1	2	2	3	1	1	2	2	2	2	1	3	1	3	3	1	1	1	3	3	3	2	1	1	2	1	3	1
	5월(소)	2	2	1	3	3	3	2	2	2	1	1	2	3	2	1	1	1	1	2	2	3	2	2	2	3	3	2	2	1	
	6월(대)	2	1	1	2	3	3	1	2	2	3	3	3	3	2	1	2	1	1	2	2	2	1	1	1	3	2	2	3	2	1
	7월(소)	2	3	3	2	1	1	1	3	3	3	2	2	3	1	3	2	2	2	2	3	3	1	3	3	3	1	1	3	3	
	8월(대)	3	3	2	2	3	1	1	2	3	3	1	1	1	1	3	2	3	2	2	3	3	3	2	2	2	1	3	3	1	3
	9월(소)	2	3	1	1	3	2	2	2	1	1	1	3	3	1	2	1	3	3	3	3	1	1	2	1	1	1	2	2	1	
	10월(소)	2	1	1	3	3	1	2	2	3	1	1	2	2	2	2	1	3	1	3	3	1	1	1	3	3	3	2	1	1	
	11월(대)	3	2	1	2	3	3	2	1	1	1	3	3	3	2	2	3	1	3	2	2	2	2	3	3	1	3	3	3	1	1
	12월(소)	3	3	2	2	1	1	2	3	3	1	2	2	3	3	3	3	2	1	2	1	1	2	2	2	1	1	1	3	2	

2039년 (기미년)

나이	기미 1	무오 2	정사 3	병진 4	을묘 5	갑인 6	계축 7	임자 8	신해 9	경술 10	기유 11	무신 12	정미 13	병오 14	을사 15	갑진 16	계묘 17	임인 18	신축 19	경자 20
태세	7	8	1	2	3	4	5	6	7	8	1	2	3	4	5	6	7	8	1	2
나이	기해 21	무술 22	정유 23	병신 24	을미 25	갑오 26	계사 27	임진 28	신묘 29	경인 30	기축 31	무자 32	정해 33	병술 34	을유 35	갑신 36	계미 37	임오 38	신사 39	경진 40
태세	3	4	5	6	7	8	1	2	3	4	5	6	7	8	1	2	3	4	5	6
나이	기묘 41	무인 42	정축 43	병자 44	을해 45	갑술 46	계유 47	임신 48	신미 49	경오 50	기사 51	무진 52	정묘 53	병인 54	을축 55	갑자 56	계해 57	임술 58	신유 59	경신 60
태세	7	8	1	2	3	4	5	6	7	8	1	2	3	4	5	6	7	8	1	2
나이	기미 61	무오 62	정사 63	병진 64	을묘 65	갑인 66	계축 67	임자 68	신해 69	경술 70	기유 71	무신 72	정미 73	병오 74	을사 75	갑진 76	계묘 77	임인 78	신축 79	경자 80
태세	3	4	5	6	7	8	1	2	3	4	5	6	7	8	1	2	3	4	5	6
나이	기해 81	무술 82	정유 83	병신 84	을미 85	갑오 86	계사 87	임진 88	신묘 89	경인 90	기축 91	무자 92	정해 93	병술 94	을유 95	갑신 96	계미 97	임오 98	신사 99	경진 100
태세	7	8	1	2	3	4	5	6	7	8	1	2	3	4	5	6	7	8	1	2

월건	1월 병인	2월 정묘	3월 무진	4월 기사	5월 경오	윤5월 경오	6월 신미	7월 임신	8월 계유	9월 갑술	10월 을해	11월 병자	12월 정축
	2	6	3	1	5	2	3	6	5	1	6	3	1

	월 \ 일	1	2	3	4	5	6	7	8	9	10	11	12	13	14	15	16	17	18	19	20	21	22	23	24	25	26	27	28	29	30
일	1월(대)	3	1	3	2	3	1	1	3	2	2	2	1	1	1	3	3	1	2	1	3	3	3	3	1	1	2	1	1	1	2
	2월(대)	2	1	1	3	3	2	2	3	1	1	2	3	3	1	1	1	1	3	2	3	2	2	3	3	3	2	2	2	1	3
	3월(소)	3	1	3	2	3	1	1	3	2	2	2	1	1	1	3	3	1	2	1	3	3	3	3	1	1	2	1	1	1	
	4월(대)	3	3	2	2	1	1	3	3	1	2	2	3	1	1	2	2	2	2	1	3	1	3	3	1	1	1	3	3	3	2
	5월(대)	1	1	2	1	3	1	2	2	1	3	3	3	2	2	2	1	1	2	3	2	1	1	1	1	2	2	3	2	2	2
	윤5월(소)	3	3	2	2	1	1	3	3	1	2	2	3	1	1	2	2	2	2	1	3	1	3	3	1	1	1	3	3	3	
	6월(대)	3	2	2	3	2	1	2	3	3	2	1	1	1	3	3	3	2	2	3	1	3	2	2	2	2	3	3	1	3	3
	7월(소)	3	1	1	3	3	2	2	1	1	2	3	3	1	2	2	3	3	3	3	2	1	2	1	1	2	2	2	1	1	
	8월(대)	2	1	3	3	1	3	2	3	1	1	3	2	2	2	1	1	1	3	3	1	2	1	3	3	3	3	1	1	2	1
	9월(소)	1	1	2	2	1	1	3	3	2	2	3	1	1	2	3	3	1	1	1	1	3	2	3	2	2	3	3	3	2	
진	10월(대)	3	3	2	1	1	2	1	3	1	2	2	1	3	3	3	2	2	2	1	1	2	3	2	1	1	1	1	2	2	3
	11월(소)	2	2	2	3	3	2	2	1	1	3	3	1	2	2	3	1	1	2	2	2	2	1	3	1	3	3	1	1	1	
	12월(소)	1	1	1	3	2	2	3	2	1	2	3	3	2	1	1	1	3	3	3	2	2	3	1	3	2	2	2	2	3	

2040년 (경신년)

나이	경신 1	기미 2	무오 3	정사 4	병진 5	을묘 6	갑인 7	계축 8	임자 9	신해 10	경술 11	기유 12	무신 13	정미 14	병오 15	을사 16	갑진 17	계묘 18	임인 19	신축 20
태세	6	6	7	8	1	2	3	4	5	6	7	8	1	2	3	4	5	6	7	8
나이	경자 21	기해 22	무술 23	정유 24	병신 25	을미 26	갑오 27	계사 28	임진 29	신묘 30	경인 31	기축 32	무자 33	정해 34	병술 35	을유 36	갑신 37	계미 38	임오 39	신사 40
태세	1	2	3	4	5	6	7	8	1	2	3	4	5	6	7	8	1	2	3	4
나이	경진 41	기묘 42	무인 43	정축 44	병자 45	을해 46	갑술 47	계유 48	임신 49	신미 50	경오 51	기사 52	무진 53	정묘 54	병인 55	을축 56	갑자 57	계해 58	임술 59	신유 60
태세	5	6	7	8	1	2	3	4	5	6	7	8	1	2	3	4	5	6	7	8
나이	경신 61	기미 62	무오 63	정사 64	병진 65	을묘 66	갑인 67	계축 68	임자 69	신해 70	경술 71	기유 72	무신 73	정미 74	병오 75	을사 76	갑진 77	계묘 78	임인 79	신축 80
태세	1	2	3	4	5	6	7	8	1	2	3	4	5	6	7	8	1	2	3	4
나이	경자 81	기해 82	무술 83	정유 84	병신 85	을미 86	갑오 87	계사 88	임진 89	신묘 90	경인 91	기축 92	무자 93	정해 94	병술 95	을유 96	갑신 97	계미 98	임오 99	신사 100
태세	5	6	7	8	1	2	3	4	5	6	7	8	1	2	3	4	5	6	7	8

월건	1월 무인	2월 기묘	3월 경진	4월 신사	5월 임오	6월 계미	7월 갑신	8월 을유	9월 병술	10월 정해	11월 무자	12월 기축
	6	2	1	5	2	1	4	1	6	3	2	4

	월 \ 일	1	2	3	4	5	6	7	8	9	10	11	12	13	14	15	16	17	18	19	20	21	22	23	24	25	26	27	28	29	30
	1월 (대)	1	2	1	1	1	2	2	1	1	3	3	2	2	3	1	1	2	3	3	1	1	1	1	3	2	3	2	2	3	3
	2월 (소)	3	2	2	2	1	3	3	1	3	2	3	1	1	3	2	2	2	1	1	1	3	3	1	2	1	3	3	3	3	
일	3월 (대)	2	2	3	2	2	2	3	3	2	2	1	1	3	3	1	2	2	3	1	1	2	2	2	2	1	3	1	3	3	1
	4월(대)	1	1	3	3	3	2	1	1	2	1	3	1	2	2	1	3	3	3	2	2	2	1	1	2	3	2	1	1	1	1
	5월(소)	2	2	3	2	2	2	3	3	2	2	1	1	3	3	1	2	2	3	1	1	2	2	2	2	1	3	1	3	3	
	6월(대)	2	2	2	1	1	1	3	2	2	3	2	1	2	3	3	2	1	1	1	3	3	3	2	2	3	1	3	2	2	2
	7월(대)	2	3	3	1	3	3	3	1	1	3	3	2	2	1	1	2	3	3	1	2	2	3	3	3	3	2	1	2	1	1
	8월(소)	2	2	2	1	1	1	3	2	2	3	2	1	2	3	3	2	1	1	1	3	3	3	2	2	3	1	3	2	2	
	9월(대)	3	3	1	1	2	1	1	1	2	2	1	1	3	3	2	2	3	1	1	2	3	3	1	1	1	1	3	2	3	2
진	10월(소)	2	3	3	3	2	2	2	1	3	3	1	3	2	3	1	1	3	2	2	2	1	1	1	3	3	1	2	1	3	
	11월(대)	1	1	1	2	2	3	2	2	2	3	3	2	2	1	1	3	3	1	2	2	3	1	1	2	2	2	2	1	3	1
	12월(소)	3	3	1	1	1	3	3	3	2	1	1	2	1	3	1	2	2	1	3	3	3	2	2	2	1	1	2	3	2	

2041년 (신유년)

나이	신유 1	경신 2	기미 3	무오 4	정사 5	병진 6	을묘 7	갑인 8	계축 9	임자 10	신해 11	경술 12	기유 13	무신 14	정미 15	병오 16	을사 17	갑진 18	계묘 19	임인 20
태세	4	5	6	7	8	1	2	3	4	5	6	7	8	1	2	3	4	5	6	7
나이	신축 21	경자 22	기해 23	무술 24	정유 25	병신 26	을미 27	갑오 28	계사 29	임진 30	신묘 31	경인 32	기축 33	무자 34	정해 35	병술 36	을유 37	갑신 38	계미 39	임오 40
태세	8	1	2	3	4	5	6	7	8	1	2	3	4	5	6	7	8	1	2	3
나이	신사 41	경진 42	기묘 43	무인 44	정축 45	병자 46	을해 47	갑술 48	계유 49	임신 50	신미 51	경오 52	기사 53	무진 54	정묘 55	병인 56	을축 57	갑자 58	계해 59	임술 60
태세	4	5	6	7	8	1	2	3	4	5	6	7	8	1	2	3	4	5	6	7
나이	신유 61	경신 62	기미 63	무오 64	정사 65	병진 66	을묘 67	갑인 68	계축 69	임자 70	신해 71	경술 72	기유 73	무신 74	정미 75	병오 76	을사 77	갑진 78	계묘 79	임인 80
태세	8	1	2	3	4	5	6	7	8	1	2	3	4	5	6	7	8	1	2	3
나이	신축 81	경자 82	기해 83	무술 84	정유 85	병신 86	을미 87	갑오 88	계사 89	임진 90	신묘 91	경인 92	기축 93	무자 94	정해 95	병술 96	을유 97	갑신 98	계미 99	임오 100
태세	4	5	6	7	8	1	2	3	4	5	6	7	8	1	2	3	4	5	6	7

월건	1월 경인	2월 신묘	3월 임진	4월 계사	5월 갑오	6월 을미	7월 병신	8월 정유	9월 무술	10월 기해	11월 경자	12월 신축
	3	6	4	3	5	4	2	5	4	1	4	3

	일 / 월	1	2	3	4	5	6	7	8	79	10	11	12	13	14	15	16	17	18	19	20	21	22	23	24	25	26	27	28	29	30
일	1월 (대)	2	2	2	2	3	3	1	3	3	3	1	1	3	3	2	2	1	1	2	3	3	1	2	2	3	3	3	3	2	1
	2월 (소)	2	1	1	2	2	2	1	1	1	3	2	2	3	2	1	2	3	3	2	1	1	1	3	3	3	2	2	3	1	
	3월 (소)	1	3	3	3	3	1	1	2	1	1	1	2	2	1	1	3	3	2	2	3	1	1	2	3	3	1	1	1	1	
	4월(대)	1	3	1	3	3	1	1	1	3	3	3	2	1	1	2	1	3	1	2	2	1	3	3	3	2	2	2	1	1	2
	5월(소)	3	2	1	1	1	1	2	2	3	2	2	2	3	3	2	2	1	1	3	3	1	2	2	3	1	1	2	2	2	
	6월(대)	3	2	1	2	1	1	2	2	2	1	1	1	3	2	2	3	2	1	2	3	3	2	1	1	1	3	3	3	2	2
	7월(대)	3	1	3	2	2	2	2	3	3	1	3	3	3	1	1	3	3	2	2	1	1	2	3	3	1	2	2	3	3	3
	8월(소)	3	2	1	2	1	1	2	2	2	1	1	1	3	2	2	3	2	1	2	3	3	2	1	1	1	3	3	3	2	
	9월(대)	3	1	2	1	3	3	3	3	1	1	2	1	1	1	2	2	1	1	3	3	2	2	3	1	1	2	3	3	1	1
진	10월(대)	1	1	3	2	3	2	2	3	3	3	2	2	2	1	3	3	1	3	2	3	1	1	3	2	2	2	1	1	1	3
	11월(소)	3	1	2	1	3	3	3	3	1	1	2	1	1	1	2	2	1	1	3	3	2	2	3	1	1	2	3	3	1	
	12월(대)	2	2	2	1	3	1	3	3	1	1	1	3	3	3	2	1	1	2	1	3	1	2	2	1	3	3	3	2	2	2

2042년 (임술년)

나이	임술 1	신유 2	경신 3	기미 4	무오 5	정사 6	병진 7	을묘 8	갑인 9	계축 10	임자 11	신해 12	경술 13	기유 14	무신 15	정미 16	병오 17	을사 18	갑진 19	계묘 20
태세	4	5	6	7	8	1	2	3	4	5	6	7	8	1	2	3	4	5	6	7
나이	임인 21	신축 22	경자 23	기해 24	무술 25	정유 26	병신 27	을미 28	갑오 29	계사 30	임진 31	신묘 32	경인 33	기축 34	무자 35	정해 36	병술 37	을유 38	갑신 39	계미 40
태세	8	1	2	3	4	5	6	7	8	1	2	3	4	5	6	7	8	1	2	3
나이	임오 41	신사 42	경진 43	기묘 44	무인 45	정축 46	병자 47	을해 48	갑술 49	계유 50	임신 51	신미 52	경오 53	기사 54	무진 55	정묘 56	병인 57	을축 58	갑자 59	계해 60
태세	4	5	6	7	8	1	2	3	4	5	6	7	8	1	2	3	4	5	6	7
나이	임술 61	신유 62	경신 63	기미 64	무오 65	정사 66	병진 67	을묘 68	갑인 69	계축 70	임자 71	신해 72	경술 73	기유 74	무신 75	정미 76	병오 77	을사 78	갑진 79	계묘 80
태세	8	1	2	3	4	5	6	7	8	1	2	3	4	5	6	7	8	1	2	3
나이	임인 81	신축 82	경자 83	기해 84	무술 85	정유 86	병신 87	을미 88	갑오 89	계사 90	임진 91	신묘 92	경인 93	기축 94	무자 95	정해 96	병술 97	을유 98	갑신 99	계미 100
태세	4	5	6	7	8	1	2	3	4	5	6	7	8	1	2	3	4	5	6	7

월건	1월 임인	2월 계묘	윤2월 계묘	3월 갑진	4월 을사	5월 병오	6월 정미	7월 무신	8월 기유	9월 경술	10월 신해	11월 임자	12월 계축
	6	5	4	1	6	3	2	5	3	1	5	2	1

	월 \ 일	1	2	3	4	5	6	7	8	9	10	11	12	13	14	15	16	17	18	19	20	21	22	23	24	25	26	27	28	29	30
일진	1월(소)	1	1	2	3	2	1	1	1	1	2	2	3	2	2	2	3	3	2	2	1	1	3	3	1	2	2	3	1	1	
	2월(대)	3	3	3	3	2	1	2	1	1	2	2	2	1	1	1	3	2	2	3	2	1	2	3	3	2	1	1	1	3	3
	윤2월(소)	3	2	2	3	1	3	2	2	2	2	3	3	1	3	3	3	1	1	3	3	2	2	1	1	2	3	3	1	2	
	3월(소)	3	1	1	1	1	3	2	3	2	2	3	3	3	2	2	2	1	3	3	1	3	2	3	1	1	3	2	2	2	
	4월(대)	2	2	2	1	1	2	3	2	1	1	1	1	2	2	3	2	2	2	3	3	2	2	1	1	3	3	1	2	2	3
	5월(소)	1	1	2	2	2	2	1	3	1	3	3	1	1	1	3	3	3	2	1	1	2	1	3	1	2	2	1	3	3	
	6월(대)	1	3	3	3	2	2	3	1	3	2	2	2	2	3	3	1	3	3	3	1	1	3	3	2	2	1	1	2	3	3
	7월(소)	1	2	2	3	3	3	3	2	1	2	1	1	2	2	2	1	1	1	3	2	2	3	2	1	2	3	3	2	1	
	8월(대)	2	2	1	1	1	3	3	1	2	1	3	3	3	3	1	1	2	1	1	1	2	2	1	1	3	3	2	2	3	1
	9월(대)	1	2	3	3	1	1	1	1	3	2	3	2	2	3	3	3	2	2	2	1	3	3	1	3	2	3	1	1	3	2
	10월(대)	2	2	1	1	1	3	3	1	2	1	3	3	3	3	1	1	2	1	1	1	2	2	1	1	3	3	2	2	3	1
	11월(소)	1	2	3	3	1	1	1	1	3	2	3	2	2	3	3	3	2	2	2	1	3	3	1	3	2	3	1	1	3	
	12월(대)	3	3	3	2	2	2	1	1	2	3	2	1	1	1	1	2	2	3	2	2	2	3	3	2	2	1	1	3	3	1

2043년 (계해년)

나이	계해 1	임술 2	신유 3	경신 4	기미 5	무오 6	정사 7	병진 8	을묘 9	갑인 10	계축 11	임자 12	신해 13	경술 14	기유 15	무신 16	정미 17	병오 18	을사 19	갑진 20
태세	1	2	3	4	5	6	7	8	1	2	3	4	5	6	7	8	1	2	3	4
나이	계묘 21	임인 22	신축 23	경자 24	기해 25	무술 26	정유 27	병신 28	을미 29	갑오 30	계사 31	임진 32	신묘 33	경인 34	기축 35	무자 36	정해 37	병술 38	을유 39	갑신 40
태세	5	6	7	8	1	2	3	4	5	6	7	8	1	2	3	4	5	6	7	8
나이	계미 41	임오 42	신사 43	경진 44	기묘 45	무인 46	정축 47	병자 48	을해 49	갑술 50	계유 51	임신 52	신미 53	경오 54	기사 55	무진 56	정묘 57	병인 58	을축 59	갑자 60
태세	1	2	3	4	5	6	7	8	1	2	3	4	5	6	7	8	1	2	3	4
나이	계해 61	임술 62	신유 63	경신 64	기미 65	무오 66	정사 67	병진 68	을묘 69	갑인 70	계축 71	임자 72	신해 73	경술 74	기유 75	무신 76	정미 77	병오 78	을사 79	갑진 80
태세	5	6	7	8	1	2	3	4	5	6	7	8	1	2	3	4	5	6	7	8
나이	계묘 81	임인 82	신축 83	경자 84	기해 85	무술 86	정유 87	병신 88	을미 89	갑오 90	계사 91	임진 92	신묘 93	경인 94	기축 95	무자 96	정해 97	병술 98	을유 99	갑신 100
태세	1	2	3	4	5	6	7	8	1	2	3	4	5	6	7	8	1	2	3	4

월건	1월 갑인	2월 을묘	3월 병진	4월 정사	5월 무오	6월 기미	7월 경신	8월 신유	9월 임술	10월 계해	11월 갑자	12월 을축
	3	2	5	3	2	4	2	1	5	2	6	4

	일 / 월	1	2	3	4	5	6	7	8	9	10	11	12	13	14	15	16	17	18	19	20	21	22	23	24	25	26	27	28	29	30
일진	1월 (소)	2	2	3	1	1	2	2	2	2	1	3	1	3	3	1	1	1	3	3	3	2	1	1	2	1	3	1	2	2	
	2월 (대)	2	1	1	1	3	3	3	2	2	3	1	3	2	2	2	2	3	3	1	3	3	3	1	1	3	3	2	2	1	1
	3월 (소)	2	3	3	1	2	2	3	3	3	3	2	1	2	1	1	2	2	2	1	1	1	3	2	2	3	2	1	2	3	
	4월(소)	1	3	2	2	2	1	1	1	3	3	1	2	1	3	3	3	3	1	1	2	1	1	1	2	2	1	1	3	3	
	5월(대)	3	3	1	2	2	3	1	1	2	2	2	2	1	3	1	3	3	1	1	1	3	3	3	2	1	1	2	1	3	1
	6월(소)	2	2	1	3	3	3	2	2	2	1	1	2	3	2	1	1	1	1	2	2	3	2	2	2	3	3	2	2	1	
	7월(소)	2	1	1	2	3	3	1	2	2	3	3	3	3	2	1	2	1	1	2	2	2	1	1	1	3	2	2	3	2	
	8월(대)	2	3	1	1	3	2	2	2	1	1	1	3	3	1	2	1	3	3	3	3	1	1	2	1	1	1	2	2	1	1
	9월(대)	3	3	2	2	3	1	1	2	3	3	1	1	1	1	3	2	3	2	2	3	3	3	2	2	2	1	3	3	1	3
	10월(소)	2	3	1	1	3	2	2	2	1	1	1	3	3	1	2	1	3	3	3	3	1	1	2	1	1	1	2	2	1	
	11월(대)	2	1	1	3	3	1	2	2	3	1	1	2	2	2	2	1	3	1	3	3	1	1	1	3	3	3	2	1	1	2
	12월(대)	1	3	1	2	2	1	3	3	3	2	2	2	1	1	2	3	2	1	1	1	1	2	2	3	2	2	2	3	3	2

2044년 (갑자년)

나이	갑자 1	계해 2	임술 3	신유 4	경신 5	기미 6	무오 7	정사 8	병진 9	을묘 10	갑인 11	계축 12	임자 13	신해 14	경술 15	기유 16	무신 17	정미 18	병오 19	을사 20
태세	5	6	7	8	1	2	3	4	5	6	7	8	1	2	3	4	5	6	7	8
나이	갑진 21	계묘 22	임인 23	신축 24	경자 25	기해 26	무술 27	정유 28	병신 29	을미 30	갑오 31	계사 32	임진 33	신묘 34	경인 35	기축 36	무자 37	정해 38	병술 39	을유 40
태세	1	2	3	4	5	6	7	8	1	2	3	4	5	6	7	8	1	2	3	4
나이	갑신 41	계미 42	임오 43	신사 44	경진 45	기묘 46	무인 47	정축 48	병자 49	을해 50	갑술 51	계유 52	임신 53	신미 54	경오 55	기사 56	무진 57	정묘 58	병인 59	을축 60
태세	5	6	7	8	1	2	3	4	5	6	7	8	1	2	3	4	5	6	7	8
나이	갑자 61	계해 62	임술 63	신유 64	경신 65	기미 66	무오 67	정사 68	병진 69	을묘 70	갑인 71	계축 72	임자 73	신해 74	경술 75	기유 76	무신 77	정미 78	병오 79	을사 80
태세	1	2	3	4	5	6	7	8	1	2	3	4	5	6	7	8	1	2	3	4
나이	갑진 81	계묘 82	임인 83	신축 84	경자 85	기해 86	무술 87	정유 88	병신 89	을미 90	갑오 91	계사 92	임진 93	신묘 94	경인 95	기축 96	무자 97	정해 98	병술 99	을유 100
태세	5	6	7	8	1	2	3	4	5	6	7	8	1	2	3	4	5	6	7	8

월건	1월 병인	2월 정묘	3월 무진	4월 기사	5월 경오	6월 신미	7월 임신	윤7월 임신	8월 계유	9월 갑술	10월 을해	11월 병자	12월 정축
	2	5	4	6	4	3	6	6	5	1	6	4	2

	월＼일	1	2	3	4	5	6	7	8	9	10	11	12	13	14	15	16	17	18	19	20	21	22	23	24	25	26	27	28	29	30
	1월(대)	2	1	1	3	3	1	2	2	3	1	1	2	2	2	2	1	3	1	3	3	1	1	1	3	3	3	2	1	1	2
	2월(소)	1	3	1	2	2	1	3	3	3	2	2	2	1	1	2	3	2	1	1	1	1	2	2	3	2	2	2	3	3	
일	3월(대)	3	3	2	2	1	1	2	3	3	1	2	2	3	3	3	3	2	1	2	1	1	2	2	2	1	1	1	3	2	2
	4월(소)	3	2	1	2	3	3	2	1	1	1	3	3	3	2	2	3	1	3	2	2	2	2	3	3	1	3	3	3	1	
	5월(소)	2	1	1	3	3	2	2	3	1	1	2	3	3	1	1	1	1	3	2	3	2	2	3	3	3	2	2	2	1	
	6월(대)	1	1	2	1	3	1	2	2	1	3	3	3	2	2	2	1	1	2	3	2	1	1	1	1	2	2	3	2	2	2
	7월(소)	3	3	2	2	1	1	3	3	1	2	2	3	1	1	2	2	2	2	1	3	1	3	3	1	1	1	3	3	3	
	윤7월(소)	3	2	2	3	2	1	2	3	3	2	1	1	1	3	3	3	2	2	3	1	3	2	2	2	2	3	3	1	3	
	8월(대)	1	1	2	2	1	1	3	3	2	2	3	1	1	2	3	3	1	1	1	1	3	2	3	2	2	3	3	3	2	2
	9월(소)	2	1	3	3	1	3	2	3	1	1	3	2	2	2	1	1	1	3	3	1	2	1	3	3	3	3	1	1	2	
진	10월(대)	2	2	2	3	3	2	2	1	1	3	3	1	2	2	3	1	1	2	2	2	2	1	3	1	3	3	1	1	1	3
	11월(대)	3	3	2	1	1	2	1	3	1	2	2	1	3	3	3	2	2	2	1	1	2	3	2	1	1	1	1	2	2	3
	12월(대)	2	2	2	3	3	2	2	1	1	3	3	1	2	2	3	1	1	2	2	2	2	1	3	1	3	3	1	1	1	3

2045년 (을축년)

나이	을축 1	갑자 2	계해 3	임술 4	신유 5	경신 6	기미 7	무오 8	정사 9	병진 10	을묘 11	갑인 12	계축 13	임자 14	신해 15	경술 16	기유 17	무신 18	정미 19	병오 20
태세	6	7	8	1	2	3	4	5	6	7	8	1	2	3	4	5	6	6	7	1
나이	을사 21	갑진 22	계묘 23	임인 24	신축 25	경자 26	기해 27	무술 28	정유 29	병신 30	을미 31	갑오 32	계사 33	임진 34	신묘 35	경인 36	기축 37	무자 38	정해 39	병술 40
태세	2	3	4	5	6	7	8	1	2	3	4	5	6	7	8	1	2	3	4	5
나이	을유 41	갑신 42	계미 43	임오 44	신사 45	경진 46	기묘 47	무인 48	정축 49	병자 50	을해 51	갑술 52	계유 53	임신 54	신미 55	경오 56	기사 57	무진 58	정묘 59	병인 60
태세	6	7	8	1	2	3	4	5	6	7	8	1	2	3	4	5	6	7	8	1
나이	을축 61	갑자 62	계해 63	임술 64	신유 65	경신 66	기미 67	무오 68	정사 69	병진 70	을묘 71	갑인 72	계축 73	임자 74	신해 75	경술 76	기유 77	무신 78	정미 79	병오 80
태세	2	3	4	5	6	7	8	1	2	3	4	5	6	7	8	1	2	3	4	5
나이	을사 81	갑진 82	계묘 83	임인 84	신축 85	경자 86	기해 87	무술 88	정유 89	병신 90	을미 91	갑오 92	계사 93	임진 94	신묘 95	경인 96	기축 97	무자 98	정해 99	병술 100
태세	6	7	8	1	2	3	4	5	6	7	8	1	2	3	4	5	6	7	8	1

월건	1월 무인	2월 기묘	3월 경진	4월 신사	5월 임오	6월 계미	7월 갑신	8월 을유	9월 병술	10월 정해	11월 무자	12월 기축
	6	2	1	4	2	1	3	1	6	3	2	5

	월＼일	1	2	3	4	5	6	7	8	9	10	11	12	13	14	15	16	17	18	19	20	21	22	23	24	25	26	27	28	29	30
일진	1월 (대)	3	3	2	1	1	2	1	3	1	2	2	1	3	3	3	2	2	2	1	1	2	3	2	1	1	1	1	2	2	3
	2월 (소)	2	2	2	3	3	2	2	1	1	3	3	1	2	2	3	1	1	2	2	2	2	1	3	1	3	3	1	1	1	
	3월 (대)	1	1	1	3	2	2	3	2	1	2	3	3	2	1	1	1	3	3	3	2	2	3	1	3	2	2	2	2	3	3
	4월(소)	1	3	3	3	1	1	3	3	2	2	1	1	2	3	3	1	2	2	3	3	3	3	2	1	2	1	1	2	2	
	5월(소)	3	2	2	2	1	3	3	1	3	2	3	1	1	3	2	2	2	1	1	1	3	3	1	2	1	3	3	3	3	
	6월(대)	2	2	3	2	2	2	3	3	2	2	1	1	3	3	1	2	2	3	1	1	2	2	2	2	1	3	1	3	3	1
	7월(소)	1	1	3	3	3	2	1	1	2	1	3	1	2	2	1	3	3	3	2	2	2	1	1	2	3	2	1	1	1	
	8월(소)	2	3	3	1	3	3	3	1	1	3	3	2	2	1	1	2	3	3	1	2	2	3	3	3	3	2	1	2	1	
	9월(대)	2	3	3	3	2	2	2	1	3	3	1	3	2	3	1	1	3	2	2	2	1	1	1	3	3	1	2	1	3	3
	10월(소)	3	3	1	1	2	1	1	1	2	2	1	1	3	3	2	2	3	1	1	2	3	3	1	1	1	1	3	2	3	
	11월(대)	3	3	1	1	1	3	3	3	2	1	1	2	1	3	1	2	2	1	3	3	3	2	2	2	1	1	2	3	2	1
	12월(대)	1	1	1	2	2	3	2	2	2	3	3	2	2	1	1	3	3	1	2	2	3	1	1	2	2	2	2	1	3	1

2046년 (병인년)

나이	병인 1	을축 2	갑자 3	계해 4	임술 5	신유 6	경신 7	기미 8	무오 9	정사 10	병진 11	을묘 12	갑인 13	계축 14	임자 15	신해 16	경술 17	기유 18	무신 19	정미 20
태세	2	3	4	5	6	7	8	1	2	3	4	5	6	7	8	1	2	3	4	5
나이	병오 21	을사 22	갑진 23	계묘 24	임인 25	신축 26	경자 27	기해 28	무술 29	정유 30	병신 31	을미 32	갑오 33	계사 34	임진 35	신묘 36	경인 37	기축 38	무자 39	정해 40
태세	6	7	8	1	2	3	4	5	6	7	8	1	2	3	4	5	6	7	8	1
나이	병술 41	을유 42	갑신 43	계미 44	임오 45	신사 46	경진 47	기묘 48	무인 49	정축 50	병자 51	을해 52	갑술 53	계유 54	임신 55	신미 56	경오 57	기사 58	무진 59	정묘 60
태세	2	3	4	5	6	7	8	1	2	3	4	5	6	7	8	1	2	3	4	5
나이	병인 61	을축 62	갑자 63	계해 64	임술 65	신유 66	경신 67	기미 68	무오 69	정사 70	병진 71	을묘 72	갑인 73	계축 74	임자 75	신해 76	경술 77	기유 78	무신 79	정미 80
태세	6	7	8	1	2	3	4	5	6	7	8	1	2	3	4	5	6	7	8	1
나이	병오 81	을사 82	갑진 83	계묘 84	임인 85	신축 86	경자 87	기해 88	무술 89	정유 90	병신 91	을미 92	갑오 93	계사 94	임진 95	신묘 96	경인 97	기축 98	무자 99	정해 100
태세	2	3	4	5	6	7	8	1	2	3	4	5	6	7	8	1	2	3	4	5

월건	1월 경인	2월 신묘	3월 임진	4월 계사	5월 갑오	6월 을미	7월 병신	8월 정유	9월 무술	10월 기해	11월 경자	12월 신축
	3	6	5	3	5	3	2	5	3	1	4	3

	일 / 월	1	2	3	4	5	6	7	8	9	10	11	12	13	14	15	16	17	18	19	20	21	22	23	24	25	26	27	28	29	30
일진	1월 (대)	3	3	1	1	1	3	3	3	2	1	1	2	1	3	1	2	2	1	3	3	3	2	2	2	1	1	2	3	2	1
	2월 (소)	1	1	1	2	2	3	2	2	2	3	3	2	2	1	1	3	3	1	2	2	3	1	1	2	2	2	2	1	3	
	3월 (대)	2	1	1	2	2	2	1	1	1	3	2	2	3	2	1	2	3	3	2	1	1	1	3	3	3	2	2	3	1	3
	4월(대)	2	2	2	2	3	3	1	3	3	3	1	1	3	3	2	2	1	1	2	3	3	1	2	2	3	3	3	3	2	1
	5월(소)	2	1	1	2	2	2	1	1	1	3	2	2	3	2	1	2	3	3	2	1	1	1	3	3	3	2	2	3	1	
	6월(소)	1	3	3	3	3	1	1	2	1	1	1	2	2	1	1	3	3	2	2	3	1	1	2	3	3	1	1	1	1	
	7월(대)	1	3	1	3	3	1	1	1	3	3	3	2	1	1	2	1	3	1	2	2	1	3	3	3	2	2	2	1	1	2
	8월(소)	3	2	1	1	1	1	2	2	3	2	2	2	3	3	2	2	1	1	3	3	1	2	2	3	1	1	2	2	2	
	9월(소)	3	2	1	2	1	1	2	2	2	1	1	1	3	2	2	3	2	1	2	3	3	2	1	1	1	3	3	3	2	
	10월(대)	3	1	2	1	3	3	3	3	1	1	2	1	1	1	2	2	1	1	3	3	2	2	3	1	1	2	3	3	1	1
	11월(소)	1	1	3	2	3	2	2	3	3	3	2	2	2	1	3	3	1	3	2	3	1	1	3	2	2	2	1	1	1	
	12월(대)	1	1	2	3	2	1	1	1	1	2	2	3	2	2	2	3	3	2	2	1	1	3	3	1	2	2	3	1	1	2

2047년 (정묘년)

나이	정묘 1	병인 2	을축 3	갑자 4	계해 5	임술 6	신유 7	경신 8	기미 9	무오 10	정사 11	병진 12	을묘 13	갑인 14	계축 15	임자 16	신해 17	경술 18	기유 19	무신 20
태세	1	2	3	4	5	6	7	8	1	2	3	4	5	6	7	8	1	2	3	4
나이	정미 21	병오 22	을사 23	갑진 24	계묘 25	임인 26	신축 27	경자 28	기해 29	무술 30	정유 31	병신 32	을미 33	갑오 34	계사 35	임진 36	신묘 37	경인 38	기축 39	무자 40
태세	5	6	7	8	1	2	3	4	5	6	7	8	1	2	3	4	5	6	7	8
나이	정해 41	병술 42	을유 43	갑신 44	계미 45	임오 46	신사 47	경진 48	기묘 49	무인 50	정축 51	병자 52	을해 53	갑술 54	계유 55	임신 56	신미 57	경오 58	기사 59	무진 60
태세	1	2	3	4	5	6	7	8	1	2	3	4	5	6	7	8	1	2	3	4
나이	정묘 61	병인 62	을축 63	갑자 64	계해 65	임술 66	신유 67	경신 68	기미 69	무오 70	정사 71	병진 72	을묘 73	갑인 74	계축 75	임자 76	신해 77	경술 78	기유 79	무신 80
태세	5	6	7	8	1	2	3	4	5	6	7	8	1	2	3	4	5	6	7	8
나이	정미 81	병오 82	을사 83	갑진 84	계묘 85	임인 86	신축 87	경자 88	기해 89	무술 90	정유 91	병신 92	을미 93	갑오 94	계사 95	임진 96	신묘 97	경인 98	기축 99	무자 100
태세	1	2	3	4	5	6	7	8	1	2	3	4	5	6	7	8	1	2	3	4

월건	1월 임인	2월 계묘	3월 갑진	4월 을사	5월 병오	윤5월 병오	6월 정미	7월 무신	8월 기유	9월 경술	10월 신해	11월 임자	12월 계축
	1	4	2	6	3	4	1	6	2	6	5	2	1

	월 \ 일	1	2	3	4	5	6	7	8	9	10	11	12	13	14	15	16	17	18	19	20	21	22	23	24	25	26	27	28	29	30
일	1월(대)	2	2	2	1	3	1	3	3	1	1	1	3	3	3	2	1	1	2	1	3	1	2	2	1	3	3	3	2	2	2
	2월(소)	1	1	2	3	2	1	1	1	1	2	2	3	2	2	2	3	3	2	2	1	1	3	3	1	2	2	3	1	1	
	3월(대)	3	3	3	3	2	1	2	1	1	2	2	2	1	1	1	3	2	2	3	2	1	2	3	3	2	1	1	1	3	3
	4월(대)	3	2	2	3	1	3	2	2	2	2	3	3	1	3	3	3	1	1	3	3	2	2	1	1	2	3	3	1	2	2
	5월(소)	3	3	3	3	2	1	2	1	1	2	2	2	1	1	1	3	2	2	3	2	1	2	3	3	2	1	1	1	3	
	윤5월(대)	1	1	3	3	1	2	1	3	3	3	3	1	1	2	1	1	1	2	2	1	1	3	3	2	2	3	1	1	2	3
	6월(소)	3	1	1	1	1	3	2	3	2	2	3	3	3	2	2	2	1	3	3	1	3	2	3	1	1	3	2	2	2	
	7월(대)	2	2	2	1	1	2	3	2	1	1	1	1	2	2	3	2	2	2	3	3	2	2	1	1	3	3	1	2	2	3
	8월(소)	1	1	2	2	2	2	1	3	1	3	3	1	1	1	3	3	3	2	1	1	2	1	3	1	2	2	1	3	3	
	9월(소)	1	3	3	3	2	2	3	1	3	2	2	2	2	3	3	1	3	3	3	1	1	3	3	2	2	1	1	2	3	
진	10월(대)	1	2	3	3	1	1	1	1	3	2	3	2	2	3	3	3	2	2	2	1	3	3	1	3	2	3	1	1	3	2
	11월(소)	2	2	1	1	1	3	3	1	2	1	3	3	3	3	1	1	2	1	1	1	2	2	1	1	3	3	2	2	3	
	12월(대)	2	2	3	1	1	2	2	2	2	1	3	1	3	3	1	1	1	3	3	3	2	1	1	2	1	3	1	2	2	1

2048년 (무진년)

나이	무진 1	정묘 2	병인 3	을축 4	갑자 5	계해 6	임술 7	신유 8	경신 9	기미 10	무오 11	정사 12	병진 13	을묘 14	갑인 15	계축 16	임자 17	신해 18	경술 19	기유 20
태세	3	4	5	6	7	8	1	2	3	4	5	6	7	8	1	2	3	4	5	6
나이	무신 21	정미 22	병오 23	을사 24	갑진 25	계묘 26	임인 27	신축 28	경자 29	기해 30	무술 31	정유 32	병신 33	을미 34	갑오 35	계사 36	임진 37	신묘 38	경인 39	기축 40
태세	7	8	1	2	3	4	5	6	7	8	1	2	3	4	5	6	7	8	1	2
나이	무자 41	정해 42	병술 43	을유 44	갑신 45	계미 46	임오 47	신사 48	경진 49	기묘 50	무인 51	정축 52	병자 53	을해 54	갑술 55	계유 56	임신 57	신미 58	경오 59	기사 60
태세	3	4	5	6	7	8	1	2	3	4	5	6	7	8	1	2	3	4	5	6
나이	무진 61	정묘 62	병인 63	을축 64	갑자 65	계해 66	임술 67	신유 68	경신 69	기미 70	무오 71	정사 72	병진 73	을묘 74	갑인 75	계축 76	임자 77	신해 78	경술 79	기유 80
태세	7	8	1	2	3	4	5	6	7	8	1	2	3	4	5	6	7	8	1	2
나이	무신 81	정미 82	병오 83	을사 84	갑진 85	계묘 86	임인 87	신축 88	경자 89	기해 90	무술 91	정유 92	병신 93	을미 94	갑오 95	계사 96	임진 97	신묘 98	경인 99	기축 100
태세	3	4	5	6	7	8	1	2	3	4	5	6	7	8	1	2	3	4	5	6

월건	1월 갑인	2월 을묘	3월 병진	4월 정사	5월 무오	6월 기미	7월 경신	8월 신유	9월 임술	10월 계해	11월 갑자	12월 을축
	3	2	6	3	2	5	2	1	4	3	5	3

	일 / 월	1	2	3	4	5	6	7	8	9	10	11	12	13	14	15	16	17	18	19	20	21	22	23	24	25	26	27	28	29	30
일진	1월 (소)	3	3	3	2	2	2	1	1	2	3	2	1	1	1	1	2	2	3	2	2	2	3	3	2	2	1	1	3	3	
	2월 (대)	2	3	3	1	2	2	3	3	3	3	2	1	2	1	1	2	2	2	1	1	1	3	2	2	3	2	1	2	3	3
	3월 (대)	2	1	1	1	3	3	3	2	2	3	1	3	2	2	2	2	3	3	1	3	3	3	1	1	3	3	2	2	1	1
	4월(소)	2	3	3	1	2	2	3	3	3	3	2	1	2	1	1	2	2	2	1	1	1	3	2	2	3	2	1	2	3	
	5월(대)	1	3	2	2	2	1	1	1	3	3	1	2	1	3	3	3	3	1	1	2	1	1	1	2	2	1	1	3	3	2
	6월(대)	2	3	1	1	2	3	3	1	1	1	1	3	2	3	2	2	3	3	3	2	2	2	1	3	3	1	3	2	3	1
	7월(소)	1	3	2	2	2	1	1	1	3	3	1	2	1	3	3	3	3	1	1	2	1	1	1	2	2	1	1	3	3	
	8월(대)	3	3	1	2	2	3	1	1	2	2	2	2	1	3	1	3	3	1	1	1	3	3	3	2	1	1	2	1	3	1
	9월(소)	2	2	1	3	3	3	2	2	2	1	1	2	3	2	1	1	1	1	2	2	3	2	2	2	3	3	2	2	1	
	10월(대)	2	1	1	2	3	3	1	2	2	3	3	3	3	2	1	2	1	1	2	2	2	1	1	1	3	2	2	3	2	1
	11월(소)	2	3	3	2	1	1	1	3	3	3	2	2	3	1	3	2	2	2	2	3	3	1	3	3	3	1	1	3	3	
	12월(소)	3	3	2	2	3	1	1	2	3	3	1	1	1	1	3	2	3	2	2	3	3	3	2	2	2	1	3	3	1	

하 락 세 운 결 목 차(1)

111 71	112 74	113 78	121 81	122 84	123 88	131 91	132 95
133 98	141 102	142 105	143 108	151 112	152 115	153 118	161 122
162 125	163 129	211 133	212 136	213 139	221 143	222 147	223 150
231 154	232 157	233 160	241 164	242 167	243 171	251 175	252 178
253 181	261 185	262 188	263 192	311 195	312 199	313 202	321 205
322 209	323 212	331 215	332 219	333 222	341 225	342 229	343 232
351 236	352 239	353 243	361 246	362 250	363 253	411 256	412 260
413 263	421 267	422 270	423 274	431 277	432 281	433 284	441 288
442 291	443 295	451 298	452 302	453 305	461 308	462 312	463 315

하 락 세 운 결 목 차(2)

511 318	512 322	513 325	521 329	522 332	523 335	531 339	532 342
533 345	541 349	542 352	543 355	551 359	552 362	553 365	561 369
562 372	563 376	611 379	612 382	613 386	621 389	622 393	623 396
631 399	632 403	633 406	641 410	642 413	643 417	651 420	652 424
653 427	661 430	662 434	663 437	711 440	712 444	713 447	721 450
722 454	723 457	731 461	732 464	733 468	741 471	742 475	743 478
751 482	752 486	753 489	761 493	762 496	763 500	811 503	812 507
813 510	821 513	822 517	823 520	831 524	832 527	833 531	841 534
842 537	843 541	851 544	852 548	853 551	861 554	862 557	863 561

111

원 괘 건 초 효
原卦 乾 初爻 ＊1년 중 전반기 운세(음력 1월 - 6월)

초 구 잠 룡 물 용
初九, 潛龍勿用.
잠긴 용이니 쓰지 말라.

세 운 봉 지
歲運逢之,
재 사 퇴 조 재 사 엄 류 재 상 질 체
在仕, 退阻. 在士, 淹留. 在商 窒滯.
유 승 도 은 일 우 의 지 류 즉 반 환 안 락 여 명 즉 흥 가 업 잉 생 자
惟僧道隱逸羽衣之流, 則盤桓安樂. 女命, 則興家業, 孕生子.
범 인 이 용 유 정 약 일 동 작 즉 생 재 질 모 사 즉 유 구 차 변 득 구 괘
凡人利用幽靜. 若一動作, 卽生災疾. 謨事則有咎. 且變得姤卦,
근 방 소 인 염 오 지 환
謹防小人染汚之患.

＊ 대시(국회의원 출마, 고등고시 응시, 상류대 입시)
차효는 시운이 불리하여 진취함에 있어 그 이름을 이루지 못하도다.

＊ 중시(시도 의회 출마, 간부급 공사직 시험, 중류대 입시)
차효는 시운이 불리하여 진취함에 있어 그 이름을 이루지 못하도다.

＊ 소시(구군의회 선거 출마)
차효는 시운이 불리하여 진취에 성명이 어렵도다.

＊ 소시(초급 공사직 응시, 삼류대 및 전문대 응시)
차효는 세운이 불리하여 진취함에 있어 머무르게 되니 배가의 노력이 가하도다.

＊ 공, 사직의 재직운, 승진운
차효에 재직자는 물러서게 막히도다.

* 사업 시발운(창업, 개업, 전업)
차효는 주로 하는 일에 막히게 되니 때를 기다림이 가하도다.

* 사업 진행운(사업, 매매)
차효는 영위하는 일이 막히며 모사한 즉 재앙이 생기도다.

* 증권
차효는 시운이 불리하니 때를 기다림이 가하도다.

* 신수, 가정운
차효는 움직이면 불리하니 옮기는 일은 불가하도다. 조용히 정지해 있어라. 만약에 움직이면 곧 재앙의 질병이 생기도다.

* 남녀리합(결혼운, 이성문제)
차효는 결혼이 어렵도다. 다음을 기다림이 가하도다.
이성문제는 조심함이 절실하다. 소인의 더럽힘이 염려되도다.

* 신상문제(건강, 사고, 상해)
차효는 한 번 옮긴 즉 재앙의 질환이 생기도다.

* 시비, 송사
차효는 매사에 모사하는 일이 막히므로 화해로써 처리함이 상책이도다.

* 출산
차효는 출산한 즉 득남이며 모자가 모두 건강하도다.

* 여행
차효는 원행이 불가하니 자제하는 것이 가하도다.

변괘 구 초효
變卦 姤 初爻　　* 1년 중 후반기 운세(음력 7월 - 12월)

초육 계어금니 정길 유유왕 견흉 리시부척촉
初六, 繫於金柅, 貞吉, 有攸往, 見凶, 羸豕孚蹢躅.

쇠말뚝으로 맴이니 바르게 하면 길하고 가는 바가 있으면 흉함을 보리니 마른 돼지가 뛰고 뛰는 데 믿음을 두느니라.

세 운 봉 지
歲運逢之,
재 사 유 폄 적 지 우 재 사 유 난 진 지 우 재 서 속
在仕, 有貶謫之虞. 在士, 有難進之憂. 在庶俗,
혹 우 존 귀 신 붕 혹 득 금 백 진 입
或遇尊貴信朋. 或得金帛進入.
혹 부 인 필 득 생 육 수 흉 자 방 질 송 우 우 음 인 불 결 지 사
或婦人必得生育. 數凶者, 防疾訟憂虞陰人不潔之事.

* 대시(국회의원 출마, 고등고시 응시, 상류대 입시)
차효는 시운이 불리하여 진취에 성명이 불가하도다.

* 중시(시도 의회 출마)
차효는 시운이 불우하여 진취에 성명이 불가하도다.

* 중시(간부급 공사직 시험, 중류대 입시)
차효는 시운이 불우하여 진취에 성명이 어려운 걱정이 있을지니 배가의 노력이 가하도다.

* 소시(구군의회 선거 출마)
차효는 시운이 불조하여 진취가 어렵도다.

* 소시(초급 공사직 응시, 삼류대 및 전문대 응시)
차효는 시운이 불순하여 진취에 어려운 걱정이 있을지니 배가의 노력이 가하도다.

* 공, 사직의 재직운, 승진운
차효는 물리치고 꾸짖는 걱정을 막아라.

* 사업 시발운(창업, 개업, 전업)
차효는 혹 존귀한 사람이나 미더운 벗을 만나 하는 일이 성사가 가하도다.

* 사업 진행운(사업, 매매, 증권)
차효는 존귀한 사람이나 미더운 벗을 만나 금백(재물)에 진입하도다.

* 신수, 가정운
혹 존귀한 사람이나 좋은 친우를 만나며 혹은 재물을 얻는데 시작이 되도다.

* 남녀리합(결혼운, 이성문제)
차효는 결혼이 성사되나 선택이 필요하도다. 이성문제는 내연으로 인한 불결로 명예가 손상될까 삼감이 가하도다.

* 신상문제(건강, 사고, 상해)
혹 질병의 걱정으로 어려움이 있도다.

* 시비, 송사
차효는 혹 송사의 걱정으로 어려움이 있도다.

* 출산
차효는 출산하면 득남이며 모자가 모두 건강하도다.

* 여행
차효는 원근간의 출행에 탈이 없도다.

112

원 괘 건 이 효
原卦 乾 二爻 * 1년 중 전반기 운세(음력 1월 - 6월)

구 이 현 룡 재 전 이 견 대 인
九二, 見龍在田, 利見大人.
나타난 용이 밭에 있으니 대인을 봄이 이로우니라.

세 운 봉 지
歲運逢之,
재 사 자 봉 명 주 거 요 진 재 사 탁 고 과 치 명 예 재 농 자 진
在仕者, 逢明主. 居 要津. 在士, 擢高科, 馳名譽. 在 農者, 進
전 원 증 금 백 상 고 획 리 승 도 가 지 상 인 득 귀 인 제 휴
田園, 增 金帛. 商賈獲利, 僧道加持. 常人得貴人提携.
연 룡 전 덕 보 사 자 혹 시 관 직 성 명 자 야 약 여 명 즉 거 부 배 귀
然龍田德普四字, 或是官職姓名字也. 若女命, 則居富配貴.

* 대시(국회의원 출마, 고등고시 응시, 상류대 입시)
차효는 높은 대과에 뽑히어 명예를 얻도다.

* 중시(시도 의회 출마, 간부급 공사직 시험, 중류대 입시)
차효는 높은 대과에 뽑히어 명예를 얻도다.

* 소시(구군의회 선거 출마)
차효는 높은 벼슬에 뽑히어 그 명예를 얻도다.

* 소시(초급 공사직 응시, 삼류대 및 전문대 응시)
차효는 높은 벼슬에 뽑히어 그 명예를 얻도다.

* 공, 사직의 재직운, 승진운
차효는 밝은 상사를 만나며 중요한 직책에 나가도다.

* 사업 시발운(창업, 개업, 전업)
차효는 시작함에 재물에 나아가게 되도다.

* 사업 진행운(사업, 매매, 증권)
차효는 큰 이익을 획득하도다.

* 신수, 가정운
차효는 영위하는 일에서 재산이 증식되도다.

* 남녀리합(결혼운, 이성문제)
차효는 이성을 만나려함에 그 뜻을 이루도다.

* 신상문제(건강, 사고, 상해)

차효는 무사 안온하도다.

* 시비, 송사
차효는 안온 무사하도다.

* 출산
차효는 출산한 즉 득남이며 모자가 모두 건강하도다.

* 여행
차효는 원근의 출행이 자유자재 하도다.

변괘 동인 이효
變卦 同人 二爻 　　＊1년 중 후반기 운세(음력 7월 - 12월)

육이 동인어종 린
六二, 同人於宗, 吝.
동인을 일가끼리 함이니 인색하도다.

세운봉지
歲運逢之,
재사 즉국어지위 이작록불광 재사 즉리우소시 이비황난위
在仕, 則局於地位, 而爵祿不廣. 在士, 則利于小試, 而飛黃難爲.
재서속 즉사다불정 혹종족붕우불목 혹피애차오 이시기일초
在庶俗, 則事多不定. 或宗族朋友不睦. 或彼愛此惡, 而猜忌日招.
혹근합원위 이시비일기
或近合遠違, 而是非日起.

* 대시(국회의원 출마, 고등고시 응시, 상류대 입시)
차효는 진취에 성명이 불가하도다.

* 중시(시도 의회 출마)
차효는 시운이 불우하여 진취에 성명이 불능하도다.

* 중시(간부급 공사직 시험, 중류대 입시)
차효는 시운이 불우하여 진취에 성명이 어려우니 배가의 노력이 가하도다.

* 소시(구군의회 선거 출마)
차효는 시운을 만나지 못하여 진취에 성명이 어렵도다.

* 소시(초급 공사직 응시, 삼류대 및 전문대 응시)
차효는 시운이 순조하여 소시에는 이로우나 큰 시험에는 어렵도다.

* 공, 사직의 재직운, 승진운
차효는 직위가 국한되어 작록이 넓지 못하도다.

* 사업 시발운(창업, 개업, 전업)
차효는 시운이 불리하니 분수를 지키고 때를 기다림이 가하도다.

* 사업 진행운(사업운)
차효는 영위하는 일이 마침내 정할 수가 없도다.

* 사업 진행운(매매, 증권)
시운이 불리하니 때를 기다림이 가하도다.

* 신수, 가정운
차효는 일가 간에 또한 친한 벗 사이에 반목하며 혹 부부간에
저쪽을 사랑하고 이쪽을 싫어하여 시기를 날로 불러들이도다.

* 남녀리합(결혼운, 이성문제)
차효는 혹 가까이에 합하고 먼데는 어기니 시비가 날로 일어나도다.

* 신상문제(건강, 사고, 상해)
차효는 몸과 마음이 피곤하도다.

* 시비, 송사
차효는 시비가 날로 일어나도다.

* 출산
차효는 출산한 즉 득남이며 모자가 모두 건강하도다.

* 여행

차효는 목적 이외의 출행은 자제함이 가하도다.

113

원 괘 건 삼효
原卦 乾 三爻　　* 1년 중 전반기 운세(음력 1월 - 6월)

구 삼 군 자 종 일 건 건 석 척 약 려 무 구
九三, 君子終日乾乾, 夕惕若, 厲, 无咎.

군자가 날이 마치도록 굳세고 굳세어서 저녁에 두려워하니 위태로우나 허물이 없으리라.

세 운 봉 지
歲運逢之,
재 사 필 주 겸 직 중 지 임 이 사 다 번 용 능 척 약 우 근 즉 가 면 구
在仕, 必主兼職重之任, 而事多繁冗.　能惕若憂勤, 則可免咎.

재 사 진 취 간 신 이 가 회 난 봉
在士, 進取艱辛, 而佳會難逢.
재 상 속 필 왕 래 불 정 이 재 리 난 획 범 사 상 심 조 동 자 실
在常俗, 必往來不停, 而財利難獲.　凡事祥審, 躁動者失.
여 주 성 조 형 극 태 중 난 어 내 조
女主性躁, 刑剋太重, 難於內助.

* 대시(국회의원 출마, 고등고시 응시, 상류대 입시)
  차효는 시운이 불리하여 진취함에 성명이 불가하도다.

* 중시(시도 의회 출마, 간부급 공사직 시험, 중류대 입시)
  차효는 시운이 불리하여 진취함에 성명이 불가하도다.

* 소시(구군의회 선거 출마)
  차효는 시운이 미흡하여 진취에는 어렵도다.

* 소시(초급 공사직 응시, 삼류대 및 전문대 응시)
차효는 시운을 만나지 못해 진취함에 굴강의 욕됨이 있을지니 배가의 노력만이 가하도다.

* 공, 사직의 재직운, 승진운
차효는 물리치는 화를 만나도다.

* 사업 시발운(창업, 개업, 전업)
다투고 심하면 송사가 일어날지니 때를 기다림이 가하도다.

* 사업 진행운(사업, 매매, 증권)
차효는 시운이 불리하여 다투고 송사함을 부르게 되며 심하면 감옥에 가게 되는 어지러움이 있도다.

* 신수, 가정운
차효는 다투고 송사하며 심하면 가정이 흐트러지고 몸을 망치도다.

* 남녀리합(결혼운, 이성문제)
차효는 기왕에 연계되었던 일도 흩어지기 쉬우니 근신이 가하도다.

* 신상문제(건강, 사고, 상해)
차효는 몸을 다칠까 두려우니 근신이 가하도다.

* 시비, 송사
차효는 다투고 송사하며 감옥에 가게 되는 굴함을 부르도다.

* 출산
차효는 출산한 즉 득남이며 모체가 허약하도다.

* 여행
차효는 출행이 불리하니 자제함이 가하도다.

변괘 리 삼효
變卦 履 三爻　　* 1년 중 후반기 운세(음력 7월 - 12월)

육삼 묘능시 파능리 리호미 질인흉 무인위어대군
六三, 眇能視, 跛能履, 履虎尾,咥人凶,武人爲於大君.
애꾸가 능히 보며 절름발이가 능히 밟음이라. 호랑이 꼬리를 밟아서 사람을 무니 흉하고 무인이 대군이 되도다.

세운봉지
歲運逢之,

재사 즉조폄척지화
在仕, 則遭貶斥之禍.

재사 즉초굴강지욕
在士, 則招屈降之辱.

재서속 즉초쟁송수옥지요
在庶俗, 則招爭訟囚獄之撓.

심자가파신망
甚者家破身亡.

* 대시(국회의원 출마, 고등고시 응시, 상류대 입시)
  차효는 시운이 불리하여 진취함에 성명이 불가하도다.

* 중시(시도 의회 출마, 간부급 공사직 시험, 중류대 입시)
  차효는 시운이 불우하여 진취함에 성명이 불능하도다.

* 소시(구군의회 선거 출마, 초급 공사직, 삼류대 및 전문대 응시)
  차효는 시운이 불조하여 진취함에 굴하고 떨어지는 욕됨을 부르도다.

* 공, 사직의 재직운, 승진운
  차효에 재직자는 축출되는 화를 만나도다.

* 사업 시발운(창업, 개업, 전업)
  차효는 창시에 불리하니 때를 기다림이 가하도다.

* 사업 진행운(사업)
  차효는 시운이 불리하여 다투고 송사함을 부르게 되며 심하면 감옥에 가게 되는 어지러움이 있도다.

* 사업 진행운(매매, 증권)
  차효는 시운이 불리하니 때를 기다림이 가하도다.

* 신수, 가정운
  차효는 다투고 송사하며 심하면 가정이 흐트러지고 몸을 망치도다.

* 남녀리합(결혼운, 이성문제)
  차효는 기왕에 연계되었던 일도 흩어지기 쉬우니 근신이 가하도다.

* 신상문제(건강, 사고, 상해)
  차효는 시운이 불길하여 몸을 망칠까 두려우니 근신이 가하도다.

* 시비, 송사
  차효는 승산이 없으므로 한걸음 후퇴하고 제 삼자로 하여금 화해를 구함이 상책이 되도다.

* 출산
  차효는 아들을 얻을지나 산모의 건강이 허약하도다.

* 여행
  차효는 출행이 불리하니 자제함이 가하도다.

121

원 괘 리 초 효
原卦 履 初爻　　* 1년 중 전반기 운세(음력 1월 - 6월)

초 구 소 리 왕 무 구
初九, 素履往, 无咎.
본래 밟은 대로이니 가서 허물이 없으리라.

세 운 봉 지
歲運逢之,
재 사 즉 홍 화 유 도 이 승 천 급 기 재 사 즉 유 학 장 행 이 리 명 성 취
在仕, 則弘化有道, 而陞遷及期. 在士, 則幼學壯行, 而利名成就.
재 서 속 즉 영 모 유 계 이 재 리 일 증 수 흉 자 유 호 소 지 상
在庶俗, 則營謀有計, 而財利日增.　　數凶者, 有皜素之象.

* 대시(국회의원 출마, 고등고시 응시, 상류대 입시)
차효는 진취하기에는 가히 미흡한 시운이니 숙고가 가하도다.

* 중시(시도 의회 출마, 간부급 공사직 시험, 중류대 입시)
차효는 학업을 닦는 학사가 장하게 행하면 이름이 이롭게 성취되도다.

* 소시(구군의회 선거 출마, 초급 공사직, 삼류대 및 전문대 응시)
차효는 자기의 기량을 다 펴서 힘을 쓰면 그 명을 성취하도다.

* 공, 사직의 재직운, 승진운
차효는 크게 될 도가 있어서 승천의 기대에 미치도다.

* 사업 시발운(창업, 개업, 전업)
차효는 경영하고 모사함이 계교에 알맞게 하면 성취가 가하도다.

* 사업 진행운(사업, 매매, 증권)
차효는 경영상의 좋은 계교 밑에 시행하면 재리가 날마다 더해지도다.

* 신수, 가정운
차효는 하는 일을 계책이 있어 잘 행하면 재리가 날로 더하도다.

* 남녀리합(결혼운, 이성문제)
차효는 계교있는 처사를 잘 진행하면 성사가 가하도다.

* 신상문제(건강, 사고, 상해)
차효는 종래의 안전을 기하면 별 탈은 없도다.

* 시비, 송사
차효는 계교를 잘 세워 진행하면 있었던 문제도 잘 해소되도다.

* 출산
차효는 출산한 즉 득남이며 모자가 모두 건강하도다.

* 여행
차효는 원근간에 출행이 가하도다.

변괘 송 초효
變卦 訟 初爻　　＊1년 중 후반기 운세(음력 7월 - 12월)

초육 불영소사 소유언 종길
初六, 不永所事, 小有言, 終吉.
일하는 바(송사)를 길게 하지 않으니 조금 말을 들으나 마침내는 길하리라.

세운봉지
歲運逢之,
재사 필조참방 불변이명 재사 즉소유언상 이종무대해
在仕, 必遭讒謗, 不辨而明.　在士, 則小有言傷, 而終無大害.
재서속 즉유시비 기재송이종가획신 유병자 불약자유
在庶俗, 則有是非, 起灾訟而終可獲伸.　有病者, 不藥自愈.
수흉자 수불연영
數凶者, 壽不延永.

＊ 대시(국회의원 출마, 고등고시 응시, 상류대 입시)
차효는 시운이 불리하여 진취함에 성명이 불가하도다.

＊ 중시(시도 의회 출마, 간부급 공사직 시험, 중류대 입시)
차효는 시운이 불리하여 진취함에 성명이 불가하도다.

＊ 소시(구군의회 선거 출마)
차효는 시운이 불조하여 진취에는 배가의 노력이 가하도다.

＊ 소시(초급 공사직, 삼류대 및 전문대 응시)
차효는 진취에 조금 말이 있으나 마침내는 큰 해는 없으리라.

＊ 공, 사직의 재직운, 승진운
차효에 재직자는 반드시 헐뜯고 비방함을 만나나 변명을 하지 않아도 밝혀지도다.

＊ 사업 시발운(창업, 개업, 전업)
차효는 창시에는 시운이 불리하니 때를 기다림이 가하도다.

＊ 사업 진행운(사업)
차효는 영위함에 시비가 있어 재잉의 송사가 일어날지나 마침내는 가히 나의 뜻을 펴게 되도다.

* 사업 진행운(매매, 증권)
차효는 멈추고 때를 기다림이 가하도다.

* 신수, 가정운
차효는 하는 일에 시비가 있어 재앙의 송사가 일어날지나 마침내는 가히 나의 뜻을 펴게 되도다.

* 남녀리합(결혼운, 이성문제)
차효는 기왕에 연계되었던 일이라 하더라도 중도에 탈락함을 막아야 한다.

* 신상문제(건강, 사고, 상해)
차효는 심신이 곤하도다.

* 시비, 송사
차효는 시비가 있어 재앙의 송사가 일어나되 마침내는 가히 나의 뜻을 펴도다.

* 출산
차효는 출산한 즉 득녀이며 양육이 어렵도다.

* 여행
차효는 목적 이외의 여행은 불리하도다.

122

原卦 履 二爻 (원괘 리 이효)　　* 1년 중 전반기 운세(음력 1월 - 6월)

구 이 리 도 탄 탄 유 인 정 길
九二, 履道坦坦, 幽人, 貞, 吉.
밟는 도가 탄탄하니 그윽한 사람이라 바르고 길하리라.

세 운 봉 지
歲運逢之,
재 사 필 조 참 방 불 변 이 명 재 사 즉 소 유 언 상 이 종 무 대 해
在仕, 必遭讒謗, 不辨而明. 在士, 則小有言傷, 而終無大害.
재 서 속 즉 유 시 비 기 재 송 이 종 가 획 신 유 병 자 불 약 자 유
在庶俗, 則有是非, 起灾訟而終可獲伸. 有病者, 不藥自愈.
수 흉 자 수 불 연 영
數凶者, 壽不延永.

* 대시(국회의원 출마, 고등고시 응시, 상류대 입시)
  차효는 시운이 불리하여 진취함에 성명이 불가하도다.

* 중시(시도 의회 출마)
  차효는 시운이 불우하여 진취함에 성명이 어렵도다.

* 중시(간부급 공사직 시험, 중류대 입시)
  차효는 시운이 불우하여 진취함에 만나기 어려운 탄식이 있을지니 배가의 노력이 가하도다.

* 소시(구군의회 선거 출마)
  차효는 시운이 불조하여 진취에 성명이 어렵도다.

* 소시(초급 공사직 응시, 삼류대 및 전문대 응시)
  차효는 진취함에 만나기 어려운 탄식이 있을지니 배가의 노력이 가하도다.

* 공, 사직의 재직운, 승진운
  차효는 재직자는 길하고 기쁜 징조가 있도다.

* 사업 시발운(창업, 개업, 전업)
  차효는 창시가 불리하니 때를 기다림이 가하도다.

* 사업 진행운(사업, 매매, 증권)
  차효는 편안히 거하며 자족함을 미로 삼아야 하도다. 모사함을 잘 살펴서

한 즉 인사가 바르고 길함을 득하도다.

* 사업 진행운(매매, 증권)
차효는 시운이 불리하니 때를 기다림이 가하도다.

* 신수, 가정운
차효는 편안히 거하여 자족한 미가 있도다. 모사함을 잘 살펴서 한 즉 정길함을 득하도다. 단 수흉자는 유명을 달리할 수도 있다.

* 남녀리합(결혼운, 이성문제)
차효는 모사함을 실지와 마땅하게 행할지니 살피고 가려서 한 즉 인사가 화해하여 정길을 득하도다.

* 신상문제(건강, 사고, 상해)
차효는 안강 무사하도다.

* 시비, 송사
차효는 안온 무탈하도다.

* 출산
차효는 출산한 즉 득남이며 모자가 모두 건강하도다.

* 여행
차효는 원근의 출행이 가하도다.

변괘 무망 이효
變卦 无妄 二爻 * 1년 중 후반기 운세(음력 7월 - 12월)

육이 불경확 불치여 즉리유유왕
六二, 不耕穫, 不菑畬, 則利有攸往.
갈고 거두지 않으며 밭을 일구어 삼 년 된 좋은 밭이 되지 않으니 가는 바를 둠이 이로우니라.

세운봉지
歲運逢之,

재사 즉진직 재사 즉중시 개불노심
在仕, 則進職. 在士, 則中試, 皆不勞心.
부인 혹진전산 상고 외구획리 재서속 즉말리다이량도과
富人, 或進田産. 商賈, 外求獲利. 在庶俗, 則末利多而梁稻寡.

* 대시(국회의원 출마, 고등고시 응시, 상류대 입시)
차효는 시운의 쇠약으로 진취에는 성명이 어렵도다.

* 중시(시도 의회 출마)
차효는 진취에는 아직 성명이 어려우니 배가의 노력이 가하도다.

* 중시(간부급 공사직 시험, 중류대 입시)
차효는 진취에 마음을 수고로이 않게 되도다.

* 소시(구군의회 선거 출마, 초급 공사직, 삼류대 및 전문대 응시)
차효는 진취에 성명이 가하도다.

* 공, 사직의 재직운, 승진운
차효에 재직자는 그 직분에 나아가도다.

* 사업 시발운(창업, 개업, 전업)
차효는 창시함에 부자는 전산에 나아갈지니 매사가 순조롭도다.

* 사업 진행운(사업운, 매매, 증권)
차효는 상업에는 하는 일을 밖에서 구하면 이익을 크게 획득하도다.

* 신수, 가정운
차효는 영위하는 일에 끝에 이익은 많으나 중간 이익은 적도다.

* 남녀리합(결혼운, 이성문제)
차효는 이성을 연계함에 중간에는 힘이 드나 끝에는 성사되도다.

* 신상문제(건강, 사고, 상해)
차효는 편안하게 안과태평하도다.

* 시비, 송사

차효는 전에 이월된 문제라도 마무리가 가하도다.

* 출산
차효는 출산하면 득남이며 모자가 모두 건강하도다.

* 여행
차효는 원근간에 모두 자유자재하도다

123

원 괘 리 삼 효
原卦 履 三爻 * 1년 중 전반기 운세(음력 1월 - 6월)

육 삼 묘 능 시 파 능 리 리 호 미 질 인 흉 무 인 위 어 대 군
六三, 眇能視, 跛能履, 履虎尾,咥人凶,武人爲於大君.
애꾸가 능히 보며 절름발이가 능히 밟음이라. 호랑이 꼬리를 밟아서 사람을 무니 흉하고 무인이 대군이 되도다.

세 운 봉 지
歲運逢之,
재 사 즉 조 폄 척 지 화
在仕, 則遭貶斥之禍.
재 사 즉 초 굴 강 지 욕
在士, 則招屈降之辱.
재 서 속 즉 초 쟁 송 수 옥 지 요
在庶俗, 則招爭訟囚獄之撓.
심 자 가 파 신 망
甚者家破身亡.

* 대시(국회의원 출마, 고등고시 응시, 상류대 입시)
차효는 시운이 불리하여 진취함에 성명이 불가하도다.

* 중시(시도 의회 출마, 간부급 공사직 시험, 중류대 입시)
차효는 시운이 불우하여 진취함에 성명이 불능하도다.

* 소시(구군의회 선거 출마, 초급 공사직, 삼류대 및 전문대 응시)

차효는 시운이 불조하여 진취함에 굴하고 떨어지는 욕됨을 부르도다.

* 공, 사직의 재직운, 승진운
차효에 재직자는 축출되는 화를 만나도다.

* 사업 시발운(창업, 개업, 전업)
차효는 창시에 불리하니 때를 기다림이 가하도다.

* 사업 진행운(사업)
차효는 시운이 불리하여 다투고 송사함을 부르게 되며 심하면 감옥에 가게 되는 어지러움이 있도다.

, 사업 진행운(매매, 증권)
차효는 시운이 불리하니 때를 기다림이 가하도다.

* 신수, 가정운
차효는 다투고 송사하며 심하면 가정이 흐트러지고 몸을 망치도다.

* 남녀리합(결혼운, 이성문제)
차효는 기왕에 연계되었던 일도 흩어지기 쉬우니 근신이 가하도다.

* 신상문제(건강, 사고, 상해)
차효는 시운이 불길하여 몸을 망칠까 두려우니 근신이 가하도다.

* 시비, 송사
차효는 승산이 없으므로 한걸음 후퇴하고 제 삼자로 하여금 화해를 구함이 상책이 되도다.

* 출산
차효는 아들을 얻을지나 산모의 건강이 허약하도다.

* 여행
차효는 출행이 불리하니 자제함이 가하도다.

변 괘 건 삼 효
變卦 乾 三爻　　* 1년 중 후반기 운세(음력 7월 - 12월)

구 삼 군 자 종 일 건 건 석 척 약 려 무 구
九三, 君子終日乾乾, 夕惕若, 厲, 无咎.
군자가 날이 마치도록 굳세고 굳세어서 저녁에 두려워하니 위태로우나 허물이 없으리라.

세 운 봉 지
歲運逢之,
재 사 필 주 겸 직 중 지 임 이 사 다 번 용 능 척 약 우 근 즉 가 면 구
在仕, 必主兼職重之任, 而事多繁宂.　能惕若憂勤, 則可免咎.
재 사 진 취 간 신 이 가 회 난 봉
在士, 進取艱辛, 而佳會難逢.
재 상 속 필 왕 래 불 정 이 재 리 난 획 범 사 상 심 조 동 자 실
在常俗, 必往來不停, 而財利難獲.　凡事祥審, 躁動者失.
여 주 성 조 형 극 태 중 난 어 내 조
女主性躁, 刑剋太重, 難於內助.

* 대시(국회의원 출마, 고등고시 응시, 상류대 입시)
차효는 시운이 불리하여 진취함에 성명이 불가하도다.

* 중시(시도 의회 출마, 간부급 공사직 시험, 중류대 입시)
차효는 시운이 불리하여 진취함에 성명이 불가하도다.

* 소시(구군의회 선거 출마)
차효는 시운이 미흡하여 진취에는 어렵도다.

* 소시(초급 공사직 응시, 삼류대 및 전문대 응시)
차효는 시운을 만나지 못해 진취함에 굴강의 욕됨이 있을지니 배가의 노력만이 가하도다.

* 공, 사직의 재직운, 승진운
차효는 물리치는 화를 만나도다.

* 사업 시발운(창업, 개업, 전업)
다투고 심하면 송사가 일어날지니 때를 기다림이 가하도다.

* 사업 진행운(사업, 매매, 증권)
차효는 시운이 불리하여 다투고 송사함을 부르게 되며 심하면 감옥에 가게 되는 어지러움이 있도다.

* 신수, 가정운
차효는 다투고 송사하며 심하면 가정이 흐트러지고 몸을 망치도다.

* 남녀리합(결혼운, 이성문제)
차효는 기왕에 연계되었던 일도 흩어지기 쉬우니 근신이 가하도다.

* 신상문제(건강, 사고, 상해)
차효는 몸을 다칠까 두려우니 근신이 가하도다.

* 시비, 송사
차효는 다투고 송사하며 감옥에 가게 되는 굴함을 부르도다.

* 출산
차효는 출산한 즉 득남이며 모체가 허약하도다.

* 여행
차효는 출행이 불리하니 자제함이 가

131

원 괘 동인 초효
原卦 同人 初爻 * 1년 중 전반기 운세(음력 1월 - 6월)

초 구 동 인 우 문 무 구
初九, 同人于門, 无咎.
초구는 동인을 문 밖에서 함이니, 허물이 없으리라.

세운봉지
歲運逢之,
재사 즉입내대이승천유지 재사 즉출학문이등천유기
在仕, 則入內臺而陞遷有地, 在士, 則出學門而登薦有機.
재서속 즉협심동지 이기사이경영획리
在庶俗, 則協心同志, 以其事而經營獲利.
혹출가원행 혹수조문호 혹신재어타문
或出家遠行, 或修造門戶, 或身在於他門.

* 대시(국회의원 출마, 고등고시 응시, 상류대 입시)
차효는 높은 대과에 뽑히어 명예를 얻도다.

* 중시(시도 의회 출마, 간부급 공사직 시험, 중류대 입시)
차효는 높은 대과에 뽑히어 명예를 얻도다.

* 소시(구군의회 선거 출마)
차효는 높은 벼슬에 뽑히어 그 명예를 얻도다.

* 소시(초급 공사직 응시, 삼류대 및 전문대 응시)
차효는 높은 벼슬에 뽑히어 그 명예를 얻도다.

* 공, 사직의 재직운, 승진운
차효는 요직으로 들어가 승진하여 중요한 직책에 나가도다.

* 사업 시발운(창업, 개업, 전업)
차효는 동지들과 힘을 합하여 일을 시작함에 재물에 나아가게 되도다.

* 사업 진행운(사업, 매매, 증권)
차효는 큰 이익을 획득하도다.

* 신수, 가정운
차효는 영위하는 일에서 재산이 증식되도다.

* 남녀리합(결혼운, 이성문제)
차효는 이성을 만나려함에 밖에 나아가서 뜻을 이루도다.

* 신상문제(건강, 사고, 상해)
차효는 혹 집을 나가 먼 곳을 행하거나 혹 집을 수리하거나 새로 짓게

되고 혹 내 몸이 타 문중에 있게 되도다.

* 시비, 송사
차효는 안온 무사하도다.

* 출산
차효는 출산한 즉 득남이며 모자가 모두 건강하도다.

* 여행
차효는 원근의 출행이 자유자재 하도다.

변 괘 둔 초 효
變卦 遯 初爻 　 * 1년 중 후반기 운세(음력 7월 - 12월)

초 육 둔 미 려 물 용 유 유 왕
初六,遯尾厲, 勿用有攸往.
도망하는 데 꼬리라. 위태하니 가는 바를 두지 말 것이니라.

세 운 봉 지
歲運逢之,
재 사 즉 견 기 해 조 　 재 사 즉 장 기 대 시
在仕, 則見機解組. 　 在士, 則藏器待時.
재 서 속 즉 영 모 둔 전 　 안 상 수 분 즉 절 재 구
在庶俗, 則營謀迍邅. 　 安常守分, 則絶灾咎.

* 대시(국회의원 출마, 고등고시 응시, 상류대 입시)
차효는 시운이 불리하여 진취함에 성명이 불가하도다.

* 중시(시도 의회 출마, 간부급 공사직 시험, 중류대 입시)
차효는 시운이 불우하여 진취함에 성명이 불능하도다.

* 소시(구군의회 선거 출마)
차효는 시운이 불조하여 진취함에 때를 기다림이 가하도다.

* 소시(초급 공사직 , 삼류대 및 전문대 응시))

차효는 시운이 불순하여 진취함에 때를 기다림이 가하나 배가의 노력만이 가하도다.

* 공, 사직의 재직운, 승진운
차효에 재직자는 조짐을 보았다가 결정을 시도하라.

* 사업 시발운(창업, 개업, 전업)
차효는 항상 하는 일을 편안히 여기고 분수를 지켜야 재앙이 끊기도다.

* 사업 진행운(사업)
차효는 경영하고 모사함이 머뭇거리니 분수를 잘 지켜야 재앙이 끊어지도다.

* 사업 진행운(매매, 증권)
차효는 시운이 불리하니 분수를 지키고 때를 기다림이 가하도다.

* 신수, 가정운
차효는 경영하고 모사하는 일이 머뭇거리어 진척되지 않도다.

* 남녀리합(결혼운, 이성문제)
차효는 결혼에 혼담은 있을지나 머뭇거려 성사가 어렵도다.

* 신상문제(건강, 사고, 상해)
차효는 심신이 곤하도다.

* 시비, 송사
차효는 안온무탈하도다.

* 출산
차효는 출산하면 득남이도다.

* 여행
차효는 목적 이외의 출행은 가하도다.

132

원 괘 동 인 이 효
原卦 同人 二爻 ＊1년 중 전반기 운세(음력 1월 - 6월)

육 이 동 인 어 종 린
六二, 同人於宗, 吝.
동인을 일가끼리 함이니 인색하도다.

세 운 봉 지
歲運逢之,
재 사 즉 국 어 지 위 이 작 록 불 광 재 사 즉 리 우 소 시 이 비 황 난 위
在仕, 則局於地位, 而爵祿不廣. 在士, 則利于小試, 而飛黃難爲.
재 서 속 즉 사 다 불 정
在庶俗, 則事多不定.
혹 종 족 붕 우 불 목 혹 피 애 차 오 이 시 기 일 초 혹 근 합 원 위
或宗族朋友不睦. 或彼愛此惡, 而猜忌日招. 或近合遠違,
이 시 비 일 기
而是非日起.

＊ 대시(국회의원 출마, 고등고시 응시, 상류대 입시)
차효는 시운이 불리하니 진취함에 뜻을 이루기 어렵도다.

＊ 중시(시도 의회 출마)
차효는 시운이 불우하니 진취에 뜻을 이루기 어렵도다.

＊ 중시(간부급 공사직 시험, 중류대 입시)
차효는 시운이 불우하여 중시에는 어려우나 배가의 노력만이 가하도다.

＊ 소시(구군의회 선거 출마)
차효는 시운이 쇠약하므로 배가의 노력이라야 만회하도다.

＊ 소시(초급 공사직, 삼류대 및 전문대 응시)
차효는 소시에는 유리하나 대과에는 어렵도다.

＊ 공, 사직의 재직운, 승진운
차효에 재직자는 지위가 국한되어 작록이 넓지 못하도다.

* 사업 시발운(창업, 개업, 전업)
차효는 일을 마침내 정할 수가 없도다.

* 사업 진행운(사업운)
차효는 영위함에 일을 마침내 정할 수가 없도다.

* 사업 진행운(매매, 증권)
차효는 시운이 불리하니 분수를 지키고 때를 기다림이 가하도다.

* 신수, 가정운
차효는 저쪽을 사랑하고 이쪽을 싫어한다 하여 시비를 날로 불러들이니 시비가 날마다 일어나도다.

* 남녀리합(결혼운, 이성문제)
차효는 전년에 연계되었던 일들도 중단되기가 쉽도다.

* 신상문제(건강, 사고, 상해)
차효는 몸에는 해로움이 없으나 마음이 곤하도다.

* 시비, 송사
차효는 가까이는 합하고 멀리는 어기니 시비가 날로 일어나도다.

* 출산
차효는 출산하면 아들이나 모체가 불안하도다.

* 여행
차효는 목적 이외의 출행은 가하도다.

변 괘 건 이 효
變卦 乾 二爻 * 1년 중 후반기 운세(음력 7월 - 12월)

구 이 현 룡 재 전 이 견 대 인
九二, 見龍在田, 利見大人.

나타난 용이 밭에 있으니 대인을 봄이 이로우니라.

세 운 봉 지
歲運逢之,
재 사 자 봉 명 주 거 요 진 재 사 탁 고 과 치 명 예 재 농 자 진
在仕者, 逢明主. 居 要津. 在士, 擢高科, 馳名譽. 在 農者, 進
전 원 증 금 백 상 고 획 리 승 도 가 지 상 인 득 귀 인 제 휴
田園, 增 金帛. 商賈獲利, 僧道加持. 常人得貴人提携.
연 룡 전 덕 보 사 자 혹 시 관 직 성 명 자 야 약 여 명 즉 거 부 배 귀
然龍田德普四字, 或是官職姓名字也. 若女命, 則居富配貴.

* 대시(국회의원 출마, 고등고시 응시, 상류대 입시)
  차효는 높은 대과에 뽑히어 명예를 얻도다.

* 중시(시도 의회 출마, 간부급 공사직 시험, 중류대 입시)
  차효는 높은 대과에 뽑히어 명예를 얻도다.

* 소시(구군의회 선거 출마)
  차효는 높은 벼슬에 뽑히어 그 명예를 얻도다.

* 소시(초급 공사직 응시, 삼류대 및 전문대 응시)
  차효는 높은 벼슬에 뽑히어 그 명예를 얻도다.

* 공, 사직의 재직운, 승진운
  차효는 밝은 상사를 만나며 중요한 직책에 나가도다.

* 사업 시발운(창업, 개업, 전업)
  차효는 시작함에 재물에 나아가게 되도다.

* 사업 진행운(사업, 매매, 증권)
  차효는 큰 이익을 획득하도다.

* 신수, 가정운
  차효는 영위하는 일에서 재산이 증식되도다.

* 남녀리합(결혼운, 이성문제)
  차효는 이성을 만나려함에 그 뜻을 이루도다.

* 신상문제(건강, 사고, 상해)
차효는 무사 안온하도다.

* 시비, 송사
차효는 안온 무사하도다.

* 출산
차효는 출산한 즉 득남이며 모자가 모두 건강하도다.

* 여행
차효는 원근의 출행이 자유자재 하도다.

133

원괘 동인 삼효
原卦 同人 三爻 　　* 1년 중 전반기 운세(음력 1월 - 6월)

구삼 복융우망 승기고릉 삼세불흥
九三, 伏戎于莽, 升其高陵, 三歲不興.
군사를 숲에 매복시키고 그 높은 언덕에 올라서 삼 년을 일어나지 못하도다.

세운봉지
歲運逢之,
재사 즉방실직 재사 즉유승고지조 재서속
在仕, 則防失職. 在士, 則有升高之兆. 在庶俗,
즉유상친옥송지환
則有喪親獄訟之患.

* 대시(국회의원 출마)
차효는 진취하려함에 높이 오르기는 하나 확고한 자리를 얻기에는 어려우

니 배가의 노력이 가하도다.

* 대시(고등고시 응시, 상류대 입시)
차효는 높이 오를 징조가 있도다.

* 중시(시도 의회 출마, 간부급 공사직 시험, 중류대 입시)
차효는 높이 오를 징조가 있도다.

* 소시(구군의회 선거 출마, 초급 공사직 , 삼류대 및 전문대 응시)
차효는 높이 오를 징조가 있도다.

* 공, 사직의 재직운, 승진운
차효에 재직자는 직분을 잃을 것을 막아야 하도다.

* 사업 시발운(창업, 개업, 전업)
차효는 시운이 불리하니 때를 기다림이 가하도다.

* 사업 진행운(사업)
차효는 하는 일이 불리하여 송사하고 감옥의 환이 있을까 주의가 필요하도다.

* 사업 진행운(매매, 증권)
차효는 시운이 불리하니 때를 기다림이 가하도다.

* 신수, 가정운
차효는 혹 친상이 있을까 두렵도다.

* 남녀리합(결혼운, 이성문제)
차효는 이미 연계되었더라도 다툴까 삼가라.

* 신상문제(건강, 사고, 상해)
차효는 심신이 고달프다.

* 시비, 송사
혹 다투고 감옥에 가는 환란이 있을까 두렵도다.

* 출산
차효는 생남하도다.

* 여행
차효는 목적 이외의 여행은 삼감이 가하도다.

변괘 무망 삼효
變卦 无妄 三爻 　　* 1년 중 후반기 운세(음력 7월 - 12월)

육삼 무망지재 혹계지우 행인지득 읍인지재
六三, 无妄之災, 或繫之牛, 行人之得, 邑人之災.
무망의 재앙이니 혹자가 맨 소를 행인이 얻음이 읍 사람의 재앙이로다.

세운봉지
歲運逢之
재사 리어군수 행인지득야 불리읍재 읍인지재야
在仕, 利於郡守, 行人之得也. 不利邑宰, 邑人之災也.
전가 혹진우재 상고 다획리식 재서속 혹한사계반
田家, 或進牛財. 商賈, 多獲利息. 在庶俗, 或閑事係絆,
파재손기 재사인 필주난어진취
破財損己. 在士人, 必主難於進取.

* 대시(국회의원 출마, 고등고시 응시, 상류대 입시)
차효는 시운이 불리하여 진취에 성명이 불가하도다.

* 중시(시도 의회 출마, 간부급 공사직 시험, 중류대 입시)
차효는 시운이 불우하여 진취에 성명이 불능하도다.

* 소시(구군의회 선거 출마, 초급 공사직)
차효는 세운이 불호하여 진취에 성명이 어렵도다.

* 소시(삼류대 및 전문대 응시)
차효는 시운의 쇠약으로 진취에 반드시 어려울지니 배가의 노력이 가하도다.

* 공, 사직의 재직운, 승진운
차효에 재직자는 군수(우두머리)에는 이로우나 읍재(아전)에는 재앙이 있도다.

* 사업 시발운(창업, 개업, 전업)
차효는 창시함에 농가와 소 등의 재물을 사들이는 격이 되어 매우 이롭도다.

* 사업 진행운(사업, 매매, 증권)
차효는 상업성의 일이라면 이식을 크게 얻도다.

* 신수, 가정운
차효는 무엇을 영위함에 있어서 한가로운 일에 끌리고 얽혀서 재물을 흩트리고 몸을 상하도다.

* 남녀리합(결혼운, 이성문제)
차효는 진행 중에 한가로운 일에 끌리고 얽혀서 성사가 어렵도다.

* 신상문제(건강, 사고, 상해)
차효는 한가로운 일에 끌리고 얽혀서 몸을 상하도다.

* 시비, 송사
차효는 한가로운 일에 끌리고 얽혀서 시비가 생기도다.

* 출산
차효는 출산하면 득남이나 모체에 손상이 올까 두렵도다.

* 여행
차효는 한가로운 일에 끌리고 얽히는 시운이므로 출행은 자제함이 가하도다.

141

원 괘 무 망 초 효
原卦 无妄 初爻 * 1년 중 전반기 운세(음력 1월 - 6월)

초 구 무 망 왕 길
初九, 无妄, 往吉.
망령됨이 없으니 감에 길하리라.

세 운 봉 지
歲運逢之,
재 사 즉 득 군 득 민 재 사 즉 진 취 성 명 재 서 속 즉 주 획 리
在仕, 則得君得民. 在士, 則進取成名. 在庶俗, 則主獲利.

* 대시(국회의원 출마, 고등고시 응시, 상류대 입시)
  차효는 시운이 도래하여 진취하려 함에 그 이름을 이루도다.

* 중시(시도 의회 출마, 간부급 공사직 시험, 중류대 입시)
  차효는 시운이 도래하여 진취하려 함에 그 이름을 이루도다.

* 소시(구군의회 선거 출마, 초급 공사직, 삼류대 및 전문대 응시)
  차효는 진취하려 함에 성명하도다.

* 공, 사직의 재직운, 승진운
  차효에 재직자는 명철한 상사를 득하고 아래 부하가 잘 따르도다.

* 사업 시발운(창업, 개업, 전업)
  차효는 서둘러 중정의 도로써 하면 이익이 크게 얻어지도다.

* 사업 진행운(사업, 매매, 증권)
  차효는 영위함에 큰 이익을 얻도다.

* 신수, 가정운
  차효는 하는 일이 순조로워서 전에 여유가 있던 자라면 제 2의 투자도 가하도다.

* 남녀리합(결혼운, 이성문제)
차효는 순조로우니 잘 선택되도다.

* 신상문제(건강, 사고, 상해)
차효는 안강 대안하도다.

* 시비, 송사
차효는 평탄하고 전에 이월된 문제라도 이롭게 성사되도다.

* 출산
차효는 출산한 즉 득남이며 모자가 모두 안강하도다.

* 여행
차효는 원근간에 자유자재로 활발하도다.

변괘 비 초효
變卦 否 初爻 * 1년 중 후반기 운세(음력 7월 - 12월)

초육 발모여 이기휘 정길 형
初六, 拔茅茹, 以其彙, 貞吉, 亨.
띠 뿌리를 뽑음이라. 그 무리로써 함이니 바르게 하면 길해서 형통하리라.

세운봉지
歲運逢之,
재사 수직자대결 거위자방참 재사 즉기회난봉
在仕, 受職者待缺. 居位者防讒. 在士, 則機會難逢.
재서속 수구 개소인도장지시 종효사미 불족선야
在庶俗, 守舊. 蓋小人道長之時. 縱爻辭美, 不足羨也.
방소인견연지사
防小人牽連之事.

* 대시(국회의원 출마, 고등고시 응시, 상류대 입시)
차효는 시운이 불리하여 진취에 성명이 불가하도다.

* 중시(시도 의회 출마, 간부급 공사직 시험, 중류대 입시)
차효는 시운이 불리하여 진취에 성명이 불능하도다.

* 소시(구군의회 선거 출마)
  차효는 시운이 불조하여 기회를 만나기 어렵도다.

* 소시(초급 공사직, 삼류대 및 전문대 응시)
  차효는 시운이 불순하여 기회를 만나기 어려우니 배가의 노력이 가하도다.

* 공, 사직의 재직운, 승진운
  차효에 현직에 있어 직분을 받을 자는 결원을 기다리고 현재 자리에 거한 자는 참소를 막아라.

* 사업 시발운(창업, 개업, 전업)
  차효는 창시하려는 자는 옛대로 지키고 있어라.

* 사업 진행운(사업운, 매매, 증권)
  차효는 별다른 진전이 없다. 옛대로 지키고 있어라.

* 신수, 가정운
  차효는 하는 일에 별다른 진전이 없도다. 옛대로 지키고 있어라.

* 남녀리합(결혼운, 이성문제)
  차효는 구하는 바가 진전이 없도다. 옛대로 지키고 있어라.

* 신상문제(건강, 사고, 상해)
  차효는 시운이 불리하여 신체의 상해가 우려되니 각별한 주의가 가하도다.

* 시비, 송사
  차효는 소인의 도다 장해지는 때라 시비가 우려되도다.

* 출산
  차효는 출산하면 딸이도다.

* 여행
  차효는 장거리 여행에는 몸조심이 가하도다.

142

원 괘 무 망 이 효
原卦 无妄 二爻　　＊1년 중 전반기 운세(음력 1월 - 6월)

육 이 불 경 확 불 치 여 즉 리 유 유 왕
六二, 不耕穫, 不菑畬, 則利有攸往.
갈고 거두지 않으며 밭을 일구어 삼 년 된 좋은 밭이 되지 않으니 가는 바를 둠이 이로우니라.

세 운 봉 지
歲運逢之,
재 사 즉 진 직　재 사 즉 중 시 개 불 노 심
在仕, 則進職.　在士, 則中試, 皆不勞心.
부 인 혹 진 전 산　상 고 외 구 획 리　재 서 속 즉 말 리 다 이 량 도 과
富人, 或進田產.　商賈, 外求獲利.　在庶俗, 則末利多而粱稻寡.

＊ 대시(국회의원 출마, 고등고시 응시, 상류대 입시)
차효는 시운의 쇠약으로 진취에는 성명이 어렵도다.

＊ 중시(시도 의회 출마)
차효는 진취에는 아직 성명이 어려우니 배가의 노력이 가하도다.

＊ 중시(간부급 공사직 시험, 중류대 입시)
차효는 진취에 마음을 수고로이 않게 되도다.

＊ 소시(구군의회 선거 출마, 초급 공사직, 삼류대 및 전문대 응시)
차효는 진취에 성명이 가하도다.

＊ 공, 사직의 재직운, 승진운
차효에 재직자는 그 직분에 나아가도다.

＊ 사업 시발운(창업, 개업, 전업)
차효는 창시함에 부자는 전산에 나아갈지니 매사가 순조롭도다.

* 사업 진행운(사업운, 매매, 증권)
차효는 상업에는 하는 일을 밖에서 구하면 이익을 크게 획득하도다.

* 신수, 가정운
차효는 영위하는 일에 끝에 이익은 많으나 중간 이익은 적도다.

* 남녀리합(결혼운, 이성문제)
차효는 이성을 연계함에 중간에는 힘이 드나 끝에는 성사되도다.

* 신상문제(건강, 사고, 상해)
차효는 편안하게 안과태평하도다.

* 시비, 송사
차효는 전에 이월된 문제라도 마무리가 가하도다.

* 출산
차효는 출산하면 득남이며 모자가 모두 건장하도다.

* 여행
차효는 원근간에 모두 자유자재하도다.

변괘 리 이효
變卦 履 二爻　　* 1년 중 후반기 운세(음력 7월 - 12월)

구이 리도탄탄 유인 정 길
九二, 履道坦坦, 幽人, 貞, 吉.
밟는 도가 탄탄하니 그윽한 사람이라 바르고 길하리라.

세운봉지
歲運逢之,
재사 즉유길휴지조 재사 즉유난우지차 재서속
在仕, 則有吉休之兆. 在士, 則有難遇之嗟. 在庶俗,
즉유안거자족지미
則有安居自足之美.
대저 의행실지 모위심택 즉인사화해 이정길가득
大抵, 宜行實地, 謀爲審擇, 則人事和諧, 而貞吉可得.

수 흉 자 유 유 명 지 응
數凶者, 有幽冥之應.

* 대시(국회의원 출마, 고등고시 응시, 상류대 입시)
차효는 시운이 불리하여 진취함에 성명이 불가하도다.

* 중시(시도 의회 출마)
차효는 시운이 불우하여 진취함에 성명이 어렵도다.

* 중시(간부급 공사직 시험, 중류대 입시)
차효는 시운이 불우하여 진취함에 만나기 어려운 탄식이 있을지니 배가의 노력이 가하도다.

* 소시(구군의회 선거 출마)
차효는 시운이 불조하여 진취에 성명이 어렵도다.

* 소시(초급 공사직 응시, 삼류대 및 전문대 응시)
차효는 진취함에 만나기 어려운 탄식이 있을지니 배가의 노력이 가하도다.

* 공, 사직의 재직운, 승진운
차효는 재직자는 길하고 기쁜 징조가 잇도다.

* 사업 시발운(창업, 개업, 전업)
차효는 창시가 불리하니 때를 기다림이 가하도다.

* 사업 진행운(사업, 매매, 증권)
차효는 편안히 거하며 자족함을 미로 삼아야 하도다. 모사함을 잘 살펴서 한 즉 인사가 바르고 길함을 득하도다.

* 사업 진행운(매매, 증권)
차효는 시운이 불리하니 때를 기다림이 가하도다.

* 신수, 가정운
차효는 편안히 거하여 자족한 미가 있도다. 모사함을 잘 살펴서 한즉 정길함을 득하도다. 단 수흉자는 유명을 달리할 수도 있다.

* 남녀리합(결혼운, 이성문제)
차효는 모사함을 실지와 마땅하게 행할지니 살피고 가려서 한 즉 인사가 화해하여 정길을 득하도다.

* 신상문제(건강, 사고, 상해)
차효는 안강 무사하도다.

* 시비, 송사
차효는 안온 무탈하도다.

* 출산
차효는 출산한 즉 득남이며 모자가 모두 건강하도다.

* 여행
차효는 원근의 출행이 가하도다.

143

원괘 무망 삼효
原卦 无妄 三爻 　　* 1년 중 전반기 운세(음력 1월 - 6월)

육삼 무망지재 혹계지우 행인지득 읍인지재
六三, 无妄之災, 或繫之牛, 行人之得, 邑人之災.
무망의 재앙이니 혹자가 맨 소를 행인이 얻음이 읍 사람의 재앙이로다.

세운봉지
歲運逢之
재사 리어군수 행인지득야 불리읍재 읍인지재야 전가
在仕, 利於郡守, 行人之得也. 不利邑宰, 邑人之災也. 田家,
혹진우재 상고 다획리식 재서속 혹한사계반 파재손기
或進牛財. 商賈, 多獲利息. 在庶俗, 或閑事係絆, 破財損己.

재 사 인 　필 주 난 어 진 취
在士人, 必主難於進取.

＊ 대시(국회의원 출마, 고등고시 응시, 상류대 입시)
차효는 시운이 불리하여 진취에 성명이 불가하도다.

＊ 중시(시도 의회 출마, 간부급 공사직 시험, 중류대 입시)
차효는 시운이 불우하여 진취에 성명이 불능하도다.

＊ 소시(구군의회 선거 출마, 초급 공사직)
차효는 세운이 불호하여 진취에 성명이 어렵도다.

＊ 소시(삼류대 및 전문대 응시)
차효는 시운의 쇠약으로 진취에 반드시 어려울지니 배가의 노력이 가하도다.

＊ 공, 사직의 재직운, 승진운
차효에 재직자는 군수(우두머리)에는 이로우나 읍재(아전)에는 재앙이 있도다.

＊ 사업 시발운(창업, 개업, 전업)
차효는 창시함에 농가와 소 등의 재물을 사들이는 격이 되어 매우 이롭도다.

＊ 사업 진행운(사업, 매매, 증권)
차효는 상업성의 일이라면 이식을 크게 얻도다.

＊ 신수, 가정운
차효는 무엇을 영위함에 있어서 한가로운 일에 끌리고 얽혀서 재물을 흩트리고 몸을 상하도다.

＊ 남녀리합(결혼운, 이성문제)
차효는 진행 중에 한가로운 일에 끌리고 얽혀서 성사가 어렵도다.

＊ 신상문제(건강, 사고, 상해)
차효는 한가로운 일에 끌리고 얽혀서 몸을 상하도다.

* 시비, 송사
차효는 한가로운 일에 끌리고 얽혀서 시비가 생기도다.

* 출산
차효는 출산하면 득남이나 모체에 손상이 올까 두렵도다.

* 여행
차효는 한가로운 일에 끌리고 얽히는 시운이므로 출행은 자제함이 가하도다.

변 괘 동 인 삼 효
變卦 同人 三爻　　* 1년 중 후반기 운세(음력 7월 - 12월)

구 삼 복 융 우 망 승 기 고 릉 삼 세 불 흥
九三, 伏戎于莽, 升其高陵, 三歲不興.
군사를 숲에 매복시키고 그 높은 언덕에 올라서 삼 년을 일어나지 못하도다.

세 운 봉 지
歲運逢之,
재 사 즉 방 실 직 재 사 즉 유 승 고 지 조 재 서 속 즉 유 상 친 옥 송 지 환
在仕, 則防失職. 在士, 則有升高之兆. 在庶俗, 則有喪親獄訟之患.

* 대시(국회의원 출마)
차효는 진취하려함에 높이 오르기는 하나 확고한 자리를 얻기에는 어려우니 배가의 노력이 가하도다.

* 대시(고등고시 응시, 상류대 입시)
차효는 높이 오를 징조가 있도다.

* 중시(시도 의회 출마, 간부급 공사직 시험, 중류대 입시)
차효는 높이 오를 징조가 있도다.

* 소시(구군의회 선거 출마, 초급 공사직 , 삼류대 및 전문대 응시))
차효는 높이 오를 징조가 있도다.

* 공, 사직의 재직운, 승진운
  차효에 재직자는 직분을 잃을 것을 막아야 하도다.

* 사업 시발운(창업, 개업, 전업)
  차효는 시운이 불리하니 때를 기다림이 가하도다.

* 사업 진행운(사업)
  차효는 하는 일이 불리하여 송사하고 감옥의 환이 있을까 주의가 필요하도다.

* 사업 진행운(매매, 증권)
  차효는 시운이 불리하니 때를 기다림이 가하도다.

* 신수, 가정운
  차효는 혹 친상이 있을까 두렵도다.

* 남녀리합(결혼운, 이성문제)
  차효는 이미 연계되었더라도 다툴까 삼가라.

* 신상문제(건강, 사고, 상해)
  차효는 심신이 고달프다.

* 시비, 송사
  혹 다투고 감옥에 가는 환란이 있을까 두렵도다.

* 출산
  차효는 생남하도다.

* 여행
  차효는 목적 이외의 여행은 삼감이 가하도다.

151

원 괘 구 초 효
原卦 姤 初爻　　＊1년 중 전반기 운세(음력 1월 - 6월)

초 육 계 어 금 니 정 길 유 유 왕 견 흉 리 시 부 척 촉
初六, 繫於金柅, 貞吉, 有攸往, 見凶, 羸豕孚蹢躅.

쇠말뚝으로 맴이니 바르게 하면 길하고 가는 바가 있으면 흉함을 보리니 마른 돼지가 뛰고 뛰는 데 믿음을 두느니라.

세 운 봉 지
歲運逢之,

재 사 유 폄 적 지 우　　재 사 유 난 진 지 우
在仕, 有貶謫之虞.　　在士, 有難進之憂.

재 서 속 혹 우 존 귀 신 붕　　혹 득 금 백 진 입　　혹 부 인 필 득 생 육
在庶俗, 或遇尊貴信朋.　　或得金帛進入.　　或婦人必得生育.

수 흉 자 방 질 송 우 우 음 인 불 결 지 사
數凶者, 防疾訟憂虞陰人不潔之事.

* 대시(국회의원 출마, 고등고시 응시, 상류대 입시)
차효는 시운이 불리하여 진취함에 성명이 불가하도다.

* 중시(시도 의회 출마, 간부급 공사직 시험, 중류대 입시)
차효는 시운이 불리하여 진취함에 성명이 불가하도다.

* 소시(구군의회 선거 출마)
차효는 시운이 불조하여 진취함에 성명이 불가하도다.

* 소시(초급 공사직, 삼류대 및 전문대 응시)
차효는 시운이 불순하여 진취가 어려운 근심이 있을지니 배가의 노력이 가하도다.

* 공, 사직의 재직운, 승진운
차효에 재직자는 해임되는 걱정이 있도다.

* 사업 시발운(창업, 개업, 전업)

차효는 혹 존귀한 사람이나 미더운 벗을 만나 성사가 가하도다.

* 사업 진행운(사업, 매매, 증권)
차효는 경영이 순조하여 금백(재물)에 진입되도다.

* 신수, 가정운
차효는 존귀한 사람이나 미더운 벗을 만나 영위함이 성사되며 혹은 금백에 진입하도다.

* 남녀리합(결혼운)
차효는 존귀한 사람이나 미더운 벗으로 인하여 모사가 성취되도다.

* 남녀리합(이성문제)
혹 이성문제로 불결한 일이 있도다.

* 신상문제(건강, 사고, 상해)
차효는 혹 병환으로 어려움이 있도다.

* 시비, 송사
차효는 혹 송사가 두렵도다.

* 출산
차효는 출산한 즉 득녀이며 모체가 빈약하도다.

* 여행
차효는 목적 이외의 출타는 자제가 가하도다.

변괘 건 초효
變卦 乾 初爻 * 1년 중 후반기 운세(음력 7월 - 12월)

초구 잠용물용
初九 潛龍勿用
잠긴 용이니 쓰지 말지니라.

세운봉지
歲運逢之,
재사 퇴조 재사 엄류 재상 질체
在仕, 退阻. 在士, 淹留. 在商 窒滯.
유승도은일우의지류 즉반환안락 여명 즉흥가업 잉생자
惟僧道隱逸羽衣之流, 則盤桓安樂. 女命, 則興家業, 孕生子.
범인이용유정 약일동작 즉생재질 모사즉유구
凡人利用幽靜. 若一動作, 卽生災疾. 謀事則有咎.
차변득구괘 근방소인염오지환
且變得姤卦, 謹防小人染汚之患.

* 대시(국회의원 출마, 고등고시 응시, 상류대 입시)
차효는 시운이 불리하여 진취함에 있어 그 이름을 이루지 못하도다.

* 중시(시도 의회 출마, 간부급 공사직 시험, 중류대 입시)
차효는 시운이 불리하여 진취함에 있어 그 이름을 이루지 못하도다.

* 소시(구군의회 선거 출마)
차효는 시운이 불리하여 진취에 성명이 어렵도다.

* 소시(초급 공사직 응시, 삼류대 및 전문대 응시)
차효는 세운이 불리하여 진취함에 있어 머무르게 되니 배가의 노력이 가하도다.

* 공, 사직의 재직운, 승진운
차효에 재직자는 물러서게 막히도다.

* 사업 시발운(창업, 개업, 전업)
차효는 주로 하는 일에 막히게 되니 때를 기다림이 가하도다.

* 사업 진행운(사업, 매매)
차효는 영위하는 일이 막히며 모사한 즉 재앙이 생기도다.

* 증권
차효는 시운이 불리하니 때를 기다림이 가하도다.

* 신수, 가정운

차효는 움직이면 불리하니 옮기는 일은 불가하도다. 조용히 정지해 있어라. 만약에 움직이면 곧 재앙의 질병이 생기도다.

* 남녀리합(결혼운, 이성문제)
차효는 결혼이 어렵도다. 다음을 기다림이 가하도다.
이성문제는 조심이 절실하다. 소인의 더럽힘이 염려되도다.

* 신상문제(건강, 사고, 상해)
차효는 한 번 옮긴 즉 재앙의 질환이 생기도다.

* 시비, 송사
차효는 매사에 모사하는 일이 막히므로 화해로써 처리함이 상책이도다.

152

원괘 구 이효
原卦 姤 二爻 　　* 1년 중 전반기 운세(음력 1월 - 6월)

구이 포유어 무구 불리빈
九二, 包有魚, 无咎, 不利賓.
꾸러미 속에 고기가 있으니 허물이 없으나 손(빈)에게는 이롭지 아니하니라.

세운봉지
歲運逢之,
재사 즉천제 유석금어은어지조 　재사 즉문하무인
在仕, 則遷除, 有錫金魚銀魚之兆. 　在士, 則門下無人,
이난어빈홍지선 재서속 유금백수리지다 혹진노비 부인유잉
而難於賓興之選. 在庶俗, 有金帛水利之多. 或進奴婢, 婦人有孕.

* 대시(국회의원 출마, 고등고시 응시, 상류대 입시)
차효는 시운이 불리하여 진취에 성명이 불가하도다.

* 중시(시도 의회 출마)
차효는 시운이 불조하여 진취에 성명이 어렵도다.

* 중시(간부급 공사직 시험, 중류대 입시)
차효는 시운이 불우하여 진취에 성명이 어려우나 배가의 노력만이 가하도다.

* 소시(구군의회 선거 출마)
차효는 시운이 불조하여 진취에 성명이 어렵도다.

* 소시(초급 공사직, 삼류대 및 전문대 응시)
차효는 문하에 사람이 없어 뽑힘에는 어려우니 배가의 노력이 가하도다.

* 공, 사직의 재직운, 승진운
차효에 재직자는 승진과 함께 옮기어 가도다.

* 사업 시발운(창업, 개업, 전업)
차효는 창시함에 순탄하며 재물에 이롭도다.

* 사업 진행운(사업운, 매매, 증권)
차효는 영위함에 물로 인한 이익이 얻어지도다.

* 신수, 가정운
차효는 물로 인한 이익이 얻어지도다.

* 남녀리합(결혼운)
차효는 모사한 즉 성사가 가하도다.

* 남녀리합(이성문제)
차효는 이성을 연계함에 나직한 자에게 나아가도다.

* 신상문제(건강, 사고, 상해)
차효는 무사 안일 하도다.

* 시비, 송사

차효는 무사 평온 하도다.

* 출산
차효는 출산하면 득남이며 모자가 모두 건강하도다.

* 여행
차효는 출행에 자유자재 하도다.

변 괘 둔 이 효
變卦 遯 二爻　　* 1년 중 후반기 운세(음력 7월 - 12월)

육 이 집 지 용 황 우 지 혁 막 지 승 설
六二, 執之用黃牛之革, 莫之勝說.
누런 소의 가죽을 잡음이라. 말로 할 수 없느니라.

세 운 봉 지
歲運逢之,
선 간 근 기 재 사 위 고 자 이 재 집 언 로 사 인 진 취 우 즉 위 해 성
先看根基. 在仕, 位高者, 以宰執言路. 士人進取, 牛則爲解星.
역 위 황 방 황 문 황 당 황 갑 지 조 농 인 유 진 우 축 지 희
亦爲黃榜, 黃門, 黃堂, 黃甲之兆. 農人, 有進牛畜之喜.
수 흉 즉 송 기 가 인 견 집 불 열 혹 방 하 인 침 모 안 상 수 분 즉 면 재 구
數凶則訟起家人, 牽執不悅. 或防下人侵侮. 安常守分, 則免灾咎.

* 대시(국회의원 출마, 고등고시 응시, 상류대 입시)
차효는 진취에 최상의 호운이도다. 인사를 다하고 천명을 기다려라.

* 중시(시도 의회 출마, 간부급 공사직 시험, 중류대 입시)
차효는 진취에 최상의 절호의 시운이도다. 인사를 다하고 천명을 기다려라.

* 소시(구군의회 선거 출마, 초급 공사직, 삼류대 및 전문대 응시)
차효는 시운이 불조하여 진취에 성명이 어렵도다.

* 공, 사직의 재직운, 승진운
자효에 재식자로 그 시위가 높은 자는 주간하여 인로를 잡도다.

* 사업 시발운(창업, 개업, 전업)
차효는 창업에 좋은 시운이나 과욕은 불리하도다.

* 사업 진행운(사업운, 매매, 증권)
차효는 영위함에 재물에 나아가도다.

* 신수, 가정운
차효는 무엇을 영위하는 바가 있으면 재물을 획득하도다.

* 남녀리합(결혼운, 이성문제)
차효는 자기의 목적이 이루어지도다.

* 신상문제(건강, 사고, 상해)
차효는 혹 의외의 몸을 상할 시운이니 분수를 지킨 즉 재앙을 면하도다.

* 시비, 송사
차효는 혹 가정에 송사가 일어나 기쁘지 못하도다.

* 출산
차효는 출산하면 득남이나 혹 모체가 부실하도다.

* 여행
차효는 여행에는 각별한 몸조심이 가하도다.

153

원 괘 구 삼 효
原卦 姤 三爻　　* 1년 중 전반기 운세(음력 1월 - 6월)

구 삼 둔 무 부 기 행 차 차 려 무 대 구
九三, 臀无膚, 其行次且, 厲, 无大咎.
볼기에 살이 없으며 그 행함이 머뭇거림이니 위태하나 큰 허물이 없으리라.

세 운 봉 지
歲運逢之,
재 사 퇴 보 조 적 재 사 자 진 취 유 리 어 전 개 둔 자 거 월 자
在仕, 退步遭謫. 在士子, 進取惟利於殿. 蓋臀字去月字,
유 전 두 지 조 고 야
有殿頭之兆故也.
서 속 즉 유 재 생 장 책 지 우
庶俗, 則有灾眚杖責之虞.

* 대시(국회의원 출마)
  차효는 시운이 불조하여 진취에 성명이 어렵도다.

* 대시(고등고시 응시, 상류대 입시)
  차효는 오로지 국가고시에는 이로우나 배가의 노력이 가하도다.

* 중시(시도 의회 출마)
  차효는 진취에 성명이 어려우니 배가의 노력이 가하도다.

* 중시(간부급 공사직 시험, 중류대 입시)
  차효는 진취함에 나라에서 행하는 시험에는 이롭도다.

* 소시(구군의회 선거 출마)
  차효는 진취에 성명이 어려우니 배가의 노력이 가하도다.

* 소시(초급 공사직, 삼류대 및 전문대 응시)
  차효는 진취하려함에 나라에서 행하는 시험은 이롭도다.

* 공, 사직의 재직운, 승진운
  차효에 재직자는 퇴보하라. 귀양감을 만나도다.

* 사업 시발운(창업, 개업, 전업)
  차효는 시운이 불리하니 때를 기다림이 가하도다.

* 사업 진행운(사업)
차효는 영위함에 법의 제재가 두렵도다.

* 사업 진행운(매매, 증권)
차효는 시운이 불리하니 때를 기다림이 가하도다.

* 신수, 가정운
차효는 재앙의 질책이 있도다.

* 남녀리합(결혼운, 이성문제)
차효는 기왕에 연계되었던 일도 서로 헤어짐이 우려되도다.

* 신상문제(건강, 사고, 상해)
차효는 심신이 곤하도다.

* 시비, 송사
차효는 상호 시비가 요란하니 자제가 가하도다.

* 출산
차효는 출산하면 득남이나 모자가 불편하도다.

* 여행
차효는 원근간에 출행은 자제함이 가하도다.

변 괘 송 삼 효
變卦 訟 三爻 　　* 1년 중 후반기 운세(음력 7월 - 12월)

육 삼 식 구 덕 정 려 종 길 혹 종 왕 사 무 성
六三, 食舊德, 貞厲終吉, 或從王事无成.

옛 덕을 먹어서 바르게 하면 위태로우나 마침내 길하리니 혹 왕의 일에 종사할지라도 이룸이 없으리라.

세 운 봉 지
歲運逢之,
재 사 즉 각 수 상 직 이 난 어 규 제 재 사 즉 보 전 상 분 이 정 강 불 가
在仕, 則恪守常職, 而難於刲除. 在士, 則保全常分, 而停降不加.

재상인 즉불실기상 이백난불범
在常人, 則不失其常, 而百難不犯.

* 대시(국회의원 출마, 고등고시 응시, 상류대 입시)
차효는 시운이 불리하여 진취에 성명이 불가하도다.

* 중시(시도 의회 출마)
차효는 시운이 불조하여 진취에 성명이 어렵도다.

* 중시(간부급 공사직 시험, 중류대 입시)
차효는 시운이 미흡하니 분수를 잘 지켜야 불합격의 해를 당하지 않도다.

* 소시(구군의회 선거 출마)
차효는 진취에 시운이 불조하여 진취에 성명이 어렵도다.

* 소시(초급 공사직, 삼류대 및 전문대 응시)
차효는 시운이 불조하여 분수를 잘 지켜야 불합격의 해를 당하지 않도다.

* 공, 사직의 재직운, 승진운
차효에 재직자는 평상시의 직분을 잘 지켜라. 벼슬을 더 받기에는 어렵도다.

* 사업 시발운(창업, 개업, 전업)
차효는 시운이 불우하여 창시에 어려우니 분수를 지키고 때를 기다림이 가하도다.

* 사업 진행운(사업)
차효는 영위함에 그 상도를 잘 지켜야 백가지 어려움이 범하지 않도다.

* 사업 진행운(매매, 증권)
차효는 시운이 불리하니 분수를 지키고 때를 기다림이 가하도다.

* 신수, 가정운
차효는 시운이 비색하여 상도를 잃지 말아야 백난이 범하지 않도다.

* 남녀리합(결혼운, 이성문제)
차효는 종전에 연계되었던 인연을 잘 보존하라. 그렇지 않으면 이산되도다.

* 신상문제(건강, 사고, 상해)
차효는 심신이 곤하도다.

* 시비, 송사
차효는 과거지사로 다투고 송사가 있을지니 상도를 지켜야 하도다.

* 출산
차효는 출산하면 득녀이며 출산에 어려움이 있도다.

* 여행
차효는 목적 이외의 여행은 자제함이 가하도다.

161

원괘 송 초효
原卦 訟 初爻　　* 1년 중 전반기 운세(음력 1월 - 6월)

초육 불영소사 소유언 종길
初六, 不永所事, 小有言, 終吉.
일하는 바(송사)를 길게 하지 않으니 조금 말을 들으나 마침내는 길하리라.

세운봉지
歲運逢之,
재사 필조참방 불변이명 재사 즉소유언상 이종무대해
在仕, 必遭讒謗, 不辨而明. 在士, 則小有言傷, 而終無大害.

재서속 즉유시비 기재송이종가획신 유병자 불약자유
在庶俗, 則有是非, 起災訟而終可獲伸. 有病者, 不藥自愈.

수 흉 자　수 불 연 영
數凶者, 壽不延永.

* 대시(국회의원 출마, 고등고시 응시, 상류대 입시)
  차효는 시운이 불리하여 진취함에 성명이 불가하도다.

* 중시(시도 의회 출마, 간부급 공사직 시험, 중류대 입시)
  차효는 시운이 불리하여 진취함에 성명이 불가하도다.

* 소시(구군의회 선거 출마)
  차효는 시운이 불조하여 진취에는 배가의 노력이 가하도다.

* 소시(초급 공사직, 삼류대 밀 전문대 응시)
  차효는 진취에 조금 말이 있으나 마침내는 큰 해는 없으리라.

* 공, 사직의 재직운, 승진운
  차효에 재직자는 반드시 헐뜯고 비방함을 만나나 변명을 하지 않아도 밝혀지도다.

* 사업 시발운(창업, 개업, 전업)
  차효는 창시에는 시운이 불리하니 때를 기다림이 가하도다.

* 사업 진행운(사업)
  차효는 영위함에 시비가 있어 재앙의 송사가 일어날지나 마침내는 가히 나의 뜻을 펴게 되도다.

* 사업 진행운(매매, 증권)
  차효는 멈추고 때를 기다림이 가하도다.

* 신수, 가정운
  차효는 하는 일에 시비가 있어 재앙의 송사가 일어날지나 마침내는 가히 나의 뜻을 펴게 되도다.

* 남녀리합(결혼운, 이성문제)
  차효는 기왕에 연계되었던 일이라 하더라도 중도에 탈락함을 막아야 한다.

* 신상문제(건강, 사고, 상해)
차효는 심신이 곤하도다.

* 시비, 송사
차효는 시비가 있어 재앙의 송사가 일어나되 마침내는 가히 나의 뜻을 펴도다.

* 출산
차효는 출산한 즉 득녀이며 양육이 어렵도다.

* 여행
차효는 목적 이외의 여행은 불리하도다.

변 괘 리 초 효
變卦 履 初爻　　* 1년 중 후반기 운세(음력 7월 - 12월)

초 구 소 리 왕 무 구
初九, 素履往, 无咎.
본래 밟은 대로이니 가서 허물이 없으리라.

세 운 봉 지
歲運逢之,
재 사 즉 홍 화 유 도 이 승 천 급 기 재 사 즉 유 학 장 행 이 리 명 성 취
在仕, 則弘化有道, 而陞遷及期. 在士, 則幼學壯行, 而利名成就.
재 서 속 즉 영 모 유 계 이 재 리 일 증 수 흉 자 유 호 소 지 상
在庶俗, 則營謀有計, 而財利日增. 數凶者, 有皜素之象.

* 대시(국회의원 출마, 고등고시 응시, 상류대 입시)
차효는 진취하기에는 가히 미흡한 시운이니 숙고가 가하도다.

* 중시(시도 의회 출마, 간부급 공사직 시험, 중류대 입시)
차효는 학업을 닦는 학사가 장하게 행하면 이름이 이롭게 성취되도다.

* 소시(구군의회 선거 출마, 초급 공사직, 삼류대 및 전문대 응시)
차효는 자기의 기량을 다 펴서 힘을 쓰면 그 명을 성취하도다.

* 공, 사직의 재직운, 승진운
  차효는 크게 될 도가 있어서 승천의 기대에 미치도다.

* 사업 시발운(창업, 개업, 전업)
  차효는 경영하고 모사함이 계교에 알맞게 하면 성취가 가하도다.

* 사업 진행운(사업, 매매, 증권)
  차효는 경영상의 좋은 계교 밑에 시행하면 재리가 날마다 더해지도다.

* 신수, 가정운
  차효는 하는 일을 계책이 있어 잘 행하면 재리가 날로 더하도다.

* 남녀리합(결혼운, 이성문제)
  차효는 계교있는 처사를 잘 진행하면 성사가 가하도다.

* 신상문제(건강, 사고, 상해)
  차효는 종래의 안전을 기하면 별 탈은 없도다.

* 시비, 송사
  차효는 계교를 잘 세워 진행하면 있었던 문제도 잘 해소되도다.

* 출산
  차효는 출산한 즉 득남이며 모자가 모두 건강하도다.

* 여행
  차효는 원근간에 출행이 가하도다.

162

원괘 송 이효
原卦 訟 二爻 * 1년 중 전반기 운세(음력 1월 - 6월)

구이 불극송 귀이포 기읍인삼백호 무생
九二, 不克訟, 歸而逋, 其邑人三百戶, 无眚.
송사를 이기지 못하여 돌아가 도망감이니 그 읍 사람이 삼백호면 재앙이 없으리라.

세운봉지
歲運逢之,
재사 즉유식읍지영 재사 즉보수이훼욕불체 서속
在仕, 則有食邑之榮. 在士, 則保守而毁辱不逮. 庶俗,
즉호구안녕이무생
則戶口安寧而無眚.
여원수흉자 주송기호혼 심즉축찬류도이난반자야
如元數凶者, 主訟起戶婚. 甚則逐竄流逃而難反者也.

* 대시(국회의원 출마, 고등고시 응시, 상류대 입시)
  차효는 시운이 불리하여 진취에 성명이 불가하도다.

* 중시(시도 의회 출마, 간부급 공사직 시험, 중류대 입시)
  차효는 시운이 불우하여 진취에 성명이 어렵도다.

* 소시(구군의회 선거 출마)
  차효는 시운이 불조하여 진취에 성명이 어렵도다.

* 소시(초급 공사직, 삼류대 및 전문대 응시)
  차효는 보존하고 지켜야 헐뜯고 욕됨에 이르지 않을지니 배가의 노력이 가하도다.

* 공, 사직의 재직운, 승진운
  차효에 재직자는 식읍(읍세)의 영예가 있도다.

* 사업 시발운(창업, 개업, 전업)
  차효는 창시함에 불선하니 때를 기다림이 가하도다.

* 사업 진행운(사업운)
  차효는 영위함에 영예도 없고 욕됨도 없도다.

* 사업 진행운(매매, 증권)

차효는 시운이 불리하니 때를 기다림이 가하도다.

* 신수, 가정운
차효는 집안 식구가 안녕하며 재앙이 없으나 수흉자는 호혼에 송사가 일어나도다.

* 남녀리합(결혼운, 이성문제)
차효는 수흉자는 혼인에 송사가 일어나도다.

* 신상문제(건강, 사고, 상해)
차효는 집안 식구가 안녕하며 재앙이 없도다.

* 시비, 송사
차효는 원수가 흉한즉 주로 호혼의 송사가 일어나도다.

* 출산
차효는 출산하면 득녀이며 모체 또한 건장하도다.

* 여행
차효는 여행에는 무탈 하도다.

변 괘 비 이 효
變卦 否 二爻　　* 1년 중 후반기 운세(음력 7월 - 12월)

육 이 포 승 소 인 길 대 인 비 형
六二, 包承, 小人吉, 大人否亨.
포용하며 이어 받들음이니 소인은 길하고 대인은 비색하여야 형통하리라.

세 운 봉 지
歲運逢之,
재 사 의 견 기 조 작 재 사 의 장 기 대 시 재 서 속 의 포 수 인 치
在仕, 宜見幾早作. 在士, 宜藏器待時. 在庶俗, 宜包羞忍恥,
이 보 전 신 가 불 연 시 비 호 악 난 명 이 재 해 난 환
以保全身家. 不然, 是非好惡難明, 而災害難逭.

* 대시(국회의원 출마, 고등고시 응시, 상류대 입시)

차효는 시운이 불리하여 진취에 성명이 불가하도다.

* 중시(시도 의회 출마, 간부급 공사직 시험, 중류대 입시)
차효는 시운이 불우하여 진취에 성명이 어렵도다.

* 소시(구군의회 선거 출마, 초급 공사직, 삼류대 및 전문대 응시)
차효는 시운이 불조하니 모든 준비함을 멈추고 때를 기다려야 하도다.

* 공, 사직의 재직운, 승진운
차효에 재직자는 기미를 모아 일찍이 대처하라.

* 사업 시발운(창업, 개업, 전업)
차효는 창시함에 시운이 불리하니 분수를 지키고 때를 기다림이 가하도다.

* 사업 진행운(사업운)
차효는 비색한 일이 생기며 부끄럽게 되도다.

* 사업 진행운(매매, 증권)
차효는 시운이 불리하니 때를 기다림이 가하도다.

* 신수, 가정운
차효는 부끄러움을 참아야 몸과 가정을 보존하도다.

* 남녀리합(결혼운, 이성문제)
차효는 부끄러운 일이 생길지니 참고 견뎌야 하도다.

* 신상문제(건강, 사고, 상해)
차효는 심신이 곤하도다.

* 시비, 송사
차효는 부끄러움을 참아야 몸과 가정을 보존 하도다. 그렇지 않으면 옳고 나쁨과 좋고 그름을 밝히기 어려우며 재해를 피하기 어렵도다.

* 출산
차효는 출산하면 득녀이다.

* 여행
차효는 목적 이외의 출타는 자제가 가하도다.

163

원 괘 송 삼 효
原卦 訟 三爻　　* 1년 중 전반기 운세(음력 1월 - 6월)

육 삼　식 구 덕　정 려 종 길　혹 종 왕 사 무 성
六三, 食舊德, 貞厲終吉, 或從王事无成.
옛 덕을 먹어서 바르게 하면 위태로우나 마침내 길하리니 혹 왕의 일에 종사할지라도 이룸이 없으리라.

세 운 봉 지
歲運逢之,
재 사　즉 각 수 상 직　이 난 어 규 제　재 사　즉 보 전 상 분　이 정 강 불 가
在仕, 則恪守常職, 而難於刲除.　在士, 則保全常分, 而停降不加.

재 상 인　즉 불 실 기 상　이 백 난 불 범
在常人, 則不失其常, 而百難不犯.

* 대시(국회의원 출마, 고등고시 응시, 상류대 입시)
차효는 시운이 불리하여 진취에 성명이 불가하도다.

* 중시(시도 의회 출마)
차효는 시운이 불조하여 진취에 성명이 어렵도다.

* 중시(간부급 공사직 시험, 중류대 입시)
치효는 시운이 미흡하니 분수를 잘 지켜야 불합격의 해를 당하지 않도다.

* 소시(구군의회 선거 출마)
차효는 진취에 시운이 불조하여 진취에 성명이 어렵도다.

* 소시(초급 공사직, 삼류대 및 전문대 응시)
차효는 시운이 불조하여 분수를 잘 지켜야 불합격의 해를 당하지 않도다.

* 공, 사직의 재직운, 승진운
차효에 재직자는 평상시의 직분을 잘 지켜라. 벼슬을 더 받기에는 어렵도다.

* 사업 시발운(창업, 개업, 전업)
차효는 시운이 불우하여 창시에 어려우니 분수를 지키고 때를 기다림이 가하도다.

* 사업 진행운(사업)
차효는 영위함에 그 상도를 잘 지켜야 백가지 어려움이 범하지 않도다.

* 사업 진행운(매매, 증권)
차효는 시운이 불리하니 분수를 지키고 때를 기다림이 가하도다.

* 신수, 가정운
차효는 시운이 비색하여 상도를 잃지 말아야 백난이 범하지 않도다.

* 남녀리합(결혼운, 이성문제)
차효는 종전에 연계되었던 인연을 잘 보존하라. 그렇지 않으면 이산되도다.

* 신상문제(건강, 사고, 상해)
차효는 심신이 곤하도다.

* 시비, 송사
차효는 과거지사로 다투고 송사가 있을지니 상도를 지켜야 하도다.

* 출산
차효는 출산하면 득녀이며 출산에 어려움이 있도다.

* 여행
  차효는 목적 이외의 여행은 자제함이 가하도다.

변 괘 구 삼 효
變卦 姤 三爻 * 1년 중 후반기 운세(음력 7월 - 12월)

구 삼 둔 무 부 기 행 차 차 려 무 대 구
九三, 臀无膚, 其行次且, 厲, 无大咎.
볼기에 살이 없으며 그 행함이 머뭇거림이니 위태하나 큰 허물이 없으리라.

세 운 봉 지
歲運逢之,
재 사 퇴 보 조 적 재 사 자 진 취 유 리 어 전 개 둔 자 거 월 자
在仕, 退步遭謫. 在士子, 進取惟利於殿. 蓋臀字去月字,
유 전 두 지 조 고 야
有殿頭之兆故也.
서 속 즉 유 재 생 장 책 지 우
庶俗, 則有灾眚杖責之虞.

* 대시(국회의원 출마)
  차효는 시운이 불조하여 진취에 성명이 어렵도다.

* 대시(고등고시 응시, 상류대 입시)
  차효는 오로지 국가고시에는 이로우나 배가의 노력이 가하도다.

* 중시(시도 의회 출마)
  차효는 진취에 성명이 어려우니 배가의 노력이 가하도다.

* 중시(간부급 공사직 시험, 중류대 입시)
  차효는 진취함에 나라에서 행하는 시험에는 이롭도다.

* 소시(구군의회 선거 출마)
  차효는 진취에 성명이 어려우니 배가의 노력이 가하도다.

* 소시(초급 공사직, 삼류대 및 전문대 응시)
  차효는 진취하려함에 나라에서 행하는 시험은 이롭노다.

* 공, 사직의 재직운, 승진운
  차효에 재직자는 퇴보하라. 귀양감을 만나도다.

* 사업 시발운(창업, 개업, 전업)
  차효는 시운이 불리하니 때를 기다림이 가하도다.

* 사업 진행운(사업)
  차효는 영위함에 법의 제재가 두렵도다.

* 사업 진행운(매매, 증권)
  차효는 시운이 불리하니 때를 기다림이 가하도다.

* 신수, 가정운
  차효는 재앙의 질책이 있도다.

* 남녀리합(결혼운, 이성문제)
  차효는 기왕에 연계되었던 일도 서로 헤어짐이 우려되도다.

* 신상문제(건강, 사고, 상해)
  차효는 심신이 곤하도다.

* 시비, 송사
  차효는 상호 시비가 요란하니 자제가 가하도다.

* 출산
  차효는 출산하면 득남이나 모자가 불편하도다.

* 여행
  차효는 원근간에 출행은 자제함이 가하도다.

211

원 괘 쾌 초효
原卦 夬 初爻　　＊1년 중 전반기 운세(음력 1월 - 6월)

초 구 장 어 전 지 왕 불 승 위 린
初九, 壯於前趾, 往, 不勝爲吝.
발꿈치가 나아감에 장함이니 가서 이기지 못해서 허물이 되리라.
세 운 봉 지
歲運逢之,
재 사 조 조 동 지 척　　재 사 초 행 도 지 우　　서 속 리 망 행 지 환
在仕, 遭躁動之斥.　　在士, 招倖圖之尤.　　庶俗, 罹妄行之患.

＊ 대시(국회의원 출마, 고등고시 응시, 상류대 입시)
차효는 시운이 불리하여 진취함에 성명이 불가하도다.

＊ 중시(시도 의회 출마, 간부급 공사직 시험, 중류대 입시)
차효는 시운이 불리하여 진취함에 성명이 불능하도다.

＊ 소시(구군의회 선거 출마)
차효는 시운이 불조하여 진취에 요행수를 꾀하다가 탈을 부르도다.

＊ 소시(초급 공사직, 삼류대 및 전문대 응시)
차효는 시운이 불조하여 진취에 요행수를 꾀하다가 탈을 부를지니 배가의 노력만이 가하도다.

＊ 공, 사직의 재직운, 승진운
차효에 재직자는 성급하게 움직이다가 그로 인하여 물리침을 만나도다.

＊ 사업 시발운(창업, 개업, 전업)
차효는 시운이 불리하니 창시에 망령되이 행하다가 환란을 만나도다.

＊ 사업 진행운(사업)
차효는 영위함에 망령되이 행하다가 환란을 만나도다.

* 사업 진행운(매매, 증권)
차효는 시운이 불리하니 분수를 지키고 때를 기다림이 가하도다.

* 신수, 가정운
차효는 시운이 불리하여 망령되이 행하다가 환란에 걸리도다.

* 남녀리합(결혼운, 이성문제)
차효는 반드시 될 것을 생각하다가 격변을 만나도다.

* 신상문제(건강, 사고, 상해)
차효는 능히 이길 것을 생각하다가 격변의 환란에 걸리도다.

* 시비, 송사
차효는 가능하지 못한 승리를 생각하고 상대를 결단하면 격변의 위태함이 있도다.

* 출산
차효는 출산한 즉 아들을 얻을지나 모체가 허약하도다.

* 여행
차효는 목적 이외의 출행은 자제가 가하도다.

변괘 대과 초효
變卦 大過 初爻　　* 1년 중 후반기 운세(음력 7월 - 12월)

초육 자용백모 무구
初六, 藉用白茅, 无咎.
까는 데 흰 띠를 쓰니 허물이 없느니라.

세운봉지
歲運逢之,
재사 근지이록위고　재사 근밀이덕업수
在仕, 謹持而祿位高.　在士, 謹密而德業修.
재서속 근약이재리주　수흉자 방효복지우
在庶俗, 謹約而財利周.　數凶者, 防孝服之憂.

* 대시(국회의원 출마, 고등고시 응시, 상류대 입시)
차효는 시운이 불리하여 진취함에 성명이 불가하도다.

* 중시(시도 의회 출마, 간부급 공사직 시험, 중류대 입시)
차효는 시운이 불우하여 진취함에 성명이 불능도다.

* 소시(구군의회 선거 출마)
차효는 시운이 불조하여 진취에 성명이 어렵도다.

* 소시(초급 공사직, 삼류대 및 전문대 응시)
차효는 진취에 삼가고 치밀하게 덕업을 닦아라. 노력만이 가하도다.

* 공, 사직의 재직운, 승진운
차효에 재직자는 삼가하여 보존하고 지켜야 록위가 굳건하도다.

* 사업 시발운(창업, 개업, 전업)
차효는 창시에 삼가고 지켜야 성립되도다.

* 사업 진행운(사업)
차효는 시행함에 삼가고 지켜야 재리가 두루하도다.

* 사업 진행운(매매, 증권)
차효는 시행함에 삼가고 지켜야 재리가 두루하나 큰 이익은 기대하기 어렵도다.

* 신수, 가정운
차효는 무엇을 영위함에 삼가고 지켜야 재리가 두루 하도다.

* 남녀리합(결혼운, 이성문제)
차효는 이성을 연계함에 있어 삼가고 지켜야 가히 성립되도다.

* 신상문제(건강, 사고, 상해)
차효는 수흉자는 부모의 친상을 당할까 두렵도다.

* 시비, 송사

차효는 무시무비하도다.

* 출산
차효는 출산한 즉 득남이며 모녀가 모두 건강하도다.

* 여행
차효는 삼가 조심하면 출행에 평탄하도다.

212

원 괘 쾌 이 효
原卦 夬 二爻 　　* 1년 중 전반기 운세(음력 1월 - 6월)

구 이 척 호 야 유 융 물 휼
九二, 惕號, 莫夜有戎, 勿恤.
두려워하며 호령함이니 깊은 밤에 군사가 있더라도 근심치 말 것이로다.

세 운 봉 지
歲運逢之,
재 사 다 장 병 융 지 권 재 사 진 취 무 선 위 고
在仕, 多掌兵戎之權. 在士進取, 武選爲高.
재 서 속 다 경 위 우 호 구 도 지 사
在庶俗,多驚危憂號寇盜之事.

* 대시(국회의원 출마)
차효는 시운이 불리하여 진취에 성명이 어렵도다.

* 대시(고등고시 응시, 상류대 입시)
시운이 도래하여 진취에 무관으로 뽑힘인 즉 높이 되도다.

* 중시(시도 의회 출마)
차효는 시운이 불리하여 진취에 성명이 어렵도다.

* 중시(간부급 공사직 시험, 중류대 입시)
  시운이 도래하여 진취에 성명하도다.

* 소시(구군의회 선거 출마)
  차효는 시운이 불리하여 진취에 성명이 어렵도다.

* 소시(초급 공사직, 삼류대 및 전문대 응시)
  차효는 시운이 도래하여 진취에 성명하도다.

* 공, 사직의 재직운, 승진운
  차효에 재직자는 무관에 소속인 즉 권세를 크게 장악하도다.

* 사업 시발운(창업, 개업, 전업)
  차효는 시운이 불우하여 모사함에 손실이 따르므로 때를 기다림이 가하도다.

* 사업 진행운(사업운)
  차효는 영위함에 크게 놀라며 위태하고 근심스러우며 울부짖어 재물이 손실되도다.

* 사업 진행운(매매, 증권)
  차효는 시운이 불리하니 분수를 지켜 때를 기다림이 가하도다.

* 신수, 가정운
  차효는 위태로운 걱정에 많이 놀라며 울부즞고 재물이 손실되도다.

* 남녀리합(결혼운, 이성문제)
  차효는 노력해도 성사가 어렵도다.

* 신상문제(건강, 사고, 상해)
  차효는 위태로운 걱정에 많이 놀라도다.

* 시비, 송사
  차효는 불의에 위태롭게 놀랄 걱정과 재물이 손실될 일에 편안치가

않도다.

* 출산
차효는 출산하면 득남이나 산고가 어렵도다.

* 여행
차효는 출행이 어려우니 자제가 가하도다.

변괘 혁 이효
變卦 革 二爻 * 1년 중 후반기 운세(음력 7월 - 12월)

육이 이일내혁지 정길 무구
六二, 已日乃革之, 征吉, 无咎.
날이 마쳐서 이에 고치면 감에 길해서 허물이 없으리라.

세운봉지
歲運逢之,
재사 천직 / 사자 성명 / 서속 다희사지작
在仕, 遷職. 士子, 成名. 庶俗, 多喜事之作.

* 대시(국회의원 출마, 고등고시 응시, 상류대 입시)
차효는 시운이 도래하니 진취에 성명이 가하도다.

* 중시(시도 의회 출마, 간부급 공사직 시험, 중류대 입시)
차효는 시운이 도래하니 진취에 성명이 능하도다.

* 소시(구군의회 선거 출마, 초급 공사직, 삼류대 및 전문대 응시)
차효는 좋은 때를 만나 진취에 성명이 확실하도다.

* 공, 사직의 재직운, 승진운
차효에 재직자는 그 직분을 옮기도다.

* 사업 시발운(창업, 개업, 전업)
차효는 창시에 잘 변하는 도를 득하여 별 탈이 없도다.

* 사업 진행운(사업운, 매매, 증권)
차효는 진행에 잘 변하는 도를 얻어서 기쁜 일이 되도다.

* 신수, 가정운
차효는 무엇을 영위함에 기쁜 일을 짓도다.

* 남녀리합(결혼운, 이성문제)
차효는 이성을 연계함에 뜻을 이루어 기쁨이 되도다.

* 신상문제(건강, 사고, 상해)
차효는 잘 변하는 도를 득하여 별 탈이 없도다.

* 시비, 송사
차효는 모습에 따라 보아서 변함으로 별다른 시비가 없도다.

* 출산
차효는 출산하면 득녀이며 출산이 순하도다.

* 여행
차효는 시운이 잘 변하는 도를 득함으로 원근간에 출행이 가하도다.

213

원 괘 쾌 삼 효
原卦 夬 三爻 　　＊1년 중 전반기 운세(음력 1월 - 6월)

구 삼 장 어 규 유 흉 군 자 쾌 쾌 독 행 우 우 약 유 유 온 무 구
九三, 壯於頄, 有凶, 君子夬夬, 獨行遇雨, 若濡有慍, 无咎.
광대뼈에 씩씩함이니 흉함이 있으나 군자는 결단할 것을 결단하면 홀로 행함에 비를 만나 젖는 듯해서 성냄이 있으나 허물이 없으리라.

세 운 봉 지
歲運逢之,
재 사 유 제 간 반 서 지 앙 재 사 유 함 온 위 세 지 차 재 서 속
在仕, 有除奸反噬之殃. 在士, 有含慍違世之嗟. 在庶俗,
유 쟁 송 결 구 지 우 대 저 종 정 즉 길 종 사 즉 흉 의 견 기 초 견 간 난
有爭訟結搆之虞. 大抵從正則吉, 從邪則凶. 宜見機, 初見艱難,
종 수 안 정
終受安靜.

* 대시(국회의원 출마, 고등고시 응시, 상류대 입시)
  차효는 시운이 불리하여 진취에 성명이 불가하도다.

* 중시(시도 의회 출마, 간부급 공사직 시험, 중류대 입시)
  차효는 시운이 불우하여 진취에 성명이 어렵도다.

* 소시(구군의회 선거 출마)
  차효는 진취에 시운이 불조하여 진취에 성명이 어렵도다.

* 소시(초급 공사직, 삼류대 및 전문대 응시)
  차효는 섭섭함을 머금고 세상에 어그러지는 탄식이 있을지니
  배가의 노력이 가하도다.

* 공, 사직의 재직운, 승진운
  차효에 재직자는 간사함을 제거함에 도리어 씹히는 재앙이 있도다.

* 사업 시발운(창업, 개업, 전업)
  차효는 시운이 불우하여 창시에 어려우니 때를 기다림이 가하도다.

* 사업 진행운(사업)
  차효는 다투고 송사하며 얽어 매이는 걱정이 있을지니 대체로 바르게
  한 즉 길하고 바르지 못하게 한 즉 흉하도다.

* 사업 진행운(매매, 증권)
  차효는 시운이 불리하니 때를 기다림이 가하도다.

* 신수, 가정운

차효는 다투고 송사하는 걱정이 있으니 대체로 바르게 한 즉 길하고 바르지 못하게 한 즉 흉하도다.

* 남녀리합(결혼운, 이성문제)
차효는 기왕에 연계되었던 인연도 헤어질까 두렵도다.

* 신상문제(건강, 사고, 상해)
차효는 혹 다투고 송사할 일이 우려되니 주의가 가하도다.

* 시비, 송사
차효는 다투고 송사하게 되며 끌리고 매이는 걱정이 있음에 처음에는 어려움을 보게 되나 마침내는 안정이 되도다.

* 출산
차효는 출산하면 득남이나 모체가 편하지 않도다.

* 여행
차효는 시운이 불조하니 근심하며 안정함이 가하도다.

변괘 태 삼효
變卦 兌 三爻 * 1년 중 후반기 운세(음력 7월 - 12월)

육삼 래태 흉
六三, 來兌, 凶.
와서 기뻐함이니 흉하니라.

세운봉지
歲運逢之,
재사 유사미도독지우 재사 유분경지차
在仕, 有邪媚諂瀆之尤. 在士, 有奔競之嗟.
재서속 유궤수구합지화 심즉실도망신
在庶俗, 有詭隨苟合之禍, 甚則失道忘身.

* 대시(국회의원 출마, 고등고시 응시, 상류대 입시)
차효는 시운이 불리하여 진취에 성명이 불가하도다.

* 중시(시도 의회 출마)
차효는 시운이 불우하여 진취에 성명이 어렵도다.

* 중시(간부급 공사직 시험, 중류대 입시)
시운이 불우하여 진취에 바쁘게 겨루는 탄식이 있을지니 배가의 노력이 가하도다.

* 소시(구군의회 선거 출마)
차효는 진취에 시운이 불조하여 진취에 성명이 어렵도다.

* 소시(초급 공사직, 삼류대 및 전문대 응시)
차효는 시운의 쇠약으로 진취에 바쁘게 겨루는 탄식이 있을지니 배가의 노력이 가하도다.

* 공, 사직의 재직운, 승진운
차효에 재직자는 간사하게 아첨하고 의심내고 거만해 하는 탈이 있도다.

* 사업 시발운(창업, 개업, 전업)
차효는 창시에 속임에 따르고 구차히 합하는 화가 있을지니 때를 기다림이 가하도다.

* 사업 진행운(사업)
차효는 영위함에 속이며 따라붙고 구차히 합하여 하는 화가 있도다.

* 사업 진행운(매매, 증권)
차효는 시운이 불리하니 분수를 지키고 때를 기다림이 가하도다.

* 신수, 가정운
차효는 속이며 따라붙고 구차히 합하려 하는 화가 있을지며 심한 즉 도를 잃고 몸을 망각하도다.

* 남녀리합(결혼운, 이성문제)
차효는 속이는데 따르고 구차히 합하는 화가 있으며 심한 즉 도를 잃고 자신을 망각하도다.

* 신상문제(건강, 사고, 상해)
차효는 심신이 곤하도다.

* 시비, 송사
차효는 영화도 없고 욕됨도 없다.

* 출산
차효는 출산하면 득남이며 모자가 무탈하도다.

* 여행
차효는 원근간에 출행은 가능하나 속임이 따르고 구차히 합함을 조심하여야 하도다.

221

원괘 태 초효
原卦 兌 初爻　　* 1년 중 전반기 운세(음력 1월 - 6월)

초구 화태 길
初九, 和兌, 吉.
화합해서 기뻐함이니 길하니라.

세운봉지
歲運逢之,
재현사자 신린갱가우일당지상 차즉동인협공이정사유성
在顯仕者, 臣鄰賡歌于一堂之上. 次則同寅協恭而政事有聲.
재사 붕우유려택지익 이차리우진취 재서속 인정화합
在士, 朋友有麗澤之益, 而且利于進取. 在庶俗, 人情和合.
이백모개수 재부부유상수지의 수흉변곤초효 유유명관송지조
而百謀皆遂. 在夫婦有相守之宜. 數凶變困初爻, 有幽冥官訟之兆.

* 대시(국회의원 출마, 고등고시 응시, 상류대 입시)

차효는 시운이 불리하여 진취함에 성명이 불가하도다.

* 중시(시도 의회 출마, 간부급 공사직 시험)
차효는 시운이 불우하여 진취함에 성명이 불능하도다.

* 중시(중류대 입시)
붕우의 좋은 덕이 유익함이 있어 또한 진취에 이롭도다.

* 소시(구군의회 선거 출마)
차효는 시운의 쇠약으로 진취에는 성명이 어려우니 배가의 노력이 가하도다.

* 소시(초급 공사직, 삼류대 및 전문대 응시)
차효는 붕우의 좋은 덕이 유익하여 진취함에 이롭도다.

* 공, 사직의 재직운, 승진운
차효에 현사자는 신하의 이웃에 이어 일당지상에서 소리내어 읊으며 버금인 즉 동인이 협력하여 하는 일에 소리가 있게 하도다.

* 사업 시발운(창업, 개업, 전업)
차효는 창시에 인정이 화합하여 백가지 모사함이 무두 이루어지도다.

* 사업 진행운(사업, 매매, 증권)
차효는 진행상에 인정이 화합하여 백가지 모사함이 모두 이루어지나 큰 이익은 기대하기 어렵도다.

* 신수, 가정운
차효는 인정이 화합하여 모두 이루어지나 부부간에 불합을 초래하기 쉬우니 서로 지킴을 마땅히 해야 하도다.

* 남녀리합(결혼운, 이성문제)
차효는 이성을 연계함에 인정이 화합하여 성사가 가하도다.

* 신상문제(건강, 사고, 상해)
차효는 수흉자에 한하여 건강이 불량하도다.

* 시비, 송사
  차효는 수흉자에 한하여 관재나 송사의 징조가 있도다.

* 출산
  차효는 출산한 즉 득남이며 모자가 모두 건강하도다.

* 여행
  차효는 원근간에 출행이 자유자재하다.

변 괘 곤 초 효
變卦 困 初爻　　* 1년 중 후반기 운세(음력 7월 - 12월)

초 육 둔 곤 우 주 목 입 우 유 곡 삼 세 불 적
初六, 臀困于株木, 入于幽谷, 三歲不覿.
엉덩이가 그루터기에 곤함이니 그윽한 골짜기에 들어가 삼 년이 되어도 볼 수 없도다.

세 운 봉 지
歲運逢之,
재 사 퇴 직 재 사 대 시 서 속 유 경 우 복 제 지 환
在仕, 退職.　　在士, 待時.　　庶俗, 有驚憂服制之患.

* 대시(국회의원 출마, 고등고시 응시, 상류대 입시)
  차효는 시운이 불리하여 진취함에 성명이 불가하도다.

* 중시(시도 의회 출마, 간부급 공사직 시험, 중류대 입시)
  차효는 시운이 불우하여 진취함에 성명이 불능하도다.

* 소시(구군의회 선거 출마)
  차효는 시운이 불조하여 진취에 때를 기다림이 가하도다.

* 소시(초급 공사직, 삼류대 및 전문대 응시)
  차효는 시운이 미흡하여 진취에 때를 기다려야 할 운세이니 이는 배가의 노력이 가하도다.

* 공, 사직의 재직운, 승진운
  차효에 재직자는 직분에서 물러나야 하도다.

* 사업 시발운(창업, 개업, 전업)
  차효는 창시에 놀랄 걱정이 있을지니 때를 기다림이 가하도다.

* 사업 진행운(사업)
  차효는 시행함에 놀랄 걱정이 있도다.

* 사업 진행운(매매, 증권)
  차효는 시운이 불리하니 때를 기다림이 가하도다.

* 신수, 가정운
  차효는 무엇을 영위함에 놀랄 걱정이 있으며 친상의 복을 입을 환란이 있도다.

* 남녀리합(결혼운, 이성문제)
  차효는 이성을 연계함에 있어 놀랄 일이 있도다.

* 신상문제(건강, 사고, 상해)
  차효는 놀랄 걱정이 있도다.

* 시비, 송사
  차효는 놀랄만한 일로 시비가 있도다.

* 출산
  차효는 출산한 즉 득남이나 깜짝 놀랄 걱정이 있도다.

* 여행
  차효는 출행이 불리하니 때를 기다림이 가하도다.

222

원 괘 태 이 효

原卦 兌 二爻　　＊1년 중 전반기 운세(음력 1월 - 6월)

구 이 부 태 길 회 망

九二, 孚兌吉, 悔亡.

미더워서 기뻐함이니 길하고 후회가 없어지니라.

세 운 봉 지

歲運逢之,

재 사 유 승 천 지 조 재 사 유 진 취 지 희

在仕, 有陞遷之兆. 在士, 有進取之喜.

재 서 속 유 백 위 화 순 지 휴 암 매 자 유 시 이 광 명 결 구 자

在庶俗, 有百爲和順之休. 暗昧者, 有是而光明. 結構者,

유 시 이 화 해

有是而和解.

＊ 대시(국회의원 출마, 고등고시 응시, 상류대 입시)
차효는 시운이 불리하여 진취에 성명이 불능하도다.

＊ 중시(시도 의회 출마)
차효는 시운이 불리하여 진취에 성명이 어렵도다.

＊ 중시(간부급 공사직 시험, 중류대 입시)
차효는 진취함에 기쁨이 있도다.

＊ 소시(구군의회 선거 출마)
차효는 시운이 불조하여 진취에 어려우니 배가의 노력이 가하도다.

＊ 소시(초급 공사직, 삼류대 및 전문대 응시)
차효는 진취에 기쁨이 있도다.

＊ 공, 사직의 재직운, 승진운
차효에 재직자는 승진과 전직의 징조가 있도다.

* 사업 시발운(창업, 개업, 전업)
차효는 창시에 백가지 하는 일이 화순하게 되는 기쁨이 있도다.

* 사업 진행운(사업운, 매매, 증권)
차효는 진행에 백가지 하는 일이 화순하게 되나 큰 이익은 어렵도다.

* 신수, 가정운
차효는 영위함에 백가지 모사함에 길하게 이루어지도다.

* 남녀리합(결혼운, 이성문제)
차효는 구함에 화순하게 성취되도다.

* 신상문제(건강, 사고, 상해)
차효는 암담했던 자는 밝아지도다.

* 시비, 송사
차효는 무슨 일에 얽매였던 자는 화해하도다.

* 출산
차효는 출산하면 득남이며 모자가 모두 건강하도다.

* 여행
차효는 출행에는 자유자재로 화순하도다.

변 괘 수 이 효
變卦 隨 二爻 　　* 1년 중 후반기 운세(음력 7월 - 12월)

육 이 계 소자 실 장 부
六二, 係小子, 失丈夫.
소자에게 매이고 장부를 잃도다.

세 운 봉 지
歲運逢之,
범 인 개 불 안 녕 　혹 소 인 시 비 지 루 이 유 구 반 지 재
凡人皆不安寧. 　或小人是非之累. 而有拘絆之災.

당 관 자 의 퇴 피　　　　진 취 자 의 지 기
當官者宜退避.　　　　進取者宜知幾.

* 대시(국회의원 출마, 고등고시 응시, 상류대 입시)
차효는 시운이 불리하여 진취에 성명이 불가하도다.

* 중시(시도 의회 출마, 간부급 공사직 시험, 중류대 입시)
차효는 시운이 불우하여 진취에 성명이 불가하도다.

* 소시(구군의회 선거 출마)
차효는 시운이 불조하여 진취에 성명이 어렵도다.

* 소시(초급 공사직, 삼류대 및 전문대 응시)
차효는 진취에 마땅히 기미를 알아서 할지니라.

* 공, 사직의 재직운, 승진운
차효에 재직자는 모두 편안치가 않도다.

* 사업 시발운(창업, 개업, 전업)
차효는 창시에 모두 편안치가 않으니 때를 기다림이 가하도다.

* 사업 진행운(사업운, 매매)
차효는 시행에 모두 편안치가 않으며 혹 소인이 시비의 누를 끼치도다.

* 사업 진행운(증권)
차효는 시운이 불리하니 때를 기다림이 가하도다.

* 신수, 가정운
차효는 모두 편안치가 않으며 혹 소인이 시비의 루를 끼치도다.

* 남녀리합(결혼운, 이성문제)
차효는 시운이 불리하여 연계가 어렵도다.

* 신상문제(건강, 사고, 상해)
차효는 모두 편안치가 않으며 상해의 재앙이 있도다.

* 시비, 송사
차효는 혹 소인이 시비의 루를 끼치도다..

* 출산
차효는 출산하면 득녀이며 출산이 어렵도다.

* 여행
차효는 시비와 상해가 있을지니 출행을 자제함이 가하도다.

223

원괘 태 삼효
原卦 兌 三爻 * 1년 중 전반기 운세(음력 1월 - 6월)

육삼 래태 흉
六三, 來兌, 凶.
와서 기뻐함이니 흉하니라.

세운봉지
歲運逢之,
재사 유사미도독지우 재사 유분경지차
在仕, 有邪媚謟瀆之尤. 在士, 有奔競之嗟.
재서속 유궤수구합지화 심즉실도망신
在庶俗, 有詭隨苟合之禍, 甚則失道忘身.

* 대시(국회의원 출마, 고등고시 응시, 상류대 입시)
차효는 시운이 불리하여 진취에 성명이 불가하도다.

* 중시(시도 의회 출마)
차효는 시운이 불우하여 진취에 성명이 어렵도다.

* 중시(간부급 공사직 시험, 중류대 입시)

시운이 불우하여 진취에 바쁘게 겨루는 탄식이 있을지니 배가의 노력이 가하도다.

* 소시(구군의회 선거 출마)
차효는 진취에 시운이 불조하여 진취에 성명이 어렵도다.

* 소시(초급 공사직, 삼류대 및 전문대 응시)
차효는 시운의 쇠약으로 진취에 바쁘게 겨루는 탄식이 있을지니 배가의 노력이 가하도다.

* 공, 사직의 재직운, 승진운
차효에 재직자는 간사하게 아첨하고 의심내고 거만해 하는 탈이 있도다.

* 사업 시발운(창업, 개업, 전업)
차효는 창시에 속임에 따르고 구차히 합하는 화가 있을지니 때를 기다림이 가하도다.

* 사업 진행운(사업)
차효는 영위함에 속이며 따라붙고 구차히 합하여 하는 화가 있도다.

* 사업 진행운(매매, 증권)
차효는 시운이 불리하니 분수를 지키고 때를 기다림이 가하도다.

* 신수, 가정운
차효는 속이며 따라붙고 구차히 합하려 하는 화가 있을지며 심한 즉 도를 잃고 몸을 망각하도다.

* 남녀리합(결혼운, 이성문제)
차효는 속이는데 따르고 구차히 합하는 화가 있으며 심한 즉 도를 잃고 자신을 망각하도다.

* 신상문제(건강, 사고, 상해)
차효는 심신이 곤하도다.

* 시비, 송사

차효는 영화도 없고 욕됨도 없다.

* 출산
차효는 출산하면 득남이며 모자가 무탈하도다.

* 여행
차효는 원근간에 출행은 가능하나 속임이 따르고 구차히 합함을 조심하여야 하도다.

변괘 쾌 삼효
變卦 夬 三爻　　* 1년 중 후반기 운세(음력 7월 - 12월)

구삼 장어규 유흉 군자쾌쾌 독행우우 약유유온 무구
九三, 壯於頄, 有凶, 君子夬夬, 獨行遇雨, 若濡有慍, 无咎.
광대뼈에 씩씩함이니 흉함이 있으나 군자는 결단할 것을 결단하면 홀로 행함에 비를 만나 젖는 듯해서 성냄이 있으나 허물이 없으리라.

세운봉지
歲運逢之,
재사 유제간반서지앙 재사 유함온위세지차 재서속
在仕, 有除奸反噬之殃. 在士, 有含慍違世之嗟. 在庶俗,
유쟁송결구지우 대저종정즉길 종사즉흉 의견기 초견간난
有爭訟結搆之虞. 大抵從正則吉, 從邪則凶. 宜見機, 初見艱難,
종수안정
終受安靜.

* 대시(국회의원 출마, 고등고시 응시, 상류대 입시)
차효는 시운이 불리하여 진취에 성명이 불가하도다.

* 중시(시도 의회 출마, 간부급 공사직 시험, 중류대 입시)
차효는 시운이 불우하여 진취에 성명이 어렵도다.

* 소시(구군의회 선거 출마)
차효는 진취에 시운이 불조하여 진취에 성명이 어렵도다.

* 소시(초급 공사직, 삼류대 및 전문대 응시)

차효는 섭섭함을 머금고 세상에 어그러지는 탄식이 있을지니 배가의 노력이 가하도다.

* 공, 사직의 재직운, 승진운
차효에 재직자는 간사함을 제거함에 도리어 씹히는 재앙이 있도다.

* 사업 시발운(창업, 개업, 전업)
차효는 시운이 불우하여 창시에 어려우니 때를 기다림이 가하도다.

* 사업 진행운(사업)
차효는 다투고 송사하며 얽어 매이는 걱정이 있을지니 대체로 바르게 한 즉 길하고 바르지 못하게 한 즉 흉하도다.

* 사업 진행운(매매, 증권)
차효는 시운이 불리하니 때를 기다림이 가하도다.

* 신수, 가정운
차효는 다투고 송사하는 걱정이 있으니 대체로 바르게 한 즉 길하고 바르지 못하게 한 즉 흉하도다.

* 남녀리합(결혼운, 이성문제)
차효는 기왕에 연계되었던 인연도 헤어질까 두렵도다.

* 신상문제(건강, 사고, 상해)
차효는 혹 다투고 송사할 일이 우려되니 주의가 가하도다.

* 시비, 송사
차효는 다투고 송사하게 되며 끌리고 매이는 걱정이 있음에 처음에는 어려움을 보게 되나 마침내는 안정이 되도다.

* 출산
차효는 출산하면 득남이나 모체가 편하지 않도다.

* 여행
차효는 시운이 불조하니 근심하며 안정함이 가하도다.

231

원괘 혁 초효
原卦 革 初爻　　* 1년 중 전반기 운세(음력 1월 - 6월)

초구 공용황우지혁
初九, 鞏用黃牛之革.
굳게 하되 누런 소의 가죽을 쓰니라.

세운봉지
歲運逢之,
재사 보위 불가회출위지사 재사 안기 불가도행진지거
在仕, 保位, 不可懷出位之思. 在士, 安己, 不可圖倖進之擧.
재서속 근수상도 불가존망작지념
在庶俗, 謹守常度, 不可存妄作之念.

* 대시(국회의원 출마, 고등고시 응시, 상류대 입시)
  차효는 시운이 불리하여 진취함에 성명이 불가하도다.

* 중시(시도 의회 출마)
  차효는 시운이 불우하여 진취함에 성명이 불능하도다.

* 중시(간부급 공사직 시험, 중류대 입시)
  차효는 몸을 편안히 하여야 하도다. 요행수로 진취를 거사하여 도모함은 불가하니 배가의 노력이 가하도다.

* 소시(구군의회 선거 출마)
  차효는 몸을 편안히 하여야 하도다. 요행수로 진취를 거사함은 불가하도다.

* 소시(초급 공사직, 삼류대 및 전문대 응시)
  차효는 몸을 편안히 하여야 하도다. 요행수로 진취를 거사하여 도모함은 불가하니 배가의 노력이 가하도다.

* 공, 사직의 재직운, 승진운
  차효에 재직자는 그 자리를 잘 보존하라. 자리를 옮기는 생각은 불가하다.

* 사업 시발운(창업, 개업, 전업)
차효는 시운이 불리하니 분수를 지키고 때를 기다림이 가하도다.

* 사업 진행운(사업)
차효는 영위함에 상도를 잘 지켜라. 망령되이 무슨 일을 지을 생각을 가짐은 불가하도다.

* 사업 진행운(사업, 매매, 증권)
차효는 시운이 불리하니 분수를 지키고 때를 기다림이 가하도다.

* 신수, 가정운
차효는 삼가 상도를 잘 지켜라. 망령된 생각을 두는 일은 불가하도다.

* 남녀리합(결혼운, 이성문제)
차효는 삼가 상도를 잘 지켜라. 망령된 생각은 불가하도다.

* 신상문제(건강, 사고, 상해)
차효는 무영무욕하도다.

* 시비, 송사
차효는 삼가 상도를 지켜라. 망작은 시비의 원인이 되도다.

* 출산
차효는 출산한 즉 득녀이며 모자가 모두 건강하도다.

* 여행
차효는 삼가고 망작을 아니하면 출행은 가하도다.

변괘 함 초효
變卦 咸 初爻 * 1년 중 후반기 운세(음력 7월 - 12월)

초육 함기무
初六, 咸其拇.
엄지발가락에 느끼는 것이다.

세운봉지
歲運逢之,
경관출 한관기 진취유대이미속 서속 의원상 승도
京官出, 閑官起. 進取有待而未速. 庶俗, 宜遠商. 僧道,
의유행 대저 치차효자 수급급영구 역다난어성취
宜遊行. 大抵, 値此爻者, 雖急急營求, 亦多難於成就.

* 대시(국회의원 출마, 고등고시 응시, 상류대 입시)
  차효는 시운이 불리하여 진취함에 성명이 불가하도다.

* 중시(시도 의회 출마, 간부급 공사직 시험, 중류대 입시)
  차효는 시운이 불우하여 진취함에 성명이 불능하도다.

* 소시(구군의회 선거 출마, 초급 공사직, 삼류대 및 전문대 응시)
  차효는 시운이 불조하여 진취에 때를 기다려라. 속히 되지 않도다.

* 공, 사직의 재직운, 승진운
  차효에 본청, 본사의 재직자는 떠나가고 한직의 재직자는 보직을 받도다.

* 사업 시발운(창업, 개업, 전업)
  차효는 창시에 불리하니 분수를 지키고 때를 기다림이 가하도다.

* 사업 진행운(사업)
  차효는 영위함에 멀리 생각하라. 비록 급하고 급하게 구하나 또한 성취에는 어려움이 많도다.

* 사업 진행운(사업, 매매, 증권)
  차효는 시운이 불리하니 분수를 지키고 때를 기다림이 가하도다.

* 신수, 가정운
  차효는 영위함에 비록 급히 구하나 성취에는 어려움이 많도다.

* 남녀리합(결혼운, 이성문제)
  차효는 비록 급하고 급하게 구하나 또한 성취에는 어려움이 많도다.

* 신상문제(건강, 사고, 상해)

차효는 심신이 곤하도다.

* 시비, 송사
차효는 무시무비하도다.

* 출산
차효는 출산한 즉 득녀이며 출산이 어렵도다.

* 여행
차효는 출행에 목적을 의도하지 말라.

232

원 괘 혁 이 효
原卦 革 二爻　　* 1년 중 전반기 운세(음력 1월 - 6월)

육 이 이 일 내 혁 지 정 길 무 구
六二, 已日乃革之, 征吉, 无咎.
날이 마쳐서 이에 고치면 감에 길해서 허물이 없으리라.

세 운 봉 지
歲運逢之,
재 사 천 직 사 자 성 명 서 속 다 희 사 지 작
在仕, 遷職.　　士子, 成名.　　庶俗, 多喜事之作.

* 대시(국회의원 출마, 고등고시 응시, 상류대 입시)
차효는 시운이 도래하니 진취에 성명이 가하도다.

* 중시(시도 의회 출마, 간부급 공사직 시험, 중류대 입시)
차효는 시운이 도래하니 진취에 성명이 능하도다.

* 소시(구군의회 선거 출마, 초급 공사직, 삼류대 및 전문대 응시)
차효는 좋은 때를 만나 진취에 성명이 확실하도다.

* 공, 사직의 재직운, 승진운
차효에 재직자는 그 직분을 옮기도다.

* 사업 시발운(창업, 개업, 전업)
차효는 창시에 잘 변하는 도를 득하여 별 탈이 없도다.

* 사업 진행운(사업운, 매매, 증권)
차효는 진행에 잘 변하는 도를 얻어서 기쁜 일이 되도다.

* 신수, 가정운
차효는 무엇을 영위함에 기쁜 일을 짓도다.

* 남녀리합(결혼운, 이성문제)
차효는 이성을 연계함에 뜻을 이루어 기쁨이 되도다.

* 신상문제(건강, 사고, 상해)
차효는 잘 변하는 도를 득하여 별 탈이 없도다.

* 시비, 송사
차효는 모습에 따라 보아서 변함으로 별다른 시비가 없도다.

* 출산
차효는 출산하면 득녀이며 출산이 순하도다.

* 여행
차효는 시운이 잘 변하는 도를 득함으로 원근간에 출행이 가하도다.

변 괘 쾌 이 효
變卦 夬 二爻 * 1년 중 후반기 운세(음력 7월 - 12월)

구 이 척 호 야 유 융 물 휼
九二, 惕號, 莫夜有戎, 勿恤.
두려워하며 호령함이니 깊은 밤에 군사가 있더라도 근심치 말 것이로다.

세 운 봉 지
歲運逢之,
재 사 다 장 병 융 지 권 재 사 진 취 무 선 위 고 재 서 속
在仕, 多掌兵戎之權. 在士進取, 武選爲高. 在庶俗,
다 경 위 우 호 구 도 지 사
多驚危憂號寇盜之事.

* 대시(국회의원 출마)
  차효는 시운이 불리하여 진취에 성명이 어렵도다.

* 대시(고등고시 응시, 상류대 입시)
  시운이 도래하여 진취에 무관으로 뽑힘인 즉 높이 되도다.

* 중시(시도 의회 출마)
  차효는 시운이 불리하여 진취에 성명이 어렵도다.

* 중시(간부급 공사직 시험, 중류대 입시)
  시운이 도래하여 진취에 성명하도다.

* 소시(구군의회 선거 출마)
  차효는 시운이 불리하여 진취에 성명이 어렵도다.

* 소시(초급 공사직, 삼류대 및 전문대 응시)
  차효는 시운이 도래하여 진취에 성명하도다.

* 공, 사직의 재직운, 승진운
  차효에 재직자는 무관에 소속인 즉 권세를 크게 장악하도다.

* 사업 시발운(창업, 개업, 전업)
  차효는 시운이 불우하여 모사함에 손실이 따르므로 때를 기다림이 가하도다.

* 사입 진행운(사업운)

차효는 영위함에 크게 놀라며 위태하고 근심스러우며 울부짖어 재물이 손실되도다.

* 사업 진행운(매매, 증권)
차효는 시운이 불리하니 분수를 지켜 때를 기다림이 가하도다.

* 신수, 가정운
차효는 위태로운 걱정에 많이 놀라며 울부즞고 재물이 손실되도다.

* 남녀리합(결혼운, 이성문제)
차효는 노력해도 성사가 어렵도다.

* 신상문제(건강, 사고, 상해)
차효는 위태로운 걱정에 많이 놀래도다.

* 시비, 송사
차효는 불의에 위태롭게 놀랄 걱정과 재물이 손실 될 일에 편안치가 않도다.

* 출산
차효는 출산하면 득남이나 산고가 어렵도다.

* 여행
차효는 출행이 어려우니 자제가 가하도다.

233

원괘 혁 삼효
原卦 革 三爻 * 1년 중 전반기 운세(음력 1월 - 6월)

구삼 정흉 정려 혁언삼취 유부
九三, 征凶, 貞厲, 革言三就, 有孚.

가면 흉하고 바르게 하면 위태하니 고친다는 말이 세 번 이루어지면 미더움이 있으리라.

세운봉지
歲運逢之,
재사 유조동실정지적 재사 유복시삼취지거
在仕, 有躁動失政之謫. 在士, 有復試三就之擧.
재서속 다분화지요 수흉자 요절
在庶俗, 多紛華之撓. 數凶者, 夭折.

* 대시(국회의원 출마, 고등고시 응시, 상류대 입시)
  차효는 시운이 불리하여 진취에 성명이 어렵도다.

* 중시(시도 의회 출마)
  차효는 시운이 불조하여 진취에 성명이 미흡하도다.

* 중시(간부급 공사직 시험, 중류대 입시)
  차효는 복시함에 세 번째에 나아가 이루어 오르도다.

* 소시(구군의회 선거 출마, 초급 공사직, 삼류대 및 전문대 응시)
  차효는 진취에 복시면 세 번째 나아가 오르도다.

* 공, 사직의 재직운, 승진운
  차효에 재직자는 급히 움직이면 실정의 꾸지람이 있도다.

* 사업 시발운(창업, 개업, 전업)
  차효는 창시하면 엉크러져서 어지러움이 있을지니 때를 기다림이 가하도다.

* 사업 진행운(사업)
  차효는 창시하면 엉크러져서 어지러움이 있을지니 미리 살피는 일이 소중하도다.

* 사업 진행운(매매, 증권)
  차효는 시행에 불리하니 분수를 지키고 때를 기다림이 가하도다.

* 신수, 가정운
차효는 마침내 화려함이 엉크러져 어지러움이 있도다.

* 남녀리합(결혼운, 이성문제)
차효는 이성을 연계함에 마침내 화려함이 엉크러져 어지러움이 있도다.

* 신상문제(건강, 사고, 상해)
차효는 수흉자는 몸이 꺾임을 막아야 하도다.

* 시비, 송사
차효는 내분으로 구설이 분분하도다.

* 출산
차효는 출산하면 득녀이며 출산에 어지럽도다.

* 여행
차효는 출행에는 급함이 병이 되니 주의가 가하도다.

변괘 수 삼효
變卦 隨 三爻 * 1년 중 후반기 운세(음력 7월 - 12월)

육삼 계장부실소자 수유구득 리거정
六三, 係丈夫失小子, 隨有求得, 利居貞.
장부에 매이고 소자를 잃었으니 따라서 구하는 바를 얻으나 바른 데 거처함이 이로우니라.

세운봉지
歲運逢之,
재사 득인보거이작숭 재사 즉득주사원인 이구명가득
在仕, 得人保擧而爵崇. 在士, 則得主司援引, 而求命可得.
재서속 영모가득 단개의도의자안 급위득리야 수흉자
在庶俗, 營謀可得. 但皆宜道義自安, 及爲得利也. 數凶者,
방소구음인지차
防小口陰人之嗟.

* 대시(국회의원 출마)
차효는 시운이 순조하여 진취에 주사의 이끌어 줌을 얻어 명예를 구함에 가히 얻을지나 배가의 노력이 가하도다.

* 대시(고등고시 응시, 상류대 입시)
주사의 이끌어줌을 득해서 명을 구함이 가히 얻어지도다.

* 중시(시도 의회 출마, 간부급 공사직 시험, 중류대 입시)
차효는 주사가 이끌어줌으로 명을 구함이 얻어지도다.

* 소시(구군의회 선거 출마, 초급 공사직, 삼류대 및 전문대 응시)
차효는 주사가 이끌어줌으로 명을 구함이 가히 이루어지도다.

* 공, 사직의 재직운, 승진운
차효에 재직자는 사람이 나를 보호하여 이끌어줌으로써 작록이 숭고함을 득하도다.

* 사업 시발운(창업, 개업, 전업)
차효는 창시에 영모함이 가히 얻어질지나 다만 도의를 스스로 편안하게 해야 이에 이익을 얻도다.

* 사업 진행운(사업, 매매, 증권)
차효는 시행에 영모함이 가히 얻어질 것이나 다만 도의를 스스로 편안히 여겨야 이에 이가 얻어지도다. 소중하도다.

* 신수, 가정운
차효는 무엇을 영위함에 가히 얻어질 것이나 다만 도의를 편안히 여겨야 이에 이가 얻어지도다.

* 남녀리합(결혼운, 이성문제)
차효는 이성을 연계함에 가히 얻어질 것이나 다만 도의를 스스로 편안히 여겨야 성립이 가하도다.

* 신상문제(건강, 사고, 상해)
차효는 강녕평탄하도다.

* 시비, 송사
  차효는 수흉자는 내연으로 인한 탄식이 있도다.

* 출산
  차효는 출산하면 득남이며 모자가 모두 건강하도다.

* 여행
  차효는 출행에 원근간 자연스럽다.

241

원 괘 수 초 효
原卦 隨 初爻 　　* 1년 중 전반기 운세(음력 1월 - 6월)

초 구 관 유 투 정 길 출 문 교 유 공
初九, 官有渝, 貞吉, 出門交, 有功.
주장해서 변함이 있으니 바르게 하면 길하니 문 밖에 나가서 사귀면 공이 있으리라.

세 운 봉 지
歲運逢之,
재 사 즉 천 위 이 종 정 도 　재 사 즉 다 득 가 회 　재 서 속 즉 다 획 리
在仕, 則遷位以從正道. 在士, 則多得佳會. 在庶俗, 則多獲利.

* 대시(국회의원 출마, 고등고시 응시, 상류대 입시)
  차효는 시운이 불우하여 진취함에 성명이 불능하도다.

* 중시(시도 의회 출마)
  차효는 시운이 불조하여 진취함에 성명이 어렵도다.

* 중시(간부급 공사직 시험, 중류대 입시)
차효는 시운이 도래하여 진취에 마침내 좋은 기회를 득하도다.

* 소시(구군의회 선거 출마)
차효는 시운이 불순하여 진취에 좋은 기회를 얻기 어렵도다.

* 소시(초급 공사직, 삼류대 및 전문대 응시)
차효는 시운이 도래하여 진취에 마침내 좋은 기회를 득하도다.

* 공, 사직의 재직운, 승진운
차효에 재직자는 그 자리를 옮김으로써 정도에 따르도다.

* 사업 시발운(창업, 개업, 전업)
차효는 창시에 순조로우며 마침내 이익을 획득하도다.

* 사업 진행운(사업, 매매, 증권)
차효는 시행에 순조로우며 이익을 많이 획득하며 순조롭던 자는 제 2의 창업도 가하도다.

* 신수, 가정운
차효는 영위함에 순조로이 이익을 많이 획득하도다.

* 남녀리합(결혼운, 이성문제)
차효는 이성을 연계함에 순조롭도다.

* 신상문제(건강, 사고, 상해)
차효는 평온순탄하도다.

* 시비, 송사
차효는 전에 이월되었던 시비도 유리하게 이끌어지도다.

* 출산
차효는 출산한 즉 득녀이며 모녀가 모두 건강하도다.

* 여행

차효는 출행에 자유자재로 순탄하도다.

변 괘 췌 초 효
變卦 萃 初爻　　＊1년 중 후반기 운세(음력 7월 - 12월)

초 육 유 부 불 종 내 란 내 췌 약 호 일 악 위 소 물 휼 왕 무 구
初六, 有孚不終, 乃亂乃萃, 若號一握爲笑, 勿恤往无咎.
미더움이 있으되 끝까지 못하는지라. 어지러워져서 모이니 만일 울부짖으면 일제히 웃음을 삼으려니와 걱정하지 말고 가면 허물이 없으리라.

세 운 봉 지
歲運逢之,
재 사 필 조 폄 축 재 사 즉 조 건 난
在仕, 必遭貶逐.　在士, 則遭蹇難.
재 서 속 유 소 인 결 구 수 무 지 위 대 저 개 선 흉 후 길 계 지 위 시
在庶俗, 有小人結搆受誣之危.　大抵皆先凶後吉, 戒之爲是.

＊ 대시(국회의원 출마, 고등고시 응시, 상류대 입시)
차효는 시운이 불우하여 진취함에 성명이 불가하도다.

＊ 중시(시도 의회 출마, 간부급 공사직 시험, 중류대 입시)
차효는 시운이 불우하여 진취함에 성명이 불능하도다.

＊ 소시(구군의회 선거 출마, 초급 공사직, 삼류대 및 전문대 응시)
차효는 시운이 불조하여 진취에 머무르고 어려움을 만나도다.

＊ 공, 사직의 재직운, 승진운
차효에 재직자는 반드시 귀양감을 만나도다.

＊ 사업 시발운(창업, 개업, 전업)
차효는 창시에 소인이 얽어매어 속이는 위태함을 받으나 대체로 모두 먼저는 흉하나 뒤에는 길하니 경계함이 옳은 일이 되도다.

＊ 사업 진행운(사업)
차효는 시행에 소인이 얽어매어 속이는 위태함을 받으나 대체로 모두

먼저는 흉하나 뒤에는 길하니 경계함이 옳은 일이 되도다.

* 사업 진행운(매매, 증권)
차효는 시운이 불리하니 때를 기다림이 가하도다.

* 신수, 가정운
차효는 소인이 얽어매어 속이는 위태함을 받으나 대체로 모두 먼저는 흉하나 뒤에는 길하니 경계함이 옳은 일이 되도다.

* 남녀리합(결혼운, 이성문제)
차효는 소인이 얽어매어 속이는 위태함을 받으나 때를 기다림이 가하도다.

* 신상문제(건강, 사고, 상해)
차효는 소인이 얽어매어 속이는 위태함을 받을지니 상해가 우려되도다.

* 시비, 송사
차효는 소인이 얽어매어 속이는 시비가 있도다.

* 출산
차효는 출산한 즉 득녀이며 출산이 어렵도다.

* 여행
차효는 출행이 불리하니 자제함이 가하도다.

242

원 괘 수 이 효
原卦 隨 二爻 * 1년 중 전반기 운세(음력 1월 - 6월)

육 이 계 소자 실 장 부
六二, 係小子, 失丈夫.
소자에게 매이고 장부를 잃도다.

세 운 봉 지
歲運逢之,
범 인 개 불 안 녕 혹 소 인 시 비 지 루 이 유 구 반 지 재
凡人皆不安寧. 或小人是非之累. 而有拘絆之災.
당 관 자 의 퇴 피 진 취 자 의 지 기
當官者宜退避. 進取者宜知幾.

* 대시(국회의원 출마, 고등고시 응시, 상류대 입시)
차효는 시운이 불리하여 진취에 성명이 불가하도다.

* 중시(시도 의회 출마, 간부급 공사직 시험, 중류대 입시)
차효는 시운이 불우하여 진취에 성명이 불가하도다.

* 소시(구군의회 선거 출마)
차효는 시운이 불조하여 진취에 성명이 어렵도다.

* 소시(초급 공사직, 삼류대 및 전문대 응시)
차효는 진취에 마땅히 기미를 알아서 할지니라.

* 공, 사직의 재직운, 승진운
차효에 재직자는 모두 편안치가 않도다.

* 사업 시발운(창업, 개업, 전업)
차효는 창시에 모두 편안치가 않으니 때를 기다림이 가하도다.

* 사업 진행운(사업운, 매매)
차효는 시행에 모두 편안치가 않으며 혹 소인이 시비의 루를 끼치도다.

* 사업 진행운(증권)
차효는 시운이 불리하니 때를 기다림이 가하도다.

* 신수, 가정운
차효는 모두 편안치가 않으며 혹 소인이 시비의 루를 끼치도다.

* 남녀리합(결혼운, 이성문제)
차효는 시운이 불리하여 연계가 어렵도다.

* 신상문제(건강, 사고, 상해)
차효는 모두 편안치가 않으며 상해의 재앙이 있도다.

* 시비, 송사
차효는 혹 소인이 시비의 루를 끼치도다..

* 출산
차효는 출산하면 득녀이며 출산이 어렵도다.

* 여행
차효는 시비와 상해가 있을지니 출행을 자제함이 가하도다.

변괘 태 이효
變卦 兌 二爻 * 1년 중 후반기 운세(음력 7월 - 12월)

구이 부태길 회망
九二, 孚兌吉, 悔亡.
미더워서 기뻐함이니 길하고 후회가 없어지니라.

세운봉지
歲運逢之,
재사 유승천지조 재사 유진취지희
在仕, 有陞遷之兆. 在士, 有進取之喜.
재서속 유백위화순지휴 암매자 유시이광명 결구자
在庶俗, 有百爲和順之休. 暗昧者, 有是而光明. 結構者,
유시이화해
有是而和解.

* 대시(국회의원 출마, 고등고시 응시, 상류대 입시)
차효는 시운이 불리하여 진취에 성명이 불능하도다.

* 중시(시도 의회 출마)
차효는 시운이 불리하여 진취에 성명이 어렵도다.

* 중시(간부급 공사직 시험, 중류대 입시)
  차효는 진취함에 기쁨이 있도다.

* 소시(구군의회 선거 출마)
  차효는 시운이 불조하여 진취에 어려우니 배가의 노력이 가하도다.

* 소시(초급 공사직, 삼류대 및 전문대 응시)
  차효는 진취에 기쁨이 있도다.

* 공, 사직의 재직운, 승진운
  차효에 재직자는 승진과 전직의 징조가 있도다.

* 사업 시발운(창업, 개업, 전업)
  차효는 창시에 백가지 하는 일이 화순하게 되는 기쁨이 있도다.

* 사업 진행운(사업운, 매매, 증권)
  차효는 진행에 백가지 하는 일이 화순하게 되나 큰 이익은 어렵도다.

* 신수, 가정운
  차효는 영위함에 백가지 모사함에 길하게 이루어지도다.

* 남녀리합(결혼운, 이성문제)
  차효는 구합에 화순하게 성취되도다.

* 신상문제(건강, 사고, 상해)
  차효는 암담했던 자는 밝아지도다.

* 시비, 송사
  차효는 무슨 일에 얽매였던 자는 화해하도다.

* 출산
  차효는 출산하면 득남이며 모자가 모두 건강하도다.

* 여행

차효는 출행에는 자유자재로 화순하도다.

243

원 괘 수 삼효
原卦 隨 三爻　　＊1년 중 전반기 운세(음력 1월 - 6월)

육삼 계장부실소자 수유구득 리거정
六三, 係丈夫失小子, 隨有求得, 利居貞.
장부에 매이고 소자를 잃었으니 따라서 구하는 바를 얻으나 바른 데 거처함이 이로우니라.

세운봉지
歲運逢之,
재사 득인보거이작숭 재사 즉득주사원인 이구명가득
在仕, 得人保擧而爵崇.　在士, 則得主司援引, 而求命可得.
재서속 영모가득 단개의도의자안 급위득리야 수흉자
在庶俗, 營謀可得.　但皆宜道義自安, 及爲得利也.　數凶者,
방소구음인지차
防小口陰人之嗟.

＊ 대시(국회의원 출마)
차효는 시운이 순조하여 진취에 주사의 이끌어 줌을 얻어 명예를 구함에 가히 얻을지나 배가의 노력이 가하도다.

＊ 대시(고등고시 응시, 상류대 입시)
주사의 이끌어줌을 득해서 명을 구함이 가히 얻어지도다.

＊ 중시(시도 의회 출마, 간부급 공사직 시험, 중류대 입시)
차효는 주사가 이끌어줌으로 명을 구함이 얻어지도다.

＊ 소시(구군의회 선거 출마, 초급 공사직, 삼류대 및 전문대 응시)
차효는 주사가 이끌어줌으로 명을 구함이 가히 이루어지도다.

＊ 공, 사직의 재직운, 승진운

차효에 재직자는 사람이 나를 보호하여 이끌어줌으로써 작록이 숭고함을 득하도다.

* 사업 시발운(창업, 개업, 전업)
차효는 창시에 영모함이 가히 얻어질지나 다만 도의를 스스로 편안하게 해야 이에 이익을 얻도다.

* 사업 진행운(사업, 매매, 증권)
차효는 시행에 영모함이 가히 얻어질 것이나 다만 도의를 스스로 편안히 여겨야 이에 이가 얻어지도다.

* 신수, 가정운
차효는 무엇을 영위함에 가히 얻어질 것이나 다만 도의를 편안히 여겨야 이에 이가 얻어지도다.

* 남녀리합(결혼운, 이성문제)
차효는 이성을 연계함에 가히 얻어질 것이나 다만 도의를 스스로 편안히 여겨야 성립이 가하도다.

* 신상문제(건강, 사고, 상해)
차효는 강녕평탄하도다.

* 시비, 송사
차효는 수흉자는 내연으로 인한 탄식이 있도다.

* 출산
차효는 출산하면 득남이며 모자가 모두 건강하도다.

* 여행
차효는 출행에 원근간이 자연스럽다.

변괘 혁 삼효
變卦 革 三爻 * 1년 중 후반기 운세(음력 7월 - 12월)

구 삼 정 흉 정 려 혁 언 삼 취 유 부
九三, 征凶, 貞厲, 革言三就, 有孚.

가면 흉하고 바르게 하면 위태하니 고친다는 말이 세 번 이루어지면 미더움이 있으리라.

세 운 봉 지
歲運逢之,

재 사 유 조 동 실 정 지 적
在仕, 有躁動失政之謫.

재 사 유 복 시 삼 취 지 거
在士, 有復試三就之擧.

재 서 속 다 분 화 지 요
在庶俗, 多紛華之撓.

수 흉 자 요 절
數凶者, 夭折.

* 대시(국회의원 출마, 고등고시 응시, 상류대 입시)
  차효는 시운이 불리하여 진취에 성명이 어렵도다.

* 중시(시도 의회 출마)
  차효는 시운이 불조하여 진취에 성명이 미흡하도다.

* 중시(간부급 공사직 시험, 중류대 입시)
  차효는 복시함에 세 번째에 나아가 이루어 오르도다.

* 소시(구군의회 선거 출마, 초급 공사직, 삼류대 및 전문대 응시)
  차효는 진취에 복시면 세 번째 나아가 오르도다.

* 공, 사직의 재직운, 승진운
  차효에 재직자는 급히 움직이면 실정의 꾸지람이 있도다.

* 사업 시발운(창업, 개업, 전업)
  차효는 창시하면 엉크러져서 어지러움이 있을지니 때를 기다림이 가하도다.

* 사업 진행운(사업)
  차효는 창시하면 엉크러져서 어지러움이 있을지니 미리 살피는 일이 소중하도다.

* 사업 진행운(매매, 증권)

차효는 시행에 불리하니 분수를 지키고 때를 기다림이 가하도다.

* 신수, 가정운
차효는 마침내 화려함이 엉크러져 어지러움이 있도다.

* 남녀리합(결혼운, 이성문제)
차효는 이성을 연계함에 마침내 화려함이 엉크러져 어지러움이 있도다.

* 신상문제(건강, 사고, 상해)
차효는 수흉자는 몸이 꺾임을 막아야 하도다.

* 시비, 송사
차효는 내분으로 구설이 분분하도다.

* 출산
차효는 출산하면 득녀이며 출산에 어지럽도다.

* 여행
차효는 출행에는 급함이 병이 되니 주의가 가하도다.

251

원 괘 대 과 초 효
原卦 大過 初爻 　　* 1년 중 전반기 운세(음력 1월 - 6월)

초 육 자 용 백 모 무 구
初六, 藉用白茅, 无咎.
까는 데 흰 띠를 쓰니 허물이 없느니라.

세 운 봉 지
歲運逢之,

재사 근지이록위고
在仕, 謹持而祿位高.

재사 근밀이덕업수
在士, 謹密而德業修.

재서속 근약이재리주
在庶俗, 謹約而財利周.

수흉자 방효복지우
數凶者, 防孝服之憂.

* 대시(국회의원 출마, 고등고시 응시, 상류대 입시)
  차효는 시운이 불리하여 진취함에 성명이 불가하도다.

* 중시(시도 의회 출마, 간부급 공사직 시험, 중류대 입시)
  차효는 시운이 불우하여 진취함에 성명이 불능하도다.

* 소시(구군의회 선거 출마)
  차효는 시운이 불조하여 진취에 성명이 어렵도다.

* 소시(초급 공사직, 삼류대 및 전문대 응시)
  차효는 진취에 삼가고 치밀하게 덕업을 닦아라. 노력만이 가하도다.

* 공, 사직의 재직운, 승진운
  차효에 재직자는 삼가하여 보존하고 지켜야 록위가 굳건하도다.

* 사업 시발운(창업, 개업, 전업)
  차효는 창시에 삼가고 지켜야 성립되도다.

* 사업 진행운(사업)
  차효는 시행함에 삼가고 지켜야 재리가 두루하도다.

* 사업 진행운(매매, 증권)
  차효는 시행함에 삼가고 지켜야 재리가 두루하나 큰 이익은 기대하기 어렵도다.

* 신수, 가정운
  차효는 무엇을 영위함에 삼가고 지켜야 재리가 두루 하도다.

* 남녀리합(결혼운, 이성문제)
  차효는 이성을 연계함에 있어 삼가고 지켜야 가히 성립되도다.

* 신상문제(건강, 사고, 상해)
차효는 수흉자는 부모의 친상을 당할까 두렵도다.

* 시비, 송사
차효는 무시무비하도다.

* 출산
차효는 출산한 즉 득남이며 모녀가 모두 건강하도다.

* 여행
차효는 삼가 조심하면 출행에 평탄하도다.

변괘 쾌 초효
變卦 夬 初爻 * 1년 중 후반기 운세(음력 7월 - 12월)

초구 장어전지 왕 불승위린
初九, 壯於前趾, 往, 不勝爲吝.
발꿈치가 나아감에 장함이니 가서 이기지 못해서 허물이 되리라.

세운봉지
歲運逢之,
재사 조조동지척 재사 초행도지우 서속 리망행지환
在仕, 遭躁動之斥. 在士, 招倖圖之尤. 庶俗, 罹妄行之患.

* 대시(국회의원 출마, 고등고시 응시, 상류대 입시)
차효는 시운이 불리하여 진취함에 성명이 불가하도다.

* 중시(시도 의회 출마, 간부급 공사직 시험, 중류대 입시)
차효는 시운이 불리하여 진취함에 성명이 불능하도다.

* 소시(구군의회 선거 출마)
차효는 시운이 불조하여 진취에 요행수를 꾀하다가 탈을 부르도다.

* 소시(초급 공사직, 삼류대 및 전문대 응시)

차효는 시운이 불조하여 진취에 요행수를 꾀하다가 탈을 부를지니 배가의 노력만이 가하도다.

* 공, 사직의 재직운, 승진운
차효에 재직자는 성급하게 움직이다가 그로 인하여 물리침을 만나도다.

* 사업 시발운(창업, 개업, 전업)
차효는 시운이 불리하니 창시에 망령되이 행하다가 환란을 만나도다.

* 사업 진행운(사업)
차효는 영위함에 망령되이 행하다가 환란을 만나도다.

* 사업 진행운(매매, 증권)
차효는 시운이 불리하니 분수를 지키고 때를 기다림이 가하도다.

* 신수, 가정운
차효는 시운이 불리하여 망령되이 행하다가 환란에 걸리도다.

* 남녀리합(결혼운, 이성문제)
차효는 반드시 될 것을 생각하다가 격변을 만나도다.

* 신상문제(건강, 사고, 상해)
차효는 능히 이길 것을 생각하다가 격변의 환란에 걸리도다.

* 시비, 송사
차효는 가능하지 못한 승리를 생각하고 상대를 결단하면 격변의 위태함이 있도다.

* 출산
차효는 출산한 즉 아들을 얻을지나 모체가 허약하도다.

* 여행
차효는 목적 이외의 출행은 자제가 가하도다.

252

원 괘 대 과 이 효
原卦 大過 二爻　　* 1년 중 전반기 운세(음력 1월 - 6월)

구 이 고 양 생 제 로 부 득 기 녀 처 무 불 리
九二, 枯楊生稊, 老夫得其女妻, 无不利.

마른 버들이 뿌리가 나며 늙은 지아비가 젊은 아내를 얻으니 이롭지 않음이 없느니라.

세 운 봉 지
歲運逢之,
재 사 즉 거 위 자 복 직　　재 사 구 엄 자 복 기
在仕, 則去位者復職.　　在士, 久淹者復起.
서 속 혹 취 처 혹 생 자 혹 납 첩 승 도 혹 진 도 제 군 자 득 소 처 의 자
庶俗, 或娶妻, 或生子, 或納妾. 僧道, 或進徒弟. 君子, 得少妻義子.

* 대시(국회의원 출마, 고등고시 응시, 상류대 입시)
  차효는 시운이 불리하여 진취에 성명이 불가하도다.

* 중시(시도 의회 출마, 간부급 공사직 시험, 중류대 입시)
  차효는 시운이 불우하여 진취에 성명이 불능하도다.

* 소시(구군의회 선거 출마)
  차효는 시운이 불조하여 진취에 성명이 어렵도다.

* 소시(초급 공사직, 삼류대 및 전문대 응시)
  차효는 시운의 점진으로 오래 엄체되었던 자는 다시 일어날지니 배가의 노력이 가하도다.

* 공, 사직의 재직운, 승진운
  차효에 재직자로 그 자리를 떠났던 자는 그 직분을 회복하도다.

* 사업 시발운(창업, 개업, 전업)
  차효는 창시에 젊은이의 도움으로 이롭지 않음이 없도다.

* 사업 진행운(사업운)
  차효는 시행에 젊은이의 도움으로 이롭게 이루어지나 큰 이익은 기대하기 어렵도다.

* 사업 진행운(매매, 증권)
  차효는 시운이 불우하니 때를 기다림이 가하도다.

* 신수, 가정운
  차효는 혹 결혼하며 혹은 첩을 들이도다.

* 남녀리합(결혼운)
  차효는 결혼에 상책이로다.

* 남녀리합(이성문제)
  군자가 젊은 처를 얻으며 혹은 첩을 들이고 의자를 얻도다.

* 신상문제(건강, 사고, 상해)
  차효는 평탄무액하도다.

* 시비, 송사
  차효는 평온무탈하도다.

* 출산
  차효는 출산하면 득남이며 모자가 건장하도다.

* 여행
  차효는 원근의 출행에 자유자재하도다.

변괘 함 이효
變卦 咸 二爻 * 1년 중 후반기 운세(음력 7월 - 12월)

육이 함기비흉 거길
六二, 咸其腓凶, 居吉.
장딴지에 느끼니 흉하나 거처해 있으면 길하리라.

세운봉지
歲運逢之,

재사 거위자협길 차견자유액 재사 난봉가회
在仕, 居位者叶吉. 差遣者有阨. 在士, 亂逢嘉會.

재상인 분파도로 대저 의정이불의동야
在常人, 奔波徒勞. 大抵, 宜靜而不宜動也.

* 대시(국회의원 출마, 고등고시 응시, 상류대 입시)
차효는 시운이 불리하여 진취에 성명이 불가하도다.

* 중시(시도 의회 출마, 간부급 공사직 시험, 중류대 입시)
차효는 시운이 불우하여 진취에 성명이 불능하도다.

* 소시(구군의회 선거 출마)
차효는 시운이 불조하여 진취에 성명이 어렵도다.

* 소시(초급 공사직, 삼류대 및 전문대 응시)
차효는 진취에 아름다운 기회를 만나기 어려우니 배가의 노력만이 가하도다.

* 공, 사직의 재직운, 승진운
차효에 벼슬자리에 거해있는 자는 길함을 맞으며 파견되어 있는 자는 막힘이 있도다.

* 사업 시발운(창업, 개업, 전업)
차효는 창시에 세차게 바쁘나 한갓 수고롭기만 할지니 때를 기다림이 가하도다.

* 사업 진행운(사업운)
차효는 시행에 세차게 바쁘나 한갓 수고롭기만 하도다.

* 사업 진행운(매매, 증권)
차효는 시운이 불우하니 시행에 때를 기다림이 가하도다.

* 신수, 가정운
차효는 무엇을 영위함에 바쁘게 움직이나 한갓 수고롭기만 하도다.

* 남녀리합(결혼운, 이성문제)
차효는 이성을 연계하려 함에 바쁘게 움직이나 한갓 수고롭기만 하도다.

* 신상문제(건강, 사고, 상해)
차효는 하는 일이 부진하여 한갓 심신이 곤하도다.

* 시비, 송사
차효는 쟁송는 없으나 평온치만은 않도다.

* 출산
차효는 출산하면 득녀이며 산고가 어렵도다.

* 여행
차효는 목적 이외의 출행은 평온하도다.

253

원괘 대과 삼효
原卦 大過 三爻 * 1년 중 전반기 운세(음력 1월 - 6월)

구삼 동요 흉
九三, 棟橈, 凶.
기둥이 흔들리니 흉하니라.

세운봉지
歲運逢之,
재사 필방적 재사 의방위 재서속 수방경복지환
在仕, 必防謫. 在士, 宜防危. 在庶俗, 須防傾覆之患,
혹유족목지질
或有足目之疾.

* 대시(국회의원 출마, 고등고시 응시, 상류대 입시)
  차효는 시운이 불리하여 진취에 성명이 불가하도다.

* 중시(시도 의회 출마, 간부급 공사직 시험, 중류대 입시)
  차효는 시운이 불우하여 진취에 성명이 불능하도다.

* 소시(구군의회 선거 출마)
  차효는 시운이 불조하여 진취에 성명이 어렵도다.

* 소시(초급 공사직, 삼류대 및 전문대 응시)
  차효는 시운의 쇠약으로 진취에 성명에는 마땅히 위태함을 막아야 할지니 배가의 노력만이 가하도다.

* 공, 사직의 재직운, 승진운
  차효에 재직자는 꾸지람을 막아야 하도다.

* 사업 시발운(창업, 개업, 전업)
  차효는 창시에 시운이 불리하니 때를 기다림이 가하도다.

* 사업 진행운(사업)
  차효는 시행에 모름지기 기울고 엎어지는 환란을 막아야 하도다.

* 사업 진행운(매매, 증권)
  차효는 시운이 불리하여 시행에 기울고 엎어지는 환란이 있을지니 때를 기다림이 가하도다.

* 신수, 가정운
  차효는 무엇을 영위함에 기울고 엎어지는 환란이 있을지니 이를 막아야 하도다.

* 남녀리합(결혼운, 이성문제)
  차효는 이성을 연계함에 과강하여 기울고 엎이지는 환란이 있도다.

* 신상문제(건강, 사고, 상해)
  차효는 모름지기 기울고 엎어지는 환란을 막아야 하며 혹 발이나 눈병이

있도다.

* 시비, 송사
차효는 모름지기 기울고 엎어지는 환란으로 인한 쟁송이 있도다.

* 출산
차효는 출산하면 득남하며 사후처리가 요하도다.

* 여행
차효는 출행에 불리하니 자제함이 가하도다.

변괘 곤 삼효
變卦 困 三爻 * 1년 중 후반기 운세(음력 7월 - 12월)

육삼 곤우석 거우질려 입우기궁 불견기처 흉
六三, 困于石, 據于蒺藜, 入于其宮, 不見其妻, 凶.
돌에 곤하며 가시나무에 거처함이라. 그 집에 들어가도 아내를 볼 수 없으니 흉하다.

세운봉지
歲運逢之,
재사 유입청금지조
在仕, 有入淸禁之兆.
재사 유입극위지희
在士, 有入棘闈之喜.
단공조처첩지변
但恐遭妻妾之變.
수흉자 명욕신위 사기장지 황유처자지가견호
數凶者, 名辱身危, 死期將至, 況有妻子之可見乎.

* 대시(국회의원 출마, 고등고시 응시, 상류대 입시)
차효는 시운이 불조하여 진취에 성명이 불능하도다.

* 중시(시도 의회 출마)
차효는 시운이 불순하여 진취에 성명이 어렵도다.

* 중시(간부급 공사직 시험, 중류대 입시)
차효는 과거시험장에 들어 갈 기쁨이 있도다.

* 소시(구군의회 선거 출마, 초급 공사직, 삼류대 및 전문대 응시)
  차효는 과거시험장에 들어 갈 기쁨이 있도다.

* 공, 사직의 재직운, 승진운
  차효에 재직자는 청금에 들어 갈 기쁨이 있도다.

* 사업 시발운(창업, 개업, 전업)
  차효는 창시에 불리하니 때를 기다림이 가하도다.

* 사업 진행운(사업)
  차효는 시행에 어려움이 있음으로 이에 다음이 가하도다.

* 사업 진행운(매매, 증권)
  차효는 시운이 불리하므로 때를 기다림이 가하도다.

* 신수, 가정운
  차효는 가시중문에 들어 갈 징조이니 다만 처가 변할까 두렵다.

* 남녀리합(결혼운, 이성문제)
  차효는 가시 중문에 들어 갈 징조가 있도다.

* 신상문제(건강, 사고, 상해)
  차효의 수흉자는 명예는 욕되고 몸은 위태하며 죽을 때가 장차 이르도다.

* 시비, 송사
  차효의 수흉자는 명예는 욕되고 몸은 위태하며 죽을 때가 장차 이르도다.

* 출산
  차효는 출산하면 득남이도다.

* 여행
  차효는 출행에 평온하도다.

261

原卦 困 初爻　　＊1년 중 전반기 운세(음력 1월 - 6월)

初六, 臀困于株木, 入于幽谷, 三歲不覿.
엉덩이가 그루터기에 곤함이니 그윽한 골짜기에 들어가 삼 년이 되어도 볼 수 없도다.

歲運逢之,
在仕, 退職.　　在士, 待時.　　庶俗, 有驚憂服制之患.

＊ 대시(국회의원 출마, 고등고시 응시, 상류대 입시)
차효는 시운이 불리하여 진취함에 성명이 불가하도다.

＊ 중시(시도 의회 출마, 간부급 공사직 시험, 중류대 입시)
차효는 시운이 불우하여 진취함에 성명이 불능도다.

＊ 소시(구군의회 선거 출마)
차효는 시운이 불조하여 진취에 때를 기다림이 가하도다.

＊ 소시(초급 공사직, 삼류대 및 전문대 응시)
차효는 시운이 미흡하여 진취에 때를 기다려야 할 운세이니 이는 배가의 노력이 가하도다.

＊ 공, 사직의 재직운, 승진운
차효에 재직자는 직분에서 물러나야 하도다.

＊ 사업 시발운(창업, 개업, 전업)
차효는 창시에 놀랄 걱정이 있을지니 때를 기다림이 가하도다.

＊ 사업 진행운(사업)

차효는 시행함에 놀랄 걱정이 있도다.

* 사업 진행운(매매, 증권)
차효는 시운이 불리하니 때를 기다림이 가하도다.

* 신수, 가정운
차효는 무엇을 영위함에 놀랄 걱정이 있으며 친상의 복을 입을 환란이 있도다.

* 남녀리합(결혼운, 이성문제)
차효는 이성을 연계함에 있어 놀랄 일이 있도다.

* 신상문제(건강, 사고, 상해)
차효는 놀랄 걱정이 있도다.

* 시비, 송사
차효는 놀랄만한 일로 시비가 있도다.

* 출산
차효는 출산한 즉 득남이나 깜짝 놀랄 걱정이 있도다.

* 여행
차효는 출행이 불리하니 때를 기다림이 가하도다.

변괘 태 초효
變卦 兌 初爻　　* 1년 중 후반기 운세(음력 7월 - 12월)

초구 화태 길
初九, 和兌, 吉.
화합해서 기뻐함이니 길하니라.

세운봉지
歲運逢之,
재현사자 신린갱가우일당지상　　차즉동인협공이정사유성
在顯仕者, 臣鄰賡歌于一堂之上.　　次則同寅協恭而政事有聲.

재사 붕우유려택지익 이차리우진취 재서속 인정화합
在士, 朋友有麗澤之益, 而且利于進取. 在庶俗, 人情和合.
이백모개수 재부부유상수지의 수흉변곤초효 유유명관송지조
而百謀皆遂. 在夫婦有相守之宜. 數凶變困初爻, 有幽冥官訟之兆.

* 대시(국회의원 출마, 고등고시 응시, 상류대 입시)
차효는 시운이 불리하여 진취함에 성명이 불가하도다.

* 중시(시도 의회 출마, 간부급 공사직 시험)
차효는 시운이 불우하여 진취함에 성명이 불능하도다.

* 중시(중류대 입시)
붕우의 좋은 덕이 유익함이 있어 또한 진취에 이롭도다.

* 소시(구군의회 선거 출마)
차효는 시운의 쇠약으로 진취에는 성명이 어려우니 배가의 노력이 가하도다.

* 소시(초급 공사직, 삼류대 및 전문대 응시)
차효는 붕우의 좋은 덕이 유익하여 진취함에 이롭도다.

* 공, 사직의 재직운, 승진운
차효에 현사자는 신하의 이웃에 이어 일당지상에서 소리내어 읊으며 버금인 즉 동인이 협력하여 하는 일에 소리가 있게 하도다.

* 사업 시발운(창업, 개업, 전업)
차효는 창시에 인정이 화합하여 백가지 모사함이 모두 이루어지도다.

* 사업 진행운(사업, 매매, 증권)
차효는 진행상에 인정이 화합하여 백가지 모사함이 모두 이루어지나 큰 이익은 기대하기 어렵도다.

* 신수, 가정운
차효는 인정이 화합하여 모두 이루어지나 부부간에 불합을 초래하기 쉬우니 서로 지킴을 마땅히 해야 하도다.

* 남녀리합(결혼운, 이성문제)
차효는 이성을 연계함에 인정이 화합하여 성사가 가하도다.

* 신상문제(건강, 사고, 상해)
차효는 수흉자에 한하여 건강이 불량하도다.

* 시비, 송사
차효는 수흉자에 한하여 관재나 송사의 징조가 있도다.

* 출산
차효는 출산한 즉 득남이며 모자가 모두 건강하도다.

* 여행
차효는 원근간에 출행이 자유자재하다.

262

원괘 곤 이효
原卦 困 二爻　　* 1년 중 전반기 운세(음력 1월 - 6월)

구이 곤우주식 주불방래 리용향사 정흉 무구
九二, 困于酒食, 朱紱方來, 利用享祀, 征凶, 无咎.
술과 밥에 곤하나 주불이 바야흐로 오니 제사를 지냄이 이롭고 가면 흉하니 허물할 데 없느니라.

세운봉지
歲運逢之,
재사 승천 혹위제주방면배향 중승중봉중서지류
在仕, 陞遷, 或爲祭酒方面配享, 中丞中奉中書之類.
한관필기 천서자래
閑官必起, 天書自來.

사인 유경 서속 득귀인제휴 영모획리 정길동흉 수흉자
士人, 有慶. 庶俗, 得貴人提携, 營謀獲利, 靜吉動凶. 數凶者,
유상제지조
有喪祭之兆.

* 대시(국회의원 출마)
  차효는 진취에 경사가 있을지니 배가의 노력이 가하도다.

* 대시(고등고시 응시, 상류대 입시)
  차효는 진취함에 경사가 있도다.

* 중시(시도 의회 출마, 간부급 공사직 시험, 중류대 입시)
  차효는 시운이 도래하여 진취에 경사가 있도다.

* 소시(구군의회 선거 출마, 초급 공사직, 삼류대 및 전문대 응시)
  차효는 시운이 도래하여 진취에 경사가 있도다.

* 공, 사직의 재직운, 승진운
  차효에 재직자는 승진과 전직이 있도다.

* 사업 시발운(창업, 개업, 전업)
  차효는 창시에 귀인의 제휴를 얻어 영모함이 이익이 획득되도다.

* 사업 진행운(사업운)
  차효는 시행에 귀인의 제휴를 얻어 영모함이 이익이 크게 획득되도다.

* 사업 진행운(매매, 증권)
  차효는 시행에 귀인의 제휴를 얻어 영모함에 이익이 많게 획득되도다.

* 신수, 가정운
  차효는 무엇을 영위함에 귀인의 제휴를 득하여 영모함에 이익이 많게 획득되며 혹 전원에 투자되도다.

* 남녀리합(결혼운, 이성문제)
  차효는 이성을 연계함에 귀인의 제휴됨을 득하여 성취되도다.

* 신상문제(건강, 사고, 상해)
차효는 수흉자는 상제의 징조가 있도다.

* 시비, 송사
차효는 평온무탈하도다.

* 출산
차효는 출산하면 득남이며 모자가 건장하도다.

* 여행
차효는 출행에 자유자재하도다.

변 괘 췌 이 효
變卦 萃 二爻　　* 1년 중 후반기 운세(음력 7월 - 12월)

육 이 인 길 무 구 부 내 리 용 약
六二, 引吉无咎, 孚乃利用禴.

이끌면 길해서 허물이 없으리니 미더웁게 하여야 간략한 제사를 올림이 이로우리라.

세 운 봉 지
歲運逢之,
재 사 득 인 인 천 필 유 승 제 중 자 유 대 중 중 순 중 봉
在仕, 得人引薦.　　必有陞除. 中字, 有大中, 中順, 中奉,
급 사 중 지 조
給事中之兆.
재 사 주 득 상 인 인 원 이 등 용 유 뢰 재 서 속 지 인 영 모 득 호 인 제 거
在士, 主得上人引援, 而登庸有賴. 在庶俗之人, 營謀得好人提擧,
모 위 수 의
謀爲遂意.

* 대시(국회의원 출마, 고등고시 응시, 상류대 입시)
차효는 진취에 윗사람의 이끌어 줌은 있을지나 배가의 노력이 가하도다.

* 중시(시도 의회 출마, 간부급 공사직 시험, 중류대 입시)
차효는 진취에 윗사람의 이끌어 줌은 있을지나 배가의 노력이 가하도다.

* 소시(구군의회 선거 출마, 초급 공사직, 삼류대 및 전문대 응시)
  차효는 윗사람의 이끌어 줌이 있을지나 배가의 노력이 필요하도다.

* 공, 사직의 재직운, 승진운
  차효에 재직자는 남의 이끌어 줌을 득해서 승진하도다.

* 사업 시발운(창업, 개업, 전업)
  차효는 창시에 호인의 이끌어 줌을 득하여 꾀하는 일이 뜻대로 이루어지도다.

* 사업 진행운(사업운, 매매, 증권)
  차효는 시행에 호인의 이끌어 줌을 득하여 꾀하는 일이 이루어는 지겠으나 큰 이익의 기대에는 어렵도다.

* 신수, 가정운
  차효는 무엇을 영위함에 호인의 이끌어 줌을 득하여 영모함에 뜻대로 이루어지도다.

* 남녀리합(결혼운, 이성문제)
  차효는 이성을 연계함에 호인의 이끌어 줌을 득하여 일이 성취되도다.

* 신상문제(건강, 사고, 상해)
  차효는 호인의 이끌어 줌을 득하여 일이 성취되도다.

* 시비, 송사
  차효는 평온무탈하도다.

* 출산
  차효는 출산하면 득녀이며 모녀가 건강하도다.

* 여행
  차효는 출행에 자유자재하도다.

263

원 괘 곤 삼 효
原卦 困 三爻　　* 1년 중 전반기 운세(음력 1월 - 6월)

육 삼 곤 우 석 거 우 질 려 입 우 기 궁 불 견 기 처 흉
六三, 困于石, 據于蒺藜, 入于其宮, 不見其妻, 凶.
돌에 곤하며 가시나무에 거처함이라. 그 집에 들어가도 아내를 볼 수 없으니 흉하다.

세 운 봉 지
歲運逢之,
재 사 유 입 청 금 지 조 재 사 유 입 극 위 지 희 단 공 조 처 첩 지 변
在仕, 有入淸禁之兆.　在士, 有入棘闈之喜.　但恐遭妻妾之變.
수 흉 자 명 욕 신 위 사 기 장 지 황 유 처 자 지 가 견 호
數凶者, 名辱身危, 死期將至, 況有妻子之可見乎.

* 대시(국회의원 출마, 고등고시 응시, 상류대 입시)
  차효는 시운이 불조하여 진취에 성명이 불능하도다.

* 중시(시도 의회 출마)
  차효는 시운이 불순하여 진취에 성명이 어렵도다.

* 중시(간부급 공사직 시험, 중류대 입시)
  차효는 과거시험장에 들어 갈 기쁨이 있도다.

* 소시(구군의회 선거 출마, 초급 공사직, 삼류대 및 전문대 응시)
  차효는 과거시험장에 들어 갈 기쁨이 있도다.

* 공, 사직의 재직운, 승진운
  차효에 재직자는 청금에 들어 갈 기쁨이 있도다.

* 사업 시발운(창업, 개업, 전업)
  차효는 창시에 불리하니 때를 기다림이 가하도다.

* 사업 진행운(사업)

차효는 시행에 어려움이 있음으로 이에 다음이 가하도다.

* 사업 진행운(매매, 증권)
차효는 시운이 불리하므로 때를 기다림이 가하도다.

* 신수, 가정운
차효는 가시중문에 들어 갈 징조이니 다만 처가 변할까 두렵다.

* 남녀리합(결혼운, 이성문제)
차효는 가시 중문에 들어 갈 징조가 있도다.

* 신상문제(건강, 사고, 상해)
차효의 수흉자는 명예는 욕되고 몸은 위태하며 죽을 때가 장차 이르도다.

* 시비, 송사
차효의 수흉자는 명예는 욕되고 몸은 위태하며 죽을 때가 장차 이르도다.

* 출산
차효는 출산하면 득남이도다.

* 여행
차효는 출행에 평온하도다.

변괘 대과 삼효
變卦 大過 三爻　　* 1년 중 후반기 운세(음력 7월 - 12월)

구삼 동요 흉
九三, 棟橈, 凶.
기둥이 흔들리니 흉하니라.

세운봉지
歲運逢之,
재사 필방적　재사 의방위　재서속 수방경복지환
在仕, 必防謫.　在士, 宜防危.　在庶俗, 須防傾覆之患,

혹 유 족 목 지 질
或有足目之疾.

* 대시(국회의원 출마, 고등고시 응시, 상류대 입시)
차효는 시운이 불리하여 진취에 성명이 불가하도다.

* 중시(시도 의회 출마, 간부급 공사직 시험, 중류대 입시)
차효는 시운이 불우하여 진취에 성명이 불능하도다.

* 소시(구군의회 선거 출마)
차효는 시운이 불조하여 진취에 성명이 어렵도다.

* 소시(초급 공사직, 삼류대 및 전문대 응시)
차효는 시운의 쇠약으로 진취에 성명에는 마땅히 위태함을 막아야할지니 배가의 노력만이 가하도다.

* 공, 사직의 재직운, 승진운
차효에 재직자는 꾸지람을 막아야 하도다.

* 사업 시발운(창업, 개업, 전업)
차효는 창시에 시운이 불리하니 때를 기다림이 가하도다.

* 사업 진행운(사업)
차효는 시행에 모름지기 기울고 엎어지는 환란을 막아야 하도다.

* 사업 진행운(매매, 증권)
차효는 시운이 불리하여 시행에 기울고 엎어지는 환란이 있을지니 때를 기다림이 가하도다.

* 신수, 가정운
차효는 무엇을 영위함에 기울고 엎어지는 환란이 있을지니 이를 막아야 하도다.

* 남녀리합(결혼운, 이성문제)
차효는 이성을 연계함에 과강하여 기울고 엎이지는 환란이 있도다.

* 신상문제(건강, 사고, 상해)
차효는 모름지기 기울고 엎어지는 환란을 막아야 하며 혹 발이나 눈병이 있도다.

* 시비, 송사
차효는 모름지기 기울고 엎어지는 환란으로 인한 쟁송이 있도다.

* 출산
차효는 출산하면 득남하며 사후처리가 요하도다.

* 여행
차효는 출행에 불리하니 자제함이 가하도다.

311

원 괘 대 유 초 효
原卦 大有 初爻　　* 1년 중 전반기 운세(음력 1월 - 6월)

초 구 무 교 해 비 구 간 즉 무 구
初九, 无交害, 匪咎, 艱則无咎.
해로운데 사귐이 없으니 허물이 아니나 어렵게 하면 허물이 없으리라.

세 운 봉 지
歲運逢之,
재 사 의 견 기 용 퇴 불 가 탐 위 탐 록 재 사 불 가 처 진 이 초 최 억
在仕, 宜見幾勇退, 不可貪位貪祿.　在士, 不可處進, 以招摧抑.
재 서 속 즉 심 서 우 번 소 인 기 릉 장 상 이 유 재 생 간 위 자 지
在庶俗, 則心緒憂煩.　小人欺凌長上, 而有災眚.　艱危自持,
서 면 경 위
庶免傾危.

* 대시(국회의원 출마, 고등고시 응시, 상류대 입시)

차효는 시운이 불리하여 진취함에 성명이 불가하도다.

* 중시(시도 의회 출마, 간부급 공사직 시험, 중류대 입시)
차효는 시운이 불우하여 진취함에 성명이 불능하도다.

* 소시(구군의회 선거 출마, 초급 공사직, 삼류대 밀 전문대 응시))
차효는 가히 나아가는데 처하지 말라. 꺾임을 부르도다.

* 공, 사직의 재직운, 승진운
차효에 재직자는 기미를 보아서 용퇴하며 자리를 탐내고 록을 탐내는 것은 불가하도다.

* 사업 시발운(창업, 개업, 전업)
차효는 마음의 정서가 걱정과 번뇌스러움으로 때를 기다림이 가하도다.

* 사업 진행운(사업)
차효는 시행함에 마음의 정서가 걱정과 번뇌스럼움이 있어 소인이 어른을 속이고 업신여겨 재앙이 있을지니 간위함을 스스로 지켜야 어렵고 위태함을 면하도다.

* 사업 진행운(매매, 증권)
차효는 때를 기다림이 가하도다.

* 신수, 가정운
차효는 마음의 정서가 걱정과 번뇌스러움이 잇도다.

* 남녀리합(결혼운, 이성문제)
차효는 시운이 미흡하니 때를 기다림이 가하도다.

* 신상문제(건강, 사고, 상해)
차효는 마음의 정서가 걱정과 번뇌스러우며 상해의 재앙이 있을지니 어렵고 위태함을 스스로 지탱해야 기우는 위태로움을 면하도다.

* 시비, 송사

차효는 상해로 인한 시비가 있도다.

* 출산
차효는 출산한 즉 득녀이나 출산이 어렵도다.

* 여행
차효는 원근간에 출행이 불리하도다.

변 괘 정 초 효
變卦 鼎 初爻　　* 1년 중 후반기 운세(음력 7월 - 12월)

초 육 정 전 지 리 출 득 첩 이 기 자 무 구
初六, 鼎顚趾, 利出否, 得妾以其子, 无咎.
솥이 발꿈치가 엎어지나 비색한 것을 내놓음이 이롭고 첩을 얻어서 그 자식으로써 함이니 허물이 없으리라.

세 운 봉 지
歲運逢之,
재 사 유 인 패 치 공 지 미 이 천 직 재 사 유 인 천 치 귀 지 휴 이 성 명
在仕, 有因敗致功之美而遷職.　在士, 有因賤致貴之休而成名.
재 서 속 유 인 인 성 사 지 익 혹 득 첩 혹 생 자 우 자 희 천 자 귀
在庶俗, 有因人成事之益.　或得妾, 或生子.　憂者喜, 賤者貴.

* 대시(국회의원 출마, 고등고시 응시, 상류대 입시)
차효는 진취에 천한 데서 길한 데 이르는 성명이 있도다.

* 중시(시도 의회 출마, 간부급 공사직 시험, 중류대 입시)
차효는 진취에 천한 데서 길한 데 이르는 성명이 있도다.

* 소시(구군의회 선거 출마, 초급 공사직, 삼류대 및 전문대 응시)
차효는 진취에 천한 데서 길한 데 이르는 성명이 있도다.

* 공, 사직의 재직운, 승진운
차효에 재직자는 실패가 공이 되는 아름다움에 이르는 천직이 있도다.

* 사업 시발운(창업, 개업, 전업)
  차효는 창시에 남으로 인하여 일이 유익하게 성사됨이 있도다.

* 사업 진행운(사업, 매매, 증권)
  차효는 영위함에 남으로 인하여 일이 유익하게 성사되도다.
  그러나 큰 기대는 어렵도다.

* 신수, 가정운
  차효는 무엇을 영위함에 남으로 인하여 유익하게 성사되도다.

* 남녀리합(결혼운)
  차효는 혼사에 사람으로 인하여 유익하게 성사됨이 있도다.

* 남녀리합(이성문제)
  차효는 사람으로 인하여 첩을 얻도다.

* 신상문제(건강, 사고, 상해)
  차효는 그간에 우환이 있던 자는 기뻐지도다.

* 시비, 송사
  차효는 무사안과하도다.

* 출산
  차효는 출산한 즉 득남이며 모자가 모두 건장하도다..

* 여행
  차효는 원근간의 출행에 쾌락자재하도다.

312

원 괘 대 유 이 효
原卦 大有 二爻　　* 1년 중 전반기 운세(음력 1월 - 6월)

구 이 대 차 이 재 유 유 왕 무 구
九二, 大車以載, 有攸往, 无咎.
큰 수레로 실음이니 가는 바를 두면 허물이 없으리라.

세 운 봉 지
歲運逢之,
한 관 역 차 선 소 유 대 제 배 용 장 출 사 전 승 공 취
閑官, 驛車選召, 有大除拜.　勇將出師, 戰勝功取.
사 자 진 취 성 명
士子, 進取成名.
상 인 영 모 후 재 재 곡 풍 유 혹 왈 앙 차 지 조 불 리 노 수
常人, 營謀厚載, 財穀豊裕.　或曰, 鞅車之兆.　不利老壽.

* 대시(국회의원 출마, 고등고시 응시, 상류대 입시)
차효는 시운이 도래하니 진취에 성명하도다.

* 중시(시도 의회 출마, 간부급 공사직 시험, 중류대 입시)
차효는 시운이 도래하니 진취에 성명하도다.

* 소시(구군의회 선거 출마, 초급 공사직, 삼류대 및 전문대 응시)
차효는 시운이 도래하니 진취에 성명하도다.

* 공, 사직의 재직운, 승진운
차효에 재직자는 한직에 있던 자는 승진의 호운이며 무관은 전승으로 공을 취하도다.

* 사업 시발운(창업, 개업, 전업)
차효는 창시에 경영하고 모사함이 두텁게 성사되도다.

* 사업 진행운(사업운)
차효는 시행에 영모함이 구텁게 실려 재물이 풍유해 지도다.

* 사업 진행운(매매, 증권)
차효는 좋은 운이 도래하여 재물이 풍유해 지도다.

* 신수, 가정운
차효는 무엇을 영모함에 두텁게 실려서 재물이 풍유해 지도다.

* 남녀리합(결혼운, 이성문제)
차효는 이성을 연계함에 있어 뜻이 잘 이루어지도다.

* 신상문제(건강, 사고, 상해)
차효는 무사안강하도다. 그러나 늙은이는 수명에 불리하도다.

* 시비, 송사
차효는 평온무사하도다.

* 출산
차효는 출산하면 득녀이며 모녀가 모두 무사하도다.

* 여행
차효는 출행에 자유자재하도다.

변괘 리 이효
變卦 離 二爻 　　* 1년 중 후반기 운세(음력 7월 - 12월)

육이 황리 원길
六二, 黃離, 元吉.
누런 걸림이니 크게 길하니라.

세운봉지
歲運逢之,
재사 득군 황각위기 　　재사 필득해괴 　　재서속 필첨리식
在仕, 得君, 黃閣偉器. 　　在士, 必得解魁. 　　在庶俗, 必沾利息.

* 대시(국회의원 출마, 고등고시 응시, 상류대 입시)

차효는 시운이 도래하여 진취에 반드시 장원으로 풀림을 득하도다.

* 중시(시도 의회 출마, 간부급 공사직 시험, 중류대 입시)
차효는 시운이 도래하여 진취에 반드시 장원으로 풀림을 득하도다.

* 소시(구군의회 선거 출마, 초급 공사직, 삼류대 및 전문대 응시)
차효는 시운이 도래하여 진취에 반드시 장원으로 풀림을 득하도다.

* 공, 사직의 재직운, 승진운
차효에 재직자는 상사를 잘 만나서 황각의 큰 그릇이 되도다.

* 사업 시발운(창업, 개업, 전업)
차효는 창시에 성사하며 이식이 무젖도다.

* 사업 진행운(사업운, 매매, 증권)
차효는 영위함에 반드시 이식이 무젖도다. 다만 큰 이익의 기대에는 미흡하도다.

* 신수, 가정운
차효는 무엇을 영위함에 반드시 이식이 무젖도다.

* 남녀리합(결혼운, 이성문제)
차효는 이성을 연계함에 반드시 성사가 가하도다.

* 신상문제(건강, 사고, 상해)
차효는 무사안온하도다.

* 시비, 송사
차효는 무사안녕하도다.

* 출산
차효는 출산하면 득녀이며 모녀가 모두 무사하도다.

* 여행
차효는 출행에 자유자재하도다.

313

원 괘 대 유 삼 효
原卦 大有 三爻　　＊1년 중 전반기 운세(음력 1월 - 6월)

구 삼 공 용 형 우 천 자 소 인 불 극
九三, 公用亨于天子, 小人弗克.
공이 천자에게 드림이니 소인은 하지 못할 것이니라.

세 운 봉 지
歲運逢之,
재 사 필 승 조 정 지 중 임 재 사 필 작 대 괴
在仕, 必勝朝廷之重任. 在士, 必作大魁.
재 서 속 필 초 재 난 회 체 건 색 소 배 기 릉 흉 즉 변 규 형 상 난 면
在庶俗, 必招災難, 晦滯蹇塞. 小輩欺凌. 凶則變睽, 刑傷難免.

＊ 대시(국회의원 출마, 고등고시 응시, 상류대 입시)
차효는 시운이 도래하여 진취에 반드시 큰 장원을 짓도다.

＊ 중시(시도 의회 출마, 간부급 공사직 시험, 중류대 입시)
차효는 시운이 도래하여 진취에 반드시 큰 장원을 짓도다.

＊ 소시(구군의회 선거 출마, 초급 공사직, 삼류대 및 전문대 응시)
차효는 시운이 도래하여 진취에 반드시 큰 장원을 짓도다.

＊ 공, 사직의 재직운, 승진운
차효에 재직자는 반드시 조정 또한 본회의 중임을 맡도다.

＊ 사업 시발운(창업, 개업, 전업)
차효는 창시에 불리하니 때를 기다림이 가하도다.

＊ 사업 진행운(사업)
차효는 영위함에 반드시 재앙을 불러서 어둡게 막히고 어렵게 되어 도처에 손해가 막심하도다.

＊ 사업 진행운(매매, 증권)

차효는 시운이 불리하니 때를 기다림이 가하도다.

* 신수, 가정운
차효는 반드시 재난을 불러서 어둡게 막히고 어렵게 되어 도처에 손해가 막심하도다.

* 남녀리합(결혼운, 이성문제)
차효는 이성과 연계함이 불능할 뿐만 아니라 기왕사도 와해될까 두렵도다.

* 신상문제(건강, 사고, 상해)
차효는 사고, 상해를 면하기 어렵도다.

* 시비, 송사
차효는 재난으로 인하여 쟁송이 두렵도다.

* 출산
차효는 출산하면 득녀이며 모체에 부실하도다.

* 여행
차효는 출행에는 불리하도다.

변괘 규 삼효
變卦 睽 三爻 　　* 1년 중 후반기 운세(음력 7월 - 12월)

육삼 견여예 기우체 기인천차의 무초유종
六三, 見輿曳, 其牛掣, 其人天且劓, 无初有終.
수레를 당기고 그 소가 받으며 그 사람이 머리를 깍이고 또 코 베임을 보니 처음은 없고 마침은 있으리라.

세운봉지
歲運逢之,
재사 방수사지조 　　재사 고교즉 취어기유지후
在仕, 防瞍邪之阻. 　　在士, 考校則, 取於旣遺之後,
이유등천부지조
而有登天府之兆.

재서속 진망유조 험중구안 선미후순 수흉자 유골육형상지액
在庶俗, 進望有阻, 險中求安, 先迷後順. 數凶者, 有骨肉刑傷之阨.

* 대시(국회의원 출마, 고등고시 응시, 상류대 입시)
차효는 헤아려본 즉 취하기를 이미 잃은 후에 천부에 오를 징조가 있도다.

* 중시(시도 의회 출마, 간부급 공사직 시험, 중류대 입시)
차효는 헤아려본 즉 취하기를 이미 잃은 후에 천부에 오를 징조가 있도다.

* 소시(구군의회 선거 출마, 초급 공사직, 삼류대 및 전문대 응시)
차효는 헤아려 본 즉 취하기를 이미 잃은 후에 천부에 오를 징조가 있도다.

* 공, 사직의 재직운, 승진운
차효에 재직자는 장님처럼 앞을 측정하지 못하는 사람이 사악하게 저해함을 막아야 하도다.

* 사업 시발운(창업, 개업, 전업)
차효는 창시에 나아가 소망하는 바가 막힐지니 때를 기다림이 가하도다.

* 사업 진행운(사업)
차효는 영위함에 나아가 소망함이 막히고험한 중에서 평안함을 구하게 되며 먼저는 희미하나 뒤에는 순조롭도다.

* 사업 진행운(매매, 증권)
차효는 시운이 불리하니 때를 기다림이 가하도다.

* 신수, 가정운
차효는 무엇을 영위함에 나아가 소망함이 막히고 험한 중에서 편안함을 구하게 되며 먼저는 희미하나 뒤에는 순조롭도다.

* 남녀리합(결혼운, 이성문제)
차효는 시운이 불리하니 때를 기다림이 가하도다.

* 신상문제(건강, 사고, 상해)
차효는 혹 골육에 형상되는 액이 있도다.

* 시비, 송사
차효는 쟁송이 있을지니 이를 막아야 하도다.

* 출산
차효는 출산하면 득남이며 모체의 불편을 막아야 하도다.

* 여행
차효는 출행에는 불리하니 자제함이 가하도다.

321

원 괘 규 초 효
原卦 睽 初爻　　* 1년 중 전반기 운세(음력 1월 - 6월)

초 구 회 망 상 마 물 축 자 복 견 악 인 무 구
初九, 悔亡, 喪馬勿逐自復, 見惡人, 无咎.
후회가 없어지니 말을 잃고 쫓지 않아도 스스로 회복하니 악한 사람을 만나야 허물이 없으리라.

세 운 봉 지
歲運逢之,
재 사 한 관 복 직 강 적 자 복 승 재 사 난 우 지 기
在仕 閑官復職. 降謫者復陞. 在士, 難遇知己,
이 진 취 지 체 재 서 속 영 위 선 실 이 후 득 인 사 선 규 이 후 합
而進取遲滯. 在庶俗, 營爲先失而後得. 人事先睽而後合.
근 방 육 축 지 손 흉 악 지 환
謹防六畜之損, 凶惡之患.

* 대시(국회의원 출마, 고등고시 응시, 상류대 입시)
차효는 시운이 불리하여 진취함에 성명이 불가하도다.

* 중시(시도 의회 출마, 간부급 공사직 시험, 중류대 입시)
차효는 시운이 불우하여 진취함에 성명이 불능하도다.

* 소시(구군의회 선거 출마)
차효는 시운이 불조하여 성명이 어렵도다.

* 소시(초급 공사직, 삼류대 및 전문대 응시)
진취에 지체될지니 배가의 노력만이 가하도다.

* 공, 사직의 재직운, 승진운
차효에 재직자는 한직에 있던 자는 복직하고 벼슬에 떨어졌던 자는 다시 승진하도다.

* 사업 시발운(창업, 개업, 전업)
차효는 창시에 먼저는 손실이 되나 뒤에는 득이 되도다.

* 사업 진행운(사업)
차효는 영위함에 먼저는 손실이 되나 뒤에는 득이 될지며 삼가 이 재물의 덜림을 막아야 하도다.

* 사업 진행운(매매, 증권)
차효는 시운이 불리하니 때를 기다림이 가하도다.

* 신수, 가정운
차효는 영위함에는 먼저는 손실이 되나 뒤에는 득이 되도다. 부처간에는 먼저는 어그러지나 뒤에는 합하도다.

* 남녀리합(결혼운, 이성문제)
차효는 먼저는 어기어지나 뒤에는 합하도다.

* 신상문제(건강, 사고, 상해)
차효는 삼가 흉악지환을 막아야 하도다.

* 시비, 송사
차효는 인사에 먼저는 어기어 시비가 있으나 뒤에는 합하도다.

* 출산
차효는 출산한 즉 득남이나 모체에 질환을 막아야 하도다.

* 여행
차효는 목적 이외의 출행은 자제함이 가하도다.

변괘 미제 초효
變卦 未濟 初爻 * 1년 중 후반기 운세(음력 7월 - 12월)

초육 유기미 린
初六, 濡其尾, 吝.
그 꼬리를 적심이니 인색하니라.

세운봉지
歲運逢之,
재사 로험조불능전진 재사 진선 혹득말방
在仕, 路險阻不能前進. 在士, 進選, 或得末榜.
상인경영 종불칭의 섭수행주 근방유닉
常人經營, 終不稱意. 涉水行舟, 謹防濡溺.

* 대시(국회의원 출마, 고등고시 응시, 상류대 입시)
차효는 시운이 불리하여 진취에 성명이 불가하도다.

* 중시(시도 의회 출마, 간부급 공사직 시험
차효는 시운이 불우하여 진취에 성명이 어렵도다.

* 중시(중류대 입시)
차효는 나아가 뽑힘에 혹은 방의 끝에 얻어질지니 배가의 노력이 가하도다.

* 소시(구군의회 선거 출마)
차효는 시운이 불조하여 진취에 성명이 어렵도다.

* 소시(초급 공사지, 삼류대 및 전문대 응시)

차효는 나아가 뽑힘에 혹은 방의 끝에 얻어지도다.

* 공, 사직의 재직운, 승진운
차효에 재직자는 길이 험하거 막혀서 전진이 불능하도다.

* 사업 시발운(창업, 개업, 전업)
차효는 창시에 경영상 마침내 뜻을 뜻대로 되지 않도다.

* 사업 진행운(사업)
차효는 경영상에 마침내 뜻대로 되지 않도다.

* 사업 진행운(매매, 증권)
차효는 뜻대로 되지 않을 것이니 분수를 지키고 때를 기다림이 가하도다.

* 신수, 가정운
차효는 무엇을 영위함에 마침내 뜻대로 되지 못하도다.

* 남녀리합(결혼운, 이성문제)
차효는 이성을 연계함에 마침내 뜻대로 되지 못하도다.

* 신상문제(건강, 사고, 상해)
차효는 물을 건너고 배로 행함에는 삼가 물에 빠지는 것을 막아야 하도다.

* 시비, 송사
차효는 무사평탄하도다.

* 출산
차효는 출산한 즉 득남이도다.

* 여행
차효는 목적 이외의 출행은 가하도다.

322

원 괘 규 이 효

原卦 睽 二爻 ＊1년 중 전반기 운세(음력 1월 - 6월)

구 이 우 주 우 항 무 구

九二, 遇主于巷, 无咎.

인군을 골목에서 만나야 허물이 없으리라.

세 운 봉 지

歲運逢之,

재 사 필 우 명 주 이 승 천 유 기 재 사 필 우 주 사

在仕, 必遇明主, 而陞遷有期. 在士, 必遇主司,

이 진 선 유 뢰 재 서 속 필 우 지 기 이 영 모 수 의

而進選有賴. 在庶俗, 必遇知己, 而營謀遂意.

＊ 대시(국회의원 출마, 고등고시 응시, 상류대 입시)
차효는 시운이 불리하여 진취에 성명이 불가하도다.

＊ 중시(시도 의회 출마, 간부급 공사직 시험, 중류대 입시)
차효는 시운이 불리하여 진취에 성명이 불능하도다.

＊ 소시(구군의회 선거 출마)
차효는 시운이 불조하여 진취에 성명이 어렵도다.

＊ 소시(초급 공사직, 삼류대 및 전문대 응시)
차효는 진취에 반드시 주사를 만나 나아가 선발됨을 의뢰함이 있으나 합격이 뜻과 같지 않으니 배가의 노력이 가하도다.

＊ 공, 사직의 재직운, 승진운
차효에 재직자는 반드시 밝은 상사를 만나 승천할 기약이 있도다.

＊ 사업 시발운(창업, 개업, 전업)
차효는 창시에 반드시 지기를 만나 영모함에 뜻을 이루도다.

＊ 사업 진행운(사업운)

차효는 시행에 반드시 지기를 만나 영모함에 뜻을 이루도다.

* 사업 진행운(매매, 증권)
차효는 반드시 지기를 만나 영모함에 뜻을 이루나 큰 이익에는 기대하기 어렵도다.

* 신수, 가정운
차효는 반드시 지기를 만나 영모함에 뜻을 이루도다.

* 남녀리합(결혼운, 이성문제)
차효는 반드시 지기를 만나 영모함에 뜻을 이루도다.

* 신상문제(건강, 사고, 상해)
차효는 무사안강하도다.

* 시비, 송사
차효는 무사안온하도다.

* 출산
차효는 출산하면 득남이며 모자가 모두 건장하도다.

* 여행
차효는 출행에 무사안온하도다.

변괘 서합 이효
變卦 噬嗑 二爻 * 1년 중 후반기 운세(음력 7월 - 12월)

육이 서부멸비 무구
六二, 噬膚滅鼻, 无咎.
살을 씹으나 코를 멸함을 당하니 허물이 없으리라.

세운봉지
歲運逢之,
재사 즉수제어경화지민 이조소상
在仕, 則受制於梗化之民, 而遭小傷.

재사 방욕 혹고시 불우기인 이유소자
在士, 防辱. 或考試, 不遇其人, 而有小疵.
재서속 진퇴간난 시비요괄 혹생암질 공골육유상
在庶俗, 進退艱難, 是非撓括. 或生暗疾, 恐骨肉有傷.

* 대시(국회의원 출마, 고등고시 응시, 상류대 입시)
차효는 시운이 불리하여 진취에 성명이 불가하도다.

* 중시(시도 의회 출마)
차효는 시운이 불리하여 진취에 성명이 어렵도다.

* 중시(간부급 공사직 시험, 중류대 입시)
혹 고시에 그 사람을 만나지 못하여 조금 흠이 있을지니 배가의 노력이 가하도다.

* 소시(구군의회 선거 출마)
차효는 시운이 불조하여 욕됨을 막아야 하도다.

* 소시(초급 공사직, 삼류대 및 전문대 응시)
차효는 혹 고시에 그 사람을 만나지 못하여 조금 흠이 있도다.

* 공, 사직의 재직운, 승진운
차효에 재직자는 강경한 아래 사람의 누름을 받아 조금 상함을 만나도다.

* 사업 시발운(창업, 개업, 전업)
차효는 창시에 시운이 불리하니 때를 기다림이 가하도다.

* 사업 진행운(사업운)
차효는 영위함에 진퇴하기 어려우며 시비가 어지러운데 이르도다.

* 사업 진행운(매매, 증권)
차효는 시운이 불리하니 때를 기다림이 가하도다.

* 신수, 가정운
차효는 무엇을 영위함에 진퇴가 어려우며 시비가 어지러운데 이르도다.

* 남녀리합(결혼운, 이성문제)
차효는 이성을 연계함에 진퇴가 어려우며 시비가 어지러운데 이르도다.

* 신상문제(건강, 사고, 상해)
차효는 신체상에 상함이 있을까 두려우며 혹은 분명치 않은 질환이 발생하도다.

* 시비, 송사
차효는 진퇴하기가 어려우며 시비가 어지러운데 이르도다.

* 출산
차효는 출산하면 득남이며 혹 난산으로 인한 모체가 상할까 두렵도다.

* 여행
차효는 시운이 불길하니 출행에 자제가 가하도다.

323

원 괘 규 삼효
原卦 睽 三爻 　　* 1년 중 전반기 운세(음력 1월 - 6월)

육 삼 견 여 예 기 우 체 기 인 천 차 의 무 초 유 종
六三, 見輿曳, 其牛掣, 其人天且劓, 无初有終.
수레를 당기고 그 소가 받으며 그 사람이 머리를 깍이고 또 코 베임을 보니 처음은 없고 마침은 있으리라.

세 운 봉 지
歲運逢之,
재 사 방 수 사 지 조 재 사 고 교 즉 취 어 기 유 지 후 이 유 등 천 부 지 조
在仕, 防瞍邪之阻. 在士, 考校則, 取於旣遺之後, 而有登天府之兆.
재 서 속 진 망 유 조 험 중 구 안 선 미 후 순 수 흉 자 유 골 육 형 상 지 액
在庶俗, 進望有阻, 險中求安, 先迷後順. 數凶者, 有骨肉刑傷之阨.

* 대시(국회의원 출마, 고등고시 응시, 상류대 입시)
차효는 헤아려본 즉 취하기를 이미 잃은 후에 천부에 오를 징조가 있도다.

* 중시(시도 의회 출마, 간부급 공사직 시험, 중류대 입시)
차효는 헤아려본 즉 취하기를 이미 잃은 후에 천부에 오를 징조가 있도다.

* 소시(구군의회 선거 출마, 초급 공사직, 삼류대 및 전문대 응시)
차효는 헤아려본 즉 취하기를 이미 잃은 후에 천부에 오를 징조가 있도다.

* 공, 사직의 재직운, 승진운
차효에 재직자는 장님처럼 앞을 측정하지 못하는 사람이 사악하게 저해함을 막아야 하도다.

* 사업 시발운(창업, 개업, 전업)
차효는 창시에 나아가 소망하는 바가 막힐지니 때를 기다림이 가하도다.

* 사업 진행운(사업)
차효는 영위함에 나아가 소망함이 막히고험한 중에서 평안함을 구하게 되며 먼저는 희미하나 뒤에는 순조롭도다.

* 사업 진행운(매매, 증권)
차효는 시운이 불리하니 때를 기다림이 가하도다.

* 신수, 가정운
차효는 무엇을 영위함에 나아가 소망함이 막히고 험한 중에서 편안함을 구하게 되며 먼저는 희미하나 뒤에는 순조롭도다.

* 남녀리합(결혼운, 이성문제)
차효는 시운이 불리하니 때를 기다림이 가하도다.

* 신상문제(건강, 사고, 상해)
차효는 혹 골육에 형상되는 액이 있도다.

* 시비, 송사
차효는 쟁송이 있을지니 이를 막아야 하도다.

* 출산
차효는 출산하면 득남이며 모체의 불편을 막아야 하도다.

* 여행
차효는 출행에는 불리하니 자제함이 가하도다.

변괘 대유 삼효
變卦 大有 三爻 * 1년 중 후반기 운세(음력 7월 - 12월)

구삼 공용형우천자 소인불극
九三, 公用亨于天子, 小人弗克.
공이 천자에게 드림이니 소인은 하지 못할 것이니라.

세운봉지
歲運逢之,
재사 필승조정지중임 재사 필작대괴
在仕, 必勝朝廷之重任. 在士, 必作大魁.
재서속 필초재난 회체건색 소배기릉 흉즉변규 형상난면
在庶俗, 必招災難, 晦滯蹇塞. 小輩欺凌. 凶則變睽, 刑傷難免.

* 대시(국회의원 출마, 고등고시 응시, 상류대 입시)
차효는 시운이 도래하여 진취에 반드시 큰 장원을 짓도다.

* 중시(시도 의회 출마, 간부급 공사직 시험, 중류대 입시)
차효는 시운이 도래하여 진취에 반드시 큰 장원을 짓도다.

* 소시(구군의회 선거 출마, 초급 공사직, 삼류대 및 전문대 응시)
차효는 시운이 도래하여 진취에 반드시 큰 장원을 짓도다.

* 공, 사직의 재직운, 승진운
차효에 재직자는 반드시 조정 또한 본회의 중임을 맡도다.

* 사업 시발운(창업, 개업, 전업)
차효는 창시에 불리하니 때를 기다림이 가하도다.

* 사업 진행운(사업)
차효는 영위함에 반드시 재앙을 불러서 어둡게 막히고 어렵게 되어 도처에 손해가 막심하도다.

* 사업 진행운(매매, 증권)
차효는 시운이 불리하니 때를 기다림이 가하도다.

* 신수, 가정운
차효는 반드시 재난을 불러서 어둡게 막히고 어렵게 되어 도처에 손해가 막심하도다.

* 남녀리합(결혼운, 이성문제)
차효는 이성과 연계함이 불능할 뿐만 아니라 기왕사도 와해될까 두렵도다.

* 신상문제(건강, 사고, 상해)
차효는 사고, 상해를 면하기 어렵도다.

* 시비, 송사
차효는 재난으로 인하여 쟁송이 두렵도다.

* 출산
차효는 출산하면 득녀이며 모체에 부실하도다.

* 여행
차효는 출행에는 불리하도다.

331

원 패 리 초 효
原卦 離 初爻 * 1년 중 전반기 운세(음력 1월 - 6월)

초구 리착연 경지무구
初九 履錯然, 敬之无咎.
밟는 것이 뒤섞였으니 공경하면 허물이 없으리라.

세운봉지
歲運逢之,

재사 방조망불근지구
在仕, 防躁妄不謹之咎.

재사 방차와지욕
在士, 防差訛之辱.

재서속 방월리범분지위
在庶俗, 防越理犯分之危.

행자 방질족지질
行者, 防跌足之疾.

* 대시(국회의원 출마, 고등고시 응시, 상류대 입시)
  차효는 시운이 불리하여 진취함에 성명이 불가하도다.

* 중시(시도 의회 출마, 간부급 공사직 시험, 중류대 입시)
  차효는 시운이 불우하여 진취함에 성명이 불능하도다.

* 소시(구군의회 선거 출마, 초급 공사직, 삼류대 및 전문대 응시)
  차효는 시운이 불조하여 진취에 어그러지고 잘못되는 욕됨을 막아야 하도다.

* 공, 사직의 재직운, 승진운
  차효에 재직자는 성급하게 하고 망령되이 삼가지 않는 허물이 있도다.

* 사업 시발운(창업, 개업, 전업)
  차효는 창시에 이치를 넘고 분수에 범하는 위태함을 막아야 하도다.

* 사업 진행운(사업)
  차효는 영위함에 이치를 넘고 분수에 범하는 위태함을 막아야 하도다.

* 사업 진행운(매매, 증권)
  차효는 시운이 불리하니 때를 기다림이 가하도다.

* 신수, 가정운
  차효는 무슨 일을 영위함에 이치를 넘고 분수에 범하는 위태로움을 막아야 하도다.

* 남녀리합(결혼운, 이성문제)
차효는 이성을 연계함에 이치를 넘고 분수에 범하는 위태함을 막아야 하도다.

* 신상문제(건강, 사고, 상해)
차효는 행함에 미끄러지는 발의 병을 막아야 하도다.

* 시비, 송사
차효는 부조리한 시비를 막아야 하도다.

* 출산
차효는 출산한 즉 득녀이도다.

* 여행
차효는 출행이 불리하도다.

변 괘 려 초 효
變卦 旅 初爻 * 1년 중 후반기 운세(음력 7월 - 12월)

초 육 려 쇄 쇄 사 기 소 취 재
初六, 旅瑣瑣, 斯其所取災.
나그네가 추잡하고 자잘함이니 그 재앙을 취함이라.

세 운 봉 지
歲運逢之,
재 사 유 재 력 불 급 지 탄 재 사 유 비 오 천 루 지 차
在仕, 有才力不及之歎. 在士, 有卑汚賤陋之嗟.
재 서 속 유 국 량 편 천 지 화
在庶俗, 有局量編淺之禍.

* 대시(국회의원 출마, 고등고시 응시, 상류대 입시)
차효는 시운이 불리하여 진취함에 성명이 불가하도다.

* 중시(시도 의회 출마, 간부급 공사직 시험, 중류대 입시)

차효는 시운이 불우하여 진취함에 성명이 불능하도다.

* 소시(구군의회 선거 출마, 초급 공사직, 삼류대 및 전문대 응시)
  차효는 시운이 불조하여 진취에 천하고 비루한 탄식이 있도다.

* 공, 사직의 재직운, 승진운
  차효에 재직자는 재주와 능력이 미치지 못하는 탄식이 있도다.

* 사업 시발운(창업, 개업, 전업)
  차효는 창시에 시운이 불리하니 때를 기다려라.

* 사업 진행운(사업)
  차효는 영위함에 국량이 좁고 얕은 탄식이 있도다.

* 사업 진행운(매매, 증권)
  차효는 시운이 불리하니 때를 기다림이 가하도다.

* 신수, 가정운
  차효는 무슨 일을 영위함에 국량이 좁고 얕은 탄식이 있도다.

* 남녀리합(결혼운, 이성문제)
  차효는 국량이 좁고 얕은 탄식이 있도다.

* 신상문제(건강, 사고, 상해)
  차효는 욕구가 이루어지지 않으므로 심신이 곤하도다.

* 시비, 송사
  차효는 부조리론 인한 시비를 막아야 하도다.

* 출산
  차효는 출산한 즉 득녀이도다.

* 여행
  차효는 출행이 불리하니 자재가 가하도다.

332

원 괘 리 이 효

原卦 離 二爻　　＊1년 중 전반기 운세(음력 1월 - 6월)

육 이 황 리 원 길

六二, 黃離, 元吉.

누런 걸림이니 크게 길하니라.

세 운 봉 지

歲運逢之,

재 사 득 군 황 각 위 기　　재 사 필 득 해 괴　　재 서 속 필 첨 리 식

在仕, 得君, 黃閣偉器.　　在士, 必得解魁.　　在庶俗, 必沾利息.

＊ 대시(국회의원 출마, 고등고시 응시, 상류대 입시)
차효는 시운이 도래하여 진취에 반드시 장원으로 풀림을 득하도다.

＊ 중시(시도 의회 출마, 간부급 공사직 시험, 중류대 입시)
차효는 시운이 도래하여 진취에 반드시 장원으로 풀림을 득하도다.

＊ 소시(구군의회 선거 출마, 초급 공사직, 삼류대 및 전문대 응시)
차효는 시운이 도래하여 진취에 반드시 장원으로 풀림을 득하도다.

＊ 공, 사직의 재직운, 승진운
차효에 재직자는 상사를 잘 만나서 황각의 큰 그릇이 되도다.

＊ 사업 시발운(창업, 개업, 전업)
차효는 창시에 성사하며 이식이 무젖도다.

＊ 사업 진행운(사업운, 매매, 증권)
차효는 영위함에 반드시 이식이 무젖도다. 다만 큰 이익의 기대에는 미흡하도다.

＊ 신수, 가정운
차효는 무엇을 영위함에 반드시 이식이 무젖도다.

* 남녀리합(결혼운, 이성문제)
차효는 이성을 연계함에 반드시 성사가 가하도다.

* 신상문제(건강, 사고, 상해)
차효는 무사안온하도다.

* 시비, 송사
차효는 무사안녕하도다.

* 출산
차효는 출산하면 득녀이며 모녀가 모두 무사하도다.

* 여행
차효는 출행에 자유자재하도다.

변괘 대유 이효
變卦 大有 二爻　　* 1년 중 후반기 운세(음력 7월 - 12월)

구이 대차이재 유유왕 무구
九二, 大車以載, 有攸往, 无咎.
큰 수레로 실음이니 가는 바를 두면 허물이 없으리라.

세운봉지
歲運逢之,
한관 역차선소 유대제배 용장출사 전승공취
閑官, 驛車選召, 有大除拜.　勇將出師, 戰勝功取.
사자 진취성명
士子, 進取成名.
상인 영모후재 재곡풍유 혹왈 앙차지조 불리노수
常人, 營謀厚載, 財穀豊裕.　或曰, 鞅車之兆.　不利老壽.

* 대시(국회의원 출마, 고등고시 응시, 상류대 입시)
차효는 시운이 도래하니 진취에 성명하도다.

* 중시(시도 의회 출마, 간부급 공사직 시험, 중류대 입시)
차효는 시운이 도래하니 진취에 성명하도다.

* 소시(구군의회 선거 출마, 초급 공사직, 삼류대 및 전문대 응시)
  차효는 시운이 도래하니 진취에 성명하도다.

* 공, 사직의 재직운, 승진운
  차효에 재직자는 한직에 있던 자는 승진의 호운이며 무관은 전승으로 공을 취하도다.

* 사업 시발운(창업, 개업, 전업)
  차효는 창시에 경영하고 모사함이 두텁게 성사되도다.

* 사업 진행운(사업운)
  차효는 시행에 영모함이 두텁게 실려 재물이 풍유해지도다.

* 사업 진행운(매매, 증권)
  차효는 좋은 운이 도래하여 재물이 풍유해 지도다.

* 신수, 가정운
  차효는 무엇을 영모함에 두텁게 실려서 재물이 풍유해 지도다.

* 남녀리합(결혼운, 이성문제)
  차효는 이성을 연계함에 있어 뜻이 잘 이루어지도다.

* 신상문제(건강, 사고, 상해)
  차효는 무사안강하도다. 그러나 늙은이는 수명에 불리하도다.

* 시비, 송사
  차효는 평온무사하도다.

* 출산
  차효는 출산하면 득녀이며 모녀가 모두 무사하도다.

* 여행
  차효는 출행에 자유자재하도다.

333

원 괘 리 삼 효
原卦 離 三爻　　＊1년 중 전반기 운세(음력 1월 - 6월)

구 삼 일 측 지 리 불 고 부 이 가 즉 대 질 지 차 흉
九三, 日昃之離, 不鼓缶而歌, 則大耋之嗟, 凶.
날이 기울어지는 걸림이니 질그릇을 치고 노래하지 않으면 크게 기울어지는 슬픔이 있을 것이다. 흉하리라.

세 운 봉 지
歲運逢之,
재 사 고 휴 재 사 방 욕
在仕, 告休.　　在士, 防辱.
재 서 속 락 중 생 비 길 중 생 수 험 난 질 지 상 망 무 일
在庶俗, 樂中生悲.　吉中生愁.　險難迭至, 喪亡無日.

＊ 대시(국회의원 출마, 고등고시 응시, 상류대 입시)
차효는 시운이 불리하여 진취에 성명이 불가하도다.

＊ 중시(시도 의회 출마, 간부급 공사직 시험, 중류대 입시)
차효는 시운이 불우하여 진취에 성명이 불능하도다.

＊ 소시(구군의회 선거 출마)
차효는 시운이 불조하여 진취에 성명이 어렵도다.

＊ 소시(초급 공사직, 삼류대 및 전문대 응시)
차효는 시운이 미흡하여 진취에 욕됨을 막아야 할지니 배가의 노력만이 가하도다.

＊ 공, 사직의 재직운, 승진운
차효에 재직자는 휴직을 고하도다.

＊ 사업 시발운(창업, 개업, 전업)
차효는 창시에 시운이 불리하니 때를 기다림이 가하도다.

＊ 사업 진행운(사업)

차효는 영위함에 즐거운 중에 슬픔이 생기고 길한 중에 근심이 생기며 험하고 어려움이 번갈아들어 계속 이어지도다.

* 사업 진행운(매매, 증권)
차효는 시운이 불리하니 때를 기다림이 가하도다.

* 신수, 가정운
차효는 무엇을 영위함에 즐거운 중에 슬픔이 생기고 길한 중에 근심이 생기며 험하고 어려움이 번갈아들어 계속 이어지도다.

* 남녀리합(결혼운, 이성문제)
차효는 이성을 연계함에 성사가 되는가 하면 와해되어 성립되기가 어렵도다.

* 신상문제(건강, 사고, 상해)
차효는 길흉이 교차되어 심신이 곤하도다.

* 시비, 송사
차효는 비길비흉이나 평탄치 않으니 끝내는 것이 좋도다.

* 출산
차효는 출산하면 득녀이며 출산에 험난함이 계속 이어지도다.

* 여행
차효는 시운이 평탄치 않으니 자제가 가하도다.

변괘 서합 삼효
變卦 噬嗑 三爻　　＊1년 중 후반기 운세(음력 7월 - 12월)

육삼 서석육 우독 소린 무구
六三, 噬腊肉, 遇毒, 小吝, 无咎.
말린 고기를 씹다가 독을 만남이니 조금 인색하나 허물이 없으리라.

세운봉지
歲運逢之,

재사 재력부족이초손 재사 재소학천이초욕
在仕, 才力不足而招損. 在士, 才疎學淺而招辱.
재서속 이사난간 혹생심복지재 혹유경험지지
在庶俗, 易事難艱. 或生心腹之災, 或有驚險之至.

* 대시(국회의원 출마, 고등고시 응시, 상류대 입시)
  차효는 시운이 불리하여 진취에 성명이 불가하도다.

* 중시(시도 의회 출마, 간부급 공사직 시험, 중류대 입시)
  차효는 시운이 불우하여 진취에 성명이 불능하도다.

* 소시(구군의회 선거 출마)
  차효는 시운이 불조하여 진취에 성명이 어렵도다.

* 소시(초급 공사직, 삼류대 및 전문대 응시)
  차효는 재주가 성글고 학문이 얕아서 욕됨을 부르게 되니 배가의 노력만이 가하도다.

* 공, 사직의 재직운, 승진운
  차효에 재직자는 재주와 능력이 부족하여 손됨을 부르도다.

* 사업 시발운(창업, 개업, 전업)
  차효는 창시에 시운이 불리하니 때를 기다림이 가하도다.

* 사업 진행운(사업)
  차효는 영위함에 쉬운 일이 어렵게 주관되도다.

* 사업 진행운(매매, 증권)
  차효는 시운이 불리하니 때를 기다림이 가하도다.

* 신수, 가정운
  차효는 무엇을 영위함에 쉬운 일이 어렵게 주관되도다.

* 남녀리합(결혼운, 이성문제)
  차효는 이성을 연계함에 쉬운 일이 어렵게 주관되도다.

* 신상문제(건강, 사고, 상해)
차효는 혹 심장부나 복부에 재앙의 질환이 생기며 혹은 험한 데서 놀람이 지극하도다.

* 시비, 송사
차효는 혹 놀람으로 인한 시비가 일어나도다.

* 출산
차효는 출산하면 득남이며 혹 모체가 불충하도다.

* 여행
차효는 출행이 불리하니 때를 기다림이 가하도다.

341

원괘 서합 초효
原卦 噬嗑 初爻　　* 1년 중 전반기 운세(음력 1월 - 6월)

초구 리교멸지 무구
初九, 履校滅趾, 无咎.
형틀을 신겨서 발꿈치를 멸하니 허물이 없느니라.

세운봉지
歲運逢之,
재사 조폄적 재사 즉고교불우기인 재서속 방형벌풍질
在仕, 遭貶謫. 在士, 則考校不遇其人. 在庶俗, 防刑罰風疾,
근신면화
謹愼免禍.

* 대시(국회의원 출마, 고등고시 응시, 상류대 입시)
차효는 시운이 불리하여 진취함에 성명이 불가하도다.

* 중시(시도 의회 출마, 간부급 공사직 시험, 중류대 입시)
차효는 시운이 불우하여 진취함에 성명이 불능하도다.

* 소시(구군의회 선거 출마)
차효는 시운이 불조하여 진취에 성명이 어렵도다.

* 소시(초급 공사직, 삼류대 및 전문대 응시)
차효는 시운이 불호하여 교계하여 참고해 본 즉 합격이 어려우니 배가의 노력만이 가하도다.

* 공, 사직의 재직운, 승진운
차효에 재직자는 처벌의 해임을 만날지니 근신이 가하도다.

* 사업 시발운(창업, 개업, 전업)
차효는 창시에 시운이 불조하니 때를 기다림이 가하도다.

* 사업 진행운(사업)
차효는 영위함에 형벌이 있을지니 근신해야 화를 면하도다.

* 사업 진행운(매매, 증권)
차효는 시운이 불리하니 분수를 지키고 때를 기다림이 가하도다.

* 신수, 가정운
차효는 형벌과 풍질을 막아라. 근신해야 화를 면하도다.

* 남녀리합(결혼운)
차효는 시운이 불리하여 혼사를 성취하기 어렵도다.

* 남녀리합(이성문제)
시운이 불리하여 형벌을 막아야 할지니 근신해야 화를 면하도다.

* 신상문제(건강, 사고, 상해)
차효는 풍질을 막아야 할지니 근신해야 화를 면하도다.

* 시비, 송사

차효는 시운이 비색하여 형벌을 막아야 할지니 근신해야 화를 면하도다.

* 출산
차효는 출산한 즉 득남이며 모체가 병약하도다.

* 여행
차효는 출행을 삼감이 가하도다.

변 괘 진 초 효
變卦 晉 初爻　　* 1년 중 후반기 운세(음력 7월 - 12월)

초 육 진 여 최 여 정 길 망 부 유 무 구
初六, 晉如摧如, 貞吉罔孚, 裕, 无咎.
나아가다가 꺾임이니 바르게 하면 길하고 믿지 않더라도 너그럽게 하면 허물이 없으리라.

세 운 봉 지
歲運逢之,
재 사 자 당 조 어 사 의 진 취 자 불 견 부 어 주 사 이 명 난 수
在仕者, 當阻於邪議.　進取者, 不見孚於主司, 而命難受.

상 인 사 피 차 불 부 우 락 상 반 정 즉 길 이 동 즉 흉
常人士, 彼此不孚.　憂樂相半.　靜則吉而動則凶.

* 대시(국회의원 출마, 고등고시 응시, 상류대 입시)
차효는 시운이 불리하여 진취함에 성명이 불가하도다.

* 중시(시도 의회 출마, 간부급 공사직 시험, 중류대 입시)
차효는 시운이 불우하여 진취함에 성명이 불능하도다.

* 소시(구군의회 선거 출마)
차효는 시운이 불조하여 진취에 성명이 어렵도다.

* 소시(초급 공사직, 삼류대 및 전문대 응시)
차효는 진취에 있어 주최 측에 미덥게 보이지 못하여 명을 받기 어렵도다.

* 공, 사직의 재직운, 승진운
  차효에 재직자는 사악한 논쟁에 막힘을 당하도다.

* 사업 시발운(창업, 개업, 전업)
  차효는 창시에 시운이 불조하니 때를 기다림이 가하도다.

* 사업 진행운(사업)
  차효는 영위함에 피차가 서로 믿지 못하여 걱정과 즐거움이 상반되니 정지한 즉 길하고 동한 즉 흉하도다.

* 사업 진행운(매매, 증권)
  차효는 영위에 시운이 불리하니 분수를 지키고 때를 기다림이 가하도다.

* 신수, 가정운
  차효는 무엇을 영위함에 피차가 서로 믿지 못하여 걱정과 즐거움이 상반되니 정지한 즉 길하고 동한 즉 흉하도다.

* 남녀리합(결혼운, 이성문제)
  차효는 이성을 연계함에 피차가 서로 믿지 못하도다.

* 신상문제(건강, 사고, 상해)
  차효는 별 탈이 없도다.

* 시비, 송사
  차효는 평온무탈하도다.

* 출산
  차효는 출산한 즉 득남이도다.

* 여행
  차효는 목적 이외에는 출행을 자제함이 가하도다.

342

원 괘 서 합 이 효
原卦 噬嗑 二爻　　＊1년 중 전반기 운세(음력 1월 - 6월)
육 이 서 부 멸 비 무 구
六二, 噬膚滅鼻, 无咎.
살을 씹으나 코를 멸함을 당하니 허물이 없으리라.

세 운 봉 지
歲運逢之,
재 사 즉 수 제 어 경 화 지 민 이 조 소 상
在仕, 則受制於梗化之民, 而遭小傷.
재 사 방 욕 혹 고 시 불 우 기 인 이 유 소 자
在士, 防辱.　　或考試, 不遇其人, 而有小疵.
재 서 속 진 퇴 간 난 시 비 요 괄 혹 생 암 질 공 골 육 유 상
在庶俗, 進退艱難, 是非撓括.　　或生暗疾, 恐骨肉有傷.

＊ 대시(국회의원 출마, 고등고시 응시, 상류대 입시)
차효는 시운이 불리하여 진취에 성명이 불가하도다.

＊ 중시(시도 의회 출마)
차효는 시운이 불리하여 진취에 성명이 어렵도다.

＊ 중시(간부급 공사직 시험, 중류대 입시)
혹 고시에 그 사람을 만나지 못하여 조금 흠이 있을지니 배가의 노력이 가하도다.

＊ 소시(구군의회 선거 출마)
차효는 시운이 불조하여 욕됨을 막아야 하도다.

＊ 소시(초급 공사직, 삼류대 및 전문대 응시)
차효는 혹 고시에 그 사람을 만나지 못하여 조금 흠이 있도다.

＊ 공, 사직의 재직운, 승진운
차효에 재직자는 강경한 아래 사람의 누름을 받아 조금 상함을 만나도다.

* 사업 시발운(창업, 개업, 전업)
차효는 창시에 시운이 불리하니 때를 기다림이 가하도다.

* 사업 진행운(사업운)
차효는 영위함에 진퇴하기 어려우며 시비가 어지러운데 이르도다.

* 사업 진행운(매매, 증권)
차효는 시운이 불리하니 때를 기다림이 가하도다.

* 신수, 가정운
차효는 무엇을 영위함에 진퇴가 어려우며 시비가 어지러운데 이르도다.

* 남녀리합(결혼운, 이성문제)
차효는 이성을 연계함에 진퇴가 어려우며 시비가 어지러운데 이르도다.

* 신상문제(건강, 사고, 상해)
차효는 신체상에 상함이 있을까 두려우며 혹은 분명치 않은 질환이 발생하도다.

* 시비, 송사
차효는 진퇴하기가 어려우며 시비가 어지러운데 이르도다.

* 출산
차효는 출산하면 득남이며 혹 난산으로 인한 모체가 상할까 두렵도다.

* 여행
차효는 시운이 불길하니 출행에 자제가 가하도다.

변괘 규 이효
變卦 睽 二爻　　* 1년 중 후반기 운세(음력 7월 - 12월)

구이 우주우항 무구
九二, 遇主于巷, 无咎.
인군을 골목에서 만나야 허물이 없으리라.

세 운 봉 지
歲運逢之,
재 사 필 우 명 주 이 승 천 유 기 재 사 필 우 주 사 이 진 선 유 뢰
在仕, 必遇明主, 而陞遷有期. 在士, 必遇主司, 而進選有賴.
재 서 속 필 우 지 기 이 영 모 수 의
在庶俗, 必遇知己, 而營謀遂意.

* 대시(국회의원 출마, 고등고시 응시, 상류대 입시)
  차효는 시운이 불리하여 진취에 성명이 불가하도다.

* 중시(시도 의회 출마, 간부급 공사직 시험, 중류대 입시)
  차효는 시운이 불리하여 진취에 성명이 불능하도다.

* 소시(구군의회 선거 출마)
  차효는 시운이 불조하여 진취에 성명이 어렵도다.

* 소시(초급 공사직, 삼류대 및 전문대 응시)
  차효는 진취에 반드시 주사를 만나 나아가 선발됨을 의뢰함이 있으나 합격이 뜻과 같지 않으니 배가의 노력이 가하도다.

* 공, 사직의 재직운, 승진운
  차효에 재직자는 반드시 밝은 상사를 만나 승천할 기약이 있도다.

* 사업 시발운(창업, 개업, 전업)
  차효는 창시에 반드시 지기를 만나 영모함에 뜻을 이루도다.

* 사업 진행운(사업운)
  차효는 시행에 반드시 지기를 만나 영모함에 뜻을 이루도다.

* 사업 진행운(매매, 증권)
  차효는 반드시 지기를 만나 영모함에 뜻을 이루나 큰 이익에는 기대하기 어렵도다.

* 신수, 가정운
  차효는 반드시 지기를 만나 영모함에 뜻을 이루도다.

* 남녀리합(결혼운, 이성문제)
차효는 반드시 지기를 만나 영모함에 뜻을 이루도다.

* 신상문제(건강, 사고, 상해)
차효는 무사안강하도다.

* 시비, 송사
차효는 무사안온하도다.

* 출산
차효는 출산하면 득남이며 모자가 모두 건강하도다.

* 여행
차효는 출행에 무사안온하도다.

343

원 괘 서 합 삼 효
原卦 噬嗑 三爻 　　* 1년 중 전반기 운세(음력 1월 - 6월)

육 삼 서 석 육 우 독 소 린 무 구
六三, 噬腊肉, 遇毒, 小吝, 无咎.

말린 고기를 씹다가 독을 만남이니 조금 인색하나 허물이 없으리라.

세 운 봉 지
歲運逢之,

재 사 재 력 부 족 이 초 손 재 사 재 소 학 천 이 초 욕
在仕, 才力不足而招損. 在士, 才疎學淺而招辱.

재 서 속 이 사 난 간 혹 생 심 복 지 재 혹 유 경 험 지 지
在庶俗, 易事難艱. 或生心腹之災, 或有驚險之至.

* 대시(국회의원 출마, 고등고시 응시, 상류대 입시)
차효는 시운이 불리하여 진취에 성명이 불가하도다.

* 중시(시도 의회 출마, 간부급 공사직 시험, 중류대 입시)
차효는 시운이 불우하여 진취에 성명이 불능하도다.

* 소시(구군의회 선거 출마)
차효는 시운이 불조하여 진취에 성명이 어렵도다.

* 소시(초급 공사직, 삼류대 및 전문대 응시)
차효는 재주가 성글고 학문이 얕아서 욕됨을 부르게 되니 배가의 노력만이 가하도다.

* 공, 사직의 재직운, 승진운
차효에 재직자는 재주와 능력이 부족하여 손됨을 부르도다.

* 사업 시발운(창업, 개업, 전업)
차효는 창시에 시운이 불리하니 때를 기다림이 가하도다.

* 사업 진행운(사업)
차효는 영위함에 쉬운 일이 어렵게 주관되도다.

* 사업 진행운(매매, 증권)
차효는 시운이 불리하니 때를 기다림이 가하도다.

* 신수, 가정운
차효는 무엇을 영위함에 쉬운 일이 어렵게 주관되도다.

* 남녀리합(결혼운, 이성문제)
차효는 이성을 연계함에 쉬운 일이 어렵게 주관되도다.

* 신상문제(건강, 사고, 상해)
차효는 혹 심장부나 복부에 재앙의 질환이 생기며 혹은 험한 데서 놀람이 지극하도다.

* 시비, 송사
차효는 혹 놀람으로 인한 시비가 일어나도다.

* 출산
차효는 출산하면 득남이며 혹 모체가 불충하도다.

* 여행
차효는 출행이 불리하니 때를 기다림이 가하도다.

변 괘 리 삼 효
變卦 離 三爻　　* 1년 중 후반기 운세(음력 7월 - 12월)

구 삼 일 측 지 리 불 고 부 이 가 즉 대 질 지 차 흉
九三, 日昃之離, 不鼓缶而歌, 則大耋之嗟, 凶.
날이 기울어지는 걸림이니 질그릇을 치고 노래하지 않으면 크게 기울어지는 슬픔이 있을 것이다. 흉하리라.

세 운 봉 지
歲運逢之,
재 사 고 휴 재 사 방 욕
在仕, 告休.　　在士, 防辱.
재 서 속 락 중 생 비 길 중 생 수 험 난 질 지 상 망 무 일
在庶俗, 樂中生悲.　吉中生愁.　險難迭至, 喪亡無日.

* 대시(국회의원 출마, 고등고시 응시, 상류대 입시)
차효는 시운이 불리하여 진취에 성명이 불가하도다.

* 중시(시도 의회 출마, 간부급 공사직 시험, 중류대 입시)
차효는 시운이 불우하여 진취에 성명이 불능하도다.

* 소시(구군의회 선거 출마)
차효는 시운이 불조하여 진취에 성명이 어렵도다.

* 소시(초급 공사직, 삼류대 및 전문대 응시)
차효는 시운이 미흡하여 진취에 욕됨을 막아야 할지니 배가의 노력만이 가하도다.

* 공, 사직의 재직운, 승진운

차효에 재직자는 휴직을 고하도다.

* 사업 시발운(창업, 개업, 전업)
차효는 창시에 시운이 불리하니 때를 기다림이 가하도다.

* 사업 진행운(사업)
차효는 영위함에 즐거운 중에 슬픔이 생기고 길한 중에 근심이 생기며 험하고 어려움이 번갈아들어 계속 이어지도다.

* 사업 진행운(매매, 증권)
차효는 시운이 불리하니 때를 기다림이 가하도다.

* 신수, 가정운
차효는 무엇을 영위함에 즐거운 중에 슬픔이 생기고 길한 중에 근심이 생기며 험하고 어려움이 번갈아들어 계속 이어지도다.

* 남녀리합(결혼운, 이성문제)
차효는 이성을 연계함에 성사가 되는가 하면 와해되어 성립되기가 어렵도다.

* 신상문제(건강, 사고, 상해)
차효는 길흉이 교차되어 심신이 곤하도다.

* 시비, 송사
차효는 비길비흉이나 평탄치 않으니 끝내는 것이 좋도다.

* 출산
차효는 출산하면 득녀이며 출산에 험난함이 계속 이어지도다.

* 여행
차효는 시운이 평탄치 않으니 자제가 가하도다.

351

원괘 정 초효
原卦 鼎 初爻　　＊1년 중 전반기 운세(음력 1월 - 6월)

초육 정전지 리출 득첩이기자 무구
初六, 鼎顚趾, 利出否, 得妾以其子, 无咎.
솥이 발꿈치가 엎어지나 비색한 것을 내놓음이 이롭고 첩을 얻어서 그 자식으로써 함이니 허물이 없으리라.

세운봉지
歲運逢之,
재사 유인패치공지미이천직　재사 유인천치귀지휴이성명
在仕, 有因敗致功之美而遷職.　在士, 有因賤致貴之休而成名.
재서속 유인인성사지익　혹득첩 혹생자 우자희 천자귀
在庶俗, 有因人成事之益.　或得妾, 或生子.　憂者喜, 賤者貴.

＊ 대시(국회의원 출마, 고등고시 응시, 상류대 입시)
차효는 진취에 천한 데서 길한 데 이르는 성명이 있도다.

＊ 중시(시도 의회 출마, 간부급 공사직 시험, 중류대 입시)
차효는 진취에 천한 데서 길한 데 이르는 성명이 있도다.

＊ 소시(구군의회 선거 출마, 초급 공사직, 삼류대 및 전문대 응시)
차효는 진취에 천한 데서 길한 데 이르는 성명이 있도다.

＊ 공, 사직의 재직운, 승진운
차효에 재직자는 실패가 공이 되는 아름다움에 이르는 천직이 있도다.

＊ 사업 시발운(창업, 개업, 전업)
차효는 창시에 남으로 인하여 일이 유익하게 성사됨이 있도다.

＊ 사업 진행운(사업, 매매, 증권)
차효는 영위함에 남으로 인하여 일이 유익하게 성사되도다. 그러나 큰 기대는 어렵도다.

* 신수, 가정운
차효는 무엇을 영위함에 남으로 인하여 유익하게 성사되도다.

* 남녀리합(결혼운)
차효는 혼사에 사람으로 인하여 유익하게 성사됨이 있도다.

* 남녀리합(이성문제)
차효는 사람으로 인하여 첩을 얻도다.

* 신상문제(건강, 사고, 상해)
차효는 그간에 우환이 있던 자는 기뻐지도다.

* 시비, 송사
차효는 무사안강하도다.

* 출산
차효는 출산한 즉 득남이며 모자가 모두 건강하도다..

* 여행
차효는 원근간의 출행에 쾌락자재하도다.

변괘 대유 초효
變卦 大有 初爻 * 1년 중 후반기 운세(음력 7월 - 12월)

초구 무교해 비구 간즉무구
初九, 无交害, 匪咎, 艱則无咎.
해로운데 사귐이 없으니 허물이 아니나 어렵게 하면 허물이 없으리라.

세운봉지
歲運逢之,
재사 의견기용퇴 불가탐위탐록 재사 불가처진 이초최억
在仕, 宜見幾勇退, 不可貪位貪祿. 在士, 不可處進, 以招摧抑.
재서속 즉심서우번 소인기릉장상 이유재생 간위자지 서면경위
在庶俗, 則心緒憂煩. 小人欺凌長上, 而有災眚.艱危自持, 庶免傾危.

* 대시(국회의원 출마, 고등고시 응시, 상류대 입시)

차효는 시운이 불리하여 진취함에 성명이 불가하도다.

* 중시(시도 의회 출마, 간부급 공사직 시험, 중류대 입시)
차효는 시운이 불우하여 진취함에 성명이 불능하도다.

* 소시(구군의회 선거 출마, 초급 공사직, 삼류대 및 전문대 응시)
차효는 가히 나아가는데 처하지 말라. 꺾임을 부르도다.

* 공, 사직의 재직운, 승진운
차효에 재직자는 기미를 보아서 용퇴하며 자리를 탐내고 록을 탐내는 것은 불가하도다.

* 사업 시발운(창업, 개업, 전업)
차효는 마음의 정서가 걱정과 번뇌스러움으로 때를 기다림이 가하도다.

* 사업 진행운(사업)
차효는 시행함에 마음의 정서가 걱정과 번뇌스러움이 있어 소인이 어른을 속이고 업신여겨 재앙이 있을지니 간위함을 스스로 지켜야 어렵고 위태함을 면하도다.

* 사업 진행운(매매, 증권)
차효는 때를 기다림이 가하도다.

* 신수, 가정운
차효는 마음의 정서가 걱정과 번뇌스러움이 잇도다.

* 남녀리합(결혼운, 이성문제)
차효는 시운이 미흡하니 때를 기다림이 가하도다.

* 신상문제(건강, 사고, 상해)
차효는 마음의 정서가 걱정과 번뇌스러우며 상해의 재앙이 있을지니 어렵고 위태함을 스스로 지탱해야 기우는 위태로움을 면하도다.

* 시비, 송사
차효는 상해로 인한 시비가 있도다.

* 출산
차효는 출산한 즉 득녀이나 출산이 어렵도다.

* 여행
차효는 원근간에 출행이 불리하도다.

352

원 괘 정 이 효
原卦 鼎 二爻　　* 1년 중 전반기 운세(음력 1월 - 6월)

구 이 정 유 실 아 구 유 질 불 아 능 즉 길
九二, 鼎有實, 我仇有疾, 不我能卽吉.
솥에 내용물이 있는지라 내 원수가 병이 있으니 내게 능히 다가오지 못하게 하면 길하리라.

세 운 봉 지
歲運逢之,
재 사 집 정 병 공 근 방 참 사 지 방　재 사 수 유 학 이 난 봉 지 기
在仕, 執政秉公, 謹防讒邪之謗.　在士, 雖有學而難逢知己.
영 리 자 수 유 획 역 당 방 외 요 하 인 침 해 지 화　혹 시 첨 소 질 이 무 해
營利者, 雖有獲, 亦當防外撓下人侵害之禍.　或時沾小疾而無害.

* 대시(국회의원 출마, 고등고시 응시, 상류대 입시)
차효는 시운이 불리하여 진취에 성명이 불가하도다.

* 중시(시도 의회 출마, 간부급 공사직 시험, 중류대 입시)
차효는 시운이 불우하여 진취에 성명이 어렵도다.

* 소시(구군의회 선거 출마)
차효는 시운이 불조하여 진취에 성명이 어렵도다.

* 소시(초급 공사직, 삼류대 및 전문대 응시)
  차효는 비록 배움은 있으나 지기를 만나기 어려우니 배가의 노력만이 가하도다.

* 공, 사직의 재직운, 승진운
  차효에 재직자는 업무상에는 공정하게 처리하나 헐뜯는 비방을 막아야 하도다.

* 사업 시발운(창업, 개업, 전업)
  차효는 창시에 영리는 비록 얻어지나 밖의 어지러움을 막아야 하도다.

* 사업 진행운(사업운)
  차효는 영위함에 비록 얻어질지나 또한 마땅히 밖에서 어지러움을 막아야 하며 하인이 침해하는 화가 있도다.

* 사업 진행운(매매, 증권)
  차효는 시운이 불리하니 때를 기다림이 가하도다.

* 신수, 가정운
  차효는 무엇을 영위함에 비록 얻어질지나 또한 밖에서 어지러움을 막아야 하도다.

* 남녀리합(결혼운, 이성문제)
  차효는 이성을 연계함에 비록 얻어질지나 또한 밖에서 어지러움을 마땅히 막아야 하도다.

* 신상문제(건강, 사고, 상해)
  차효는 밖에서 어지러움을 마땅히 막아야 하며 출혈사고의 화가 침범하고 혹 한 때 소질에 젖으나 해는 없도다.

* 시비, 송사
  차효는 밖에서 어지러움을 마땅히 막아야 하도다.

* 출산
  차효는 출산하면 득녀이며 출산에 산고를 막아야 하도다.

* 여행
차효는 신운이 불리하니 분수를 지키고 때를 기다림이 가하도다.

변 괘 려 이 효
變卦 旅 二爻　　* 1년 중 후반기 운세(음력 7월 - 12월)

육 이 려즉차 회기자 득동복정
六二, 旅卽次, 懷其資, 得童僕貞.
나그네가 여관에 나아가서 그 노자를 품고 아이 종의 바름을 얻음이로다.

세 운 봉 지
歲運逢之,
재 사 현 요 유 사 려 복 사 자 정 신 동 지 조 　 재 사 즉 진 취 성 명
在仕, 顯耀, 有師旅僕射資政神童之兆.　在士, 則進取成名.
재 서 속 혹 진 수 조 지 거 　 혹 진 복 종 지 희
在庶俗, 或進修造之擧.　或進僕從之喜.
차 효 치 자 다 자 립 규 모 외 군 영 립
此爻値者, 多自立規模, 外郡營立.

* 대시(국회의원 출마, 고등고시 응시, 상류대 입시)
차효는 시운이 도래하니 진취에 성명하도다.

* 중시(시도 의회 출마, 간부급 공사직 시험, 중류대 입시)
차효는 호운이 도래하니 진취에 성명하도다.

* 소시(구군의회 선거 출마, 초급 공사직, 삼류대 및 전문대 응시)
차효는 길운이 도래하니 진취에 성명하도다.

* 공, 사직의 재직운, 승진운
차효에 재직자는 나타나게 빛나며 여러 사람의 시종이 정사에 밝게 쓰임은 신동의 징조이도다.

* 사업 시발운(창업, 개업, 전업)
차효를 만난 자는 규모를 자립하여 외지에 경영을 독립하도다.

* 사업 진행운(사업운)

차효를 만난 자는 규모를 자립하여 외지에 경영을 독립하도다.

* 사업 진행운(매매, 증권)
차효는 실리가 크지 못하니 분수를 지키고 때를 기다림이 가하도다.

* 신수, 가정운
차효는 혹 가옥을 수리하거나 축조하는 일에 나아가며 혹은 외지에 자립하는 규모를 세우도다.

* 남녀리합(결혼운)
차효는 혼인에 이롭도다.

* 남녀리합(이성문제)
차효는 하급에 나아가는 기쁨이 있도다.

* 신상문제(건강, 사고, 상해)
차효는 안일무사하도다.

* 시비, 송사
차효는 평온무사하도다.

* 출산
차효는 출산하면 득녀이며 모녀가 모두 건실하도다.

* 여행
차효는 출행에 자유자재하도다.

353

원 괘 정 삼 효
原卦 鼎 三爻 ＊1년 중 전반기 운세(음력 1월 - 6월)

구 삼 정 이 혁 기 행 색 치 고 불 식 방 우 휴 회 종 길
九三, 鼎耳革, 其行塞, 雉膏不食, 方雨虧悔終吉.
솥귀가 고쳐짐이라. 그 행함이 막혀서 꿩의 기름을 먹지 못하나 바야흐로 비가 내려서 뉘우침이 이지러지니 마침내 길하게 되리라.

세 운 봉 지
歲運逢之,
재 사 다 조 어 사 의 이 시 최 종 득 재 사 즉 난 어 진 취
在仕, 多阻於邪議, 而始摧終得. 在士, 則難於進取.
재 서 속 영 모 다 무 초 유 종 로 자 수 복 유 자 소 수
在庶俗, 營謀多無初有終. 老者受福, 幼者少遂.

＊ 대시(국회의원 출마, 고등고시 응시, 상류대 입시)
차효는 시운이 불리하여 진취에 성명이 불가하도다.

＊ 중시(시도 의회 출마, 간부급 공사직 시험, 중류대 입시)
차효는 시운이 불우하여 진취에 성명이 불능하도다.

＊ 소시(구군의회 선거 출마, 초급 공사직, 삼류대 및 전문대 응시)
차효는 시운이 불조하여 진취에 어렵도다.

＊ 공, 사직의 재직운, 승진운
차효에 재직자는 마침내 간사한 의론에 막히어 처음에는 꺾이나 마침내는 득하도다.

＊ 사업 시발운(창업, 개업, 전업)
차효는 창시에 영모함이 처음에는 없으나 마침내는 있도다.

＊ 사업 진행운(사업)
차효는 영위함에 모사함이 마침내 처음에는 없으나 마침내는 있도다.

* 사업 진행운(매매, 증권)
차효는 시운이 불리하니 분수를 지키고 때를 기다림이 가하도다.

* 신수, 가정운
차효는 경영하고 모사함이 마침내 처음은 없고 마침은 있으며 늙은이는 복을 받도다.

* 남녀리합(결혼운, 이성문제)
차효는 이성을 연계함에 처음에는 되지 않으나 마침내는 가하도다.

* 신상문제(건강, 사고, 상해)
차효는 안일하도다.

* 시비, 송사
차효는 무사하도다.

* 출산
차효는 출산하면 득녀이며 모녀가 모두 건장하도다.

* 여행
차효는 출행에 무사평탄하도다.

변괘 미제 삼효
變卦 未濟 三爻 * 1년 중 후반기 운세(음력 7월 - 12월)

육삼 미제 정흉 리섭대천
六三, 未濟, 征凶, 利涉大川.
미제에 가면 흉하나 큰 내를 건넘이 이로우니라.

세운봉지
歲運逢之,
재사 즉기덕불족 이유인인성사지미 재사 즉유상왕불승지린
在仕, 則己德不足, 而有因人成事之美. 在士, 則有尙往不勝之吝.
재서속 즉유최억지환 재상려 즉섭천력험이리가획
在庶俗, 則有摧抑之患. 在商旅, 則涉川歷險而利可獲.

등산주륙자 불의
登山走陸者, 不宜.

* 대시(국회의원 출마, 고등고시 응시, 상류대 입시)
차효는 시운이 불리하여 진취에 성명이 불가하도다.

* 중시(시도 의회 출마, 간부급 공사직 시험, 중류대 입시)
차효는 시운이 불우하여 진취에 성명이 불능하도다.

* 소시(구군의회 선거 출마)
차효는 시운이 불조하여 진취에 성명이 어렵도다.

* 소시(초급 공사직, 삼류대 및 전문대 응시)
차효는 오히려 가면 이기지 못하는 부끄러움이 있을지니 오직 배가의 노력만이 가하도다.

* 공, 사직의 재직운, 승진운
차효에 재직자는 자기의 덕이 부족하여 남으로 인한 성사의 미가 있도다.

* 사업 시발운(창업, 개업, 전업)
차효는 창시에 꺾이는 환란이 있을지니 분수를 지키고 때를 기다림이 가하도다.

* 사업 진행운(사업)
차효는 영위함에 꺾이는 환란이 있으며 행상에 있어서는 내를 건너고 험함을 지내면 이익을 가히 얻도다.

* 사업 진행운(매매, 증권)
차효는 영위함에 꺾이는 환란이 있을지니 가히 때를 기다림이 가하도다.

* 신수, 가정운
차효는 경영하고 모사함이 꺾이는 환란이 있도다.

* 남녀리합(결혼운, 이성문제)
차효는 이성을 연계함에 꺾이는 환란이 있도다.

* 신상문제(건강, 사고, 상해)
  차효는 꺾이는 환란이 있을지니 삼감이 가하도다.

* 시비, 송사
  차효는 꺾이는 환란이 있어 시비가 일어나도다.

* 출산
  차효는 출산하면 득남이며 출산이 어렵도다.

* 여행
  차효는 출행이 불가하니 자제함이 가하도다.

361

원괘 미제 초효
原卦 未濟 初爻 　　* 1년 중 전반기 운세(음력 1월 - 6월)

초육 유기미 린
初六, 濡其尾, 吝.
그 꼬리를 적심이니 인색하니라.

세운봉지
歲運逢之,
재사 로험조불능전진 　　재사 진선 혹득말방
在仕, 路險阻不能前進. 　　在士, 進選, 或得末榜.
상인경영 종불칭의 　　섭수행주 근방유닉
常人經營, 終不稱意. 　　涉水行舟, 謹防濡溺.

* 대시(국회의원 출마, 고등고시 응시, 상류대 입시)
  차효는 시운이 불리하여 진취에 성명이 불가하도다.

* 중시(시도 의회 출마, 간부급 공사직 시험

차효는 시운이 불우하여 진취에 성명이 어렵도다.

* 중시(중류대 입시)
차효는 나아가 뽑힘에 혹은 방의 끝에 얻어질지니 배가의 노력이 가하도다.

* 소시(구군의회 선거 출마)
차효는 시운이 불조하여 진취에 성명이 어렵도다.

* 소시(초급 공사직, 삼류대 및 전문대 응시)
차효는 나아가 뽑힘에 혹은 방의 끝에 얻어지도다.

* 공, 사직의 재직운, 승진운
차효에 재직자는 길이 험하게 막혀서 전진이 불능하도다.

* 사업 시발운(창업, 개업, 전업)
차효는 창시에 경영상 마침내 뜻을 뜻대로 되지 않도다.

* 사업 진행운(사업)
차효는 경영상에 마침내 뜻대로 되지 않도다.

* 사업 진행운(매매, 증권)
차효는 뜻대로 되지 않을 것이니 분수를 지키고 때를 기다림이 가하도다.

* 신수, 가정운
차효는 무엇을 영위함에 마침내 뜻대로 되지 못하도다.

* 남녀리합(결혼운, 이성문제)
차효는 이성을 연계함에 마침내 뜻대로 되지 못하도다.

* 신상문제(건강, 사고, 상해)
차효는 물을 건너고 배로 행함에는 삼가 물에 빠지는 것을 막아야 하도다.

* 시비, 송사
자효는 무사평탄하도디.

* 출산
차효는 출산한 즉 득남이도다.

* 여행
차효는 목적 이외의 출행은 가하도다.

변 괘 규 초 효
變卦 睽 初爻 * 1년 중 후반기 운세(음력 7월 - 12월)

초 구 회 망 상 마 물 축 자 복 견 악 인 무 구
初九, 悔亡, 喪馬勿逐自復, 見惡人, 无咎.

후회가 없어지니 말을 잃고 쫓지 않아도 스스로 회복하니 악한 사람을 만나야 허물이 없으리라.

세 운 봉 지
歲運逢之,
재 사 한 관 복 직 강 적 자 복 승 재 사 난 우 지 기 이 진 취 지 체
在仕 閑官復職. 降謫者復陞. 在士, 難遇知己, 而進取遲滯.
재 서 속 영 위 선 실 이 후 득 인 사 선 규 이 후 합 근 방 육 축 지 손
在庶俗, 營爲先失而後得. 人事先睽而後合. 謹防六畜之損,
흉 악 지 환
凶惡之患.

* 대시(국회의원 출마, 고등고시 응시, 상류대 입시)
차효는 시운이 불리하여 진취함에 성명이 불가하도다.

* 중시(시도 의회 출마, 간부급 공사직 시험, 중류대 입시)
차효는 시운이 불우하여 진취함에 성명이 불능하도다.

* 소시(구군의회 선거 출마)
차효는 시운이 불조하여 성명이 어렵도다.

* 소시(초급 공사직, 삼류대 및 전문대 응시)
진취에 지체될지니 배가의 노력만이 가하도다.

* 공, 사직의 재직운, 승진운

차효에 재직자는 한직에 있던 자는 복직하고 벼슬에 떨어졌던 자는 다시 승진하도다.

* 사업 시발운(창업, 개업, 전업)
차효는 창시에 먼저는 손실이 되나 뒤에는 득이 되도다.

* 사업 진행운(사업)
차효는 영위함에 먼저는 손실이 되나 뒤에는 득이 되나 삼가 이 재물의 덜림을 막아야 하도다.

* 사업 진행운(매매, 증권)
차효는 시운이 불리하니 때를 기다림이 가하도다.

* 신수, 가정운
차효는 영위함에는 먼저는 손실이 되나 뒤에는 득이 되도다.
부처간에는 먼저는 어그러지나 뒤에는 합하도다.

* 남녀리합(결혼운, 이성문제)
차효는 먼저는 어기어지나 뒤에는 합하도다.

* 신상문제(건강, 사고, 상해)
차효는 삼가 흉악지환을 막아야 하도다.

* 시비, 송사
차효는 인사에 먼저는 어기어 시비가 있으나 뒤에는 합하도다.

* 출산
차효는 출산한 즉 득남이나 모체에 질환을 막아야 하도다.

* 여행
차효는 목적 이외의 출행은 자제함이 가하도다.

362

원 괘 미 제 이 효
原卦 未濟 二爻　　* 1년 중 전반기 운세(음력 1월 - 6월)

구 이 예 기 륜 정 길
九二, 曳其輪, 貞吉.
그 바퀴를 당김이니 바르기 때문에 길하리라.

세 운 봉 지
歲運逢之,
재 사 극 간 궐 직 이 득 총 임 지 전　　재 사 유 상 왕 불 전 지 구
在仕, 克艱厥職, 而得寵任之專.　　在士, 有上往不前之咎.
재 서 속 즉 안 상 수 분 이 모 망 수　　불 가 망 행 취 곤
在庶俗, 則安常守分, 而謀望遂.　　不可妄行取困.

* 대시(국회의원 출마, 고등고시 응시, 상류대 입시)
  차효는 시운이 불리하여 진취에 성명이 불가하도다.

* 중시(시도 의회 출마, 간부급 공사직 시험, 중류대 입시)
  차효는 시운이 불우하여 진취에 성명이 불능하도다.

* 소시(구군의회 선거 출마)
  차효는 시운이 불조하여 윗 전에 가서 앞서지 못하는 재앙이 있도다.

* 소시(초급 공사직, 삼류대 및 전문대 응시)
  차효는 시운이 불순하여 윗 전에 가서 앞서지 못하는 재앙이 있도다.

* 공, 사직의 재직운, 승진운
  차효에 재직자는 그 직에서 어려움을 이겨내어 총임의 전일함을 득하도다.

* 사업 시발운(창업, 개업, 전업)
  차효는 창시자는 운명을 편안히 여기고 분수를 지켜야 꾀하고 소망하는 일들이 이루어지도다. 가히 망령됨을 취하지 말라. 곤함을 취하게 되도다.

* 사업 진행운(사업운)

차효는 영위자는 운명을 편안히 여기고 분수를 지켜야 꾀하고 소망하는 일들이 이루어지도다. 가히 망령됨을 취하지 말라. 곤함을 취하게 되도다.

* 사업 진행운(매매, 증권)
차효는 시운이 미흡하니 분수를 지키고 때를 기다림이 가하도다.

* 신수, 가정운
차효는 무엇을 영위함에 운명을 편안히 여기고 분수를 지켜야 꾀하고 소망함을 이루도다. 가히 망령됨을 취하지 말라. 곤함을 취하게 되도다.

* 남녀리합(결혼운, 이성문제)
차효는 운명을 편안히 여기고 분수를 지켜야 꾀하고 소망함을 이루도다. 가히 망령됨을 취하지 말라. 곤함을 취하게 되도다.

* 신상문제(건강, 사고, 상해)
차효는 가히 망령됨을 취하지 말라. 곤함을 취하게 되도다.

* 시비, 송사
차효는 분수를 잘 지켜라. 곤함을 취하면 쟁송이 따르도다.

* 출산
차효는 출산하면 득남이도다.

* 여행
차효는 출행에 무시무비하도다.

변괘 진 이효
變卦 晉 二爻 * 1년 중 후반기 운세(음력 7월 - 12월)

육이 진여수여 정길 수자개복어기왕모
六二, 晉如愁如, 貞吉, 受玆介福於其王母.
나아가는 것이 근심스러우나 곧고 바르게 하면 길하리니 큰 복을 왕모(할머니)에게서 받으리라.

세운봉지
歲運逢之,

재 사 즉 진 왕 명 재 사 시 좌 이 종 득

在仕, 則進王明. 在士, 始挫而終得.

재 상 인 구 모 칭 의 다 득 모 력 지 부 조 혹 득 처 재

在常人, 求謀稱意, 多得母力之扶助. 或得妻財.

* 대시(국회의원 출마, 고등고시 응시, 상류대 입시)
  차효는 시운이 불리하여 진취에 성명이 불가하도다.

* 중시(시도 의회 출마, 간부급 공사직 시험, 중류대 입시)
  차효는 시운이 불우하여 진취에 성명이 불능하도다.

* 소시(구군의회 선거 출마)
  차효는 시운이 불조하여 진취에 성명이 어렵도다.

* 소시(초급 공사직, 삼류대 및 전문대 응시)
  차효는 시운이 불순하여 진추에 처음에는 꺾이나 마침내는 득하도다.

* 공, 사직의 재직운, 승진운
  차효에 재직자는 우두머리에게 밝게 나아가도다.

* 사업 시발운(창업, 개업, 전업)
  차효는 창시에 구하여 꾀함이 뜻에 맞도다.

* 사업 진행운(사업운, 매매, 증권)
  차효는 영위자는 구하고 꾀함이 뜻에 맞으나 그 이익에는 기대가 어렵도다.

* 신수, 가정 운
  차효는 구하고 꾀함이 뜻에 맞으나 마침내 어머니의 힘에 부조를 얻고 혹은 처의 재물을 얻을지로다.

* 남녀리합(결혼 운, 이성문제)
  차효는 구하고 꾀함이 뜻에 맞으며 혹 처재를 득하도다.

* 신상문제(건강, 사고, 상해)
  차효는 안강무사하도다.

* 시비, 송사
차효는 무사안온하도다.

* 출산
차효는 출산하면 득남이며 모자가 모두 건장하도다.

* 여행
차효는 출행에 평탄무사하도다.

363

원괘 미제 삼효
原卦 未濟 三爻　　＊1년 중 전반기 운세(음력 1월 - 6월)

육삼 미제 정흉 리섭대천
六三, 未濟, 征凶, 利涉大川.
미제에 가면 흉하나 큰 내를 건넘이 이로우니라.

세운봉지
歲運逢之,
재사 즉기덕불족 이유인인성사지미 재사 즉유상왕불승지린
在仕, 則己德不足, 而有因人成事之美. 在士, 則有尙往不勝之吝.
재서속 즉유최억지환 재상려 즉섭천력험이리가획
在庶俗, 則有摧抑之患. 在商旅, 則涉川歷險而利可獲.
등산주륙자 불의
登山走陸者, 不宜.

* 대시(국회의원 출마, 고등고시 응시, 상류대 입시)
차효는 시운이 불리하여 진취에 성명이 불가하도다.

* 중시(시도 의회 출마, 간부급 공사직 시험, 중류대 입시)
차효는 시운이 불우하여 진취에 성명이 불능하도다.

* 소시(구군의회 선거 출마)
차효는 시운이 불조하여 진취에 성명이 어렵도다.

* 소시(초급 공사직, 삼류대 및 전문대 응시)
차효는 오히려 가면 이기지 못하는 부끄러움이 있을지니 오직 배가의 노력만이 가하도다.

* 공, 사직의 재직운, 승진운
차효에 재직자는 자기의 덕이 부족하여 남으로 인한 성사의 미가 있도다.

* 사업 시발운(창업, 개업, 전업)
차효는 창시에 꺾이는 환란이 있을지니 분수를 지키고 때를 기다림이 가하도다.

* 사업 진행운(사업)
차효는 영위함에 꺾이는 환란이 있으며 행상에 있어서는 내를 건너고 험함을 지내면 이익을 가히 얻도다.

* 사업 진행운(매매, 증권)
차효는 영위함에 꺾이는 환란이 있을지니 가히 때를 기다림이 가하도다.

* 신수, 가정운
차효는 경영하고 모사함이 꺾이는 환란이 있도다.

* 남녀리합(결혼운, 이성문제)
차효는 이성을 연계함에 꺾이는 환란이 있도다.

* 신상문제(건강, 사고, 상해)
차효는 꺾이는 환란이 있을지니 삼감이 가하도다.

* 시비, 송사
차효는 꺾이는 환란이 있어 시비가 일어나도다.

* 출산
차효는 출산하면 득남이며 출산이 어렵도다.

* 여행
차효는 출행이 불가하니 자제함이 가하도다.

변괘 정 삼효
變卦 鼎 三爻　　* 1년 중 후반기 운세(음력 7월 - 12월)

구삼 정이혁 기행색 치고불식 방우휴회종길
九三, 鼎耳革, 其行塞, 雉膏不食, 方雨虧悔終吉.
솥귀가 고쳐짐이라. 그 행함이 막혀서 꿩의 기름을 먹지 못하나 바야흐로 비가 내려서 뉘우침이 이지러지니 마침내 길하게 되리라.

세운봉지
歲運逢之,
재사 다조어사의 이시최종득
在仕, 多阻於邪議, 而始摧終得.
재사 즉난어진취
在士, 則難於進取.
재서속 영모다무초유종
在庶俗, 營謀多無初有終.
로자수복 유자소수
老者受福, 幼者少遂.

* 대시(국회의원 출마, 고등고시 응시, 상류대 입시)
차효는 시운이 불리하여 진취에 성명이 불가하도다.

* 중시(시도 의회 출마, 간부급 공사직 시험, 중류대 입시)
차효는 시운이 불우하여 진취에 성명이 불능하도다.

* 소시(구군의회 선거 출마, 초급 공사직, 삼류대 및 전문대 응시)
차효는 시운이 불조하여 진취에 어렵도다.

* 공, 사직의 재직운, 승진운
차효에 재직자는 마침내 간사한 의론에 막히어 처음에는 꺾이나 마침내는 득하도다.

* 사업 시발운(창업, 개업, 전업)
차효는 창시에 영모함이 처음에는 없으나 마침내는 있도다.

* 사업 진행운(사업)

차효는 영위함에 모사함이 마침내 처음에는 없으나 마침내는 있도다.

* 사업 진행운(매매, 증권)
차효는 시운이 불리하니 분수를 지키고 때를 기다림이 가하도다.

* 신수, 가정운
차효는 경영하고 모사함이 마침내 처음은 없고 마침은 있으며
늙은이는 복을 받도다.

* 남녀리합(결혼운, 이성문제)
차효는 이성을 연계함에 처음에는 되지 않으나 마침내는 가하도다.

* 신상문제(건강, 사고, 상해)
차효는 안일하도다.

* 시비, 송사
차효는 무사하도다.

* 출산
차효는 출산하면 득녀이며 모녀가 모두 건장하도다.

* 여행
차효는 출행에 무사평탄하도다.

411

원괘 대장 초효
原卦 大壯 初爻 * 1년 중 전반기 운세(음력 1월 - 6월)

초 구 장 우 지 정 흉 유 부
初九, 壯于趾, 征, 凶有孚.
발꿈치에 장성함이니 가면 흉할 것이 틀림없으리라.

세 운 봉 지
歲運逢之,
재 사 즉 방 참 사 지 욕 재 사 즉 조 행 도 지 치
在仕, 則防讒邪之辱. 在士, 則遭倖圖之恥.
재 서 속 즉 초 쟁 송 동 첩 유 회 갱 방 족 질
在庶俗, 則招爭訟. 動輒有悔. 更防足疾.

* 대시(국회의원 출마, 고등고시 응시, 상류대 입시)
  차효는 시운이 불리하여 진취에 성명이 불가하도다.

* 중시(시도 의회 출마, 간부급 공사직 시험, 중류대 입시)
  차효는 시운이 불우하여 진취에 성명이 어렵도다.

* 소시(구군의회 선거 출마)
  차효는 시운이 불조하여 진취에 요행으로 꾀하는 부끄러움을 만나도다.

* 소시(초급 공사직, 삼류대 및 전문대 응시)
  차효는 시운이 미흡하여 진취에 요행으로 꾀하는 부끄러움을 만날지니 배가의 노력만이 가하도다.

* 공, 사직의 재직운, 승진운
  차효에 재직자는 사악하게 일러바치는 욕됨을 막아야 하도다.

* 사업 시발운(창업, 개업, 전업)
  차효는 창시에 시운이 불리하니 분수를 지키고 때를 기다림이 가하도다.

* 사업 진행운(사업)
  차효는 다투고 송사함을 부를지며 동함이 문득 후회가 있을지로다.

* 사업 진행운(매매, 증권)
  차효는 시운이 불리하니 분수를 지키고 때를 기다림이 가하도다.

* 신수, 가징운

차효는 다투고 송사함을 부를지며 동함이 문득 후회가 있을지로다.

* 남녀리합(결혼운, 이성문제)
차효는 시운이 불리하여 이미 연계되었다 하더라도 다투고 송사함을 부르며 동하면 문득 후회가 있을지로다.

* 신상문제(건강, 사고, 상해)
차효는 심신이 곤하며 또한 발에 질병이 생기도다.

* 시비, 송사
차효는 다투고 송사함을 부르며 동함에 문득 후회가 있도다.

* 출산
차효는 출산한 즉 득남이나 출산이 어렵도다.

* 여행
차효는 출행에 불리하니 자제가 가하도다.

변 괘 항 초 효
變卦 恒 初爻 * 1년 중 후반기 운세(음력 7월 - 12월)

초 육 준 항 정 흉 무 유 리
初六, 浚恒, 貞, 凶, 无攸利.
항상함을 파는 것이다. 바르게 하더라도 흉하여 이로운 바가 없느니라.

세 운 봉 지
歲運逢之,
재 사 불 득 어 군 재 사 난 봉 지 기 재 서 속 불 통 인 정
在仕, 不得於君. 在士, 難逢知己. 在庶俗, 不通人情,
이 도 황 황 어 로 도 유 정 수 즉 면 흉 이
而徒遑遑於路途. 惟靜守則免凶爾.

* 대시(국회의원 출마, 고등고시 응시, 상류대 입시)
차효는 시운이 불리하여 진취에 성명이 불리하도다.

* 중시(시도 의회 출마, 간부급 공사직 시험, 중류대 입시)
차효는 시운이 불우하여 진취에 성명이 불능하도다.

* 소시(구군의회 선거 출마)
차효는 시운이 불조하여 진취에 지기를 만나기 어렵도다.

* 소시(초급 공사직, 삼류대 및 전문대 응시)
차효는 시운이 불순하여 지기를 만나기 어려우니 배가의 노력만이 가하도다.

* 공, 사직의 재직운, 승진운
차효에 재직자는 좋은 상사를 만나지 못하도다.

* 사업 시발운(창업, 개업, 전업)
차효는 창시에 인정이 통하지 않으니 분수를 지키고 때를 기다림이 가하도다.

* 사업 진행운(사업)
차효는 영위함에 인정이 통하지 않아 도로에서 황급하도다. 오직 조용히 지킨 즉 흉함을 면하도다.

* 사업 진행운(매매, 증권)
차효는 시운이 불리하니 분수를 지키고 때를 기다림이 가하도다.

* 신수, 가정운
차효는 인정이 통하지 않아 한갓 도로에서 황급할지니 오직 조용히 지킨 즉 흉함을 면하도다.

* 남녀리합(결혼운, 이성문제)
차효는 이미 연계되었던 일도 떠나기 쉽도다.

* 신상문제(건강, 사고, 상해)
차효는 심신이 곤하도다.

* 시비, 송사

차효는 인간관계에 시비와 쟁투가 있도다.

* 출산
차효는 출산한 즉 득남이나 출산에 어려움이 있도다.

* 여행
차효는 목적 이외의 출행은 자제가 가하도다.

412

원괘 대장 이효
原卦 大壯 二爻　　* 1년 중 전반기 운세(음력 1월 - 6월)

구이 정길
九二, 貞吉.
바르게 하여야 길하니라.

세운봉지
歲運逢之,

재사 위거청고
在仕, 位居淸高.

재서속 모위칭의
在庶俗, 謀爲稱意.

재사 진취성명
在士, 進取成名.

수흉자 변위풍부지우
數凶者, 變爲豊蔀之憂.

* 대시(국회의원 출마, 고등고시 응시, 상류대 입시)
차효는 시운이 도래하니 진취에 성명하도다.

* 중시(시도 의회 출마, 간부급 공사직 시험, 중류대 입시)
차효는 호운이 도래하니 진취에 성명하도다.

* 소시(구군의회 선거 출마, 초급 공사직, 삼류대 및 전문대 응시)
차효는 승운이 도래하니 진취에 성명하도다.

* 공, 사직의 재직운, 승진운
차효에 재직자는 벼슬자리가 맑고 고상한데 거하도다.

* 사업 시발운(창업, 개업, 전업)
차효는 창시에 모사함이 뜻대로 헤아려지도다.

* 사업 진행운(사업운)
차효는 영위함에 모사함이 뜻대로 헤아려지도다.

* 사업 진행운(매매, 증권)
차효는 시운이 미흡하니 분수를 지키고 때를 기다림이 가하도다.

* 신수, 가정운
차효는 모사함이 뜻대로 헤아려지도다.

* 남녀리합(결혼운, 이성문제)
차효는 이성을 연계함에 뜻대로 헤아려지도다.

* 신상문제(건강, 사고, 상해)
차효는 안녕무사하도다.

* 시비, 송사
차효는 무사평탄하도다.

* 출산
차효는 출산하면 득남이며 모자가 모두 건강하도다.

* 여행
차효는 출행에 자유자재하도다.

변괘 풍 이효
變卦 豊 二爻 * 1년 중 후반기 운세(음력 7월 - 12월)

육 이 풍 기 부 일 중 견 두 왕 득 의 질 유 부 발 약 길
六二, 豊其蔀, 日中見斗, 往得疑疾, 有孚發若, 吉.

그 포장이 풍성함이라. 한 낮에 두수를 보니 가면 의심의 병(의심과 질투)을 얻으리니 믿음을 두어 뜻을 펴나가면 길하리라.

세 운 봉 지
歲運逢之,
재 사 즉 충 언 다 조 어 사 의 이 시 실 종 득 재 미 사 자 유 구 엄 발 달 지 기
在仕, 則忠言多阻於邪議, 而始失終得. 在未仕者, 有久淹發達之機.
재 서 속 유 구 곤 발 재 지 미 유 송 자 불 변 자 명 유 질 자 불 약 자 유
在庶俗, 有久困發財之美. 有訟者, 不辯自明. 有疾者, 不藥自愈.
수 흉 자 혹 방 장 상 필 유 우 비
數凶者, 或防長上, 必有憂悲.

* 대시(국회의원 출마, 고등고시 응시, 상류대 입시)
  차효는 시운이 불우하여 진취에 성명이 불능하도다.

* 중시(시도 의회 출마, 간부급 공사직 시험, 중류대 입시)
  차효는 시운이 불조하여 진취에 성명이 어렵도다.

* 소시(구군의회 선거 출마)
  차효는 시운이 불순하여 진취에 오래 머물다가 발달할 기미가 있으나 미흡하도다.

* 소시(초급 공사직, 삼류대 및 전문대 응시)
  차효는 시운이 불순하여 진취에 오래 머물다가 발달할 기미가 있으나 배가의 노력만이 가하도다.

* 공, 사직의 재직운, 승진운
  차효에 재직자는 충직된 말에 사악하게 헐뜯어 많이 막히나 처음에는 실이 되나 마침내는 득하도다.

* 사업 시발운(창업, 개업, 전업)
  차효는 창시에 오래 곤하다가 재물이 뛰어날 미가 있도다.

* 사업 진행운(사업운)
  차효는 영위에 오래 곤하다가 재물이 뛰어날 미가 있도다.

* 사업 진행운(매매, 증권)
차효는 시행에 불리하니 분수를 지키고 때를 기다림이 가하도다.

* 신수, 가정운
차효는 영위에 오래 곤하다가 재물이 뛰어날 미가 있도다.

* 남녀리합(결혼운, 이성문제)
차효는 이성 결합에 오래 기다리다 성사가 될 미가 잇도다.

* 신상문제(건강, 사고, 상해)
차효에 질환이 있던 자는 약이 아니더라도 스스로 밝아지도다.

* 시비, 송사
차효는 다툼이 있던 자는 변명하지 않아도 스스로 밝아지도다.

* 출산
차효는 출산하면 득남이며 모자가 모두 건장하도다.

* 여행
차효는 출행에 주유안락하도다.

413

원괘 대장 삼효
原卦 大壯 三爻 　　* 1년 중 전반기 운세(음력 1월 - 6월)

구삼 소인용장 군자용망 정려 저양촉번 리기각
九三, 小人用壯, 君子用罔, 貞厲, 羝羊觸藩, 羸其角.
소인은 장성함을 쓰고 군자는 업신여김을 쓰니 바르게 하더라도 위태하니 숫양이 울타리를 받아서 그 뿔이 걸림이로다.

세운봉지
歲運逢之,

재사 위화소반 진퇴난안 재사 진취조체
在仕, 爲禍所絆, 進退難安. 在士, 進取阻滯.

재서속 관송견연 효형다단 인재불리
在庶俗, 官訟牽連. 孝刑多端. 人財不利.

* 대시(국회의원 출마, 고등고시 응시, 상류대 입시)
  차효는 시운이 불리하여 진취에 성명이 불가하도다.

* 중시(시도 의회 출마, 간부급 공사직 시험, 중류대 입시)
  차효는 시운이 불우하여 진취에 성명이 불능하도다.

* 소시(구군의회 선거 출마)
  차효는 시운이 불조하여 진취에 성명이 어렵도다.

* 소시(초급 공사직, 삼류대 및 전문대 응시)
  차효는 시운이 미흡하여 진취함에 막힐지니 배가의 노력만이 가하도다.

* 공, 사직의 재직운, 승진운
  차효에 재직자는 얽어 매이는 화가 되어 진퇴가 평안하기 어렵도다.

* 사업 시발운(창업, 개업, 전업)
  차효는 창시에 시운이 불리하니 분수를 지키고 때를 기다림이 가하도다.

* 사업 진행운(사업)
  차효는 영위함에 관송사가 있을지며 재물에 불리하도다.

* 사업 진행운(매매, 증권)
  차효는 시운이 불리하니 분수를 지키고 때를 기다림이 가하도다.

* 신수, 가정운
  차효는 관사와 송사로써 이끌려 연행되며 부모의 상을 당하며 또한 사람과 재물에 이롭지 않도다.

* 남녀리합(결혼운, 이성문제)
차효는 시운이 불리하니 분수를 지키고 때를 기다림이 가하도다.

* 신상문제(건강, 사고, 상해)
차효는 사람과 재물관계가 불리하며 부모의 상이 두렵도다.

* 시비, 송사
차효는 관송으로 이끌려 연행되도다.

* 출산
차효는 출산하면 득남이나 모자의 건강이 불리하도다.

* 여행
차효는 출행이 불리하니 분수를 지키고 안정함이 가하도다.

변괘 귀매 삼효
變卦 歸妹 三爻 * 1년 중 후반기 운세(음력 7월 - 12월)

육삼 귀매이수 반귀이제
六三, 歸妹以須, 反歸以娣.
누이동생을 시집보내는 데 기다림이니 돌아가서 첩으로써 시집보냄이라.

세운봉지
歲運逢之,
재사 유강적지화 재사 유대시지곤
在仕, 有降謫之禍. 在士, 有待時之困.
재서속 유로역비고지차 반복진퇴지우
在庶俗, 有勞役悲苦之嗟, 反復進退之憂.
여원당치길 주유출처지응 혹납총비
如元堂値吉, 主有出妻之應. 或納寵婢.

* 대시(국회의원 출마, 고등고시 응시, 상류대 입시)
차효는 시운이 불리하여 진취에 성명이 불가하도다.

* 중시(시도 의회 출마, 간부급 공사직 시험, 중류대 입시)
차효는 시운이 불우하여 진취에 성명이 불능하노다.

* 소시(구군의회 선거 출마)
  차효는 시운이 불조하여 진취에 성명이 어렵도다.

* 소시(초급 공사직, 삼류대 및 전문대 응시)
  차효는 시운이 불순하여 성명에 미흡하니 배가의 노력만이 가하도다.

* 공, 사직의 재직운, 승진운
  차효에 재직자는 외직으로 좌천될 화가 있도다.

* 사업 시발운(창업, 개업, 전업)
  차효는 창시에 시운이 불리하니 분수를 지키고 때를 기다림이 가하도다.

* 사업 진행운(사업)
  차효는 영위함에 수고롭게 역사하며 슬프고 고욕스러운 탄식이 있도다.

* 사업 진행운(매매, 증권)
  차효는 시운이 불리하니 분수를 지키고 때를 기다림이 가하도다.

* 신수, 가정운
  차효는 수고롭게 역사하며 슬프고 고욕스러운 탄식과 진퇴를 반복하는 근심이 있으며 처를 내치는데 응하도다.

* 남녀리합(결혼운, 이성문제)
  차효는 이성을 연계함에 뜻을 이루도다.

* 신상문제(건강, 사고, 상해)
  차효는 심신이 곤하도다.

* 시비, 송사
  차효는 부처가 반목하도다.

* 출산
  차효는 출산하면 득남하도다.

* 여행
  차효는 출행이 불리하니 자제함이 가하도다.

421

원괘 귀매 초효
原卦 歸妹 初爻　　＊1년 중 전반기 운세(음력 1월 - 6월)

초육 귀매이제 파능리 정길
初六, 歸妹以娣, 跛能履, 征吉.
누이동생을 시집보내는 데 첩으로써 함이니 절름발이가 능히 밟음이라. 가면 길하리라.

세운봉지
歲運逢之,
재사자 다조료장 이유정성 재사 즉유소시지희
在仕者, 多助僚長, 而有政聲.　在士, 則有小試之喜.
재서속 즉유소덕 이모위파수 혹납비첩 혹투세호이구활계
在庶俗, 則有小德, 而謀爲頗遂. 或納婢妾. 或投勢豪以求活計.

* 대시(국회의원 출마, 고등고시 응시, 상류대 입시)
  차효는 시운이 불리하여 진취에 성명이 불가하도다.

* 중시(시도 의회 출마, 간부급 공사직 시험, 중류대 입시)
  차효는 시운이 불우하여 진취에 성명이 어렵도다.

* 소시(구군의회 선거 출마)
  차효는 시운이 미흡하여 진취에 성명이 어렵도다.

* 소시(초급 공사직, 삼류대 및 전문대 응시)
  차효는 시운이 소시에는 기쁨이 있을지나 분수를 지키고 노력이 가하도다.

* 공, 사직의 재직운, 승진운
차효에 재직자는 료장의 도움으로 집무에 충실한 예찬이 있도다.

* 사업 시발운(창업, 개업, 전업)
차효는 창시에 작은 덕이 있어서 모사함이 자못 이루어지도다.

* 사업 진행운(사업)
차효는 영위함에 작은 덕이 있어서 모사함이 자못 이루어지며 혹 형세를 크게 투입하여 활계를 구하도다.

* 사업 진행운(매매, 증권)
차효는 작은 덕이 있어서 모사함이 자못 이루어지나 큰 이익의 기대에는 어렵도다.

* 신수, 가정운
차효는 작은 덕이 있어서 모사함이 자못 이루어지며 혹 형세를 크게 투입하여 활계를 구하도다.

* 남녀리합(결혼운)
차효는 결혼이 가하도다.

* 남녀리합(이성문제)
차효는 혹 첩을 들이도다.

* 신상문제(건강, 사고, 상해)
차효는 무사안강하도다.

* 시비, 송사
차효는 무사평탄하도다.

* 출산
차효는 출산한 즉 득남이며 모자가 모두 건장하도다.

* 여행

차효는 출행에 안일무사하도다.

변 괘 해 초 효
變卦 解 初爻 ＊ 1년 중 후반기 운세(음력 7월 - 12월)

초 육 무 구
初六, 无咎.
허물이 없느니라.

세 운 봉 지
歲運逢之,
재 사 덕 위 상 칭 이 승 천 유 기 재 사 유 등 과 지 희
在仕, 德位相稱而陞遷有機. 在士, 有登科之喜.
미 혼 자 합 경 영 자 제
未婚者, 合. 經營者, 濟.

＊ 대시(국회의원 출마)
차효는 시운이 돌아옴에 등과할 기쁨이 있을지나 배가의 노력만이 가하도다.

＊ 대시(고등고시 응시, 상류대 입시)
차효는 시운이 도래하여 긍과할 기쁨이 있도다.

＊ 중시(시도 의회 출마, 간부급 공사직 시험, 중류대 입시)
차효는 시운이 도래하여 긍과할 기쁨이 있도다.

＊ 소시(구군의회 선거 출마, 초급 공사직, 삼류대 및 전문대 응시)
차효는 승운이 도래하여 긍과할 기쁨이 있도다.

＊ 공, 사직의 재직운, 승진운
차효에 재직자는 덕의 자리가 알맞아서 승천할 기회가 있도다.

＊ 사업 시발운(창업, 개업, 전업)
차효는 창시에 성사가 가능하도다.

* 사업 진행운(사업, 매매, 증권)
차효는 영위함에 이루어지기는 하나 큰 기대는 어렵도다.

* 신수, 가정운
차효는 경영에 이루어지도다.

* 남녀리합(결혼운, 이성문제)
차효는 미혼자에 있어서는 합해지도다.

* 신상문제(건강, 사고, 상해)
차효는 태연안일하도다.

* 시비, 송사
차효는 무사평온하도다.

* 출산
차효는 출산한 즉 득녀이며 모녀가 모두 건강하도다.

* 여행
차효는 원근간의 출행이 가하도다.

422

원괘 귀매 이효
原卦 歸妹 二爻　　＊1년 중 전반기 운세(음력 1월 - 6월)

구이 묘능시 리유인지정
九二, 眇能視, 利幽人之貞.
애꾸눈이 능히 보는 것이니 유인의 바름이 이로우니라.

세운봉지
歲運逢之,

재사 직위간천 선인구개 　　사자 불우기회
在仕, 職位艱遷, 選人求改. 　　士子, 不遇機會.

서속 수구안상 화해불생 　　수흉자 유험지인
庶俗, 守舊安常, 禍害不生. 　　數凶者, 幽險之人,

상신유명지조
喪身幽冥之兆.

* 대시(국회의원 출마, 고등고시 응시, 상류대 입시)
  차효는 시운이 불리하여 진취에 성명이 불가하도다.

* 중시(시도 의회 출마, 간부급 공사직 시험, 중류대 입시)
  차효는 시운이 불우하여 진취에 성명이 불가하도다.

* 소시(구군의회 선거 출마)
  차효는 시운이 불조하여 진취에 기회를 만나지 못하도다.

* 소시(초급 공사직, 삼류대 및 전문대 응시)
  차효는 시운이 불순하여 기회를 만나지 못할지니 배가의 노력만이 가하도다.

* 공, 사직의 재직운, 승진운
  차효에 재직자는 직위를 옮기기 어렵도다.

* 사업 시발운(창업, 개업, 전업)
  차효는 창시에 유익하지 못하니 옛 것을 지키고 명수를 편안히 해야 화해가 생기지 않도다.

* 사업 진행운(사업운)
  차효는 시운이 불리하니 옛 것을 지키고 명수를 편안히 해야 화해가 생기지 않도다.

* 사업 진행운(매매, 증권)
  차효는 시운이 불우하니 분수를 지키고 때를 기다림이 가하도다.

* 신수, 가정운

차효는 옛 것을 지키고 명수를 편안히 해야 화해가 생기지 않도다.

* 남녀리합(결혼운, 이성문제)
차효는 이성을 연계함에 옛 것을 지키고 명수를 편안히 해야 화해가 생기지 않도다.

* 신상문제(건강, 사고, 상해)
차효에 수흉자는 종명이 되어 그 몸을 상하도다.

* 시비, 송사
차효는 옛 것을 지키고 명수대로 하지 않아서 화해가 생기면 시비가 있도다.

* 출산
차효는 출산하면 득남하도다.

* 여행
차효는 출행에 불길하니 정지함이 가하도다.

변괘 진 이효
變卦 震 二爻　　* 1년 중 후반기 운세(음력 7월 - 12월)

육이 진래려 억상패 제어구릉 물축 칠일득
六二, 震來厲, 億喪貝, 躋於九陵, 勿逐, 七日得.
우레가 옴에 위태해서 재물을 잃을 것을 헤아려 구릉에 오름이니 쫓지 않더라도 칠일에 얻으리라.

세운봉지
歲運逢之,
재사 유조음험간사지우 재사 유선미후득지조 재서속
在仕, 有遭陰險奸邪之虞. 在士, 有先迷後得之兆. 在庶俗,
유쟁송실탈지우
有爭訟失脫之虞.
노자수험 소자심경 칠일자 내각기지응
老者壽險. 少者心驚. 七日者, 乃刻期之應.

* 대시(국회의원 출마, 고등고시 응시, 상류대 입시)
차효는 시운이 불리하니 진취에 성명이 불가하도다.

* 중시(시도 의회 출마, 간부급 공사직 시험, 중류대 입시)
차효는 시운이 불우하여 진취에 성명이 불능하도다.

* 소시(구군의회 선거 출마)
차효는 시운이 불조하여 진취에 먼저는 미혹하나 뒤에는 득할 징조이니 배가의 노력이 가하도다.

* 소시(초급 공사직, 삼류대 및 전문대 응시)
차효는 시운이 불순하여 진취에 먼저는 미혹하나 뒤에는 득할 징조이나 배가의 노력만이 가하도다.

* 공, 사직의 재직운, 승진운
차효에 재직자는 음험하고 간사한 걱정을 만나도다.

* 사업 시발운(창업, 개업, 전업)
차효는 창시에 시운이 불리하니 분수를 지키고 때를 기다림이 가하도다.

* 사업 진행운(사업운)
차효는 영위에 다투고 송사하며 실탈될 걱정이 있도다.

* 사업 진행운(매매, 증권)
차효는 시운이 불리하니 분수를 지키고 때를 기다림이 가하도다.

* 신수, 가정운
차효는 다투고 송사하며 실탈될 걱정이 있도다.

* 남녀리합(결혼운, 이성문제)
차효는 이성을 구함이 성사가 불능하며 이미 결합된 인연도 이산이 우려되리라.

* 신상문제(건강, 사고, 상해)
차효에 늙은 자는 수명이 험하도다.

* 시비, 송사
차효는 다투고 송사하며 실탈될 걱정이 있도다.

* 출산
차효는 출산하면 득남이도다.

* 여행
차효는 출행에 불리하니 자제함이 가하도다.

423

원 괘 귀 매 삼 효
原卦 歸妹 三爻　　* 1년 중 전반기 운세(음력 1월 - 6월)

육 삼 귀 매 이 수 반 귀 이 제
六三, 歸妹以須, 反歸以娣.
누이동생을 시집보내는 데 기다림이니 돌아가서 첩으로써 시집보냄이라.

세 운 봉 지
歲運逢之,
재 사 유 강 적 지 화 재 사 유 대 시 지 곤
在仕, 有降謫之禍.　　在士, 有待時之困.
재 서 속 유 로 역 비 고 지 차 반 복 진 퇴 지 우
在庶俗, 有勞役悲苦之嗟, 反復進退之憂.
여 원 당 치 길 주 유 출 처 지 응 혹 납 총 비
如元堂値吉, 主有出妻之應.　或納寵婢.

* 대시(국회의원 출마, 고등고시 응시, 상류대 입시)
차효는 시운이 불리하여 진취에 성명이 불가하도다.

* 중시(시도 의회 출마, 간부급 공사직 시험, 중류대 입시)
차효는 시운이 불우하여 진취에 성명이 불능하도다.

* 소시(구군의회 선거 출마)
  차효는 시운이 불조하여 진취에 성명이 어렵도다.

* 소시(초급 공사직, 삼류대 및 전문대 응시)
  차효는 시운이 불순하여 성명에 미흡하니 배가의 노력만이 가하도다.

* 공, 사직의 재직운, 승진운
  차효에 재직자는 외직으로 좌천될 화가 있도다.

* 사업 시발운(창업, 개업, 전업)
  차효는 창시에 시운이 불리하니 분수를 지키고 때를 기다림이 가하도다.

* 사업 진행운(사업)
  차효는 영위함에 수고롭게 역사하며 슬프고 고욕스러운 탄식이 있도다.

* 사업 진행운(매매, 증권)
  차효는 시운이 불리하니 분수를 지키고 때를 기다림이 가하도다.

* 신수, 가정운
  차효는 수고롭게 역사하며 슬프고 고욕스러운 탄식과 진퇴를 반복하는 근심이 있으며 처를 내치는데 응하도다.

* 남녀리합(결혼운, 이성문제)
  차효는 이성을 연계함에 뜻을 이루도다.

* 신상문제(건강, 사고, 상해)
  차효는 심신이 곤하도다.

* 시비, 송사
  차효는 부처가 반목하도다.

* 출산
  차효는 출산하면 득남하도다.

* 여행

차효는 출행이 불리하니 자제함이 가하도다.

변 괘 대 장 삼 효
變卦 大壯 三爻 ＊1년 중 후반기 운세(음력 7월 - 12월)

구 삼 소 인 용 장 군 자 용 망 정 려 저 양 촉 번 리 기 각
九三, 小人用壯, 君子用罔, 貞厲, 羝羊觸藩, 羸其角.
소인은 장성함을 쓰고 군자는 업신여김을 쓰니 바르게 하더라도 위태하니 숫양이 울타리를 받아서 그 뿔이 걸림이로다.

세 운 봉 지
歲運逢之,
재 사 위 화 소 반 진 퇴 난 안 재 사 진 취 조 체
在仕, 爲禍所絆, 進退難安. 在士, 進取阻滯.
재 서 속 관 송 견 연 효 형 다 단 인 재 불 리
在庶俗, 官訟牽連. 孝刑多端. 人財不利.

＊ 대시(국회의원 출마, 고등고시 응시, 상류대 입시)
차효는 시운이 불리하여 진취에 성명이 불가하도다.

＊ 중시(시도 의회 출마, 간부급 공사직 시험, 중류대 입시)
차효는 시운이 불우하여 진취에 성명이 불능하도다.

＊ 소시(구군의회 선거 출마)
차효는 시운이 불조하여 진취에 성명이 어렵도다.

＊ 소시(초급 공사직, 삼류대 및 전문대 응시)
차효는 시운이 미흡하여 진취함에 막힐지니 배가의 노력만이 가하도다.

＊ 공, 사직의 재직운, 승진운
차효에 재직자는 얽어 매이는 화가 되어 진퇴가 평안하기 어렵도다.

＊ 사업 시발운(창업, 개업, 전업)
차효는 창시에 시운이 불리하니 분수를 지키고 때를 기다림이 가하도다.

* 사업 진행운(사업)
차효는 영위함에 관송사가 있을지며 재물에 불리하도다.

* 사업 진행운(매매, 증권)
차효는 시운이 불리하니 분수를 지키고 때를 기다림이 가하도다.

* 신수, 가정운
차효는 관사와 송사로써 이끌려 연행되며 부모의 상을 당하며 또한 사람과 재물에 이롭지 않도다.

* 남녀리합(결혼운, 이성문제)
차효는 시운이 불리하니 분수를 지키고 때를 기다림이 가하도다.

* 신상문제(건강, 사고, 상해)
차효는 사람과 재물관계가 불리하며 부모의 상이 두렵도다.

* 시비, 송사
차효는 관송으로 이끌려 연행되도다.

* 출산
차효는 출산하면 득남이나 모자의 건강이 불리하도다.

* 여행
차효는 출행이 불리하니 분수를 지키고 안정함이 가하도다.

431

원괘 풍 초효
原卦 豊 初爻 * 1년 중 전반기 운세(음력 1월 - 6월)

초 구 우 기 배 주 수 순 무 구 왕 유 상
初九, 遇其配主, 雖旬无咎, 往有尙.

그 짝이 되는 주인을 만나되 비록 평등하게 하나 허물이 없으니 가면 숭상함이 있으리라.

세 운 봉 지
歲運逢之,

재 사 필 우 명 주 필 봉 대 신 이 초 천
在仕, 必遇明主, 必逢大臣而超遷.

재 사 즉 진 취 성 명
在士, 則進取成名,

다 우 지 기
多遇知己.

재 서 속 득 귀 인 제 휴 모 망 극 수
在庶俗, 得貴人提携, 謀望克遂.

흉 자 작 위 대 과 필 초 화 앙
凶者, 作爲大過, 必招禍殃.

* 대시(국회의원 출마, 고등고시 응시, 상류대 입시)
  차효는 시운이 도래하여 진취에 성명하고 마침내 지기를 만나도다.

* 중시(시도 의회 출마, 간부급 공사직 시험, 중류대 입시)
  차효는 시운이 도래하여 진취에 성명하고 마침내 지기를 만나도다.

* 소시(구군의회 선거 출마, 초급 공사직, 삼류대 및 전문대 응시)
  차효는 승운이 도래하여 진취에 성명하고 마침내 지기를 만나도다.

* 공, 사직의 재직운, 승진운
  차효에 재직자는 반드시 상사를 만나 높이 옮기도다.

* 사업 시발운(창업, 개업, 전업)
  차효는 창시에 귀인이 이끌어서 모사하고 소망함이 능히 이루어지도다.

* 사업 진행운(사업, 매매, 증권)
  차효는 귀인이 이끌어서 모사하고 소망함이 능히 이루어지나 큰 이익의 기대에는 미치지 못하도다.

* 신수, 가정운
  차효는 귀인의 제휴를 얻어 모사하고 소망함을 능히 이루도다.

* 남녀리합(결혼운, 이성문제)

차효는 귀인의 제휴를 얻어 모사하고 소망함을 능히 이루도다.

* 신상문제(건강, 사고, 상해)
차효의 수흉자는 반드시 화앙을 불러들이도다.

* 시비, 송사
차효의 수흉자는 큰 허물을 짓도다.

* 출산
차효는 출산한 즉 득남이며 모자가 모두 건장하도다.

* 여행
차효는 출행에 자유안락하도다.

변괘 소과 초효
變卦 小過 初爻 * 1년 중 후반기 운세(음력 7월 - 12월)

초육 비조이흉
初六, 飛鳥以凶.
나는 새라. 그래서 흉하니라.

세운봉지
歲運逢之,
재사 즉유취진취화지우 재사 즉유일비충천지조
在仕, 則有驟進取禍之尤. 在士, 則有一飛沖天之兆.
재서속 즉유호초손지위
在庶俗, 則有好招損之危.

* 대시(국회의원 출마, 고등고시 응시, 상류대 입시)
차효는 시운이 도래하여 진취에 한번 나르니 하늘을 찌를 징조가 있도다.

* 중시(시도 의회 출마, 간부급 공사직 시험, 중류대 입시)
차효는 호운이 도래하여 진취에 한번 나르니 하늘을 찌를 징조가 있도다.

* 소시(구군의회 선거 출마, 초급 공사직, 삼류대 및 전문대 응시)
차효는 승운이 도래하여 진취에 한번 나르니 하늘을 찌를 징조가 있도다.

* 공, 사직의 재직운, 승진운
  차효에 재직자는 바르게 나아가다가 화의 허물을 취하도다.

* 사업 시발운(창업, 개업, 전업)
  차효는 창시에 좋아하다가 덜리는 위태로움을 부르도다.

* 사업 진행운(사업운)
  차효는 영위에 좋아하다가 덜리는 위태로움을 부르도다.

* 사업 진행운(매매, 증권)
  차효는 시행에 불리하니 분수를 지키고 때를 기다림이 가하도다.

* 신수, 가정운
  차효는 영위함에 좋아하다가 덜리는 위태로움을 부르도다.

* 남녀리합(결혼운, 이성문제)
  차효는 이성을 좋아하다가 덜리는 위태로움을 부르도다.

* 신상문제(건강, 사고, 상해)
  차효는 좋아하다가 덜리는 위태로움을 부르도다.

* 시비, 송사
  차효는 좋아하다가 덜리는 위태로움을 불러서 시시비비하도다.

* 출산
  차효는 출산하면 득남이며 좋아하다가 덜리는 위태로움을 막아야 하도다.

* 여행
  차효는 출행에 좋아하다가 덜리는 위태로움을 부르도다.

432

원괘 풍 이효
原卦 豊 二爻　　＊1년 중 전반기 운세(음력 1월 - 6월)

육이 풍기부 일중견두 왕득의질 유부발약 길
六二, 豊其蔀, 日中見斗, 往得疑疾, 有孚發若, 吉.
그 포장이 풍성함이라. 한 낮에 두수를 보니 가면 의심의 병(의심과 질투)을 얻으리니 믿음을 두어 뜻을 펴나가면 길하리라.

세운봉지
歲運逢之,
재사 즉충언다조어사의 이시실종득 재미사자 유구엄발달지기
在仕, 則忠言多阻於邪議, 而始失終得. 在未仕者, 有久淹發達之機.
재서속 유구곤발재지미 유송자 불변자명 유질자 불약자유
在庶俗, 有久困發財之美. 有訟者, 不辯自明. 有疾者, 不藥自愈.
수흉자 혹방장상 필유우비
數凶者, 或防長上, 必有憂悲.

＊ 대시(국회의원 출마, 고등고시 응시, 상류대 입시)
차효는 시운이 불우하여 진취에 성명이 불능하도다.

＊ 중시(시도 의회 출마, 간부급 공사직 시험, 중류대 입시)
차효는 시운이 불조하여 진취에 성명이 어렵도다.

＊ 소시(구군의회 선거 출마)
차효는 시운이 불순하여 진취에 오래 머물다가 발달할 기미가 있으나 미흡하도다.

＊ 소시(초급 공사직, 삼류대 및 전문대 응시)
차효는 시운이 불순하여 진취에 오래 머물다가 발달할 기미가 있으나 배가의 노력만이 가하도다.

＊ 공, 사직의 재직운, 승진운
차효에 재직자는 충직된 말에 사악하게 헐뜯어 많이 막히나 처음에는 실이 되나 마침내는 득하도다.

* 사업 시발운(창업, 개업, 전업)
차효는 창시에 오래 곤하다가 재물이 뛰어날 미가 있도다.

* 사업 진행운(사업운)
차효는 영위에 오래 곤하다가 재물이 뛰어날 미가 있도다.

* 사업 진행운(매매, 증권)
차효는 시행에 불리하니 분수를 지키고 때를 기다림이 가하도다.

* 신수, 가정운
차효는 영위에 오래 곤하다가 재물이 뛰어날 미가 있도다.

* 남녀리합(결혼운, 이성문제)
차효는 이성 결합에 오래 기다리다 성사가 될 미가 잇도다.

* 신상문제(건강, 사고, 상해)
차효에 질환이 있던 자는 약이 아니더라도 스스로 밝아지도다.

* 시비, 송사
차효는 다툼이 있던 자는 변명하지 않아도 스스로 밝아지도다.

* 출산
차효는 출산하면 득남이며 모자가 모두 건장하도다.

* 여행
차효는 출행에 주유안락하도다.

변 괘 대 장 이 효
變卦 大壯 二爻 * 1년 중 후반기 운세(음력 7월 - 12월)

구 이 정 길
九二, 貞吉.
바르게 하여야 길하니라.

세 운 봉 지
歲運逢之,
재 사 위 거 청 고 재 사 진 취 성 명 재 서 속 모 위 칭 의 수 흉 자
在仕, 位居淸高. 在士, 進取成名. 在庶俗, 謀爲稱意. 數凶者,
변 위 풍 부 지 우
變爲豊蔀之憂.

* 대시(국회의원 출마, 고등고시 응시, 상류대 입시)
차효는 시운이 도래하니 진취에 성명하도다.

* 중시(시도 의회 출마, 간부급 공사직 시험, 중류대 입시)
차효는 호운이 도래하니 진취에 성명하도다.

* 소시(구군의회 선거 출마, 초급 공사직, 삼류대 및 전문대 응시)
차효는 승운이 도래하니 진취에 성명하도다.

* 공, 사직의 재직운, 승진운
차효에 재직자는 벼슬자리가 맑고 고상한데 거하도다.

* 사업 시발운(창업, 개업, 전업)
차효는 창시에 모사함이 뜻대로 헤아려지도다.

* 사업 진행운(사업운)
차효는 영위함에 모사함이 뜻대로 헤아려지도다.

* 사업 진행운(매매, 증권)
차효는 시운이 미흡하니 분수를 지키고 때를 기다림이 가하도다.

* 신수, 가정운
차효는 모사함이 뜻대로 헤아려지도다.

* 남녀리합(결혼운, 이성문제)
차효는 이성을 연계함에 뜻대로 헤아려지도다.

* 신상문제(건강, 사고, 상해)
차효는 안녕무사하도다.

* 시비, 송사
차효는 무사평탄하도다.

* 출산
차효는 출산하면 득남이며 모자가 모두 건강하도다.

* 여행
차효는 출행에 자유자재하도다.

433

원 괘 풍 삼 효
原卦 豊 三爻　　* 1년 중 전반기 운세(음력 1월 - 6월)

구 삼 풍 기 패 일 중 견 매 절 기 우 굉 무 구
九三, 豊其沛, 日中見沬, 折其右肱, 无咎.
그 장막이 풍성함이라. 한 낮에 작은 별을 보고 그 오른 팔을 끊음이나 허물이 아니니라.

세 운 봉 지
歲運逢之,
재 사 유 고 휴 지 조 재 사 유 난 진 지 우
在仕, 有告休之兆.　在士, 有難進之虞.
재 서 속 영 모 난 수 혹 명 이 수 폐 쟁 송 일 기 혹 수 족 유 액
在庶俗, 營謀難遂.　或明而受蔽. 爭訟日起.　或手足有厄,
이 난 어 작 사
而難於作事.

* 대시(국회의원 출마, 고등고시 응시, 상류대 입시)
차효는 시운이 불리하여 진취에 성명이 불가하도다.

* 중시(시도 의회 출마, 간부급 공사직 시험, 중류대 입시)

차효는 시운이 불우하여 진취에 성명이 불능하도다.

* 소시(구군의회 선거 출마)
차효는 시운이 불우하여 진취에 어려운 걱정이 있도다.

* 소시(초급 공사직, 삼류대 및 전문대 응시)
차효는 시운이 미흡하여 진취에 어려운 걱정이 있으니 배가의 노력이 가하도다.

* 공, 사직의 재직운, 승진운
차효에 재직자는 그침을 고할 징조가 있도다.

* 사업 시발운(창업, 개업, 전업)
차효는 창시에 경영하고 모사함을 이루기 어려우니 때를 기다림이 가하도다.

* 사업 진행운(사업)
차효는 영위에 경영하고 모사함을 이루기 어려우며 혹은 밝은데 가리움을 받아 쟁송이 날로 일어나도다.

* 사업 진행운(매매, 증권)
차효는 시운이 불리하니 때를 기다림이 가하도다.

* 신수, 가정운
차효는 영모함이 이루기 어려우며 혹은 밝은데 가리움을 받아 쟁송이 날로 일어나도다.

* 남녀리합(결혼운, 이성문제)
차효는 이성을 구함에 뜻을 이루기 어려우며 이미 결합된 일에는 이산이 두렵도다.

* 신상문제(건강, 사고, 상해)
차효는 혹 손과 발에 액이 있어 일을 지어 하는데 어렵도다.

* 시비, 송사

차효는 혹 밝은데 가리움이 있어 쟁송이 날로 일어나도다.

* 출산
차효는 출산하면 득남이나 혹 모체에 이상이 있도다.

* 여행
차효는 출행이 불리하니 자제함이 가하도다.

변 괘 진 삼 효
變卦 震 三爻 * 1년 중 후반기 운세(음력 7월 - 12월)

육 삼 진 소 소 진 행 무 생
六三, 震蘇蘇, 震行无眚,
우레가 쳐서 까무러침이니 움직여 행하면 재앙이 없으리라.

세 운 봉 지
歲運逢之,
재 사 유 시 위 지 초
在仕, 有尸位之誚.
재 사 유 폐 업 지 환
在士, 有廢業之患.
재 서 속 유 재 해 우 구 지 손
在庶俗, 有灾害憂懼之損.
근 계 지 면 흉 이
謹戒之免凶耳.

* 대시(국회의원 출마, 고등고시 응시, 상류대 입시)
차효는 시운이 불리하여 진취에 성명이 불가하도다.

* 중시(시도 의회 출마, 간부급 공사직 시험, 중류대 입시)
차효는 시운이 불우하여 진취에 성명이 불능하도다.

* 소시(구군의회 선거 출마)
차효는 시운이 불조하여 진취에 성명이 어렵도다.

* 소시(초급 공사직, 삼류대 및 전문대 응시)
차효는 시운이 불순하여 진취에 학업만 폐하는 근심이 있을지니 배가의 노력이 가하도다.

* 공, 사직의 재직운, 승진운
차효에 재직자는 록만 먹는 꾸지람이 없도다.

* 사업 시발운(창업, 개업, 전업)
차효는 창시에 불리하여 재해로 덜릴까 두려우니 삼가 경계함이 가하도다.

* 사업 진행운(사업)
차효는 영위에 재해로 인하여 덜릴까 두려우니 삼가 경계해야 흉함을 면하도다.

* 사업 진행운(매매, 증권)
차효는 시운이 불리하니 때를 기다림이 가하도다.

* 신수, 가정운
차효는 재해로 인하여 덜릴까 두려우니 삼가 경계해야 흉을 면하도다.

* 남녀리합(결혼운, 이성문제)
차효는 이성을 연계함에 덜릴까 두려우니 삼가고 경계해야 흉함을 면하도다.

* 신상문제(건강, 사고, 상해)
차효는 재해로 건강이 손될까 두려우니 삼가고 경계해야 흉함을 면하도다.

* 시비, 송사
차효는 재해의 손실로 시비가 두렵도다. 오직 삼가고 경계함이 가하도다.

* 출산
차효는 출산하면 득남이나 출산이 어렵도다.

* 여행
차효는 목적 이외에는 출행을 자제함이 가하도다.

441

원 괘 진 초효
原卦 震 初爻 　　＊1년 중 전반기 운세(음력 1월 - 6월)

초구 진래혁혁 후소언 길
初九, 震來虩虩, 後笑言啞啞, 吉.
우레가 옴에 놀라고 두려워해야 뒤에 웃는 소리가 깔깔거릴 것이니 길하니라.

세운봉지
歲運逢之,
재사 유선경후희지응 재사 유일명경인지조
在仕, 有先驚後喜之應. 　在士, 有一鳴驚人之兆.
유위현재사령주제지직
有爲懸宰社令主祭之職.
재서속 다유허경 후혹진희
在庶俗, 多有虛驚, 后或進喜.

＊ 대시(국회의원 출마, 고등고시 응시, 상류대 입시)
차효는 시운이 도래하여 진취에 한 번 울어 사람을 놀라게 할 징조이도다.

＊ 중시(시도 의회 출마, 간부급 공사직 시험, 중류대 입시)
차효는 시운이 도래하여 진취에 한 번 울어 사람을 놀라게 할 징조가 있도다.

＊ 소시(구군의회 선거 출마, 초급 공사직, 삼류대 및 전문대 응시)
차효는 승운이 도래하여 진취에 한 번 울어 사람을 놀라게 할 징조가 있도다.

＊ 공, 사직의 재직운, 승진운
차효에 재직자는 먼저는 놀라고 뒤에는 기쁨에 응하도다.

＊ 사업 시발운(창업, 개업, 전업)
차효는 창시에 마침내 헛되게 놀란 후에 혹 기쁨에 나아감이 있으나 때를 기다림이 가하도다.

* 사업 진행운(사업)
차효는 영위함에 마침내 헛되게 놀란 후에 혹 기쁨에 나아감이 있도다.

* 사업 진행운(매매, 증권)
차효는 시운이 불리하니 분수를 지키고 때를 기다림이 가하도다.

* 신수, 가정운
차효는 마침내 헛되게 놀란 후에 혹 기쁨에 나아감이 있도다.

* 남녀리합(결혼운, 이성문제)
차효는 마침내 헛되게 놀란 후에 혹 기쁨에 나아가도다.

* 신상문제(건강, 사고, 상해)
차효는 마침내 헛되게 놀라도다.

* 시비, 송사
차효는 무사 평탄하도다.

* 출산
차효는 출산한 즉 득남이나 혹 산고로 놀란 뒤에 기쁨에 나아감이 있도다.

* 여행
차효는 출행이 마땅치 않으니 근신이 가하도다.

변괘 예 초효
變卦 豫 初爻　　* 1년 중 후반기 운세(음력 7월 - 12월)

초육 명예 흉
初六, 鳴豫, 凶.
우는 예니 흉하니라.

세운봉지
歲運逢之,

재사 즉유대은총지환　　　재사 즉유일명경인지조
在仕, 則有待恩寵之患.　　　在士, 則有一鳴驚人之兆.
재서속 즉유경우구설급조액지난　　　당관자 자진면화
在庶俗, 則有驚憂口舌及阻厄之難.　　　當官者, 自陳免禍.

* 대시(국회의원 출마, 고등고시 응시, 상류대 입시)
차효는 시운이 도래하여 진취에 한 번 울어 사람을 놀라게 할 징조이도다.

* 중시(시도 의회 출마, 간부급 공사직 시험, 중류대 입시)
차효는 시운이 도래하여 진취에 한 번 울어 사람을 놀라게 할 징조가 있도다.

* 소시(구군의회 선거 출마, 초급 공사직, 삼류대 및 전문대 응시)
차효는 승운이 도래하여 진취에 한 번 울어 사람을 놀라게 할 징조가 있도다.

* 공, 사직의 재직운, 승진운
차효에 재직자는 은총을 기다리는 근심이 있도다.

* 사업 시발운(창업, 개업, 전업)
차효는 창시에 불리하니 분수를 지키고 때를 기다림이 가하도다.

* 사업 진행운(사업)
차효는 영위함에 놀라는 근심과 막히는 어려움이 있도다.

* 사업 진행운(매매, 증권)
차효는 시운이 불리하니 분수를 지키고 때를 기다림이 가하도다.

* 신수, 가정운
차효는 놀라는 우환과 구설이 있으며 막히는 어려움이 있도다.

* 남녀리합(결혼운, 이성문제)
차효는 이성을 구함에 막히는 어려움이 있도다.

* 신상문제(건강, 사고, 상해)
차효는 놀라는 우환이 있도다.

* 시비, 송사
차효는 구설과 막히는 어려움이 있도다.

* 출산
차효는 출산한 즉 득남이나 혹 산고로 놀라는 우환이 있도다..

* 여행
차효는 출행이 불리하니 자제가 가하도다.

442

원 괘 진 이 효
原卦 震 二爻 * 1년 중 전반기 운세(음력 1월 - 6월)

육 이 진 래 려 억 상 패 제 어 구 릉 물 축 칠 일 득
六二, 震來厲, 億喪貝, 躋於九陵, 勿逐, 七日得.
우레가 옴에 위태해서 재물을 잃을 것을 헤아려 구릉에 오름이니 쫓지 않더라도 칠일에 얻으리라.

세 운 봉 지
歲運逢之,
재 사 유 조 음 험 간 사 지 우 재 사 유 선 미 후 득 지 조 재 서 속
在仕, 有遭陰險奸邪之虞. 在士, 有先迷後得之兆. 在庶俗,
유 쟁 송 실 탈 지 우
有爭訟失脫之虞.
노 자 수 험 소 자 심 경 칠 일 자 내 각 기 지 응
老者壽險. 少者心驚. 七日者, 乃刻期之應.

* 대시(국회의원 출마, 고등고시 응시, 상류대 입시)
차효는 시운이 불리하니 진취에 성명이 불가하도다.

* 중시(시도 의회 출마, 간부급 공사직 시험, 중류대 입시)
차효는 시운이 불우하여 진취에 성명이 불능하도다.

* 소시(구군의회 선거 출마)
차효는 시운이 불조하여 진취에 먼저는 미혹하나 뒤에는 득할 징조이니 배가의 노력이 가하도다.

* 소시(초급 공사직, 삼류대 및 전문대 응시)
차효는 시운이 불순하여 진취에 먼저는 미혹하나 뒤에는 득할 징조이나 배가의 노력만이 가하도다.

* 공, 사직의 재직운, 승진운
차효에 재직자는 음험하고 간사한 걱정을 만나도다.

* 사업 시발운(창업, 개업, 전업)
차효는 창시에 시운이 불리하니 분수를 지키고 때를 기다림이 가하도다.

* 사업 진행운(사업운)
차효는 영위에 다투고 송사하며 실탈될 걱정이 있도다.

* 사업 진행운(매매, 증권)
차효는 시운이 불리하니 분수를 지키고 때를 기다림이 가하도다.

* 신수, 가정운
차효는 다투고 송사하며 실탈될 걱정이 있도다.

* 남녀리합(결혼운, 이성문제)
차효는 이성을 구함이 성사가 불능하며 이미 결합된 인연도 이산이 우려되리라.

* 신상문제(건강, 사고, 상해)
차효에 늙은 자는 수명이 험하도다.

* 시비, 송사
차효는 다투고 송사하며 실탈될 걱정이 있도다.

* 출산
차효는 출산하면 득남이도다.

* 여행
차효는 출행에 불리하니 자제함이 가하도다.

변괘 귀매 이효
變卦 歸妹 二爻 * 1년 중 후반기 운세(음력 7월 - 12월)

구이 묘능시 리유인지정
九二, 眇能視, 利幽人之貞.
애꾸눈이 능히 보는 것이니 유인의 바름이 이로우니라.

세운봉지
歲運逢之,
재사 직위간천 선인구개
在仕, 職位艱遷, 選人求改.
사자 불우기회
士子, 不遇機會.
서속 수구안상 화해불생
庶俗, 守舊安常, 禍害不生.
수흉자 유험지인
數凶者, 幽險之人,
상신유명지조
喪身幽冥之兆.

* 대시(국회의원 출마, 고등고시 응시, 상류대 입시)
차효는 시운이 불리하여 진취에 성명이 불가하도다.

* 중시(시도 의회 출마, 간부급 공사직 시험, 중류대 입시)
차효는 시운이 불우하여 진취에 성명이 불가하도다.

* 소시(구군의회 선거 출마)
차효는 시운이 불조하여 진취에 기회를 만나지 못하도다.

* 소시(초급 공사직, 삼류대 및 전문대 응시)
차효는 시운이 불순하여 기회를 만나지 못할지니 배가의 노력만이 가하도다.

* 공, 사직의 재직운, 승진운

차효에 재직자는 직위를 옮기기 어렵도다.

* 사업 시발운(창업, 개업, 전업)
차효는 창시에 유익하지 못하니 옛 것을 지키고 명수를 편안히 해야 화해가 생기지 않도다.

* 사업 진행운(사업운)
차효는 시운이 불리하니 옛 것을 지키고 명수를 편안히 해야 화해가 생기지 않도다.

* 사업 진행운(매매, 증권)
차효는 시운이 불우하니 분수를 지키고 때를 기다림이 가하도다.

* 신수, 가정운
차효는 옛 것을 지키고 명수를 편안히 해야 화해가 생기지 않도다.

* 남녀리합(결혼운, 이성문제)
차효는 이성을 연계함에 옛 것을 지키고 명수를 편안히 해야 화해가 생기지 않도다.

* 신상문제(건강, 사고, 상해)
차효에 수흉자는 종명이 되어 그 몸을 상하도다.

* 시비, 송사
차효는 옛 것을 지키고 명수대로 하지 않아서 화해가 생기면 시비가 있도다.

* 출산
차효는 출산하면 득남하도다.

* 여행
차효는 출행에 불길하니 정지함이 가하도다.

443

원괘 진 삼효
原卦 震 三爻　　＊1년 중 전반기 운세(음력 1월 - 6월)

육삼 진소소 진행무생
六三, 震蘇蘇, 震行无眚,
우레가 쳐서 까무러침이니 움직여 행하면 재앙이 없으리라.

세운봉지
歲運逢之,
재사 유시위지초　　재사 유폐업지환
在仕, 有尸位之誚.　　在士, 有廢業之患.
재서속 유재해우구지손　근계지면흉이
在庶俗, 有灾害憂懼之損.　謹戒之免凶耳.

＊ 대시(국회의원 출마, 고등고시 응시, 상류대 입시)
차효는 시운이 불리하여 진취에 성명이 불가하도다.

＊ 중시(시도 의회 출마, 간부급 공사직 시험, 중류대 입시)
차효는 시운이 불우하여 진취에 성명이 불능하도다.

＊ 소시(구군의회 선거 출마)
차효는 시운이 불조하여 진취에 성명이 어렵도다.

＊ 소시(초급 공사직, 삼류대 및 전문대 응시)
차효는 시운이 불순하여 진취에 학업만 폐하는 근심이 있을지니 배가의 노력이 가하도다.

＊ 공, 사직의 재직운, 승진운
차효에 재직자는 록만 먹는 꾸지람이 없도다.

＊ 사업 시발운(창업, 개업, 전업)
차효는 창시에 불리하여 재해로 덜릴까 두려우니 삼가 경계함이 가하도다.

＊ 사업 진행운(사업)

차효는 영위에 재해로 인하여 덜릴까 두려우니 삼가 경계해야 흉을 면하도다.

* 사업 진행운(매매, 증권)
차효는 시운이 불리하니 때를 기다림이 가하도다.

* 신수, 가정운
차효는 재해로 인하여 덜릴까 두려우니 삼가 경계해야 흉을 면하도다.

* 남녀리합(결혼운, 이성문제)
차효는 이성을 연계함에 덜릴까 두려우니 삼가고 경계해야 흉함을 면하도다.

* 신상문제(건강, 사고, 상해)
차효는 재해로 건강이 손될까 두려우니 삼가고 경계해야 흉함을 면하도다.

* 시비, 송사
차효는 재해의 손실로 시비가 두렵도다. 오직 삼가고 경계함이 가하도다.

* 출산
차효는 출산하면 득남이나 출산이 어렵도다.

* 여행
차효는 목적 이외에는 출행을 자제함이 가하도다.

변괘 풍 삼효
變卦 豊 三爻 * 1년 중 후반기 운세(음력 7월 - 12월)

구삼 풍기패 일중견매 절기우굉 무구
九三, 豊其沛, 日中見沬, 折其右肱, 无咎.
그 장막이 풍성함이라. 한 낮에 작은 별을 보고 그 오른 팔을 끊음이나 허물이 아니니라.

세 운 봉 지
歲運逢之,
재 사 유 고 휴 지 조 재 사 유 난 진 지 우 재 서 속 영 모 난 수
在仕, 有告休之兆. 在士, 有難進之虞. 在庶俗, 營謀難遂.
혹 명 이 수 폐 쟁 송 일 기 혹 수 족 유 액 이 난 어 작 사
或明而受蔽. 爭訟日起. 或手足有厄, 而難於作事.

* 대시(국회의원 출마, 고등고시 응시, 상류대 입시)
차효는 시운이 불리하여 진취에 성명이 불가하도다.

* 중시(시도 의회 출마, 간부급 공사직 시험, 중류대 입시)
차효는 시운이 불우하여 진취에 성명이 불능하도다.

* 소시(구군의회 선거 출마)
차효는 시운이 불우하여 진취에 어려운 걱정이 있도다.

* 소시(초급 공사직, 삼류대 및 전문대 응시)
차효는 시운이 미흡하여 진취에 어려운 걱정이 있으니 배가의 노력이 가하도다.

* 공, 사직의 재직운, 승진운
차효에 재직자는 그침을 고할 징조가 있도다.

* 사업 시발운(창업, 개업, 전업)
차효는 창시에 경영하고 모사함을 이루기 어려우니 때를 기다림이 가하도다.

* 사업 진행운(사업)
차효는 영위에 경영하고 모사함을 이루기 어려우며 혹은 밝은데 가리움을 받아 쟁송이 날로 일어나도다.

* 사업 진행운(매매, 증권)
차효는 시운이 불리하니 때를 기다림이 가하도다.

* 신수, 가정운
차효는 영모함이 이루기 어려우며 혹은 밝은데 가리움을 받아 쟁송이 날로 일어나도다.

* 남녀리합(결혼운, 이성문제)
차효는 이성을 구함에 뜻을 이루기 어려우며 이미 결합된 일에는 이산이 두렵도다.

* 신상문제(건강, 사고, 상해)
차효는 혹 손과 발에 액이 있어 일을 지어 하는데 어렵도다.

* 시비, 송사
차효는 혹 밝은데 가리움이 있어 쟁송이 날로 일어나도다.

* 출산
차효는 출산하면 득남이나 혹 모체에 이상이 있도다.

* 여행
차효는 출행이 불리하니 자제함이 가하도다.

451

원 괘 항 초 효
原卦 恒 初爻　　* 1년 중 전반기 운세(음력 1월 - 6월)

초 육 준 항 정 흉 무 유 리
初六, 浚恒, 貞, 凶, 无攸利.
항상함을 파는 것이다. 바르게 하더라도 흉하여 이로운 바가 없느니라.

세 운 봉 지
歲運逢之,
재 사 불 득 어 군 　　재 사 난 봉 지 기
在仕, 不得於君.　　在士, 難逢知己.
재 서 속 불 통 인 정 이 도 황 황 어 로 도 　　유 정 수 즉 면 흉 이
在庶俗, 不通人情, 而徒遑遑於路途.　　惟靜守則免凶爾.

* 대시(국회의원 출마, 고등고시 응시, 상류대 입시)
차효는 시운이 불리하여 진취에 성명이 불리하도다.

* 중시(시도 의회 출마, 간부급 공사직 시험, 중류대 입시)
차효는 시운이 불우하여 진취에 성명이 불능하도다.

* 소시(구군의회 선거 출마)
차효는 시운이 불조하여 진취에 지기를 만나기 어렵도다.

* 소시(초급 공사직, 삼류대 및 전문대 응시)
차효는 시운이 불순하여 지기를 만나기 어려우니 배가의 노력만이 가하도다.

* 공, 사직의 재직운, 승진운
차효에 재직자는 좋은 상사를 만나지 못하도다.

* 사업 시발운(창업, 개업, 전업)
차효는 창시에 인정이 통하지 않으니 분수를 지키고 때를 기다림이 가하도다.

* 사업 진행운(사업)
차효는 영위함에 인정이 통하지 않아 도로에서 황급하도다. 오직 조용히 지킨 즉 흉함을 면하도다.

* 사업 진행운(매매, 증권)
차효는 시운이 불리하니 분수를 지키고 때를 기다림이 가하도다.

* 신수, 가정운
차효는 인정이 통하지 않아 한갓 도로에서 황급할지니 오직 조용히 지킨 즉 흉함을 면하도다.

* 남녀리합(결혼운, 이성문제)
차효는 이미 연계되었던 일도 떠나기 쉽도다.

* 신상문제(건강, 사고, 상해)
차효는 심신이 곤하도다.

* 시비, 송사
차효는 인간관계에 시비와 쟁투가 있도다.

* 출산
차효는 출산한 즉 득남이나 출산에 어려움이 있도다.

* 여행
차효는 목적 이외의 출행은 자제가 가하도다.

변괘 대장 초효
變卦 大壯 初爻　　* 1년 중 후반기 운세(음력 7월 - 12월)

초구 장우지 정 흉유부
初九, 壯于趾, 征, 凶有孚.
발꿈치에 장성함이니 가면 흉할 것이 틀림없으리라.

세운봉지
歲運逢之,
재사 즉방참사지욕　재사 즉조행도지치
在仕, 則防讒邪之辱.　在士, 則遭倖圖之恥.
재서속 즉초쟁송 동첩유회 갱방족질
在庶俗, 則招爭訟.　動輒有悔.　更防足疾.

* 대시(국회의원 출마, 고등고시 응시, 상류대 입시)
차효는 시운이 불리하여 진취에 성명이 불가하도다.

* 중시(시도 의회 출마, 간부급 공사직 시험, 중류대 입시)
차효는 시운이 불우하여 진취에 성명이 어렵도다.

* 소시(구군의회 선거 출마)
차효는 시운이 불조하여 진취에 요행으로 꾀하는 부끄러움을 만나도다.

* 소시(초급 공사직, 삼류대 및 전문대 응시)
차효는 시운이 미흡하여 진취에 요행으로 꾀하는 부끄러움을 만날지니 배가의 노력만이 가하도다.

* 공, 사직의 재직운, 승진운
차효에 재직자는 사악하게 일러바치는 욕됨을 막아야 하도다.

* 사업 시발운(창업, 개업, 전업)
차효는 창시에 시운이 불리하니 분수를 지키고 때를 기다림이 가하도다.

* 사업 진행운(사업)
차효는 다투고 송사함을 부를지며 동함이 문득 후회가 있을지로다.

* 사업 진행운(매매, 증권)
차효는 시운이 불리하니 분수를 지키고 때를 기다림이 가하도다.

* 신수, 가정운
차효는 다투고 송사함을 부를지며 동함이 문득 후회가 있을지로다.

* 남녀리합(결혼운, 이성문제)
차효는 시운이 불리하여 이미 연계되었다 하더라도 다투고 송사함을 부르며 동하면 문득 후회가 있을지로다.

* 신상문제(건강, 사고, 상해)
차효는 심신이 곤하며 또한 발에 질병이 생기도다.

* 시비, 송사
차효는 다투고 송사함을 부르며 동함에 문득 후회가 있도다.

* 출산
차효는 출산한 즉 득남이나 출산이 어렵도다.

* 여행
차효는 출행에 불리하니 자제가 가하도다.

452

원괘 항 이효
原卦 恒 二爻　　* 1년 중 전반기 운세(음력 1월 - 6월)

구이 회망
九二, 悔亡.
후회가 없어지리라.

세운봉지
歲運逢之,
재사 근신이무광직지초　　재사 래숭덕지미　　서속
在仕, 謹身而無曠職之誚.　在士, 來崇德之美.　庶俗,
고수이무손모지차
固守而無損耗之嗟.

* 대시(국회의원 출마)
  차효는 시운이 불조하여 진취에 성명이 불능하도다.

* 대시(고등고시 응시, 상류대 입시)
  차효는 시운이 돌아와서 높은 덕의 미를 부르도다.

* 중시(시도 의회 출마)
  차효는 시운이 불순하여 진취에 성명이 어렵도다.

* 중시(간부급 공사직 시험, 중류대 입시)
  차효는 시운이 돌아와서 높은 덕의 미를 부르도다.

* 소시(초급 공사직, 구군의회 선거 출마)
  차효는 시운이 순조하여 높은 덕의 미를 부르도다.

* 공, 사직의 재직운, 승진운
  차효에 재직자는 몸을 삼가야 직을 비워두는 꾸지람이 없도다.

* 사업 시발운(창업, 개업, 전업)
  차효는 창시에 시운이 불리하니 분수를 지키고 때를 기다림이 가하도다.

* 사업 진행운(사업운)
차효는 영위에 굳건히 지켜야 손모되는 탄식이 없도다.

* 사업 진행운(매매, 증권)
차효는 시운이 불리하니 분수를 지키고 때를 기다림이 가하도다.

* 신수, 가정운
차효는 무슨 일에 굳건히 지켜야 손모되는 탄식이 없도다.

* 남녀리합(결혼운, 이성문제)
차효는 굳건히 지켜야 손모되는 탄식이 없도다.

* 신상문제(건강, 사고, 상해)
차효에 비흉비길하도다.

* 시비, 송사
차효는 무사평탄하도다.

* 출산
차효는 출산하면 득남이며 출산에 무탈하도다.

* 여행
차효는 원근간 출행에 물질을 굳건히 지켜야 하도다.

변괘 소과 이효
變卦 小過 二爻 　　* 1년 중 후반기 운세(음력 7월 - 12월)

육이 과기조 우기비 불급기군 우기신 무구
六二, 過其祖, 遇其妣, 不及其君, 遇其臣, 无咎.
그 할아버지를 지나서 그 할머니를 만남이니 그 인군에 미치지 않고 그 신하를 만나기 때문에 허물이 없다.

세운봉지
歲運逢之,
재사 즉극진기직 이고천여원 재사 즉견우주사
在仕, 則克盡己職, 而高遷如願. 　在士, 則見遇主司,

이진취유성 재서속 즉귀인급인 이범모극수 혹득음인지리
而進取有成. 在庶俗, 則貴人汲引, 而凡謀克遂. 或得陰人之利.
수흉자 유비호지조 다상모야
數凶者, 有妣號之兆, 多傷母也.

* 대시(국회의원 출마, 고등고시 응시)
차효는 시운이 불조하여 진취에 성명이 어렵도다.

* 대시(상류대 입시)
차효는 시운이 돌아와 주사를 만나서 진취에 이룸이 있도다.

* 중시(시도 의회 출마)
차효는 시운의 호전으로 진취에 주사를 만나 진취에 이룸이 있을지나 배가의 노력이 가하도다.

* 중시(간부급 공사직 시험, 중류대 입시)
차효는 주사를 만나 진취에 이룸이 있도다.

* 소시(구군의회 선거 출마, 초급 공사직 응시, 삼류대 및 전문대 응시)
차효는 시운이 도래하여 진취에 이룸이 있도다.

* 공, 사직의 재직운, 승진운
차효에 재직자는 자기의 직분을 극진히 하여 높이 옮김을 원하듯 하도다.

* 사업 시발운(창업, 개업, 전업)
차효는 창시에 귀인이 이끌어서 무릇 모사함을 능히 이루도다.

* 사업 진행운(사업운, 매매, 증권)
차효는 영위에 귀인이 이끌어 무릇 모사함이 능히 이루어지나 큰 이익은 기대가 어렵도다.

* 신수, 가정운
차효는 혹 내연으로 인한 이익을 얻을지로다.

* 남녀리합(결혼운, 이성문제)
차효는 이성을 연계함에 귀인이 이끌어서 무릇 모사함이 이루어지도다.

* 신상문제(건강, 사고, 상해)
차효는 혹 몸에 상처를 입을 수를 삼가야 하도다.

* 시비, 송사
차효는 무사평탄하도다.

* 출산
차효는 출산하면 득남이며 혹 모체에 이상이 있도다.

* 여행
차효는 출행에 자유자재하도다.

453

원괘 항 삼효
原卦 恒 三爻 　　* 1년 중 전반기 운세(음력 1월 - 6월)

구삼 불항기덕 혹승지수 정린
九三, 不恒其德, 或承之羞, 貞吝.
그 덕이 항구하지 않음이라. 혹자가 부끄러움을 이음이니 바르게 하여도 인색하리라.

세운봉지
歲運逢之,
재사 방간의지폄 재사 방손덕지방 서속
在仕, 防諫議之貶. 　在士, 防損德之謗. 　庶俗,
방훼욕쟁송지요
防毁辱爭訟之撓.

* 대시(국회의원 출마, 고등고시 응시, 상류대 입시)
차효는 시운이 불리하여 진취에 성명이 불가하도다.

* 중시(시도 의회 출마, 간부급 공사직 시험, 중류대 입시)
차효는 시운이 불우하여 진취에 성명이 불능하도다.

* 소시(구군의회 선거 출마)
차효는 시운이 불조하여 손덕의 비방을 막아야 하도다.

* 소시(초급 공사직, 삼류대 및 전문대 응시)
차효는 시운의 미약으로 손덕의 비방을 막아야 할지니 배가의 노력이 가하도다.

* 공, 사직의 재직운, 승진운
차효에 재직자는 간하여 의논하다가 쫓겨남을 막아야 하도다.

* 사업 시발운(창업, 개업, 전업)
차효는 창시에 시운이 불리하여 어려우니 때를 기다림이 가하도다.

* 사업 진행운(사업)
차효는 영위에 헐뜯고 욕하며 다투고 송사하는 어지러움을 막아야 하도다.

* 사업 진행운(매매, 증권)
차효는 시운이 불리하니 때를 기다림이 가하도다.

* 신수, 가정운
차효는 헐뜯고 욕하며 다투고 송사하는 어지러움을 막아야 하도다.

* 남녀리합(결혼운, 이성문제)
차효는 이성을 이미 연계되었다고 해도 이산됨을 막아야 하도다.

* 신상문제(건강, 사고, 상해)
차효는 심신이 곤하도다.

* 시비, 송사
차효는 헐뜯고 욕하며 다투고 송사하는 어지러움을 막아야 하도다.

* 출산

차효는 출산하면 득남이나 출산에 어려움이 있도다.

* 여행
차효는 출행이 불리하니 자제함이 가하도다.

변 괘 해 삼 효
變卦 解 三爻 * 1년 중 후반기 운세(음력 7월 - 12월)

육 삼 부 차 승 치 구 지 정 린
六三, 負且乘, 致寇至, 貞吝.
지고 또 탐이라. 도적 옴을 이루게 했으니 바르더라도 인색하리라.

세 운 봉 지
歲運逢之,
재 사 방 빈 척 지 우 재 사 방 적 강 지 욕
在仕, 防擯斥之虞. 在士, 防謫降之辱.
재 서 속 방 구 도 송 비 지 요 승 자 사 인 유 중 선 자 단 화 불 선 종
在庶俗, 防寇盜訟非之擾. 乘字, 士人有中選者. 但禍不旋踵.

* 대시(국회의원 출마, 고등고시 응시, 상류대 입시)
차효는 시운이 불리하여 진취에 성명이 불가하도다.

* 중시(시도 의회 출마, 간부급 공사직 시험, 중류대 입시)
차효는 선거에는 당선이 되나 기타의 시험에는 목적을 이루기 어렵도다.

* 소시(구군의회 선거 출마)
차효는 선거에는 당선이 되나 기타의 시험에는 어려움이 많도다.

* 소시(초급 공사직, 삼류대 및 전문대 응시)
차효는 시운이 불순하여 진취에 떨어져 욕됨을 막아야 할지니 배가의 노력이 가하도다.

* 공, 사직의 재직운, 승진운
차효에 재직자는 물리치는 걱정을 막아야 하도다.

* 사업 시발운(창업, 개업, 전업)
  차효는 창시에 시운이 불리하니 때를 기다림이 가하도다.

* 사업 진행운(사업)
  차효는 영위에 재산의 손실이 많으며 그른 송사의 어지러움을 막아야 하도다.

* 사업 진행운(매매, 증권)
  차효는 시운이 불리하니 분수를 지키고 때를 기다림이 가하도다.

* 신수, 가정운
  차효는 도둑이 해치고 재물이 손실되며 그른 송사가 어지럽도다.

* 남녀리합(결혼운, 이성문제)
  차효는 이성을 연계함에 뜻을 이루도다.

* 신상문제(건강, 사고, 상해)
  차효는 심신이 곤하도다.

* 시비, 송사
  차효는 재산의 손실로 그른 송사가 어지럽도다.

* 출산
  차효는 출산하면 득녀이며 출산에 어려움이 있도다.

* 여행
  차효는 출행이 불리하니 자제함이 가하도다.

461

원 괘 해 초 효
原卦 解 初爻 ＊1년 중 전반기 운세(음력 1월 - 6월)

초 육 무 구
初六, 无咎.
허물이 없느니라.

세 운 봉 지
歲運逢之,
재 사 덕 위 상 칭 이 승 천 유 기 재 사 유 등 과 지 희
在仕, 德位相稱而陞遷有機. 在士, 有登科之喜.
미 혼 자 합 경 영 자 제
未婚者, 合. 經營者, 濟.

＊ 대시(국회의원 출마)
차효는 시운이 돌아옴에 등과할 기쁨이 있을지나 배가의 노력만이 가하도다.

＊ 대시(고등고시 응시, 상류대 입시)
차효는 시운이 도래하여 긍과할 기쁨이 있도다.

＊ 중시(시도 의회 출마, 간부급 공사직 시험, 중류대 입시)
차효는 시운이 도래하여 긍과할 기쁨이 있도다.

＊ 소시(구군의회 선거 출마, 초급 공사직, 삼류대 및 전문대 응시)
차효는 승운이 도래하여 긍과할 기쁨이 있도다.

＊ 공, 사직의 재직운, 승진운
차효에 재직자는 덕의 자리가 알맞아서 승천할 기회가 있도다.

＊ 사업 시발운(창업, 개업, 전업)
차효는 창시에 성사가 가능하도다.

＊ 사업 진행운(사업, 매매, 증권)
차효는 영위함에 이루어지기는 하나 큰 기대는 어렵도다.

＊ 신수, 가정운

차효는 경영에 이루저지도다.

* 남녀리합(결혼운, 이성문제)
차효는 미혼자에 있어서는 합해지도다.

* 신상문제(건강, 사고, 상해)
차효는 태연안일하도다.

* 시비, 송사
차효는 무사평온하도다.

* 출산
차효는 출산한 즉 득녀이며 모녀가 모두 건장하도다.

* 여행
차효는 원근간의 출행이 가하도다.

변괘 귀매 초효
變卦 歸妹 初爻 * 1년 중 후반기 운세(음력 7월 - 12월)

초육 귀매이제 파능리 정길
初六, 歸妹以娣, 跛能履, 征吉.
누이동생을 시집보내는 데 첩으로써 함이니 절름발이가 능히 밟음이라. 가면 길하리라.

세운봉지
歲運逢之,
재사자 다조료장 이유정성 재사 즉유소시지희
在仕者, 多助僚長, 而有政聲. 在士, 則有小試之喜.
재서속 즉유소덕 이모위파수 혹납비첩 혹투세호이구활계
在庶俗, 則有小德, 而謀爲頗遂. 或納婢妾. 或投勢豪以求活計.

* 대시(국회의원 출마, 고등고시 응시, 상류대 입시)
차효는 시운이 불리하여 진취에 성명이 불가하도다.

＊ 중시(시도 의회 출마, 간부급 공사직 시험, 중류대 입시)
차효는 시운이 불우하여 진취에 성명이 어렵도다.

＊ 소시(구군의회 선거 출마)
차효는 시운이 미흡하여 진취에 성명이 어렵도다.

＊ 소시(초급 공사직, 삼류대 및 전문대 응시)
차효는 시운이 소시에는 기쁨이 있을지나 분수를 지키고 노력이 가하도다.

＊ 공, 사직의 재직운, 승진운
차효에 재직자는 료장의 도움으로 집무에 충실한 예찬이 있도다.

＊ 사업 시발운(창업, 개업, 전업)
차효는 창시에 작은 덕이 있어서 모사함이 자못 이루어지도다.

＊ 사업 진행운(사업)
차효는 영위함에 작은 덕이 있어서 모사함이 자못 이루어지며 혹 형세를 크게 투입하여 활계를 구하도다.

＊ 사업 진행운(매매, 증권)
차효는 작은 덕이 있어서 모사함이 자못 이루어지나 큰 이익의 기대에는 어렵도다.

＊ 신수, 가정운
차효는 작은 덕이 있어서 모사함이 자못 이루어지며 혹 형세를 크게 투입하여 활계를 구하도다.

＊ 남녀리합(결혼운)
차효는 결혼이 가하도다.

＊ 남녀리합(이성문제)
차효는 혹 첩을 들이도다.

＊ 신상문제(건강, 사고, 상해)

차효는 무사안강하도다.

* 시비, 송사
차효는 무사평탄하도다.

* 출산
차효는 출산한 즉 득남이며 모자가 모두 건강하도다.

* 여행
차효는 출행에 안일무사하도다.

462

原卦 解 二爻 * 1년 중 전반기 운세(음력 1월 - 6월)

九二, 田獲三狐, 得黃矢, 貞吉.
사냥해서 세 마리 여우를 잡아서 누런 화살을 얻으니 바르게 하면 길하리라.

歲運逢之,
在仕, 有爲三孤三公黃門黃堂之兆. 在士,
有爲二甲三甲黃榜之應. 又矢者, 薦也, 有薦拔薦擧之佳.
在庶俗, 有進田産之慶, 或武將有征獵之擧. 又利更改,
三謀三就之吉事也.

* 대시(국회의원 출마, 고등고시 응시, 상류대 입시)

차효는 시운이 도래하여 진취에 황방에 응하도다.

＊ 중시(시도 의회 출마, 간부급 공사직 시험, 중류대 입시)
차효는 시운이 도래하여 진취에 황방에 응하도다.

＊ 소시(초급 공사직, 구군의회 선거 출마)
차효는 시운이 도래하여 진취에 황방에 응하도다.

＊ 공, 사직의 재직운, 승진운
차효에 재직자는 높이 승진하도다.

＊ 사업 시발운(창업, 개업, 전업)
차효의 창시자는 재산에 나아가는 경사가 있도다.

＊ 사업 진행운(사업운, 매매, 증권)
차효는 영위에 굳건히 지켜야 손모되는 탄식이 없도다.
차효는 이로움을 다시 고쳐 세 번 모사함에 세 번을 성취하는 길사가 있도다.

＊ 신수, 가정운
차효는 재산에 나아가는 경사가 있도다.

＊ 남녀리합(결혼운, 이성문제)
차효는 이성을 연계함에 뜻을 이루도다.

＊ 신상문제(건강, 사고, 상해)
차효에 평온무사하도다.

＊ 시비, 송사
차효는 무사안온하도다.

＊ 출산
차효는 출산하면 득녀이며 출산에 모녀가 모두 무사하도다.

＊ 여행

차효는 원근간 출행에 무사태연하도다.

변 괘 예 이 효
變卦 豫 二爻 ＊1년 중 후반기 운세(음력 7월 - 12월)

육 이 개 우 석 불 종 일 정 길
六二, 介于石, 不終日, 貞, 吉.
절개가 돌이라. 날을 마치지 않으니 바로해서 길하니라.

세 운 봉 지
歲運逢之,
재 사 자 급 류 용 퇴 시 진 취 자 가 이 성 명 상 인 획 리
在仕者, 急流勇退. 始進取者, 可以成名. 常人, 獲利.

＊ 대시(국회의원 출마, 고등고시 응시, 상류대 입시)
차효는 시운이 도래하여 처음 진취하는 자는 성명하도다.

＊ 중시(시도 의회 출마, 간부급 공사직 시험, 중류대 입시)
차효는 시운이 도래하여 처음 진취하는 자는 성명하도다.

＊ 소시(초급 공사직, 구군의회 선거 출마)
차효는 시운이 도래하여 처음 진취하는 자는 성명하도다.

＊ 공, 사직의 재직운, 승진운
차효에 재직자는 급히 흐름에 용감하게 물러서야 하도다.

＊ 사업 시발운(창업, 개업, 전업)
차효의 창시에 큰 이익을 획득하도다.

＊ 사업 진행운(사업운, 매매, 증권)
차효는 영위에 큰 이익을 획득하도다.

＊ 신수, 가정운
차효는 영위에 큰 이익을 획득하도다.

＊ 남녀리합(결혼운, 이성문제)

차효는 이성을 연계함에 뜻을 이루도다.

* 신상문제(건강, 사고, 상해)
차효에 무사안온하도다.

* 시비, 송사
차효는 무사평온하도다.

* 출산
차효는 출산하면 득녀이며 모녀가 모두 건강하도다.

* 여행
차효는 원근간 출행에 자유자재하도다.

463

원 괘 해 삼 효
原卦 解 三爻 　　* 1년 중 전반기 운세(음력 1월 - 6월)

육 삼 　부 차 승 　치 구 지 　정 린
六三, 負且乘, 致寇至, 貞吝.
지고 또 탐이라. 도적 옴을 이루게 했으니 바르더라도 인색하리라.

세 운 봉 지
歲運逢之,
재 사 　방 빈 척 지 우 　　　재 사 　방 적 강 지 욕
在仕, 防擯斥之虞. 　在士, 防謫降之辱.
재 서 속 　방 구 도 송 비 지 요 　　승 자 　사 인 유 중 선 자 　　단 화 불 선 종
在庶俗, 防寇盜訟非之擾. 　乘字, 士人有中選者. 　但禍不旋踵.

* 대시(국회의원 출마, 고등고시 응시, 상류대 입시)
차효는 시운이 불리하여 진취에 성명이 불기하도다.

* 중시(시도 의회 출마, 간부급 공사직 시험, 중류대 입시)
  차효는 선거에는 당선이 되나 기타의 시험에는 목적을 이루기 어렵도다.

* 소시(구군의회 선거 출마)
  차효는 선거에는 당선이 되나 기타의 시험에는 어려움이 많도다.

* 소시(초급 공사직, 삼류대 및 전문대 응시)
  차효는 시운이 불순하여 진취에 떨어져 욕됨을 막아야 할지니 배가의 노력이 가하도다.

* 공, 사직의 재직운, 승진운
  차효에 재직자는 물리치는 걱정을 막아야 하도다.

* 사업 시발운(창업, 개업, 전업)
  차효는 창시에 시운이 불리하니 때를 기다림이 가하도다.

* 사업 진행운(사업)
  차효는 영위에 재산의 손실이 많으며 그른 송사의 어지러움을 막아야 하도다.

* 사업 진행운(매매, 증권)
  차효는 시운이 불리하니 분수를 지키고 때를 기다림이 가하도다.

* 신수, 가정운
  차효는 도둑이 해치고 재물이 손실되며 그른 송사가 어지럽도다.

* 남녀리합(결혼운, 이성문제)
  차효는 이성을 연계함에 뜻을 이루도다.

* 신상문제(건강, 사고, 상해)
  차효는 심신이 곤하도다.

* 시비, 송사
  차효는 재산의 손실로 그른 송사가 어지럽도다.

* 출산
차효는 출산하면 득녀이며 출산에 어려움이 있도다.

* 여행
차효는 출행이 불리하니 자제함이 가하도다.

변 괘 항 삼 효
變卦 恒 三爻 * 1년 중 후반기 운세(음력 7월 - 12월)

구 삼 불 항 기 덕 혹 승 지 수 정 린
九三, 不恒其德, 或承之羞, 貞吝.
그 덕이 항구하지 않음이라. 혹자가 부끄러움을 이음이니 바르게 하여도 인색하리라.

세 운 봉 지
歲運逢之,
재 사 방 간 의 지 폄 재 사 방 손 덕 지 방 서 속 방 훼 욕 쟁 송 지 요
在仕, 防諫議之貶. 在士, 防損德之謗. 庶俗, 防毁辱爭訟之撓.

* 대시(국회의원 출마, 고등고시 응시, 상류대 입시)
차효는 시운이 불리하여 진취에 성명이 불가하도다.

* 중시(시도 의회 출마, 간부급 공사직 시험, 중류대 입시)
차효는 시운이 불우하여 진취에 성명이 불능하도다.

* 소시(구군의회 선거 출마)
차효는 시운이 불조하여 손덕의 비방을 막아야 하도다.

* 소시(초급 공사직, 삼류대 및 전문대 응시)
차효는 시운의 미약으로 손덕의 비방을 막아야 할지니 배가의 노력이 가하도다.

* 공, 사직의 재직운, 승진운
차효에 재직자는 간하여 의논하다가 쫓겨남을 막아야 하도다.

* 사업 시발운(창업, 개업, 전업)

차효는 창시에 시운이 불리하여 어려우니 때를 기다림이 가하도다.

* 사업 진행운(사업)
  차효는 영위에 헐뜯고 욕하며 다투고 송사하는 어지러움을 막아야 하도다.

* 사업 진행운(매매, 증권)
  차효는 시운이 불리하니 때를 기다림이 가하도다.

* 신수, 가정운
  차효는 헐뜯고 욕하며 다투고 송사하는 어지러움을 막아야 하도다.

* 남녀리합(결혼운, 이성문제)
  차효는 이성을 이미 연계되었다고 해도 이산됨을 막아야 하도다.

* 신상문제(건강, 사고, 상해)
  차효는 심신이 곤하도다.

* 시비, 송사
  차효는 헐뜯고 욕하며 다투고 송사하는 어지러움을 막아야 하도다.

* 출산
  차효는 출산하면 득남이나 출산에 어려움이 있도다.

* 여행
  차효는 출행이 불리하니 자제함이 가하도다.

511

원괘 소축 초효
原卦 小畜 初爻　　＊1년 중 전반기 운세(음력 1월 - 6월)

초구 복자도 하기구 길
初九, 復自道, 何其咎, 吉.

회복함이 도로부터 함이니 무슨 허물이리오, 길하니라.

세운봉지
歲運逢之,
재사 즉한관복직 역려환향 상속안정 재사 즉극복이업
在仕, 則閑官復職. 逆旅還鄕. 常俗安靜. 在士, 則克復肄業.
수흉자변손초효 진퇴지의 재유위자 당방시기 의혹지화
數凶者變巽初爻, 進退志疑. 在有爲者, 當防猜忌, 疑惑之禍.

* 대시(국회의원 출마, 고등고시 응시, 상류대 입시)
  차효는 시운이 불리하여 진취에 성명이 불가하도다.

* 중시(시도 의회 출마, 간부급 공사직 시험, 중류대 입시)
  차효는 시운이 불우하여 진취에 성명이 불능하도다.

* 소시(구군의회 선거 출마, 초급 공사직, 삼류대 및 전문대 응시)
  차효는 시운이 불조하여 진취에 그 업을 잘 극복해야 하도다.

* 공, 사직의 재직운, 승진운
  차효에 한직에 있던 자는 직분을 회복하도다.

* 사업 시발운(창업, 개업, 전업)
  차효는 안정이 가하도다. 전진후퇴에 그 뜻이 머뭇거리니 때를 기다림이 가하도다.

* 사업 진행운(사업)
  차효는 시기하고 의혹스런 화를 막아야 하며 진퇴가 머뭇거리도다.

* 사업 진행운(매매, 증권)
  차효는 시운이 불리하니 조용히 정지해서 때를 기다림이 가하도다.

* 신수, 가정운

차효는 편안하고 조용히 있어야 시기하고 의혹스런 화를 막아야 하도다.

* 남녀리합(결혼운, 이성문제)
차효는 시운이 불리하니 조용히 있어라. 시기하고 의혹스런 화가 있도다.

* 신상문제(건강, 사고, 상해)
차효는 의혹스런 화를 막아야 하도다.

* 시비, 송사
차효는 시기가 있어 불쾌하도다.

* 출산
차효는 출산하면 득남이나 산모의 건강에 유의해야 하도다.

* 여행
차효는 장기체류자는 환향하도다.

변괘 손 초효
變卦 巽 初爻　　* 1년 중 후반기 운세(음력 7월 - 12월)

초육 진퇴 리무인지정
初六, 進退, 利武人之貞.
나아가고 물러감이니 무인의 정고함이 이로우니라.

세운봉지
歲運逢之,
재사 즉의우선 혹유차제 진퇴불일 혹유겸권 난중유이
在仕, 則宜右選. 或有差除, 進退不一. 或有兼權, 難中有易.
재사 즉리우문선 무선즉유조 재서속 영위유득유실
在士, 則利于文選, 武選則有阻. 在庶俗, 營爲有得有失.
흉자 다초의방
凶者, 多招疑謗.

* 대시(국회의원 출마)
차효는 시운이 불리하여 진취에 성명이 어렵도다.

* 대시(고등고시 응시, 상류대 입시)
차효는 문선에는 이로우나 무선에는 막히도다.

* 중시(시도 의회 출마, 간부급 공사직 시험, 중류대 입시)
차효는 문선에는 이로우나 무선에는 막힐지며 배가의 노력이 가하도다.

* 소시(구군의회 선거 출마, 초급 공사직, 삼류대 및 전문대 응시)
차효는 문선에는 이로우나 무선에는 막히도다.

* 공, 사직의 재직운, 승진운
차효의 재직자는 문선에는 마땅하나 혹 제외가 될 수 있으며 진퇴가 한결 같지 않도다. 혹 권세를 겸함에 있어 어려운 중에 쉽게 되도다.

* 사업 시발운(창업, 개업, 전업)
차효는 무엇을 경영함에 있어 득이 있는가 하면 실이 있으니 이는 과단성이 없는 까닭이라. 때를 기다림이 가하도다.

* 사업 진행운(사업)
차효는 영위에 있어서 혹 득이 있는가 하면 실이 있도다.

* 사업 진행운(매매, 증권)
차효는 시운이 불리하니 분수를 지키고 때를 기다림이 가하도다.

* 신수, 가정운
차효는 영위함에 득이 있는가 하면 실이 있으니 이는 과단성이 없는 까닭이로다.

* 남녀리합(결혼운, 이성문제)
차효는 이성을 연계함에 먼저는 득이 있으나 뒤에는 실이 되도다.

* 신상문제(건강, 사고, 상해)
차효는 무사안온하도다.

* 시비, 송사
차효는 의아스럽고 비방함을 부르도다.

* 출산
차효는 출산하면 득남이나 산고가 어렵도다.

* 여행
차효는 목적 이외의 여행은 가하도다.

512

원괘 소축 이효
原卦 小畜 二爻 * 1년 중 전반기 운세(음력 1월 - 6월)

구이 견복 길
九二, 牽復, 吉
이끌어 회복함이니 길하니라.

세운봉지
歲運逢之,
재사 즉위료장 이견인유계
在仕, 則爲僚長, 而牽引有階.
재사 즉위도장 이발췌유지
在士, 則爲道長, 而拔萃有地.
재상인 즉련동지이상왕 이영모득수
在常人, 則聯同志以尙往, 而營謀得遂.
수흉자 유견연반복실사지조
數凶者, 有牽連反復失事之兆.

* 대시(국회의원 출마, 고등고시 응시, 상류대 입시)
차효는 시운이 불리하여 진취에 성명이 불가하도다.

* 중시(시도 의회 출마, 간부급 공사직 시험)
차효는 시운이 불우하여 진취에 성명이 어렵도다.

* 중시(중류대 입시)
차효는 진취에 도가 자라서 뽑힐 여지가 있으나 배가의 노력이 가하도다.

＊ 소시(구군의회 선거 출마)
차효는 시운이 미흡하여 진취에 성명이 어려우니 배가의 노력이 가하도다.

＊ 소시(초급 공사직, 삼류대 및 전문대 응시)
차효는 진취에 도가 자라서 뽑힐 여지가 있도다.

＊ 공, 사직의 재직운, 승진운
차효는 동료의 장이 이끌어 줄 층계가 있도다.

＊ 사업 시발운(창업, 개업, 전업)
차효는 동지와 연합하여 바라건대 경영하고 모사함을 이루도다.

＊ 사업 진행운(사업, 매매, 증권)
차효는 동지와 연합하여 왕래하면 경영하고 모사함을 얻을지나 이익에 큰 기대는 어렵도다.

＊ 신수, 가정운
차효는 영위에 경영하고 모사함을 이룰지로다.

＊ 남녀리합(결혼운, 이성문제)
차효는 이성을 연계함에 모사함이 얻어지도다.

＊ 신상문제(건강, 사고, 상해)
차효는 무탈안온하도다.

＊ 시비, 송사
차효는 수훙자는 견련되고 반복되여 일을 그르칠 징조가 잇도다..

＊ 출산
차효는 출산하면 득남이며 모체 또한 건장하도다.

＊ 여행
차효는 원근간에 별 탈이 없는 여행이 되도다.

변괘 가인 이효
變卦 家人 二爻　　* 1년 중 후반기 운세(음력 7월 - 12월)

육이 무유수 재중궤 정길
六二, 无攸遂, 在中饋, 貞吉.
이루는 바가 없고 집안에서 먹이니 바르기 때문에 길하리라.

세운봉지
歲運逢之,
재사 즉입조중 이유광록지질 상인 필주영모성가
在仕, 則入朝中, 而有光祿之秩. 常人, 必主營謀成家,
이유자량지증 사우학중 이유름급지희
而有貲糧之增. 士寓學中, 而有廩給之喜.

* 대시(국회의원 출마, 고등고시 응시, 상류대 입시)
  차효는 시운이 불리하여 진취에 성명이 불가하도다.

* 중시(시도 의회 출마, 간부급 공사직 시험)
  차효는 학문을 하는 중에 록을 받는 기쁨이 있을지나 배가의 노력이 가하도다.

* 중시(중류대 입시)
  차효는 학문을 하는 중에 록을 받는 기쁨이 있도다.

* 소시(구군의회 선거 출마, 초급 공사직, 삼류대 및 전문대 응시)
  차효는 학문을 하는 중에 록을 받는 기쁨이 있도다.

* 공, 사직의 재직운, 승진운
  차효의 재직자는 중앙부서에 들어가서 빛나는 록을 가지도다.

* 사업 시발운(창업, 개업, 전업)
  차효는 반드시 경영하고 모사함에 성사되도다.

* 사업 진행운(사업, 매매, 증권)
  차효는 반드시 경영하고 모사함에 재물을 더하도다.

* 신수, 가정운

차효는 반드시 경영하고 모사하면 가정을 이루게 되고 재물이 더하도다.

* 남녀리합(결혼운, 이성문제)
차효는 반드시 구하면 성사되어 가정을 이루도다.

* 신상문제(건강, 사고, 상해)
차효는 아무런 탈이 없는 시운이로다.

* 시비, 송사
차효는 전에 이월된 쟁송이 있더라도 유리하게 합의가 가하도다.

* 출산
차효는 출산하면 득녀이며 모녀 또한 건강하도다.

* 여행
차효는 원근간에 자유자재로 이롭도다.

513

원 괘 소 축 삼 효
原卦 小畜 三爻　　* 1년 중 전반기 운세(음력 1월 - 6월)

구 삼 여 탈 복 부 처 반 목
九三, 輿脫輻, 夫妻反目.
수레의 바퀏살을 벗김이며 부부가 반목함이로다.

세 운 봉 지
歲運逢之,
영 이 견 욕 진 이 견 퇴 혹 생 족 목 지 질 혹 인구 분별 백 얼 병 생
榮而見辱, 進而見退. 或生足目之疾, 或人口分別, 百孼病生.

* 대시(국회의원 출마, 고등고시 응시, 상류대 입시)
차효는 시운이 불리하여 진취에 성명이 불가하도다.

* 중시(시도 의회 출마, 간부급 공사직 시험, 중류대 입시)
차효는 시운이 불우하여 진취에 성명이 불능하도다.

* 소시(구군의회 선거 출마, 초급 공사직)
차효는 시운이 불우하여 진취에 전진하는가 하면 후퇴함을 만나도다.

* 소시(삼류대 및 전문대 응시)
차효는 진취에 전진하는가 하면 후퇴하니 배가의 노력이 가하도다.

* 공, 사직의 재직운, 승진운
차효는 영예로운 듯하다가 욕됨을 만나도다.

* 사업 시발운(창업, 개업, 전업)
차효는 전진하려다 후퇴하게 되니 때를 기다림이 가하도다.

* 사업 진행운(사업)
차효는 영예로운 가운데 욕됨을 만나고 전진하는 중에 후퇴하게 되도다.

* 사업 진행운(매매, 증권)
차효는 시운이 불리하니 분수를 지키고 때를 기다림이 가하도다.

* 신수, 가정운
차효는 혹 인구가 나뉘어 떠나감을 볼지로다.

* 남녀리합(결혼운, 이성문제)
차효는 이성간에 이어지던 일도 와해됨을 볼 것이다.

* 신상문제(건강, 사고, 상해)
차효는 발이나 눈에 질환이 생기도다.

* 시비, 송사
차효는 백가지 잘못이 병처럼 생기도다.

* 출산
차효는 출산하면 혹 득남이나 양육이 어렵도다.

* 여행
차효는 원거리 여행은 그 뜻을 이루지 못하도다.

변괘 중부 삼효
變卦 中孚 三爻　　* 1년 중 후반기 운세(음력 7월 - 12월)

육삼 득적 혹고 혹파 혹읍 혹가
六三, 得敵, 或鼓, 或罷, 或泣, 或歌.
적을 얻어서 혹 두드리고 혹 파하고 혹 울고 혹 노래하도다.

세운봉지
歲運逢之,
재사 즉동료불목 혹선진직 혹후퇴위
在仕, 則同僚不睦.　或先進職.　或後退位.
재사서 혹희중유우 혹비중생락 구명모리 득실상잉
在士庶, 或喜中有憂.　或悲中生樂.　求名謀利, 得失相仍.

* 대시(국회의원 출마, 고등고시 응시, 상류대 입시)
차효는 시운이 불리하여 진취에 성명이 불가하도다.

* 중시(시도 의회 출마, 간부급 공사직 시험, 중류대 입시)
차효는 시운이 불우하여 진취에 성명이 불능하도다.

* 소시(구군의회 선거 출마)
차효는 시운이 불조하여 진취에 성명이 어렵도다.

* 소시(초급 공사직, 삼류대 및 전문대 응시)
차효는 진취하여 이름을 구함이 득과 실이 자주 일어날지니 배가의 노력이 가하도다.

* 공, 사직의 재직운, 승진운
차효의 재직자는 동료와 불목하여 혹 먼저는 직분에 나아갔다 혹 뒤에는

그 자리에서 물러서도다.

* 사업 시발운(창업, 개업, 전업)
차효는 기쁜 중에 걱정이 있고 슬픈 중에 락이 있어 구하는 이익이 득과 실이 자주 일어나도다.

* 사업 진행운(사업)
차효는 하는 일에 혹 기쁜 중에 걱정이 있고 슬픈 중에 락이 있어 구하는 이익이 득과 실이 자주 일어나도다.

* 사업 진행운(매매, 증권)
차효는 시운이 불리하니 때를 기다림이 가하도다.

* 신수, 가정운
차효는 혹 기쁜 중에 근심이 있고 슬픈 중에 즐거움이 있어 이익을 꾀함이 득과 실이 자주 일어나도다.

* 남녀리합(결혼운, 이성문제)
차효는 시운의 부침으로 성사가 되는가 하면 곧 와해가 되도다.

* 신상문제(건강, 사고, 상해)
차효는 건강에 큰 탈은 없을지며 고질자는 진퇴를 거듭하도다.

* 시비, 송사
차효는 큰 시비는 없을지나 이월된 문제라면 반복을 거듭하도다.

* 출산
차효는 출산하면 득남이나 모자의 건강이 불안하도다.

* 여행
차효는 목적이 있는 여행에는 불가하도다.

521

원괘 중부 초효
原卦 中孚 初爻　　＊1년 중 전반기 운세(음력 1월 - 6월)

초구 우길 유타불연
初九, 虞吉, 有它不燕.
헤아리면 길하니 다른 마음이 있으면 편치 못할 것이다.

세운봉지
歲運逢之,
재사 유천발지미　　재사 유급인지가
在仕, 有薦拔之美.　　在士, 有汲引之佳.
재서속 즉귀인제거이모극수　　단희중유우 심지인재파손
在庶俗, 則貴人提擧而謀克遂.　　但喜中有憂, 甚至人財破損.
범재사서지류 욕유위자 의조수이도기성　　불가연안이시기패
凡在士庶之類, 欲有爲者, 宜操守以圖其成.　　不可宴安以視其敗.

＊ 대시(국회의원 출마, 고등고시 응시, 상류대 입시)
차효는 시운이 불리하여 진취에 성명이 불가하도다.

＊ 중시(시도 의회 출마)
차효는 시운이 불우하여 진취에 성명이 불능도다.

＊ 중시(간부급 공사직 시험, 중류대 입시)
차효는 진취에 이끌어주는 아름다움이 있으나 배가의 녹만이 가하도다.

＊ 소시(구군의회 선거 출마)
차효는 시운이 불조하여 진취에는 이끌어주는 아름다움이 있으나 배가의 노력이 가하도다.

＊ 소시(초급 공사직, 삼류대 및 전문대 응시)
차효는 시운이 도래하여 진취에 이끌어주는 아름다움이 있도다.

＊ 공, 사직의 재직운, 승진운
차효는 천발의 아름다움이 있도다.

* 사업 시발운(창업, 개업, 전업)
차효는 귀인이 이끌어주어서 모사함을 능히 이루도다. 그러나 안일하게 여기면 그 패함을 만나도다.

* 사업 진행운(사업)
차효는 기쁜 중에 걱정이 있으며 재물이 파산되도다. 마땅히 조심하고 잘 지켜야 그 성사가 될지며 안일하게 하면 실패를 볼 것이로다.

* 사업 진행운(매매, 증권)
차효는 때를 기다림이 가하도다.

* 신수, 가정운
차효는 무엇을 하고자 할진대 마땅히 조심하고 잘 지켜야 그 도모함이 성사되도다. 안일함은 불가하니 그 실패를 볼 것이로다.

* 남녀리합(결혼운, 이성문제)
차효는 귀인이 이끌어서 모사함이 이루어지나 기쁜 중에 걱정이 있도다.

* 신상문제(건강, 사고, 상해)
차효는 지나치게 안일함은 몸을 상하게 하도다.

* 시비, 송사
차효는 사람과 재물이 파손되므로 시비가 뒤따르도다.

* 출산
차효는 출산하면 혹 득남이나 양육이 어렵도다.

* 여행
차효는 원거리 여행은 몸조심이 가하도다.

변 괘 환 초 효
變卦 渙 初爻 * 1년 중 후반기 운세(음력 7월 - 12월)

초 육 용 증 마 장 길
初六, 用拯馬壯, 吉.
구원하되 말이 씩씩하니 길하니라.

세 운 봉 지
歲運逢之,
재 사 승 천 지 속 유 오 마 융 마 지 조 재 사 유 비 등 지 응
在仕, 陞遷之速, 有五馬戎馬之兆. 在士, 有飛騰之應.
재 서 속 득 존 상 제 거 이 모 위 의 수
在庶俗, 得尊上提擧, 而謀爲意遂.

* 대시(국회의원 출마, 고등고시 응시, 상류대 입시)
  차효는 시운이 도래하여 진취에 날고 오르는데 응하도다.

* 중시(시도 의회 출마, 간부급 공사직 시험, 중류대 입시)
  차효는 승운이 도래하여 진취에 날고 오르는데 응하도다.

* 소시(구군의회 선거 출마, 초급 공사직, 삼류대 및 전문대 응시)
  차효는 호운이 도래하여 진취에 날고 오르는데 응하도다.

* 공, 사직의 재직운, 승진운
  차효의 재직자는 오르고 옮김이 속히 되나 다섯 마리 말 중에 오랑케 말이 있도다.

* 사업 시발운(창업, 개업, 전업)
  차효는 창시에 귀인이 이끌어서 모사함이 뜻을 이루도다.

* 사업 진행운(사업, 매매, 증권)
  차효는 진행에 귀인이 이끌어서 모사함이 뜻을 이루나 이익에는 큰 기대가 어렵도다.

* 신수, 가정운
  차효는 영위함에 귀인이 이끌어서 모사함이 뜻을 이루도다.

* 남녀리합(결혼운, 이성문제)
  차효는 이끌어줌을 얻어서 모사함에 뜻을 이루도다.

* 신상문제(건강, 사고, 상해)
  차효는 시운의 상승으로 별 탈은 없을지나 재직자에 있어서는 혹 친한 벗이 해를 끼치도다.

* 시비, 송사
  차효는 무시무비하도다.

* 출산
  차효는 출산하면 득남이며 모자가 함께 건장하도다.

* 여행
  차효는 여행에는 자유자재로 원행도 가하도다.

522

원 괘 중 부 이 효
原卦 中孚 二爻 * 1년 중 전반기 운세(음력 1월 - 6월)

구 이 명 학 재 음 기 자 화 지 아 유 호 작 오 여 이 미 지
九二, 鳴鶴在陰, 其子和之, 我有好爵, 吾與爾靡之.
우는 학이 그늘에 있거늘 그 자식이 화답하도다. 내게 좋은 벼슬이 있어서 내가 너와 더불어 얽히노라.

세 운 봉 지
歲運逢之,
재 사 자 진 직 미 사 자 원 수 재 서 속 즉 획 리 익 생 자 혹 수 명
在仕者, 進職. 未仕者, 願遂. 在庶俗, 則獲利益, 生子或壽命,
무 왕 불 리 야 유 로 자 유 질 재 음 지 조 야
無往不利也. 惟老者, 有疾, 在陰之兆也.

* 대시(국회의원 출마)
  차효는 진취에 원하는 뜻이 이루어질 것이나 배가의 노력만이 가하도다.

* 대시(고등고시 응시, 상류대 입시)
차효는 진취에 원하는 뜻이 이루어지도다.

* 중시(시도 의회 출마, 간부급 공사직 시험, 중류대 입시)
차효는 진취에 원하는 뜻이 이루어지도다.

* 소시(구군의회 선거 출마, 초급 공사직, 삼류대 및 전문대 응시)
차효는 진취에 원하는 뜻이 이루어지도다.

* 공, 사직의 재직운, 승진운
차효에 재직자는 직분에 나아가도다.

* 사업 시발운(창업, 개업, 전업)
시운이 도래하여 가는데 마다 이롭지 않음이 없도다.

* 사업 진행운(사업, 매매, 증권)
차효는 시운이 도래하여 많은 이익을 얻을지며 가는데 마다 이롭지 않음이 없도다.

* 신수, 가정운
차효는 시운이 도래하여 많은 이익을 얻을지며 가는데 마다 이롭지 않음이 없도다.

* 남녀리합(결혼운, 이성문제)
차효는 이성을 연계함에 가는데 마다 이롭지 않음이 없도다.

* 신상문제(건강, 사고, 상해)
차효는 젊은이는 무탈하나 늙은이는 음질이 우려되도다.

* 시비, 송사
차효는 무사안온하도다.

* 출산
차효는 출산하면 혹 득남이며 모자가 모두 건강하도다.

* 여행
차효는 원근간에 출행이 이롭지 않음이 없도다.

변괘 익 이효
變卦 益 二爻　　＊1년 중 후반기 운세(음력 7월 - 12월)

육이 혹익지십붕지 구불극위 영정길 왕용향어제 길
六二, 或益之十朋之, 龜弗克違, 永貞吉, 王用享於帝, 吉.
혹 더함을 열 쌍의 거북이로 하거든 어기지 못하나 영원히 바르게 하면 길하니 왕이 상제께 제사지내더라도 길하리라.

세운봉지
歲運逢之,
사도 영천　재사 진취성명　상고 획리 향사획복
仕途, 榮遷.　在士, 進取成名.　商賈, 獲利, 享祀獲福.

* 대시(국회의원 출마, 고등고시 응시, 상류대 입시)
차효는 승운이 도래하여 진취에 성명하도다.

* 중시(시도 의회 출마, 간부급 공사직 시험, 중류대 입시)
차효는 호운이 도래하여 진취에 성명하도다.

* 소시(구군의회 선거 출마, 초급 공사직, 삼류대 및 전문대 응시)
차효는 최대 길운이 도래하여 진취에 성명하도다.

* 공, 사직의 재직운, 승진운
차효의 재직자는 도중에 영전하도다.

* 사업 시발운(창업, 개업, 전업)
차효는 창시에 큰 이익을 획득하도다.

* 사업 진행운(사업, 매매, 증권)
차효는 시운이 도래하여 영위함에 큰 이익을 획득할지며 제사하면 복을 얻도다.

* 신수, 가정운
차효는 무엇을 영위에 큰 이익을 획득할지며 제사하면 복을 얻도다.

* 남녀리합(결혼운, 이성문제)
차효는 모사하면 순조하도다.

* 신상문제(건강, 사고, 상해)
차효는 안과태평하도다.

* 시비, 송사
차효는 대안무사하도다.

* 출산
차효는 출산하면 득녀이며 모녀가 모두 건강하도다.

* 여행
차효는 자유자재로 매사가 여의하도다.

523

원괘 중부 삼효
原卦 中孚 三爻 * 1년 중 전반기 운세(음력 1월 - 6월)

육삼 득적 혹고 혹파 혹읍 혹가
六三, 得敵, 或鼓, 或罷, 或泣, 或歌.
적을 얻어서 혹 두드리고 혹 파하고 혹 울고 혹 노래하도다.

세운봉지
歲運逢之,
재사 즉동료불목 혹선진직 혹후퇴위
在仕, 則同僚不睦. 或先進職. 或後退位.

재사서 혹희중유우 혹비중생락 구명모리 득실상잉
在士庶, 或喜中有憂. 或悲中生樂. 求名謀利, 得失相仍.

* 대시(국회의원 출마, 고등고시 응시, 상류대 입시)
차효는 시운이 불리하여 진취에 성명이 불가하도다.

* 중시(시도 의회 출마, 간부급 공사직 시험, 중류대 입시)
차효는 시운이 불우하여 진취에 성명이 불능하도다.

* 소시(구군의회 선거 출마)
차효는 시운이 불조하여 진취에 성명이 어렵도다.

* 소시(초급 공사직, 삼류대 및 전문대 응시)
차효는 진취하여 이름을 구함이 득과 실이 자주 일어날지니 배가의 노력이 가하도다.

* 공, 사직의 재직운, 승진운
차효의 재직자는 동료와 불목하여 혹 먼저는 직분에 나아갔다 혹 뒤에는 그 자리에서 물러서도다.

* 사업 시발운(창업, 개업, 전업)
차효는 기쁜 중에 걱정이 있고 슬픈 중에 락이 있어 구하는 이익이 득과 실이 자주 일어나도다.

* 사업 진행운(사업)
차효는 하는 일에 혹 기쁜 중에 걱정이 있고 슬픈 중에 락이 있어 구하는 이익이 득과 실이 자주 일어나도다.

* 사업 진행운(매매, 증권)
차효는 시운이 불리하니 때를 기다림이 가하도다.

* 신수, 가정운
차효는 혹 기쁜 중에 근심이 있고 슬픈 중에 즐거움이 있어 이익을 꾀함이 득과 실이 자주 일어나도다.

* 남녀리합(결혼운, 이성문제)

차효는 시운의 부침으로 성사가 되는가 하면 곧 와해가 되도다.

* 신상문제(건강, 사고, 상해)
차효는 건강에 큰 탈은 없을지며 고질자는 진퇴를 거듭하도다.

* 시비, 송사
차효는 큰 시비는 없을지나 이월된 문제라면 반복을 거듭하도다.

* 출산
차효는 출산하면 득남이나 모자의 건강이 불안하도다.

* 여행
차효는 목적이 있는 여행에는 불가하도다.

변 괘　소 축　삼 효
變卦 小畜 三爻　　* 1년 중 후반기 운세(음력 7월 - 12월)

구 삼　여 탈 복　부 처 반 목
九三, 輿脫輻, 夫妻反目.
수레의 바큇살을 벗김이며 부부가 반목함이로다.

세 운 봉 지
歲運逢之,
영 이 견 욕　진 이 견 퇴　혹 생 족 목 지 질　혹 인구 분별　백 얼 병 생
榮而見辱, 進而見退.　或生足目之疾, 或人口分別, 百孼病生.

* 대시(국회의원 출마, 고등고시 응시, 상류대 입시)
차효는 시운이 불리하여 진취에 성명이 불가하도다.

* 중시(시도 의회 출마, 간부급 공사직 시험, 중류대 입시)
차효는 시운이 불우하여 진취에 성명이 불능하도다.

* 소시(구군의회 선거 출마, 초급 공사직)
차효는 시운이 불우하여 진취에 전진하는가 하면 후퇴함을 만나도다.

* 소시(삼류대 및 전문대 응시)
  차효는 진취에 전진하는가 하면 후퇴하니 배가의 노력이 가하도다.

* 공, 사직의 재직운, 승진운
  차효는 영예로운 듯하다가 욕됨을 만나도다.

* 사업 시발운(창업, 개업, 전업)
  차효는 전진하려다 후퇴하게 되니 때를 기다림이 가하도다.

* 사업 진행운(사업)
  차효는 영예로운 가운데 욕됨을 만나고 전진하는 중에 후퇴하게 되도다.

* 사업 진행운(매매, 증권)
  차효는 시운이 불리하니 분수를 지키고 때를 기다림이 가하도다.

* 신수, 가정운
  차효는 혹 인구가 나뉘어 떠나감을 볼지로다.

* 남녀리합(결혼운, 이성문제)
  차효는 이성간에 이어지던 일도 와해됨을 볼 것이다.

* 신상문제(건강, 사고, 상해)
  차효는 발이나 눈에 질환이 생기도다.

* 시비, 송사
  차효는 백가지 잘못이 병처럼 생기도다.

* 출산
  차효는 출산하면 혹 득남이나 양육이 어렵도다.

* 여행
  차효는 원거리 여행은 그 뜻을 이루지 못하도다.

531

원 괘 가 인 초 효
原卦 家人 初爻　　＊1년 중 전반기 운세(음력 1월 - 6월)

초 구 한 유 가 회 망
初九, 閑有家, 悔亡.
집에서 막고 익히니 후회가 없어지니라.

세 운 봉 지
歲運逢之,
재 사 한 관 자 즉 초 천 이 위 대 부　이 사 자 즉 관 대 한 처
在仕, 閑官者則超遷而爲大夫.　已仕者, 則官帶閑處.
재 사 자 진 취 즉 리 어 소 시　서 속 모 사 유 성
在士者, 進取則利於小試.　庶俗, 謀事有成.
미 처 자 유 실 가 지 호　승 도 주 주 지 로 자 불 리 어 수
未妻者有室家之好.　僧道主住持, 老者不利於壽.

＊ 대시(국회의원 출마, 고등고시 응시, 상류대 입시)
차효는 시운이 불우하여 진취에 성명이 불가하도다.

＊ 중시(시도 의회 출마, 간부급 공사직 시험, 중류대 입시)
차효는 시운이 불우하여 진취에 성명이 불능하도다.

＊ 소시(구군의회 선거 출마)
차효는 진취에 성명이 어려우니 배가의 노력이 가하도다.

＊ 소시(초급 공사직, 삼류대 및 전문대 응시)
차효는 진취에 소시에는 유리하도다.

＊ 공, 사직의 재직운, 승진운
차효에 한직에 있던 자는 승진전임하고 요직에 있던 자는 한직으로 옮기도다.

＊ 사업 시발운(창업, 개업, 전업)
차효는 창시를 모사한 즉 성사로 이끌도다.

* 사업 진행운(사업, 매매, 증권)
차효는 영위함에 모사함이 성사는 되나 이익에는 큰 기대가 어렵도다.

* 신수, 가정운
차효는 꾀하는 일이 이루어지며 평탄하도다.

* 남녀리합(결혼운)
차효는 결혼에는 좋은 배필을 얻을지로다.

* 남녀리합(이성문제)
차효는 원하는 바 만남이 이루어지도다.

* 신상문제(건강, 사고, 상해)
차효에 노자는 수명에 불리하도다.

* 시비, 송사
차효는 무사평온 하도다.

* 출산
차효는 출산하면 득녀이며 모체 또한 건장하도다..

* 여행
차효는 원근간에 자유자재로 이롭도다.

변 괘 점 초 효
變卦 漸 初爻 * 1년 중 후반기 운세(음력 7월 - 12월)

초 육 홍 점 우 간 소 자 려 유 언 무 구
初六, 鴻漸于干, 小子厲, 有言, 无咎.
기러기가 물가에 나아감이니 소자가 위태해서 말이 있으나 허물이 없느니라.

세 운 봉 지
歲運逢之,

재사 다작정언 혹조진리해 혹상본간쟁 이위문송론적
在仕, 多作正言. 或條陳利害, 或上本諫諍, 而爲文訟論謫.
재사 무응원급인지인 이진취조어시 재서속 다조기궁액
在士, 無應援汲引之人, 而進取阻於時. 在庶俗, 多遭其窮阨,
이모위불조
而謀爲不阻.

* 대시(국회의원 출마, 고등고시 응시, 상류대 입시)
차효는 시운이 불리하여 진취에 성명이 불가하도다.

* 중시(시도 의회 출마, 간부급 공사직 시험)
차효는 시운이 불우하여 진취에 성명이 불능하도다.

* 중시(중류대 입시)
차효는 진취에 응하여 이끌어주는 사람이 없어 때에 막힐지니 배가의 노력이 가하도다.

* 소시(구군의회 선거 출마)
차효는 시운이 불조하여 진취에 막히도다.

* 소시(초급 공사직, 삼류대 및 전문대 응시)
차효는 진취에 응하여 이끌어주는 사람이 없어 때에 막힐지니 배가의 노력이 가하도다.

* 공, 사직의 재직운, 승진운
차효에 재직자는 바른 말을 많이 하며 혹은 이해관계를 조리있게 펴고 혹은 윗사람에게 근본적으로 간하며 글로써 송사하고 공론으로 꾸짖도다.

* 사업 시발운(창업, 개업, 전업)
차효는 창시에 궁하게 액을 크게 만나게 되니 때를 기다림이 가하도다.

* 사업 진행운(사업, 매매, 증권)
차효는 시행에 궁한 액을 크게 만나되 꾀하면 막히지 않도다.

* 신수, 가정운
차효는 궁한 액을 크게 만나되 꾀하면 막히지 않도다.

* 남녀리합(결혼운, 이성문제)
차효는 전에 연계되었던 일이라도 중단되기 쉽도다.

* 신상문제(건강, 사고, 상해)
차효에는 뜻하지 않게 몸이 상하게 됨이 있도다.

* 시비, 송사
차효는 쟁송이 일어나되 모사하면 막히지는 않도다.

* 출산
차효는 출산하면 득녀이며 모체 과로하도다.

* 여행
차효는 출타에는 불리하니 주의가 가하도다.

532

원괘 가인 이효
原卦 家人 二爻 　　* 1년 중 전반기 운세(음력 1월 - 6월)

육이 무유수 재중궤 정길
六二, 无攸遂, 在中饋, 貞吉.
이루는 바가 없고 집안에서 먹이니 바르기 때문에 길하리라.

세운봉지
歲運逢之,
재사 즉입조중 이유광록지질 상인 필주영모성가
在仕, 則入朝中, 而有光祿之秩. 　常人, 必主營謀成家,
이유자량지증 사우학중 이유름급지희
而有貲糧之增. 士寓學中, 而有廩給之喜.

* 대시(국회의원 출마, 고등고시 응시, 상류대 입시)

차효는 시운이 불리하여 진취에 성명이 불가하도다.

* 중시(시도 의회 출마, 간부급 공사직 시험)
차효는 학문을 하는 중에 록을 받는 기쁨이 있을지나 배가의 노력이 가하도다.

* 중시(중류대 입시)
차효는 학문을 하는 중에 록을 받는 기쁨이 있도다.

* 소시(구군의회 선거 출마, 초급 공사직, 삼류대 및 전문대 응시)
차효는 학문을 하는 중에 록을 받는 기쁨이 있도다.

* 공, 사직의 재직운, 승진운
차효의 재직자는 중앙부서에 들어가서 빛나는 록을 가지도다.

* 사업 시발운(창업, 개업, 전업)
차효는 반드시 경영하고 모사함에 성사되도다.

* 사업 진행운(사업, 매매, 증권)
차효는 반드시 경영하고 모사함에 재물을 더하도다.

* 신수, 가정운
차효는 반드시 경영하고 모사하면 가정을 이루게 되고 재물이 더하도다.

* 남녀리합(결혼운, 이성문제)
차효는 반드시 구하면 성사되어 가정을 이루도다.

* 신상문제(건강, 사고, 상해)
차효는 아무런 탈이 없는 시운이로다.

* 시비, 송사
차효는 전에 이월된 쟁송이 있더라도 유리하게 합의가 가하도다.

* 출산
차효는 출산하면 득녀이며 모녀 또한 건장하도다.

* 여행
차효는 원근간에 자유자재로 이롭도다.

변 괘 소 축 이 효
變卦 小畜 二爻 * 1년 중 후반기 운세(음력 7월 - 12월)

구 이 견 복 길
九二, 牽復, 吉
이끌어 회복함이니 길하니라.

세 운 봉 지
歲運逢之,
재 사 즉 위 료 장 이 견 인 유 계 재 사 즉 위 도 장 이 발 췌 유 지
在仕, 則爲僚長, 而牽引有階. 在士, 則爲道長, 而拔萃有地.
재 상 인 즉 련 동 지 이 상 왕 이 영 모 득 수 수 흉 자
在常人, 則聯同志以尙往, 而營謀得遂. 數凶者,
유 견 연 반 복 실 사 지 조
有牽連反復失事之兆.

* 대시(국회의원 출마, 고등고시 응시, 상류대 입시)
차효는 시운이 불리하여 진취에 성명이 불가하도다.

* 중시(시도 의회 출마, 간부급 공사직 시험)
차효는 시운이 불우하여 진취에 성명이 어렵도다.

* 중시(중류대 입시)
차효는 진취에 도가 자라서 뽑힐 여지가 있으나 배가의 노력이 가하도다.

* 소시(구군의회 선거 출마)
차효는 시운이 미흡하여 진취에 성명이 어려우니 배가의 노력이 가하도다.

* 소시(초급 공사직, 삼류대 및 전문대 응시)
차효는 진취에 도가 자라서 뽑힐 여지가 있도다.

* 공, 사직의 재직운, 승진운
차효는 동료의 장이 이끌어 줄 층계가 있도다.

* 사업 시발운(창업, 개업, 전업)
차효는 동지와 연합하여 바라건대 경영하고 모사함을 이루도다.

* 사업 진행운(사업, 매매, 증권)
차효는 동지와 연합하여 왕래하면 경영하고 모사함을 얻을지나 이익에 큰 기대는 어렵도다.

* 신수, 가정운
차효는 영위에 경영하고 모사함을 이룰지로다.

* 남녀리합(결혼운, 이성문제)
차효는 이성을 연계함에 모사함이 얻어지도다.

* 신상문제(건강, 사고, 상해)
차효는 무탈안온하도다.

* 시비, 송사
차효는 수흉자는 견련되고 반복되어 일을 그르칠 징조가 있도다.

* 출산
차효는 출산하면 득남이며 모체 또한 건강하도다.

* 여행
차효는 원근간에 별 탈이 없는 여행이 되도다.

533

원괘 가인 삼효
原卦 家人 三爻　　* 1년 중 전반기 운세(음력 1월 - 6월)

구삼 가인학학 회려길 부자희희 종린
九三, 家人嗃嗃, 悔厲吉, 婦子嘻嘻, 終吝.

가인이 엄하게 하니 뉘우치고 위태하나 길하니 부녀자가 희희덕거리면 마침내 인색하리라.

세운봉지
歲運逢之,
재사 엄이소관서지은 재사 진취평등이미대
在仕, 嚴而少寬恕之恩. 在士, 進取平等而未大.
상인 우희상반 근방탐미지양
常人, 憂喜相半, 謹防耽迷之恙.

* 대시(국회의원 출마, 고등고시 응시, 상류대 입시)
  차효는 시운이 불리하여 진취에 성명이 불가하도다.

* 중시(시도 의회 출마, 간부급 공사직 시험, 중류대 입시)
  차효는 시운이 불우하여 진취에 성명이 불능하도다.

* 소시(구군의회 선거 출마)
  차효는 반드시 시운이 불조하니 진취에 평등하여 크게 되지 못하도다.

* 소시(초급 공사직, 삼류대 및 전문대 응시)
  차효는 시운이 불순하니 진취에 무리와 평등하여 크게 되지는 못할지니 배가의 노력이 가하도다.

* 공, 사직의 재직운, 승진운
  차효의 재직자는 엄하게 하나 조금 너그러운 용서가 있도다.

* 사업 시발운(창업, 개업, 전업)
  차효는 창시에 걱정과 기쁨이 서로 반반이니 때를 기다림이 가하도다.

* 사업 진행운(사업)
  차효는 행위에 걱정과 기쁨이 서로 반반이 되도다.

* 사업 진행운(매매, 증권)
  차효는 영위에 불리하니 때를 기다림이 가하도다.

* 신수, 가정운
차효는 걱정과 기쁨이 서로 반반이 되어 미혹한 일에 탐내는 근심을 막아야 하도다.

* 남녀리합(결혼운, 이성문제)
차효는 걱정과 기쁨이 서로 반반이 되어 미혹한 일에 탐내는 근심을 막아야 하도다.

* 신상문제(건강, 사고, 상해)
차효는 건강에 별 탈이 없도다.

* 시비, 송사
차효는 가정의 불화를 막아야 하도다.

* 출산
차효는 출산하면 득녀이다.

* 여행
차효는 가정에 처해 있음이 가하도다.

변 괘 익 삼 효
變卦 益 三爻　　* 1년 중 후반기 운세(음력 7월 - 12월)

육 삼 익 지 용 흉 사 무 구 유 부 중 행 고 공 용 규
六三, 益之用凶事, 无咎, 有孚中行, 告公用圭.
더하되 흉한 일로 씀이라. 허물이 없으니 믿음을 두고 중도로 행해서 공에게 고하되 도장으로써 하니라.

세 운 봉 지
歲運逢之,
재 사 조 귀 대 용 병 장 립 공 사 자 성 명 선 인 개 질
在仕, 朝貴大用, 兵將立功.　　士子成名, 選人改秩.
서 속 획 리 수 흉 자 유 비 상 지 흉 관 재 최 기
庶俗獲利.　數凶者, 有非常之凶, 官灾最忌.

* 대시(국회의원 출마, 고등고시 응시, 상류대 입시)

차효는 시운이 도래하여 진취에 성명하고 사람을 뽑는 데는 벼슬을 고치도다.

* 중시(시도 의회 출마, 간부급 공사직 시험, 중류대 입시)
차효는 승운이 도래하여 진취에 성명하고 사람을 뽑는 데는 벼슬을 고치도다.

* 소시(구군의회 선거 출마, 초급 공사직, 삼류대 및 전문대 응시)
차효는 호운이 도래하여 진취에 성명하고 사람을 뽑는 데는 벼슬을 고치도다.

* 공, 사직의 재직운, 승진운
차효의 재직자는 조정에 귀하고 크게 쓰이며 무관의 장병은 공을 세우도다.

* 사업 시발운(창업, 개업, 전업)
차효는 창시에 순조하며 많은 재물이 얻어지도다.

* 사업 진행운(사업, 매매, 증권)
차효는 영위에 있어서 유례없는 이익을 얻을지며 여유가 있던 상태라면 제 2의 창업도 가하도다.

* 신수, 가정운
차효는 무엇을 영위함에 반드시 큰 이익을 획득할지며 여유가 있었던 상태라면 전원에 나아가도다.

* 남녀리합(결혼운, 이성문제)
차효는 이성을 연계함에 순조롭게 이루어지도다.

* 신상문제(건강, 사고, 상해)
차효는 수흉자에 한하여 비상한 흉사가 있도다.

* 시비, 송사
차효는 수흉자에 한하여 관재가 가정 두렵도다.

* 출산
차효는 출산하면 득녀이며 모녀가 모두 건장하도다.

* 여행
차효는 자유자재로 향락을 누리도다.

541

원괘 익 초효
原卦 益 初爻 * 1년 중 전반기 운세(음력 1월 - 6월)

초구 리용위대작 원길 무구
初九, 利用爲大作, 元吉, 无咎.
써서 크게 짓는 것이 이로우니 원길해야 허물이 없으리라.

세운봉지
歲運逢之,
재사 필유천탁 진취자 필중대괴 차대자지의 위조심다
在仕, 必有遷擢. 進取者, 必中大魁. 且大字之義, 爲兆甚多,
대부 대사 대중시야 승도 즉유대덕대사지세
大夫, 大師, 大中是也. 僧道, 則有大德大師之說.
서속 즉유대모대유대칭심지의
庶俗, 則有大謀大有大稱心之義.

* 대시(국회의원 출마, 고등고시 응시, 상류대 입시)
차효는 시운이 도래하여 진취에 반드시 큰 장원에 적중되도다.

* 중시(시도 의회 출마, 간부급 공사직 시험, 중류대 입시)
차효는 승운이 도래하여 진취에 반드시 큰 장원에 적중되도다.

* 소시(구군의회 선거 출마, 초급 공사직, 삼류대 및 전문대 응시)
차효는 시운이 도래하여 진취에 반드시 큰 장원에 적중되도다.

* 공, 사직의 재직운, 승진운
차효의 재직자는 반드시 발탁되어 옮겨지도다.

* 사업 시발운(창업, 개업, 전업)
차효는 창시에 큰 모사를 크게 두는 일이 마음의 뜻과 크게 일컫도다.

* 사업 진행운(사업, 매매, 증권)
차효는 크게 모사하면 크게 소유할 수가 있고 크게 마음의 뜻을 이루도다.

* 신수, 가정운
차효는 그 무엇을 영위함에 크게 모사함이 있고 크게 보유할 수가 있으며 크게 마음껏 되도다.

* 남녀리합(결혼운, 이성문제)
차효는 모사함이 크게 이루어지도다.

* 신상문제(건강, 사고, 상해)
차효는 안과태평하도다.

* 시비, 송사
차효는 만약에 이월된 문제가 있더라도 마음껏 이루어지도다.

* 출산
차효는 출산하면 득남이며 모자가 모두 건장하도다.

* 여행
차효는 천재일우의 좋은 기회이도다.

변괘 관 초효
變卦 觀 初爻 　　* 1년 중 후반기 운세(음력 7월 - 12월)

초육 동관 소인무구 군자린
初六, 童觀, 小人无咎, 君子吝.
어린아이의 봄이니 소인은 허물이 없고 군자는 인색하리라.

세운봉지
歲運逢之,
재사 간난지위착협 재사 즉진취천회
在仕, 艱難地位窄狹. 在士, 則進取遷回.
재서속 즉모속응지 산교성졸 몽이무견지동야 방소인암매지사
在庶俗, 則謀速應遲, 算巧成拙. 蒙而無見之童也, 防小人暗昧之事.

* 대시(국회의원 출마, 고등고시 응시, 상류대 입시)
  차효는 시운이 불리하여 진취에 성명이 불가하도다.

* 중시(시도 의회 출마, 간부급 공사직 시험, 중류대 입시)
  차효는 시운이 불우하여 진취에 성명이 불능하도다.

* 소시(구군의회 선거 출마)
  차효는 시운이 불조하여 진취에 성명이 어렵도다.

* 소시(초급 공사직, 삼류대 및 전문대 응시)
  차효는 시운이 불순하여 진취에 되돌아가게 될지니 배가의 노력이 가하도다.

* 공, 사직의 재직운, 승진운
  차효의 재직자는 어렵게 지위가 좁아지도다.

* 사업 시발운(창업, 개업, 전업)
  차효는 창시에 속히 모사하나 더디게 응해질지니 때를 기다림이 가하도다.

* 사업 진행운(사업)
  차효는 속히 모사하나 더디게 응하고 교묘하게 계산하나 졸렬하게 이루어지도다.

* 사업 진행운(매매, 증권)
  차효는 시운이 불리하니 때를 기다림이 가하도다

* 신수, 가정운
  차효는 무엇을 영위함에 치밀한 계산을 하나 성사는 졸렬하게 되도다.

* 남녀리합(결혼운, 이성문제)

차효는 이성을 연계함에 속히 구하나 더디게 응해지도다.

* 신상문제(건강, 사고, 상해)
차효는 나의 건강에는 별 탈이 없도다.

* 시비, 송사
차효는 사소한 부주의로 보지 못한 탈이 생겨 소인의 암매한 속임수를 막아야 하도다.

* 출산
차효는 출산하면 득녀이나 사소한 부주의로 유아의 건강을 그르치도다.

* 여행
차효는 환락의 여행은 자제함이 가하도다.

542

원괘 익 이효
原卦 益 二爻　　* 1년 중 전반기 운세(음력 1월 - 6월)

육이 혹익지십붕지 구불극위 영정길 왕용향어제 길
六二, 或益之十朋之, 龜弗克違, 永貞吉, 王用享於帝, 吉.
혹 더함을 열 쌍의 거북이로 하거든 어기지 못하나 영원히 바르게 하면 길하니 왕이 상제께 제사지내더라도 길하리라.

세운봉지
歲運逢之,
사도 영천　재사 진취성명　상고 획리 향사획복
仕途, 榮遷.　在士, 進取成名.　商賈, 獲利, 享祀獲福.

* 대시(국회의원 출마, 고등고시 응시, 상류대 입시)

차효는 승운이 도래하여 진취에 성명하도다.

* 중시(시도 의회 출마, 간부급 공사직 시험, 중류대 입시)
차효는 호운이 도래하여 진취에 성명하도다.

* 소시(구군의회 선거 출마, 초급 공사직, 삼류대 및 전문대 응시)
차효는 최대 길운이 도래하여 진취에 성명하도다.

* 공, 사직의 재직운, 승진운
차효의 재직자는 도중에 영전하도다.

* 사업 시발운(창업, 개업, 전업)
차효는 창시에 큰 이익을 획득하도다.

* 사업 진행운(사업, 매매, 증권)
차효는 시운이 도래하여 영위함에 큰 이익을 획득할지며 제사하면 복을 얻도다.

* 신수, 가정운
차효는 무엇을 영위에 큰 이익을 획득할지며 제사하면 복을 얻도다.

* 남녀리합(결혼운, 이성문제)
차효는 모사하면 순조하도다.

* 신상문제(건강, 사고, 상해)
차효는 안과태평하도다.

* 시비, 송사
차효는 대안무사하도다.

* 출산
차효는 출산하면 득녀이며 모녀가 모두 건강하도다.

* 여행
차효는 자유자재로 매사가 여의하도다.

변 괘 중 부 이 효
變卦 中孚 二爻 ＊1년 중 후반기 운세(음력 7월 - 12월)

구 이 명 학 재 음 기 자 화 지 아 유 호 작 오 여 이 미 지
九二, 鳴鶴在陰, 其子和之, 我有好爵, 吾與爾靡之.

우는 학이 그늘에 있거늘 그 자식이 화답하도다. 내게 좋은 벼슬이 있어서 내가 너와 더불어 얽히노라.

세 운 봉 지
歲運逢之,

재 사 자 진 직 미 사 자 원 수
在仕者, 進職. 未仕者, 願遂.

재 서 속 즉 획 리 익 생 자 혹 수 명 무 왕 불 리 야 유 로 자 유 질
在庶俗, 則獲利益, 生子或壽命, 無往不利也. 惟老者, 有疾,

재 음 지 조 야
在陰之兆也.

＊ 대시(국회의원 출마)
차효는 진취에 원하는 뜻이 이루어질 것이나 배가의 노력만이 가하도다.

＊ 대시(고등고시 응시, 상류대 입시)
차효는 진취에 원하는 뜻이 이루어지도다.

＊ 중시(시도 의회 출마, 간부급 공사직 시험, 중류대 입시)
차효는 진취에 원하는 뜻이 이루어지도다.

＊ 소시(구군의회 선거 출마, 초급 공사직, 삼류대 및 전문대 응시)
차효는 진취에 원하는 뜻이 이루어지도다.

＊ 공, 사직의 재직운, 승진운
차효에 재직자는 직분에 나아가도다.

＊ 사업 시발운(창업, 개업, 전업)
시운이 도래하여 가는데 마다 이롭지 않음이 없도다.

＊ 사업 진행운(사업, 매매, 증권)
차효는 시운이 도래하여 많은 이익을 얻을지며 가는데 마다 이롭지 않음이 없도다.

* 신수, 가정운
차효는 시운이 도래하여 많은 이익을 얻을지며 가는데 마다 이롭지 않음이 없도다.

* 남녀리합(결혼운, 이성문제)
차효는 이성을 연계함에 가는데 마다 이롭지 않음이 없도다.

* 신상문제(건강, 사고, 상해)
차효는 젊은이는 무탈하나 늙은이는 음질이 우려되도다.

* 시비, 송사
차효는 무사안온하도다.

* 출산
차효는 출산하면 혹 득남이며 모자가 모두 건장하도다.

* 여행
차효는 원근간에 출행이 이롭지 않음이 없도다.

543

원 괘 익 삼 효
原卦 益 三爻 * 1년 중 전반기 운세(음력 1월 - 6월)

육 삼 익 지 용 흉 사 무 구 유 부 중 행 고 공 용 규
六三, 益之用凶事, 无咎, 有孚中行, 告公用圭.

더하되 흉한 일로 씀이라. 허물이 없으니 믿음을 두고 중도로 행해서 공에게 고하되 도장으로써 하니라.

세 운 봉 지
歲運逢之,
재 사 조 귀 대 용 병 장 립 공 사 자 성 명 선 인 개 질
在仕, 朝貴大用, 兵將立功. 士子成名, 選人改秩.
서 속 획 리 수 흉 자 유 비 상 지 흉 관 재 최 기
庶俗獲利. 數凶者, 有非常之凶, 官災最忌.

* 대시(국회의원 출마, 고등고시 응시, 상류대 입시)
차효는 시운이 도래하여 진취에 성명하고 사람을 뽑는 데는 벼슬을 고치도다.

* 중시(시도 의회 출마, 간부급 공사직 시험, 중류대 입시)
차효는 승운이 도래하여 진취에 성명하고 사람을 뽑는 데는 벼슬을 고치도다.

* 소시(구군의회 선거 출마, 초급 공사직, 삼류대 및 전문대 응시)
차효는 호운이 도래하여 진취에 성명하고 사람을 뽑는 데는 벼슬을 고치도다.

* 공, 사직의 재직운, 승진운
차효의 재직자는 조정에 귀하고 크게 쓰이며 무관의 장병은 공을 세우도다.

* 사업 시발운(창업, 개업, 전업)
차효는 창시에 순조하며 많은 재물이 얻어지도다.

* 사업 진행운(사업, 매매, 증권)
차효는 영위에 있어서 유래없는 이익을 얻을지며 여유가 있던 상태라면 제 2의 창업도 가하도다.

* 신수, 가정운
차효는 무엇을 영위함에 반드시 큰 이익을 획득할지며 여유가 있었던 상태라면 전원에 나아가도다.

* 남녀리합(결혼운, 이성문제)
차효는 이성을 연계함에 순조롭게 이루어지도다.

* 신상문제(건강, 사고, 상해)
차효는 수흉자에 한하여 비상한 흉사가 있도다.

* 시비, 송사
차효는 수흉자에 한하여 관재가 가정 두렵도다.

* 출산
차효는 출산하면 득녀이며 모녀가 모두 건강하도다.

* 여행
차효는 자유자재로 향락을 누리도다.

변 괘 가 인 삼 효
變卦 家人 三爻 * 1년 중 후반기 운세(음력 7월 - 12월)

구 삼 가 인 학 학 회 려 길 부 자 희 희 종 린
九三, 家人嗃嗃, 悔厲吉, 婦子嘻嘻, 終吝.
가인이 엄하게 하니 뉘우치고 위태하나 길하니 부녀자가 희희덕 거리면 마침내 인색하리라.

세 운 봉 지
歲運逢之,
재 사 엄 이 소 관 서 지 은 재 사 진 취 평 등 이 미 대
在仕, 嚴而少寬恕之恩. 在士, 進取平等而未大.
상 인 우 희 상 반 근 방 탐 미 지 양
常人, 憂喜相半, 謹防眈迷之恙.

* 대시(국회의원 출마, 고등고시 응시, 상류대 입시)
차효는 시운이 불리하여 진취에 성명이 불가하도다.

* 중시(시도 의회 출마, 간부급 공사직 시험, 중류대 입시)
차효는 시운이 불우하여 진취에 성명이 불능하도다.

* 소시(구군의회 선거 출마)
차효는 반드시 시운이 불조하니 진취에 평등하여 크게 되지 못하도다.

* 소시(초급 공사직, 삼류대 및 전문대 응시)
차효는 시운이 불순하니 진취에 무리와 평등하여 크게 되지는 못할지니 배가의 노력이 가하도다.

* 공, 사직의 재직운, 승진운
차효의 재직자는 엄하게 하나 조금 너그러운 용서가 있도다.

* 사업 시발운(창업, 개업, 전업)
차효는 창시에 걱정과 기쁨이 서로 반반이니 때를 기다림이 가하도다.

* 사업 진행운(사업)
차효는 행위에 걱정과 기쁨이 서로 반반이 되도다.

* 사업 진행운(매매, 증권)
차효는 영위에 불리하니 때를 기다림이 가하도다.

* 신수, 가정운
차효는 걱정과 기쁨이 서로 반반이 되어 미혹한 일에 탐내는 근심을 막아야 하도다.

* 남녀리합(결혼운, 이성문제)
차효는 걱정과 기쁨이 서로 반반이 되어 미혹한 일에 탐내는 근심을 막아야 하도다.

* 신상문제(건강, 사고, 상해)
차효는 건강에 별 탈이 없도다.

* 시비, 송사
차효는 가정의 불화를 막아야 하도다.

* 출산
차효는 출산하면 득녀이다.

* 여행
차효는 가정에 처해 있음이 가하도다.

551

원 괘 손 초 효
原卦 巽 初爻　　＊1년 중 전반기 운세(음력 1월 - 6월)

초 육 진 퇴 리 무 인 지 정
初六, 進退, 利武人之貞.
나아가고 물러감이니 무인의 정고함이 이로우니라.

세 운 봉 지
歲運逢之,
재 사 즉 의 우 선 혹 유 차 제 진 퇴 불 일 혹 유 겸 권 난 중 유 이
在仕, 則宜右選.　或有差除, 進退不一.　或有兼權, 難中有易.
재 사 즉 리 우 문 선 무 선 즉 유 조 재 서 속 영 위 유 득 유 실
在士, 則利于文選, 武選則有阻.　在庶俗, 營爲有得有失.
흉 자 다 초 의 방
凶者, 多招疑謗.

＊ 대시(국회의원 출마)
차효는 시운이 불리하여 진취에 성명이 어렵도다.

＊ 대시(고등고시 응시, 상류대 입시)
차효는 문선에는 이로우나 무선에는 막히도다.

＊ 중시(시도 의회 출마, 간부급 공사직 시험, 중류대 입시)
차효는 문선에는 이로우나 무선에는 막힐지며 배가의 노력이 가하도다.

＊ 소시(구군의회 선거 출마, 초급 공사직, 삼류대 및 전문대 응시)
차효는 문선에는 이로우나 무선에는 막히도다.

＊ 공, 사직의 재직운, 승진운
차효의 재직자는 문선에는 마땅하나 혹 제외가 될 수 있으며 진퇴가 하나같지 않도다. 혹 권세를 겸함에 있어 어려운 중에 쉽게 되도다.

＊ 사업 시발운(창업, 개업, 전업)
차효는 무엇을 경영함에 있어 득이 있는가 하면 실이 있으니 이는 과단성

이 없는 까닭이라. 때를 기다림이 가하도다.

* 사업 진행운(사업)
차효는 영위에 있어서 혹 득이 있는가 하면 실이 있도다.

* 사업 진행운(매매, 증권)
차효는 시운이 불리하니 분수를 지키고 때를 기다림이 가하도다.

* 신수, 가정운
차효는 영위함에 득이 있는가 하면 실이 있으니 이는 과단성이 없는 까닭이로다.

* 남녀리합(결혼운, 이성문제)
차효는 이성을 연계함에 먼저는 득이 있으나 뒤에는 실이 되도다.

* 신상문제(건강, 사고, 상해)
차효는 무사안온하도다.

* 시비, 송사
차효는 의아스럽고 비방함을 부르도다.

* 출산
차효는 출산하면 득남이나 산고가 어렵도다.

* 여행
차효는 목적 이외의 여행은 가하도다.

변괘 소축 초효
變卦 小畜 初爻 * 1년 중 후반기 운세(음력 7월 - 12월)

초구 복자도 하기구 길
初九, 復自道, 何其咎, 吉.
회복함이 도로부터 함이니 무슨 허물이리오, 길하니라.

세 운 봉 지
歲運逢之,
재 사 즉 한 관 복 직 역 려 환 향 상 속 안 정 재 사
在仕, 則閑官復職. 逆旅還鄕. 常俗安靜. 在士,
즉 극 복 이 업 수 흉 자 변 손 초 효 진 퇴 지 의 재 유 위 자 당 방 시 기
則克復肄業. 數凶者變巽初爻, 進退志疑. 在有爲者, 當防猜忌,
의 혹 지 화
疑惑之禍.

* 대시(국회의원 출마, 고등고시 응시, 상류대 입시)
  차효는 시운이 불리하여 진취에 성명이 불가하도다.

* 중시(시도 의회 출마, 간부급 공사직 시험, 중류대 입시)
  차효는 시운이 불우하여 진취에 성명이 불능하도다.

* 소시(구군의회 선거 출마, 초급 공사직, 삼류대 및 전문대 응시)
  차효는 시운이 불조하여 진취에 그 업을 잘 극복해야 하도다.

* 공, 사직의 재직운, 승진운
  차효에 한직에 있던 자는 직분을 회복하도다.

* 사업 시발운(창업, 개업, 전업)
  차효는 안정이 가하도다. 전진후퇴에 그 뜻이 머뭇거리니 때를 기다림이 가하도다.

* 사업 진행운(사업)
  차효는 시기하고 의혹스런 화를 막아야 하며 진퇴가 머뭇거리도다.

* 사업 진행운(매매, 증권)
  차효는 시운이 불리하니 조용히 정지해서 때를 기다림이 가하도다.

* 신수, 가정운
  차효는 편안하고 조용히 있어야. 시기하고 의혹스런 화를 막아야 하도다.

* 남녀리합(결혼운, 이성문제)
  차효는 시운이 불리하니 조용히 있어라. 시기하고 의록스런 화가 있도다.

* 신상문제(건강, 사고, 상해)
차효는 의혹스런 화를 막아야 하도다.

* 시비, 송사
차효는 시기가 있어 불쾌하도다.

* 출산
차효는 출산하면 득남이나 산모의 건강에 융의해야 하도다.

* 여행
차효는 장기체류자는 환향하도다.

552

원 괘 손 이 효
原卦 巽 二爻　　* 1년 중 전반기 운세(음력 1월 - 6월)

구 이 손 재 상 하 용 사 무 분 약 길 무 구
九二, 巽在牀下, 用史巫紛若, 吉, 无咎.
겸손해서 평상 아래 있음이니 사와 무를 씀이 많게 하면 길하고 허물이 없으리라.

세 운 봉 지
歲運逢之,

재 사 유 천 제 비 언 로 즉 재 사 관　　재 사 성 명
在仕, 有遷除, 非言路, 則在史館.　　在士, 成名.

서 속 즉 성 실 감 인 이 모 도 리 달　　흉 자 유 무 축 지 제
庶俗, 則誠實感人, 而謀圖利達.　　凶者, 有巫祝之祭.

* 대시(국회의원 출마, 고등고시 응시, 상류대 입시)
차효는 시운이 도래하여 진취에 성명하도다.

* 중시(시도 의회 출마, 간부급 공사직 시험, 중류대 입시)
차효는 호운이 도래하여 진취에 성명하도다.

* 소시(구군의회 선거 출마, 초급 공사직, 삼류대 및 전문대 응시)
차효는 승운이 도래하여 진취에 성명하도다.

* 공, 사직의 재직운, 승진운
차효의 재직자는 전직이 있으되 언로가 아니면 사관에 있게 되도다.

* 사업 시발운(창업, 개업, 전업)
차효는 무엇을 경영함에 있어 득이 있는가 하면 실이 있으니 이는
과단성이 없는 까닭이라. 때를 기다림이 가하도다.

* 사업 진행운(사업)
차효는 창시에 성실로써 사람을 감동케 하니 도모함이 이롭게 달하도다.

* 사업 진행운(매매, 증권)
차효는 영위함에 성실로써 사람을 감동케 하니 도모함이 이롭게 달하도다.

* 신수, 가정운
차효는 영위함에 성실로써 사람을 감동케 하니 도모함이 이롭게 달하도다.

* 남녀리합(결혼운, 이성문제)
차효는 성실로써 사람을 감동케 하니 도모함이 성사되도다.

* 신상문제(건강, 사고, 상해)
차효의 수흉자는 무당으로 하여금 축제함이 있도다.

* 시비, 송사
차효는 무사안일하도다.

* 출산

차효는 출산하면 득남이나 모체가 허약하도다.

* 여행
차효는 장거리 원행에는 건강에 근신함이 있도다.

변괘 점 이효
變卦 漸 二爻 * 1년 중 후반기 운세(음력 7월 - 12월)

육이 홍점우반 음식간간 길
六二, 鴻漸于磐, 飮食衎衎, 吉.
기러기가 반석에 나아감이라. 마시고 먹는 것이 즐겁고 즐거우니 길하니라.

세운봉지
歲運逢之,
재사 위식록제주지직 재사 위록명경림지연
在仕, 爲食祿祭酒之職. 在士, 爲鹿鳴瓊林之宴.
재상인 위금곡포주지사 무왕불리 수처개안
在常人, 爲金谷疱廚之事. 無往不利, 隨處皆安.

* 대시(국회의원 출마, 고등고시 응시, 상류대 입시)
차효는 승운이 도래하여 진취에 사슴이 우는 아름다운 숲에서 잔치를 하도다.

* 중시(시도 의회 출마, 간부급 공사직 시험, 중류대 입시)
차효는 시운이 도래하여 진취에 사슴이 우는 아름다운 숲에서 잔치를 하도다.

* 소시(구군의회 선거 출마, 초급 공사직, 삼류대 및 전문대 응시)
차효는 호운이 도래하여 진취에 사슴이 우는 아름다운 숲에서 잔치를 하도다.

* 공, 사직의 재직운, 승진운
차효의 재직자는 식록을 옮기어 오르도다.

* 사업 시발운(창업, 개업, 전업)

차효는 창시에 가는데 마다 이롭지 아니함이 없고 따르는 곳마다 모두 편안하도다.

* 사업 진행운(사업, 매매, 증권)
차효는 하는 바가 금곡에서 잔치할 일이 있으며 가는데 마다 이롭지 아니함이 없도다.

* 신수, 가정운
차효는 하는 일이 융성하게 되어 가는데 마다 이롭지 아니함이 없고 따르는 곳마다 모두 편안하도다.

* 남녀리합(결혼운, 이성문제)
차효는 가는데 마다 이롭지 아니함이 없어 성사가 가하도다.

* 신상문제(건강, 사고, 상해)
차효는 따르는 곳마다 모두 편안함이 되도다.

* 시비, 송사
차효는 무사안일하도다.

* 출산
차효는 출산하면 득남이나 모자가 모두 건장하도다.

* 여행
차효는 자유자재로 가는데 마다 이로우며 따르는 곳마다 모두 편안하도다.

553

원괘 손 삼효
原卦 巽 三爻　　＊ 1년 중 전반기 운세(음력 1월 - 6월)

구삼 빈손 린
九三, 頻巽, 吝.

자주 겸손함이니 인색하니라.

세운봉지
歲運逢之,
재사 유적강지차 재사 유손실지우 재서속 유궁곤지액
在仕, 有謫降之嗟. 在士, 有損失之虞. 在庶俗, 有窮困之阨.
환도유차견자 혹겸용 혹재간 루득루실 수린난면
宦途有差遣者, 或兼用. 或再幹. 屢得屢失, 羞吝難免.

* 대시(국회의원 출마, 고등고시 응시, 상류대 입시)
차효는 시운이 불리하여 진취에 성명이 불가하도다.

* 중시(시도 의회 출마, 간부급 공사직 시험, 중류대 입시)
차효는 시운이 불우하여 진취에 성명이 불능하도다.

* 소시(구군의회 선거 출마, 초급 공사직, 삼류대 및 전문대 응시)
차효는 시운이 불순하여 진취에 손실이 될 걱정이 있을지니 배가의 노력이 가하도다.

* 공, 사직의 재직운, 승진운
차효의 재직자는 질책과 강등의 탄식이 있으며 혹 파견됨이 있는 자는 혹 겸임이 있도다.

* 사업 시발운(창업, 개업, 전업)
차효는 창시에 곤궁한 액이 있을지니 때를 기다림이 가하도다.

* 사업 진행운(사업)
차효는 영위에 혹 두 번 간여하여야 하며 여러번 득이 되나 또한 여러 번 실이 되어 부끄럽고 민망함을 면하기 어렵도다.

* 사업 진행운(매매, 증권)
차효는 시운이 불리하니 분수를 지키고 때를 기다림이 가하도다.

* 신수, 가정운
차효는 궁하고 곤한 액이 있으며 혹은 두 번 간여하게 되어 여러 번

득이 되나 또한 여러 번 실이 되어 부끄럽고 민망함을 면하기 어렵도다.

* 남녀리합(결혼운, 이성문제)
차효는 혹은 두 번 간여하게 되어 여러 번 득이 되나 또한 여러 번 실이 되어 부끄럽고 민망함을 면하기 어렵도다.

* 신상문제(건강, 사고, 상해)
차효는 혹 궁하고 곤한 액을 만나도다.

* 시비, 송사
차효는 혹 궁하고 곤한 액을 만나 흑백의 주장을 하게 되도다.

* 출산
차효는 출산하면 득남이나 모체가 쾌유하지 못하도다.

* 여행
차효는 목적 이외의 출행은 자제함이 가하도다.

변괘 환 삼효
變卦 渙 三爻 * 1년 중 후반기 운세(음력 7월 - 12월)

육삼 환기궁 무회
六三, 渙其躬, 无悔.
그 몸을 흩뜨리니 후회가 없을 것이다.

세운봉지
歲運逢之,
재사조중자 필전천외군 진취자불리주현 이외시즉수
在仕朝中者, 必轉遷外郡. 進取者不利州縣, 而外試則遂.
유화액자 필산 재국학자 필출신 상인획리
有禍阨者, 必散. 在國學者, 必出身. 常人獲利.

* 대시(국회의원 출마, 고등고시 응시, 상류대 입시)
차효는 시운이 불우하여 진취에 성명이 어렵도다.

* 중시(시도 의회 출마, 간부급 공사직 시험)
차효는 진취에 국학자는 출신하도다.

* 중시(중류대 입시)
차효는 진취에 주현에서는 불리하며 밖으로 나아가서 응시하면 이루도다.

* 소시(구군의회 선거 출마, 초급 공사직)
차효는 진취에 국학자는 출신하도다.

* 소시(삼류대 및 전문대 응시)
차효는 진취에 주현에서는 불리하며 밖으로 나아가서 응시하면 이루도다.

* 공, 사직의 재직운, 승진운
차효의 재직자로 조정(본사)에 있던 자는 반드시 외군으로 전천하도다.

* 사업 시발운(창업, 개업, 전업)
차효는 창시에 유리하니 성취가 용이하도다.

* 사업 진행운(사업, 매매, 증권)
차효는 진행에 이익을 많이 획득하도다.

* 신수, 가정운
차효는 무엇을 영위함에 이익이 많이 획득되며 화액이 있던 자는 반드시 그 화액이 흩어지도다.

* 남녀리합(결혼운, 이성문제)
차효는 화액이 있던 자는 반드시 그 화액이 흩어지도다.

* 신상문제(건강, 사고, 상해)
차효는 화액이 있던 자는 반드시 그 화액이 흩어지도다.

* 시비, 송사
차효는 화액이 있던 자는 반드시 쟁송이 흩어지도다.

* 출산

차효는 출산하면 득남이나 모자의 건강에 불리하도다.

* 여행
차효는 출행에 자연스럽도다.

561

원 괘 환 초 효
原卦 渙 初爻 ＊1년 중 전반기 운세(음력 1월 - 6월)

초 육 용 증 마 장 길
初六, 用拯馬壯, 吉.
구원하되 말이 씩씩하니 길하니라.

세 운 봉 지
歲運逢之,
재 사 승 천 지 속 유 오 마 융 마 지 조 재 사 유 비 등 지 응
在仕, 陞遷之速, 有五馬戎馬之兆. 在士, 有飛騰之應.
재 서 속 득 존 상 제 거 이 모 위 의 수
在庶俗, 得尊上提擧, 而謀爲意遂.

* 대시(국회의원 출마, 고등고시 응시, 상류대 입시)
차효는 시운이 도래하여 진취에 날고 오르는데 응하도다.

* 중시(시도 의회 출마, 간부급 공사직 시험, 중류대 입시)
차효는 승운이 도래하여 진취에 날고 오르는데 응하도다.

* 소시(구군의회 선거 출마, 초급 공사직, 삼류대 및 전문대 응시)
차효는 호운이 도래하여 진취에 날고 오르는데 응하도다.

* 공, 사직의 재직운, 승진운
차효의 재직자는 오르고 옮김이 속히 되나 다섯 마리 말 중에 오랑캐

말이 있도다.

* 사업 시발운(창업, 개업, 전업)
차효는 창시에 귀인이 이끌어서 모사함이 뜻을 이루도다.

* 사업 진행운(사업, 매매, 증권)
차효는 진행에 귀인이 이끌어서 모사함이 뜻을 이루나 이익에는 큰 기대가 어렵도다.

* 신수, 가정운
차효는 영위함에 귀인이 이끌어서 모사함이 뜻을 이루도다.

* 남녀리합(결혼운, 이성문제)
차효는 이끌어줌을 얻어서 모사함에 뜻을 이루도다.

* 신상문제(건강, 사고, 상해)
차효는 시운의 상승으로 별 탈은 없을지나 재직자에 있어서는 혹 친한 벗이 해를 끼치도다.

* 시비, 송사
차효는 무시무비하도다.

* 출산
차효는 출산하면 득남이며 모자가 함께 건장하도다.

* 여행
차효는 여행에는 자유자재로 원행도 가하도다.

변괘 중부 초효
變卦 中孚 初爻 * 1년 중 후반기 운세(음력 7월 - 12월)

초구 우길 유타불연
初九, 虞吉, 有它不燕.
헤아리면 길하니 다른 마음이 있으면 편치 못할 것이다.

세 운 봉 지

歲運逢之,

재 사 유 천 발 지 미 재 사 유 급 인 지 가

在仕, 有薦拔之美. 在士, 有汲引之佳.

재 서 속 즉 귀 인 제 거 이 모 극 수 단 희 중 유 우 심 지 인 재 파 손

在庶俗, 則貴人提擧而謀克遂. 但喜中有憂, 甚至人財破損.

범 재 사 서 지 류 욕 유 위 자 의 조 수 이 도 기 성 불 가 연 안 이 시 기 패

凡在士庶之類, 欲有爲者, 宜操守以圖其成. 不可宴安以視其敗.

* 대시(국회의원 출마, 고등고시 응시, 상류대 입시)
차효는 시운이 불리하여 진취에 성명이 불가하도다.

* 중시(시도 의회 출마)
차효는 시운이 불우하여 진취에 성명이 불능도다.

* 중시(간부급 공사직 시험, 중류대 입시)
차효는 진취에 이끌어주는 아름다음이 있으나 배가의 녹만이 가하도다.

* 소시(구군의회 선거 출마)
차효는 시운이 불조하여 진취에는 이끌어주는 아름다움이 있으나 배가의 노력이 가하도다.

* 소시(초급 공사직, 삼류대 및 전문대 응시)
차효는 시운이 도래하여 진취에 이끌어주는 아름다움이 있도다.

* 공, 사직의 재직운, 승진운
차효는 천발의 아름다움이 있도다.

* 사업 시발운(창업, 개업, 전업)
차효는 귀인이 이끌어주어서 모사함을 능히 이루도다. 그러나 안일하게 여기면 그 패함을 만나도다.

* 사업 진행운(사업)
차효는 기쁜 중에 걱정이 있으며 재물이 파산되도다. 마땅히 조심하고 잘 지켜야 그 성사가 될지며 안일하게 하면 실패를 볼 것이로다.

* 사업 진행운(매매, 증권)
차효는 때를 기다림이 가하도다.

* 신수, 가정운
차효는 무엇을 하고자 할진대 마땅히 조심하고 잘 지켜야 그 도모함이 성사되도다. 안일함은 불가하니 그 실패를 볼 것이로다.

* 남녀리합(결혼운, 이성문제)
차효는 귀인이 이끌어서 모사함이 이루어지나 기쁜 중에 걱정이 있도다.

* 신상문제(건강, 사고, 상해)
차효는 지나치게 안일함은 몸을 상하게 하도다.

* 시비, 송사
차효는 사람과 재물이 파손되므로 시비가 뒤따르도다.

* 출산
차효는 출산하면 혹 득남이나 양육이 어렵도다.

* 여행
차효는 원거리 여행은 몸조심이 가하도다.

562

원 괘 환 이 효
原卦 渙 二爻 * 1년 중 전반기 운세(음력 1월 - 6월)

구 이 환 분 기 궤 회 망
九二, 渙奔其机, 悔亡.
흩어짐에 그 평상에 달려감이니 후회가 없어지리라.

세 운 봉 지
歲運逢之,

재 사 혹 위 백 료 지 장 집 권 병 지 중 등 단 배 장 운 주 위 악
在仕, 或爲百僚之長, 執權柄之重, 登壇拜將, 運籌幃幄.

사 자 성 명 상 인 성 가 모 망 자 합 지 승 도 수 은
士子, 成名. 常人, 成家. 謀望者, 合志. 僧道受恩.

수 흉 분 파 실 탈 도 망
數凶, 奔波失脫逃亡.

* 대시(국회의원 출마, 고등고시 응시, 상류대 입시)
  차효는 시운이 도래하여 진취에 성명하도다.

* 중시(시도 의회 출마, 간부급 공사직 시험, 중류대 입시)
  차효는 승운이 도래하여 진취에 성명하도다.

* 소시(구군의회 선거 출마, 초급 공사직, 삼류대 및 전문대 응시)
  차효는 호운이 도래하여 진취에 성명하도다.

* 공, 사직의 재직운, 승진운
  차효의 재직자는 혹 백료의 장이 되어 권세를 중히 잡아 단에 올라 장수에 절하도다.

* 사업 시발운(창업, 개업, 전업)
  차효는 창시에 모사함이 그 뜻과 같이 이루어지도다.

* 사업 진행운(사업, 매매, 증권)
  차효는 진행에 영위함이 성취되나 큰 이익은 기대하기 어렵도다.

* 신수, 가정운
  차효는 영위함에 성가되나 수흉자는 실탈되어 도망하도다.

* 남녀리합(결혼운, 이성문제)
  차효는 모망함에 있어 그 뜻이 합해지도다.

* 신상문제(건강, 사고, 상해)
  차효는 수흉자에 한해서만 심신이 곤하도다.

* 시비, 송사
차효는 수흉자에 한하여 실탈되어 도망하도다.

* 출산
차효는 출산하면 득남이며 모자가 함께 건장하도다.

* 여행
차효는 출행에 뜻과 같아 유유안락하도다.

변괘 관 이효
變卦 觀 二爻 * 1년 중 후반기 운세(음력 7월 - 12월)

육이 규관 리녀정
六二, 闚觀, 利女貞.
엿보는 관이니 여자의 바름이 이로우니라.

세운봉지
歲運逢之,
재사 즉유재력불급지차 재사 유문리흠통지실
在仕, 則有才力不及之嗟. 在士, 有文理欠通之失.
재서속지 재가즉암 이재외즉명 혹희혹우
在庶俗之, 在家則暗, 而在外則明. 或喜或憂.
혹인부인사기추악 대저 의동불의정 차효계녀희남비
或因婦人事起醜惡. 大抵, 宜動不宜靜, 此爻係女喜男悲.

* 대시(국회의원 출마, 고등고시 응시, 상류대 입시)
차효는 시운이 불리하여 진취에 성명이 불가하도다.

* 중시(시도 의회 출마, 간부급 공사직 시험, 중류대 입시)
차효는 시운이 불우하여 진취에 성명이 불능하도다.

* 소시(구군의회 선거 출마)
차효는 시운이 불조하여 진취에 성명이 어렵도다.

* 소시(초급 공사직, 삼류대 및 전문대 응시)

차효는 진취에 문리가 통하지 못하는 실수가 있을지니 배가의 노력이 가하도다.

* 공, 사직의 재직운, 승진운
차효의 재직자는 재주의 역량이 미치지 못하는 탄식이 있도다.

* 사업 시발운(창업, 개업, 전업)
차효는 혹 기쁨이 있으나 혹 걱정이 있을지니 순탄하지만은 않을지로다.

* 사업 진행운(사업)
차효는 영위함에 혹 기쁨이 있으나 혹 걱정이 있도다.

* 사업 진행운(매매, 증권)
차효는 시운이 불리하니 분수를 지키고 때를 기다림이 가하도다.

* 신수, 가정운
차효는 가정에 있은 즉 암담하고 밖으로 나아간 즉 명랑하며 혹 부인으로 인한 추악한 일이 있게 되며 남자에게는 슬프고 여자에게는 기쁨이로다.

* 남녀리합(결혼운, 이성문제)
차효는 혹 기쁘나 혹 걱정이 되고 여자에게는 기쁘며 남자에게는 슬프도다.

* 신상문제(건강, 사고, 상해)
차효는 심신이 곤하도다.

* 시비, 송사
차효는 혹 부인 일로 인한 추악한 일이 일어나도다.

* 출산
차효는 출산하면 득남이며 모자가 건강하도다.

* 여행
차효는 움직임이 마땅하고 조용히 있음은 마땅하지 않으니 출행이 가하도다.

563

원괘 환 삼효
原卦 渙 三爻　　* 1년 중 전반기 운세(음력 1월 - 6월)

육삼 환기궁 무회
六三, 渙其躬, 无悔.
그 몸을 흩뜨리니 후회가 없을 것이다.

세운봉지
歲運逢之,
재사조중자 필전천외군 진취자불리주현 이외시즉수
在仕朝中者, 必轉遷外郡.　進取者不利州縣, 而外試則遂.
유화액자 필산 재국학자 필출신 상인획리
有禍阨者, 必散.　在國學者, 必出身.　常人獲利.

* 대시(국회의원 출마, 고등고시 응시, 상류대 입시)
  차효는 시운이 불우하여 진취에 성명이 어렵도다.

* 중시(시도 의회 출마, 간부급 공사직 시험)
  차효는 진취에 국학자는 출신하도다.

* 중시(중류대 입시)
  차효는 진취에 주현에서는 불리하며 밖으로 나아가서 응시하면 이루도다.

* 소시(구군의회 선거 출마, 초급 공사직)
  차효는 진취에 국학자는 출신하도다.

* 소시(삼류대 및 전문대 응시)
  차효는 진취에 주현에서는 불리하며 밖으로 나아가서 응시하면 이루도다.

* 공, 사직의 재직운, 승진운
  차효의 재직자로 조정(본사)에 있던 자는 반드시 외군으로 전천하도다.

* 사업 시발운(창업, 개업, 전업)
  차효는 창시에 유리하니 성취가 용이하도다.

＊ 사업 진행운(사업, 매매, 증권)
차효는 진행에 이익을 많이 획득하도다.

＊ 신수, 가정운
차효는 무엇을 영위함에 이익이 많이 획득되며 화액이 있던 자는 반드시 그 화액이 흩어지도다.

＊ 남녀리합(결혼운, 이성문제)
차효는 화액이 있던 자는 반드시 그 화액이 흩어지도다.

＊ 신상문제(건강, 사고, 상해)
차효는 화액이 있던 자는 반드시 그 화액이 흩어지도다.

＊ 시비, 송사
차효는 화액이 있던 자는 반드시 쟁송이 흩어지도다.

＊ 출산
차효는 출산하면 득남이나 모자의 건강에 불리하도다.

＊ 여행
차효는 출행에 자연스럽도다.

변 괘 손 삼 효
變卦 巽 三爻　　＊ 1년 중 후반기 운세(음력 7월 - 12월)

구 삼 빈 손 린
九三, 頻巽, 吝.
자주 겸손함이니 인색하니라.

세 운 봉 지
歲運逢之,
재 사 유 적 강 지 차　　재 사 유 손 실 지 우 재 서 속 유 궁 곤 지 액
在仕, 有謫降之嗟.　　在士, 有損失之虞. 在庶俗, 有窮困之阨.

환도유차견자 혹겸용 혹재간 루득루실 수린난면
宦途有差遣者, 或兼用. 或再幹. 屢得屢失, 羞吝難免.

* 대시(국회의원 출마, 고등고시 응시, 상류대 입시)
  차효는 시운이 불리하여 진취에 성명이 불가하도다.

* 중시(시도 의회 출마, 간부급 공사직 시험, 중류대 입시)
  차효는 시운이 불우하여 진취에 성명이 불능하도다.

* 소시(구군의회 선거 출마, 초급 공사직, 삼류대 및 전문대 응시)
  차효는 시운이 불순하여 진취에 손실이 될 걱정이 있을지니 배가의 노력이 가하도다.

* 공, 사직의 재직운, 승진운
  차효의 재직자는 질책과 강등의 탄식이 있으며 혹 파견됨이 있는 자는 혹 겸임이 있도다.

* 사업 시발운(창업, 개업, 전업)
  차효는 창시에 곤궁한 액이 있을지니 때를 기다림이 가하도다.

* 사업 진행운(사업)
  차효는 영위에 혹 두 번 간여하여야 하며 여러 번 득이 되나 또한 여러 번 실이 되어 부끄럽고 민망함을 면하기 어렵도다.

* 사업 진행운(매매, 증권)
  차효는 시운이 불리하니 분수를 지키고 때를 기다림이 가하도다.

* 신수, 가정운
  차효는 궁하고 곤한 액이 있으며 혹은 두 번 간여하게 되어 여러 번 득이 되나 또한 여러 번 실이 되어 부끄럽고 민망함을 면하기 어렵도다.

* 남녀리합(결혼운, 이성문제)
  차효는 혹은 두 번 간여하게 되어 여러 번 득이 되나 또한 여러 번 실이 되어 부끄럽고 민망함을 면하기 어렵도다.

* 신상문제(건강, 사고, 상해)

차효는 혹 궁하고 곤한 액을 만나도다.

* 시비, 송사
차효는 혹 궁하고 곤한 액을 만나 흑백의 주장을 하게 되도다.

* 출산
차효는 출산하면 득남이나 모체가 쾌유하지 못하도다.

* 여행
차효는 목적 이외의 출행은 자제함이 가하도다.

611

원괘 수 초효
原卦 需 初爻　　* 1년 중 전반기 운세(음력 1월 - 6월)

초구 수우교 리용항 무구
初九, 需于郊, 利用恒, 无咎.
들에서 기다림이라. 항상함을 씀이 이로우니 허물이 없으리라.

세운봉지
歲運逢之,
재사 즉수상직 이출척불가　재사 즉의종외로
在仕, 則守常職, 而黜陟不加.　在士, 則宜從外路,
수유조취이지의불협
雖有造就而志意不愜.
경영자 수구안상 재불범이화불작　여수공자 장우교야
經營者, 守舊安常, 災不犯而禍不作.　如數空者, 葬于郊野.

* 대시(국회의원 출마, 고등고시 응시, 상류대 입시)
차효는 시운이 불리하여 진취에 성명이 불가하도다.

* 중시(시도 의회 출마, 간부급 공사직 시험, 중류대 입시)
  차효는 시운이 불우하여 진취에 성명이 불능하도다.

* 소시(구군의회 선거 출마)
  차효는 시운이 불조하여 진취에 성명이 어렵도도다.

* 소시(초급 공사직, 삼류대 및 전문대 응시)
  차효는 외로를 따르면 마땅하나 비록 성명하여도 자기의 뜻에는 만족하지 못하도다.

* 공, 사직의 재직운, 승진운
  차효의 재직자는 상직을 잘 지켜야 내쫓김을 당하지 않도다.

* 사업 시발운(창업, 개업, 전업)
  차효는 창시에 불리하니 때를 기다림이 가하도다.

* 사업 진행운(사업, 매매, 증권)
  차효는 영위함에 옛대로 잘 지켜라. 자기의 분수를 잘 지켜야 재앙이 범해오지 않으며 화를 짓지 않도다.

* 신수, 가정운
  차효는 영위함에 옛대로 잘 지켜라. 자기의 분수를 잘 지켜야 재앙이 범해오지 않으며 화를 짓지 않도다.

* 남녀리합(결혼운, 이성문제)
  차효는 이성을 접함에 자기의 분수를 잘 지켜야 화를 짓지 않도다.

* 신상문제(건강, 사고, 상해)
  차효는 수흉자에 한하여 수명이 불리하도다.

* 시비, 송사
  차효는 무슨 일을 영위함에 분수를 지켜야 시비가 없도다.

* 출산
  차효는 출산하면 득남이나 모체의 건강이 부실하도다.

* 여행
차효는 시운이 불리하니 분수외의 출행은 자제함이 가하도다.

변 괘 정 초 효
變卦 井 初爻　　* 1년 중 후반기 운세(음력 7월 - 12월)

초 육 정 니 불 식 구 정 무 금
初六, 井泥不食, 舊井无禽.
우물에 진흙이 있어 먹지 못함이라. 옛 우물에 새가 없도다.

세 운 봉 지
歲運逢之,
재 사 퇴 한　구 명 자 불 수　영 모 자 조 체　수 흉 자 기 세
在仕, 退閑.　求名者, 不遂.　營謀者, 阻滯.　數凶者, 棄世.

* 대시(국회의원 출마, 고등고시 응시, 상류대 입시)
차효는 시운이 불리하여 진취에 성명이 불가하도다.

* 중시(시도 의회 출마, 간부급 공사직 시험, 중류대 입시)
차효는 시운이 불우하여 진취에 성명이 불능하도다.

* 소시(구군의회 선거 출마)
차효는 시운이 불조하여 구명이 어렵도다.

* 소시(초급 공사직, 삼류대 밀 전문대 응시)
차효는 시운이 불순하여 구명을 이루기 어려우니 배가의 노력만이 가하도다.

* 공, 사직의 재직운, 승진운
차효의 재직자는 한가로이 물러서도다.

* 사업 시발운(창업, 개업, 전업)
차효는 창시에 막힘이 있을지니 때를 기다림이 가하도다.

* 사업 진행운(사업)
차효는 진행상에 막힘이 있도다.

* 사업 진행운(매매, 증권)
차효는 시행에 막힘이 있을지니 때를 기다림이 가하도다.

* 신수, 가정운
차효는 무엇을 영위함에 막힐지로다.

* 남녀리합(결혼운, 이성문제)
차효는 연계를 시도함에 막힘이 있을지로다.

* 신상문제(건강, 사고, 상해)
차효는 하는 일이 여의치가 않아 심신이 곤하도다.

* 시비, 송사
차효는 하는 일이 막히어 시비가 있도다.

* 출산
차효는 출산하면 득녀이나 출산이 어렵도다.

* 여행
차효는 출행에 여의치가 않도다.

612

원괘 수 이효
原卦 需 二爻 　　* 1년 중 전반기 운세(음력 1월 - 6월)

구이 수어사 소유언 종길
九二, 需於沙, 小有言, 終吉.
모래에서 기다림이라. 조금 말을 들으나 마침내 길하리라.

세운봉지
歲運逢之,

재사 즉입언로정론 혹조어사의 재사 즉고교필조언책
在仕, 則入言路正論, 或阻於邪議. 在士, 則考較必遭言責,

종가면신욕지위 재서속 즉필주이시비 비유쟁송지요
終可免身辱之危. 在庶俗, 則必主以是非. 卑幼爭訟之擾.

대저 의관완이대인 즉백결불변이자명
大抵, 宜寬緩以待人, 則百結不辨而自明.

* 대시(국회의원 출마, 고등고시 응시, 상류대 입시)
차효는 시운의 쇠약으로 진취에 성명이 불가하도다.

* 중시(시도 의회 출마, 간부급 공사직 시험)
차효는 시운이 불조하여 진취에 성명이 어렵도다.

* 중시(중류대 입시)
차효는 진취의 고시에 언책을 반드시 만나되 마침내는 몸이 욕되는 위태함은 면하도다.

* 소시(구군의회 선거 출마)
차효는 시운이 불순하여 진취에 성명이 여의치 않도다.

* 소시(초급 공사직, 삼류대 및 전문대 응시)
차효는 진취의 고시에 언책을 반드시 만나되 마침내는 몸이 욕되는 위태함은 면하도다.

* 공, 사직의 재직운, 승진운
차효의 재직자는 혹 언로에 들어가 정론을 하다 사의에 막히도다.

* 사업 시발운(창업, 개업, 전업)
차효는 창시에 반드시 시비로써 낮은 사람과 다투고 송사하는 어지러움이 있을지니 느긋하게 때를 기다리면 변명을 하지 않더라도 스스로 밝혀지도다.

* 사업 진행운(사업, 매매, 증권)
차효는 진행에 반드시 시비로써 낮은 사람과 다투고 송사하는 어지러움이 있을지니 느긋하게 때를 기다리면 변명을 하지 않더라도 스스로 밝혀지

도다.

* 신수, 가정운
차효는 반드시 주로 시비로써 낮은 사람과 다투고 송사하는 어지러움이 있을지니 느긋하게 때를 기다리면 변명을 하지 않더라도 스스로 밝혀지도다.

* 남녀리합(결혼운, 이성문제)
차효는 전에 연계된 바가 있더라도 차단됨을 막아야 하도다.

* 신상문제(건강, 사고, 상해)
차효는 뜻밖의 사고로 인하여 다투고 송사가 일어남을 막아야 하도다.

* 시비, 송사
차효는 반드시 시비로써 낮은 사람과 다투고 송사하는 어지러움이 있을지니 이를 막아야 하도다.

* 출산
차효는 출산하면 득남이로다.

* 여행
차효는 시운이 쇠약하니 출행에 불리하도다.

변괘 기제 이효
變卦 旣濟 二爻 　　* 1년 중 후반기 운세(음력 7월 - 12월)

육이 부상기불 물축 칠일득
六二, 婦喪其茀, 勿逐, 七日得.
지어미가 그 포장을 잃음이니 쫓지 말더라도 칠 일에 얻으리라.

세운봉지
歲運逢之,
재사 유선역후순지미
在仕, 有先逆後順之美.
재사 유선실후득지가
在士, 有先失後得之佳.

재서속 유선난후이지휴
在庶俗, 有先難後易之休.

수흉자 상망지조
數凶者, 喪亡之兆.

* 대시(국회의원 출마, 고등고시 응시, 상류대 입시)
차효는 시운이 불리하여 진취에 성명이 불가하도다.

* 중시(시도 의회 출마, 간부급 공사직 시험, 중류대 입시)
차효는 시운이 불우하여 진취에 성명이 불능하도다.

* 소시(구군의회 선거 출마)
차효는 시운이 불조하여 진취에 성명이 불능하도다.

* 소시(초급 공사직, 삼류대 및 전문대 응시)
차효는 시운이 불순하여 진취에 먼저는 실하나 뒤에는 득하도다.

* 공, 사직의 재직운, 승진운
차효의 재직자는 먼저는 역행되나 뒤에는 순조로운 미가 있도다.

* 사업 시발운(창업, 개업, 전업)
차효는 창시하여 먼저는 어려우나 뒤에는 쉬운 기쁨이 있도다.

* 사업 진행운(사업)
차효는 시행에 먼저는 어려우나 뒤에는 쉬운 기쁨이 있도다.

* 사업 진행운(매매, 증권)
차효는 시운이 불조하여 먼저는 어렵고 뒤에는 쉬운 기쁨이 있으니 때를 기다림이 가하도다.

* 신수, 가정운
차효는 무엇을 영위함에 먼저는 어렵고 뒤에는 쉬운 기쁨이 있도다.

* 남녀리합(결혼운, 이성문제)
차효는 이성을 연계함에 먼저는 어렵고 뒤에는 쉬운 기쁨이 있도다.

* 신상문제(건강, 사고, 상해)
차효는 안녕에 별탈은 없으나 수흉자는 상망의 징조가 있도다.

* 시비, 송사
차효는 진퇴에 큰 탈이 없도다.

* 출산
차효는 출산하면 득녀이며 출산에 먼저는 어려우나 뒤에는 순조하도다.

* 여행
차효는 출행에 큰 난항은 없도다.

613

원 괘 수 삼 효
原卦 需 三爻　　＊1년 중 전반기 운세(음력 1월 - 6월)

구 삼 수 어 니 치 구 지
九三, 需於泥, 致寇至.
진흙에서 기다림이니 도적이 옴을 이루리라.

세 운 봉 지
歲運逢之,
재 사 필 조 폄 축 이 자 이 이 척　　재 사 필 수 치 욕 이 무 이 자 발
在仕, 必遭貶逐, 而自貽伊戚.　　在士, 必受恥辱, 而無以自拔.
재 서 속 의 방 구 도 실 탈 지 차　　행 주 자 피 수 액
在庶俗, 宜防寇盜失奪之嗟.　　行舟者, 被水厄.

* 대시(국회의원 출마, 고등고시 응시, 상류대 입시)
차효는 시운이 불리하여 진취하면 반드시 치욕을 받는데 스스로 뺄 수가 없도다.

* 중시(시도 의회 출마, 간부급 공사직 시험, 중류대 입시)
차효는 시운이 불우하여 진취하면 반드시 치욕을 받는데 스스로 뺄 수가 없도다.

* 소시(구군의회 선거 출마, 초급 공사직, 삼류대 및 전문대 응시)
차효는 시운이 불조하여 진취하면 반드시 치욕을 받는데 스스로 뺄 수가 없도다.

* 공, 사직의 재직운, 승진운
차효의 재직자는 반드시 축출 당함을 만나니 이는 가까운 사람이 끼침이라.

* 사업 시발운(창업, 개업, 전업)
차효는 창시에 시운이 불리하니 때를 기다림이 가하도다.

* 사업 진행운(사업)
차효는 도둑을 맡고 재물이 실탈되는 탄식이 있도다.

* 사업 진행운(매매, 증권)
차효는 시운이 불리하니 때를 기다림이 가하도다.

* 신수, 가정운
차효는 도둑을 맡거나 재물이 실탈되니 이를 막아야 하도다.

* 남녀리합(결혼운, 이성문제)
차효는 시운이 불리하니 때를 기다림이 가하도다.

* 신상문제(건강, 사고, 상해)
차효는 수액이 위험하니 각별한 주의가 가하도다.

* 시비, 송사
차효는 구도실탈로 인한 시비쟁송이 있도다.

* 출산
차효는 출산하면 득남이도다.

* 여행
차효는 출행에 실탈이 우려되니 이를 막아야 하도다.

변괘 절 삼효
變卦 節 三爻　　＊1년 중 후반기 운세(음력 7월 - 12월)

육삼 불절약 즉차약 무구
六三, 不節若, 則嗟若, 无咎.
절제하지 못하는 까닭에 슬퍼함이니 허물할 데 없느니라.

세운봉지
歲運逢之,
재사 유궁사극욕지액 재사 유불항기덕지수 재서속
在仕, 有窮奢極欲之阨.　在士, 有不恒其德之羞.　在庶俗,
유비출불경지차
有費出不經之嗟.

＊ 대시(국회의원 출마, 고등고시 응시, 상류대 입시)
차효는 시운이 불리하여 진취에 성명이 불가하도다.

＊ 중시(시도 의회 출마, 간부급 공사직 시험, 중류대 입시)
차효는 시운이 불우하여 진취에 성명이 불가하도다.

＊ 소시(구군의회 선거 출마)
차효는 시운이 불조하여 진취에 성명이 어렵도다.

＊ 소시초급 공사직, 삼류대 및 전문대 응시)
차효는 시운이 불순하여 그 학업을 이루지 못하는 부끄러움이 있을지니 배가의 노력이 가하도다.

＊ 공, 사직의 재직운, 승진운
차효의 재직자는 지나친 사치와 지나친 욕구의 액이 있도다.

＊ 사업 시발운(창업, 개업, 전업)
차효는 시운이 불리하여 창시에 낭비가 가볍지 않을지니 때를 기다려야 가하도다.

＊ 사업 진행운(사업)
차효는 시행상에 낭비가 가볍지 않아 사업이 부진하도다.

* 사업 진행운(매매, 증권)
차효는 시행하면 낭비가 가볍지 않을지니 때를 기다림이 가하도다.

* 신수, 가정운
차효는 무엇을 영위함에 손해가 막중하니 주의가 가하도다.

* 남녀리합(결혼운, 이성문제)
차효는 시운이 불리하여 기대하는 목적을 달성하지 못하도다.

* 신상문제(건강, 사고, 상해)
차효는 몸으로 인하여 손실을 보게 될지로다.

* 시비, 송사
차효는 손실로 인한 시비가 있도다.

* 출산
차효는 출산하면 득남이나 난산으로 낭비가 있도다.

* 여행
차효는 출행에 과중한 낭비가 있을지니 목적 이외의 출행은 자제함이 가하도다.

621

원괘 절 초효
原卦 節 初爻 * 1년 중 전반기 운세(음력 1월 - 6월)

초구 불출호정 무구
初九, 不出戶庭, 无咎.
호정에 나가지 않으니 허물이 없다.

세 운 봉 지
歲運逢之,
재 사 입조중자 불출 외군한거 역불천 사인 진취불리
在仕, 入朝中者, 不出. 外郡閑居, 亦不遷. 士人, 進取不利.
상인 수구 수흉자 유감함지조
常人, 守舊. 數凶者, 有坎陷之兆.

* 대시(국회의원 출마, 고등고시 응시, 상류대 입시)
차효는 시운이 불리하여 진취에 성명이 불가하도다.

* 중시(시도 의회 출마, 간부급 공사직 시험, 중류대 입시)
차효는 시운이 불우하여 진취에 성명이 불능하도다.

* 소시(구군의회 선거 출마)
차효는 시운이 불조하여 진취에 성명이 어렵도도다.

* 소시(초급 공사직, 삼류대 및 전문대 응시)
차효는 시운의 쇠약으로 진취에 불리하니 배가의 노력이 가하도다.

* 공, 사직의 재직운, 승진운
차효의 재직자는 승진과 전직에 불가하도다.

* 사업 시발운(창업, 개업, 전업)
차효는 창시에 시운이 불리하니 옛대로 지킴이 가하도다.

* 사업 진행운(사업, 매매, 증권)
차효는 영위함에 시운이 불리하니 옛대로 지킴이 가하도다.

* 신수, 가정운
차효는 영위함에 시운이 불리하니 옛대로 지킴이 가하도다.

* 남녀리합(결혼운, 이성문제)
차효는 구하는 바가 여의치 않을지니 옛대로 지킴이 가하도다.

* 신상문제(건강, 사고, 상해)
차효는 수흉자는 험지에 빠질 징조가 있도다.

* 시비, 송사
차효는 수흉자는 험지에 빠지므로 이로 인한 시비가 있도다.

* 출산
차효는 출산하면 득남이도다.

* 여행
차효는 시운이 쇠약하니 호정에 나아가지 않음이 상책이로다.

변 괘 감 초 효
變卦 坎 初爻　　* 1년 중 후반기 운세(음력 7월 - 12월)

초 육 습 감 입 우 감 담 흉
初六, 習坎, 入于坎窞, 凶.
습감에 험한 구덩이로 들어감이니 흉하니라.

세 운 봉 지
歲運逢之,
재 사 방 빈 척 지 차
在仕, 防擯斥之嗟.
재 사 방 출 강 지 욕
在士, 防黜降之辱.
재 서 속 방 함 닉 지 위
在庶俗, 防陷溺之危.
유 승 은 일 자 가 이 면 의
惟僧隱逸者, 可以免矣.

* 대시(국회의원 출마, 고등고시 응시, 상류대 입시)
차효는 시운이 불리하여 진취에 성명이 불가하도다.

* 중시(시도 의회 출마, 간부급 공사직 시험, 중류대 입시)
차효는 시운이 불우하여 진취에 성명이 불능하도다.

* 소시(구군의회 선거 출마)
차효는 시운이 불조하여 진취에 성명이 어렵도다.

* 소시(초급 공사직, 삼류대 및 전문대 응시)
차효는 시운이 불순하여 진취에 떨어지는 욕됨을 막아야 할지니 배가의 노력이 가하도다.

* 공, 사직의 재직운, 승진운
  차효의 재직자는 내쫓기고 물리치는 탄식을 막아야 하도다.

* 사업 시발운(창업, 개업, 전업)
  차효는 시운이 불리하여 창시에 불리하니 때를 기다림이 가하도다.

* 사업 진행운(사업)
  차효는 시행에 위태로움에 빠지는 일을 막아야 하도다.

* 사업 진행운(매매, 증권)
  차효는 시운이 불리하여 때를 기다림이 가하도다.

* 신수, 가정운
  차효는 무엇을 영위함에 위태로움에 빠지는 일을 막아야 하도다.

* 남녀리합(결혼운, 이성문제)
  차효는 이성을 연계함에 위태로움에 빠지는 일을 막아야 하도다.

* 신상문제(건강, 사고, 상해)
  차효는 위태로움에 빠지는 일을 막아야 하도다.

* 시비, 송사
  차효는 오직 조용히 분수를 지키는 것이 가하도다.

* 출산
  차효는 출산하면 득녀이나 출산산고가 괴롭도다.

* 여행
  차효는 목적 이외의 출행은 자제함이 가하도다.

622

원 괘 절 이 효
原卦 節 二爻　＊1년 중 전반기 운세(음력 1월 - 6월)

구 이 불 출 문 정 흉
九二, 不出門庭, 凶.
문정에 나가지 않는지라 흉하니라.

세 운 봉 지
歲運逢之,
재 사 유 실 시 지 액 재 사 무 원 인 지 인 이 난 우 진 취
在仕, 有失時之阨.　在士, 無援引之人, 而難于進取.
재 서 속 유 불 통 지 화 유 모 자 당 간 불 간 거 가 자 당 출 불 출
在庶俗, 有不通之禍.　有謀者, 當幹不幹.　居家者, 當出不出.
대 저 의 동 불 의 정 불 출 문 고 야
大抵宜動不宜靜, 不出門故也.

＊ 대시(국회의원 출마, 고등고시 응시, 상류대 입시)
차효는 시운이 불리하여 진취에 성명이 불가하도다.

＊ 중시(시도 의회 출마, 간부급 공사직 시험, 중류대 입시)
차효는 시운이 불우하여 진취에 성명이 불능하도다.

＊ 소시(구군의회 선거 출마)
차효는 시운이 불조하여 진취에 성명이 불능하도다.

＊ 소시(초급 공사직, 삼류대 및 전문대 응시)
차효는 진취에 이끌어 주는 사람이 없어서 성취가 어려우니 배가의 노력이 가하도다.

＊ 공, 사직의 재직운, 승진운
차효의 재직자는 때를 잃는 액이 있도다.

＊ 사업 시발운(창업, 개업, 전업)
차효는 창시하여 모사함에 마땅히 간여할 바를 간여하지 못함이 있으니

때를 기다림이 가하도다.

* 사업 진행운(사업)
차효는 진행에 통하지 않는 화가 있도다.

* 사업 진행운(매매, 증권)
차효는 영위함에 통하지 않는 화가 있을지니 때를 기다림이 가하도다.

* 신수, 가정운
차효는 무엇을 영위함에 통하지 않는 화가 있을지로다.

* 남녀리합(결혼운, 이성문제)
차효는 이성을 구하려함에 통하지 않는 화가 있도다.

* 신상문제(건강, 사고, 상해)
차효는 통하지 않는 화로 인하여 심신이 곤하도다.

* 시비, 송사
차효는 통하지 않는 화로 인하여 시비가 있을지로다.

* 출산
차효는 출산하면 득남이나 출산에 고통이 있도다.

* 여행
차효는 집에 있는 자는 동함이 마땅하니 출행이 가하도다.

변괘 둔 이효
變卦 屯 二爻 * 1년 중 후반기 운세(음력 7월 - 12월)

육이 둔여전여 승마반여 비구혼구 여자정 불자 십년내자
六二, 屯如邅如, 乘馬班如, 匪寇婚媾, 女子貞, 不字, 十年乃字.
어려우며 걷기 어려우며 말을 타서 나란히 하니 도적이 아니라 청혼해 온 것이니 여자가 곧아서 시집가지 않다가 십년 만에야 이에 시집가도다.

세운봉지
歲運逢之,

재사 즉취반개직 필치오마지영 혹어병구이권병일성
在仕, 則取班改職, 必致五馬之榮. 或禦兵寇而權柄日盛.
재사 즉진취차타 재서속 즉유혼가교체지미 남녀지생
在士, 則進取蹉跎. 在庶俗, 則有婚嫁交締之美, 男女之生.
수흉자 주사송구련 정도조체 진퇴불결 이둔전불수의
數凶者, 主辭訟句連, 程途阻滯, 進退不決, 而屯邅不遂矣.

* 대시(국회의원 출마, 고등고시 응시, 상류대 입시)
차효는 시운이 불리하여 진취에 성명이 불가하도다.

* 중시(시도 의회 출마, 간부급 공사직 시험, 중류대 입시)
차효는 시운이 불우하여 진취에 성명이 불능하도다.

* 소시(구군의회 선거 출마, 초급 공사직, 삼류대 및 전문대 응시)
차효는 시운이 불순하여 진취에 미끄러짐이 있도다.

* 공, 사직의 재직운, 승진운
차효의 재직자는 반을 고치고 직분을 고치는 영화가 있을지며 무관에 있어서는 적을 방어하는 권세가 날로 성해지도다.

* 사업 시발운(창업, 개업, 전업)
차효에 수흉자는 창시에 앞길이 막혀 진퇴를 결단하기 어렵도다.

* 사업 진행운(사업)
차효에 수흉자는 창시에 앞길이 막혀 진퇴를 결단하기 어렵도다.

* 사업 진행운(매매, 증권)
차효는 시운이 불리하니 분수를 지키고 때를 기다림이 가하도다.

* 신수, 가정운
차효에 수흉자는 영위에 앞길이 낙히어 진퇴를 결단하기 어렵도다.

* 남녀리합(결혼운, 이성문제)
차효는 이성을 연계함에 성사될 미가 있도다.

* 신상문제(건강, 사고, 상해)
차효에 수흉자 이외에는 평온하도다.

* 시비, 송사
  차효는 수흉자에 한하여 주로 송사와 구속됨이 있도다.

* 출산
  차효는 출산하면 득녀이도다..

* 여행
  차효는 출행에 수흉자 이외에는 평온하도다.

623

원 괘 절 삼 효
原卦 節 三爻　　＊1년 중 전반기 운세(음력 1월 - 6월)

육 삼 불 절 약 즉 차 약 무 구
六三, 不節若, 則嗟若, 无咎.
절제하지 못하는 까닭에 슬퍼함이니 허물할 데 없느니라.

세 운 봉 지
歲運逢之,
재 사 유 궁 사 극 욕 지 액 재 사 유 불 항 기 덕 지 수 재 서 속
在仕, 有窮奢極欲之阨. 在士, 有不恒其德之羞. 在庶俗,
유 비 출 불 경 지 차
有費出不經之嗟.

* 대시(국회의원 출마, 고등고시 응시, 상류대 입시)
  차효는 시운이 불리하여 진취에 성명이 불가하도다.

* 중시(시도 의회 출마, 간부급 공사직 시험, 중류대 입시)
  차효는 시운이 불우하여 진취에 성명이 불가하도다.

* 소시(구군의회 선거 출마)

차효는 시운이 불조하여 진취에 성명이 어렵도다.

* 소시초급 공사직, 삼류대 및 전문대 응시)
차효는 시운이 불순하여 그 학업을 이루지 못하는 부끄러움이 있을지니 배가의 노력이 가하도다.

* 공, 사직의 재직운, 승진운
차효의 재직자는 지나친 사치와 지나친 욕구의 액이 있도다.

* 사업 시발운(창업, 개업, 전업)
차효는 시운이 불리하여 창시에 낭비가 가볍지 않을지니 때를 기다려야 가하도다.

* 사업 진행운(사업)
차효는 시행상에 낭비가 가볍지 않아 사업이 부진하도다.

* 사업 진행운(매매, 증권)
차효는 시행하면 낭비가 가볍지 않을지니 때를 기다림이 가하도다.

* 신수, 가정운
차효는 무엇을 영위함에 손해가 막중하니 주의가 가하도다.

* 남녀리합(결혼운, 이성문제)
차효는 시운이 불리하여 기대하는 목적을 달성하지 못하도다.

* 신상문제(건강, 사고, 상해)
차효는 몸으로 인하여 손실을 보게 될지로다.

* 시비, 송사
차효는 손실로 인한 시비가 있도다.

* 출산
차효는 출산하면 득남이나 난산으로 낭비가 있도다.

* 여행

차효는 출행에 과중한 낭비가 있을지니 목적 이외의 출행은 자제함이 가하도다.

변괘 수 삼효
變卦 需 三爻　　＊1년 중 후반기 운세(음력 7월 - 12월)

구삼 수어니 치구지
九三, 需於泥, 致寇至.
진흙에서 기다림이니 도적이 옴을 이루리라.

세운봉지
歲運逢之,

재사 필조폄축 이자이이척
在仕, 必遭貶逐, 而自貽伊戚.

재사 필수치욕 이무이자발
在士, 必受恥辱, 而無以自拔.

재서속 의방구도실탈지차
在庶俗, 宜防寇盜失奪之嗟.

행주자 피수액
行舟者, 被水厄.

＊ 대시(국회의원 출마, 고등고시 응시, 상류대 입시)
차효는 시운이 불리하여 진취하면 반드시 치욕을 받는데 스스로 뺄 수가 없도다.

＊ 중시(시도 의회 출마, 간부급 공사직 시험, 중류대 입시)
차효는 시운이 불우하여 진취하면 반드시 치욕을 받는데 스스로 뺄 수가 없도다.

＊ 소시(구군의회 선거 출마, 초급 공사직, 삼류대 및 전문대 응시)
차효는 시운이 불조하여 진취하면 반드시 치욕을 받는데 스스로 뺄 수가 없도다.

＊ 공, 사직의 재직운, 승진운
차효의 재직자는 반드시 축출 당함을 만나니 이는 가까운 사람이 끼침이라.

＊ 사업 시발운(창업, 개업, 전업)
차효는 창시에 시운이 불리하니 때를 기다림이 가하도다.

* 사업 진행운(사업)
차효는 도둑을 맡고 재물이 실탈되는 탄식이 있도다.

* 사업 진행운(매매, 증권)
차효는 시운이 불리하니 때를 기다림이 가하도다.

* 신수, 가정운
차효는 도둑을 맡거나 재물이 실탈되니 이를 막아야 하도다.

* 남녀리합(결혼운, 이성문제)
차효는 시운이 불리하니 때를 기다림이 가하도다.

* 신상문제(건강, 사고, 상해)
차효는 수액이 위험하니 각별한 주의가 가하도다.

* 시비, 송사
차효는 구도실탈로 인한 시비쟁송이 있도다.

* 출산
차효는 출산하면 득남이도다.

* 여행
차효는 출행에 실탈이 우려되니 이를 막아야 하도다.

631

원괘 기제 초효
原卦 旣濟 初爻 * 1년 중 전반기 운세(음력 1월 - 6월)

초 구　예 기 륜　유 기 미　무 구

初九, 曳其輪, 濡其尾, 无咎.

그 수레바퀴를 당기며 그 꼬리를 적시면 허물이 없으리라.

세 운 봉 지

歲運逢之,

유 직 미 수　유 위 미 등

有職未受, 有位未登.

영 위 진 취　욕 동 미 동　장 제 불 제　근 계 사 시　안 보 무 우

營爲進取, 欲動未動, 將濟不濟. 謹戒俟時, 安保無虞.

* 대시(국회의원 출마, 고등고시 응시, 상류대 입시)
  차효는 시운이 불리하여 진취에 성명이 불가하도다.

* 중시(시도 의회 출마, 간부급 공사직 시험, 중류대 입시)
  차효는 시운이 불우하여 진취에 성명이 불능하도다.

* 소시(구군의회 선거 출마)
  차효는 시운이 불조하여 진취에 동하고자 하나 동하지 못하도다.

* 소시(초급 공사직, 삼류대 및 전문대 응시)
  차효는 시운의 불순하여 진취에 동하고자 하나 동하지 못할지니 배가의 노력이 가하도다.

* 공, 사직의 재직운, 승진운
  차효의 재직자는 직분이 있으되 받지 못하고 자리가 있으되 오르지 못하도다.

* 사업 시발운(창업, 개업, 전업)
  차효는 시운의 불리하여 동하고자 하나 동하지 못할지니 삼가고 때를 기다림이 가하도다.

* 사업 진행운(사업)
  차효는 영위에 동하고자 하나 동하지 못하고 장차 건너고자 하나 건너지 못하니 삼가 때를 기다리어 편안히 보존해야 근심이 없도다.

* 사업 진행운(매매, 증권)

차효는 시행에 뜻을 이루지 못할지니 삼가 때를 기다림이 가하도다.

* 신수, 가정운
차효는 영위함에 뜻을 이루지 못할지니 삼가 때를 기다림이 가하도다.

* 남녀리합(결혼운, 이성문제)
차효는 동하고자 하나 동하지 못할지니 삼가고 때를 기다림이 가하도다.

* 신상문제(건강, 사고, 상해)
차효는 시운의 쇠약으로 심신이 곤하도다.

* 시비, 송사
차효는 신상에 무탈하도다.

* 출산
차효는 출산하면 득남이도다.

* 여행
차효는 시운이 쇠약으로 뜻대로 이루어지지 못할지니 삼가 때를 기다림이 가하도다.

변괘 건 초효
變卦 蹇 初爻 * 1년 중 후반기 운세(음력 7월 - 12월)

초육 왕건래예
初六, 往蹇來譽.
가면 어렵고 오면 명예로우리라.

세운봉지
歲運逢之,
재사 래장예지가 이제고지유대 재사 즉대시이진
在仕, 來獎譽之加, 而制誥之有待. 在士, 則待時而進.
재상속 즉유의수구안상
在常俗, 則惟宜守舊安常.

* 대시(국회의원 출마, 고등고시 응시, 상류대 입시)
  차효는 시운이 불리하여 진취에 성명이 불가하도다.

* 중시(시도 의회 출마, 간부급 공사직 시험, 중류대 입시)
  차효는 시운이 불우하여 진취에 성명이 불능하도다.

* 소시(구군의회 선거 출마, 초급 공사직, 삼류대 및 전문대 응시)
  차효는 시운이 불조하니 진취에는 때를 기다렸다가 나아감이 가하도다.

* 공, 사직의 재직운, 승진운
  차효의 재직자는 칭찬과 표창을 더함이니 좋은 기회가 기다리도다.

* 사업 시발운(창업, 개업, 전업)
  차효는 시운이 불리하니 오직 옛대로 지키며 명수를 편안히 여겨라.

* 사업 진행운(사업)
  차효는 시운이 불리하여 발전이 거의 없으니 옛대로 지킴이 가하도다.

* 사업 진행운(매매, 증권)
  차효는 시운이 불리하여 성취가 불가하니 때를 기다림이 가하도다.

* 신수, 가정운
  차효는 무엇을 영위함에 옛대로 지키며 명수를 편안히 있음이 가하도다.

* 남녀리합(결혼운, 이성문제)
  차효는 성취에 만족하지 못할지니 때를 기다림이 가하도다.

* 신상문제(건강, 사고, 상해)
  차효는 옛대로 지키면 별탈이 없도다.

* 시비, 송사
  차효는 옛대로 지키고 명수를 편안히 여기면 평탄하도다.

* 출산
  차효는 출산하면 득남이도다.

* 여행
  차효는 출행에 불리하니 때를 기다림이 가하도다.

632

원괘 기제 이효
原卦 既濟 二爻　　* 1년 중 전반기 운세(음력 1월 - 6월)

육이 부상기불 물축 칠일득
六二, 婦喪其茀, 勿逐, 七日得.
지어미가 그 포장을 잃음이니 쫓지 말더라도 칠 일에 얻으리라.

세운봉지
歲運逢之,

재사 유선역후순지미
在仕, 有先逆後順之美.

재서속 유선난후이지휴
在庶俗, 有先難後易之休.

재사 유선실후득지가
在士, 有先失後得之佳.

수흉자 상망지조
數凶者, 喪亡之兆.

* 대시(국회의원 출마, 고등고시 응시, 상류대 입시)
  차효는 시운이 불리하여 진취에 성명이 불가하도다.

* 중시(시도 의회 출마, 간부급 공사직 시험, 중류대 입시)
  차효는 시운이 불우하여 진취에 성명이 불능하도다.

* 소시(구군의회 선거 출마)
  차효는 시운이 불조하여 진취에 성명이 불능하도다.

* 소시(초급 공사직, 삼류대 및 전문대 응시)
  차효는 시운이 불순하여 진취에 먼저는 실하나 뒤에는 득하도다.

* 공, 사직의 재직운, 승진운
차효의 재직자는 먼저는 역행되나 뒤에는 순조로운 미가 있도다.

* 사업 시발운(창업, 개업, 전업)
차효는 창시하여 먼저는 어려우나 뒤에는 쉬운 기쁨이 있도다.
* 사업 진행운(사업)
차효는 시행에 먼저는 어려우나 뒤에는 쉬운 기쁨이 있도다.

* 사업 진행운(매매, 증권)
차효는 시운이 불조하여 먼저는 어렵고 뒤에는 쉬운 기쁨이 있으니 때를 기다림이 가하도다.

* 신수, 가정운
차효는 무엇을 영위함에 먼저는 어렵고 뒤에는 쉬운 기쁨이 있도다.

* 남녀리합(결혼운, 이성문제)
차효는 이성을 연계함에 먼저는 어렵고 뒤에는 쉬운 기쁨이 있도다.

* 신상문제(건강, 사고, 상해)
차효는 안녕에 별탈은 없으나 수흉자는 상망의 징조가 있도다.

* 시비, 송사
차효는 진퇴에 큰 탈이 없도다.

* 출산
차효는 출산하면 득녀이며 출산에 먼저는 어려우나 뒤에는 순조하도다.

* 여행
차효는 출행에 큰 난항은 없도다.

변괘 수 이효
變卦 需 二爻 * 1년 중 후반기 운세(음력 7월 - 12월)

구이 수어사 소유언 종길
九二, 需於沙, 小有言, 終吉.
모래에서 기다림이라. 조금 말을 들으나 마침내 길하리라.

세운봉지
歲運逢之,
재사 즉입언로정론 혹조어사의 재사 즉고교필조언책
在仕, 則入言路正論, 或阻於邪議. 在士, 則考較必遭言責,
종가면신욕지위 재서속 즉필주이시비 비유쟁송지요
終可免身辱之危. 在庶俗, 則必主以是非. 卑幼爭訟之擾.
대저 의관완이대인 즉백결불변이자명
大抵, 宜寬緩以待人, 則百結不辨而自明.

* 대시(국회의원 출마, 고등고시 응시, 상류대 입시)
차효는 시운의 쇠약으로 진취에 성명이 불가하도다.

* 중시(시도 의회 출마, 간부급 공사직 시험)
차효는 시운이 불조하여 진취에 성명이 어렵도다.

* 중시(중류대 입시)
차효는 진취의 고시에 언책을 반드시 만나되 마침내는 몸이 욕되는 위태함은 면하도다.

* 소시(구군의회 선거 출마)
차효는 시운이 불순하여 진취에 성명이 여의치 않도다.

* 소시(초급 공사직, 삼류대 및 전문대 응시)
차효는 진취의 고시에 언책을 반드시 만나되 마침내는 몸이 욕되는 위태함은 면하도다.

* 공, 사직의 재직운, 승진운
차효의 재직자는 혹 언로에 들어가 정론을 하다 사의에 막히도다.

* 사업 시발운(창업, 개업, 전업)
차효는 창시에 반드시 시비로써 낮은 사람과 다투고 송사하는 어지러움이 있을지니 느긋하게 때를 기다리면 변명을 하지 않더라도 스스로 밝혀지도다.

* 사업 진행운(사업, 매매, 증권)
차효는 진행에 반드시 시비로써 낮은 사람과 다투고 송사하는 어지러움이 있을지니 느긋하게 때를 기다리면 변명을 하지 않더라도 스스로 밝혀지도다.

* 신수, 가정운
차효는 반드시 주로 시비로써 낮은 사람과 다투고 송사하는 어지러움이 있을지니 느긋하게 때를 기다리면 변명을 하지 않더라도 스스로 밝혀지도다.

* 남녀리합(결혼운, 이성문제)
차효는 전에 연계된 바가 있더라도 차단됨을 막아야 하도다.

* 신상문제(건강, 사고, 상해)
차효는 뜻밖의 사고로 인하여 다투고 송사가 일어남을 막아야 하도다.

* 시비, 송사
차효는 반드시 시비로써 낮은 사람과 다투고 송사하는 어지러움이 있을지니 이를 막아야 하도다.

* 출산
차효는 출산하면 득남이로다.

* 여행
차효는 시운이 쇠약하니 출행에 불리하도다.

633

원괘 기제 삼효
原卦 旣濟 三爻 * 1년 중 전반기 운세(음력 1월 - 6월)

구삼 고종벌귀방 삼년극지 소인물용
九三, 高宗伐鬼方, 三年克之, 小人勿用.
고종이 귀방을 쳐서 삼 년 만에 이기니 소인은 쓰지 말 것이니라.

세운봉지
歲運逢之,
재사 유차견정벌지거 재사 진취유구이후극지차
在仕, 有差遣征伐之擧. 在士, 進取有久而後克之嗟.

재서속 유결원쟁송지손
在庶俗, 有結怨爭訟之損.

* 대시(국회의원 출마, 고등고시 응시, 상류대 입시)
차효는 시운이 불리하여 진취에 성명이 불가하도다.

* 중시(시도 의회 출마, 간부급 공사직 시험, 중류대 입시)
차효는 시운이 불우하여 진취에 성명이 불가하도다.

* 소시(구군의회 선거 출마)
차효는 시운이 불순하여 진취에 성명이 어렵도다.

* 소시초급 공사직, 삼류대 및 전문대 응시)
차효는 진취를 오래 한 후에야 능히 할 수 있는 탄식이 있도다.

* 공, 사직의 재직운, 승진운
차효의 재직자는 파견되어 죄를 지은 무리를 바로잡게 되리라.

* 사업 시발운(창업, 개업, 전업)
차효는 시운이 불리하여 창시에 원망을 맺고 다투고 송사할 손실이 있을 지니 때를 기다림이 가하도다.

* 사업 진행운(사업)
차효는 시행상에 원망을 맺고 다투고 송사하는 손실이 있도다.

* 사업 진행운(매매, 증권)
차효는 시운이 불리하니 분수를 지키고 때를 기다림이 가하도다.

* 신수, 가정운
차효는 무엇을 영위함에 원망을 맺고 다투고 송사하는 손실이 있도다.

* 남녀리합(결혼운, 이성문제)
차효는 이성을 연계하려 함에 원망을 맺고 다투는 손실이 있도다.

* 신상문제(건강, 사고, 상해)
차효는 심신이 곤하도다.

* 시비, 송사
차효는 원망을 맺고 다투고 송사하는 손실이 있도다.

* 출산
차효는 출산하면 득녀이나 출산이 어렵도다.

* 여행
차효는 출행에 불리하니 자제함이 가하도다.

변괘 둔 삼효
變卦 屯 三爻 * 1년 중 후반기 운세(음력 7월 - 12월)

육삼 즉록무우 유입우림중 군자기 불여사 왕린
六三, 卽鹿无虞, 惟入于林中, 君子幾, 不如舍, 往吝.
사슴을 쫒음에 몰이꾼이 없느니라. 오직 숲 속으로 들어감이니 군자가 기미를 보아 그치는 것만 같지 못하니 가면 인색하리라.

세운봉지
歲運逢之,
재사 즉초탐오지척 재사 즉초정강지욕
在仕, 則招貪汚之斥. 在士, 則招停降之辱.
재서속 즉조금옥지앙 불여수분안상위가
在庶俗, 則遭禁獄之殃, 不如守分安常爲佳.

* 대시(국회의원 출마, 고등고시 응시, 상류대 입시)
차효는 시운이 불리하여 진취에 성명이 불가하도다.

* 중시(시도 의회 출마, 간부급 공사직 시험, 중류대 입시)
  차효는 시운이 불우하여 진취에 성명이 불가하도다.

* 소시(구군의회 선거 출마)
  차효는 시운이 불우하여 진취에 정지를 당하거나 떨어지는 욕됨을 부르도다.

* 소시초급 공사직, 삼류대 및 전문대 응시)
  차효는 진취에 정지를 당하거나 떨어지는 욕됨을 부를지니 배가의 노력이 가하도다.

* 공, 사직의 재직운, 승진운
  차효의 재직자는 오탁된 일을 탐하다가 그로 인하여 배척을 부르도다.

* 사업 시발운(창업, 개업, 전업)
  차효는 창시에 감옥의 재앙을 만날지니 분수를 지킴이 가하도다.

* 사업 진행운(사업)
  차효는 시행에 감옥의 재앙을 만날지니 분수를 지킴이 가하도다.

* 사업 진행운(매매, 증권)
  차효는 시운이 불리하니 분수를 지키고 때를 기다림이 가하도다.

* 신수, 가정운
  차효는 무엇을 영위함에 감옥의 재앙을 만날지니 분수를 지킴이 가하도다.

* 남녀리합(결혼운, 이성문제)
  차효는 연계하려 함에 감옥의 재앙을 만날지니 분수를 지킴이 가하도다.

* 신상문제(건강, 사고, 상해)
  차효는 감옥의 재앙을 만날지니 분수를 지킴이 가하도다.

* 시비, 송사
  차효는 감옥의 재앙을 만날지니 분수를 지킴이 가하도다.

＊ 출산
차효는 출산하면 득녀이도다.

＊ 여행
차효는 출행에 불리하니 자제함이 가하도다.

641

원괘 둔 초효
原卦 屯 初爻　　＊1년 중 전반기 운세(음력 1월 - 6월)

초구 반환 이거정 이건후
初九, 盤桓, 利居貞, 利建侯.
머뭇거림이니 바른 데 거함이 이로우며 세워서 제후가(자신이) 됨이 이로우니라.

세운봉지
歲運逢之,
재사 즉직수이유현달지선 재사 즉종귀이유건명지의
在仕, 則職修而有顯達之選. 在士, 則從貴而有建明之義,
재서속 즉안상수분 이무조동지우 대저사사의당심택
在庶俗, 則安常守分, 而無躁動之虞. 大抵事事宜當審擇,
조망즉둔 여명 즉현량부이흥가
躁妄則屯. 女命, 則賢良婦而興家.

＊ 대시(국회의원 출마, 고등고시 응시, 상류대 입시)
차효는 시운이 불리하여 진취에 성명이 불가하도다.

＊ 중시(시도 의회 출마, 간부급 공사직 시험, 중류대 입시)
차효는 시운이 불우하여 진취에 성명이 불능하도다.

＊ 소시(구군의회 선거 출마)

차효는 시운이 불순하여 진취에 성명이 어렵도다.

* 소시(초급 공사직, 삼류대 및 전문대 응시)
차효는 진취에 귀한 이를 따라 밝게 건의하는 의가 있도다.

* 공, 사직의 재직운, 승진운
차효의 재직자는 직분을 잘 닦아서 현달하게 뽑힘이 있도다.

* 사업 시발운(창업, 개업, 전업)
차효는 창시에 분수를 편안히 지켜 조급히 동하는 근심을 없애야 하도다.

* 사업 진행운(사업)
차효는 시행에 분수를 지켜서 할지니 급하게 움직이면 걱정이 있는지라 대체로 사업의 진척이 어렵도다.

* 사업 진행운(매매, 증권)
차효는 시운이 불리하니 시행에 때를 기다림이 가하도다.

* 신수, 가정운
차효는 영위함에 분수를 지키고 조급히 움직이는 근심을 없애야 하도다. 대체로 일일마다 마땅히 살피고 기다려야 할지로다.

* 남녀리합(결혼운, 이성문제)
차효는 분수를 지키고 조급히 움직이지 말아야 하도다

* 신상문제(건강, 사고, 상해)
차효는 무슨 일에 조급하게 움직이지 말아야 할지니 급하고 망령되게 하면 큰 어려움이 있도다.

* 시비, 송사
차효는 일일마다 마땅히 살피고 가려서 해야 그릇이 없도다.

* 출산
차효는 출산하면 득녀이도다.

* 여행
차효는 시운이 불순하니 출행을 자제함이 가하도다.

변괘 비 초효
變卦 比 初爻　　* 1년 중 후반기 운세(음력 7월 - 12월)

초육 유부비지 무구 유부영부 종래유타길
初六, 有孚比之, 无咎, 有孚盈缶, 終來有他吉.
믿음 있게 도움이라. 허물이 없으리니 믿음을 둠이 질그릇에 가득 차듯 하면 장차 다른 길함이 있으리라.

세운봉지
歲運逢之,
재사 즉유액외지천 재사 즉유등천지영
在仕, 則有額外之遷. 在士, 則有登薦之榮.
재상인 즉유지기지우 이백모무불칭심의
在常人, 則有知己之遇, 而百謀無不稱心矣.

* 대시(국회의원 출마, 고등고시 응시, 상류대 입시)
차효는 시운이 불우하여 진취에 성명이 어렵도다.

* 중시(시도 의회 출마, 간부급 공사직 시험, 중류대 입시)
차효는 시운이 도래하여 진취에 등천의 영예가 있도다.

* 소시(구군의회 선거 출마, 초급 공사직, 삼류대 및 전문대 응시)
차효는 시운이 도래하여 진취에 등천의 영예가 있도다.

* 공, 사직의 재직운, 승진운
차효의 재직자는 수요 밖의 전출이 있도다.

* 사업 시발운(창업, 개업, 전업)
차효는 창시에 지기의 만남이 있어서 백가지 못함에 마음대로 이루어지지 않음이 없도다.

* 사업 진행운(사업, 매매, 증권)

차효는 시행에 지기의 만남이 있어서 모사함이 마음껏 이루어지나 큰 이익은 기대하기 어렵도다.

* 신수, 가정운
차효는 영위함에 지기의 만남이 있어서 모사함이 마음껏 이루어지나 큰 이익은 기대하기 어렵도다.

* 남녀리합(결혼운, 이성문제)
차효는 이성을 연계함에 그 뜻을 이루도다.

* 신상문제(건강, 사고, 상해)
차효는 심신이 쾌청하도다.

* 시비, 송사
차효는 평안무탈하도다.

* 출산
차효는 출산하면 득녀이도다.

* 여행
차효는 원근의 출행에 쾌락순탄하도다.

642

원괘 둔 이효
原卦 屯 二爻　　＊1년 중 전반기 운세(음력 1월 - 6월)

육이 둔여전여 승마반여 비구혼구 여자정 불자 십년내자
六二, 屯如邅如, 乘馬班如, 匪寇婚媾, 女子貞, 不字, 十年乃字.
어려우며 걷기 어려우며 말을 타서 나란히 하니 도적이 아니라 청혼해 온 것이니 여자가 곧아서 시집가지 않다가 십년 만에야 이에 시집가도다.

세운봉지
歲運逢之,
재사 즉취반개직 필치오마지영 혹어병구이권병일성
在仕, 則取班改職, 必致五馬之榮. 或禦兵寇而權柄日盛.
재사 즉진취차타 재서속 즉유혼가교체지미 남녀지생
在士, 則進取蹉跎. 在庶俗, 則有婚嫁交締之美, 男女之生.

수흉자 주사송구련 정도조체 진퇴불결 이둔전불수의
數凶者, 主辭訟句連, 程途阻滯, 進退不決, 而屯邅不遂矣.

* 대시(국회의원 출마, 고등고시 응시, 상류대 입시)
차효는 시운이 불리하여 진취에 성명이 불가하도다.

* 중시(시도 의회 출마, 간부급 공사직 시험, 중류대 입시)
차효는 시운이 불우하여 진취에 성명이 불능하도다.

* 소시(구군의회 선거 출마, 초급 공사직, 삼류대 및 전문대 응시)
차효는 시운이 불순하여 진취에 미끄러짐이 있도다.

* 공, 사직의 재직운, 승진운
차효의 재직자는 반을 고치고 직분을 고치는 영화가 있을지며 무관에 있어서는 적을 방어하는 권세가 날로 성해지도다.

* 사업 시발운(창업, 개업, 전업)
차효에 수흉자는 창시에 앞길이 막혀 진퇴를 결단하기 어렵도다.

* 사업 진행운(사업)
차효에 수흉자는 창시에 앞길이 막혀 진퇴를 결단하기 어렵도다.

* 사업 진행운(매매, 증권)
차효는 시운이 불리하니 분수를 지키고 때를 기다림이 가하도다.

* 신수, 가정운
차효에 수흉자는 영위에 앞길이 낙히어 진퇴를 결단하기 어렵도다.

* 남녀리합(결혼운, 이성문제)
차효는 이성을 연계함에 성사될 미가 있도다.

* 신상문제(건강, 사고, 상해)
차효에 수흉자 이외에는 평온하도다.

* 시비, 송사
차효는 수흉자에 한하여 주로 송사와 구속됨이 있도다.

* 출산
차효는 출산하면 득녀이도다..

* 여행
차효는 출행에 수흉자 이외에는 평온하도다.

변 괘 절 이 효
變卦 節 二爻 * 1년 중 후반기 운세(음력 7월 - 12월)

구 이 불 출 문 정 흉
九二, 不出門庭, 凶.
문정에 나가지 않는지라 흉하니라.

세 운 봉 지
歲運逢之,
재 사 유 실 시 지 액 재 사 무 원 인 지 인 이 난 우 진 취
在仕, 有失時之阨. 在士, 無援引之人, 而難于進取.
재 서 속 유 불 통 지 화 유 모 자 당 간 불 간 거 가 자 당 출 불 출
在庶俗, 有不通之禍. 有謀者, 當幹不幹. 居家者, 當出不出.
대 저 의 동 불 의 정 불 출 문 고 야
大抵宜動不宜靜, 不出門故也.

* 대시(국회의원 출마, 고등고시 응시, 상류대 입시)
차효는 시운이 불리하여 진취에 성명이 불가하도다.

* 중시(시도 의회 출마, 간부급 공사직 시험, 중류대 입시)
차효는 시운이 불우하여 진취에 성명이 불능히도다.

* 소시(구군의회 선거 출마)
  차효는 시운이 불조하여 진취에 성명이 불능하도다.

* 소시(초급 공사직, 삼류대 및 전문대 응시)
  차효는 진취에 이끌어 주는 사람이 없어서 성취가 어려우니 배가의 노력이 가하도다.

* 공, 사직의 재직운, 승진운
  차효의 재직자는 때를 잃는 액이 있도다.

* 사업 시발운(창업, 개업, 전업)
  차효는 창시하여 모사함에 마땅히 간여할 바를 간여하지 못함이 있으니 때를 기다림이 가하도다.

* 사업 진행운(사업)
  차효는 진행에 통하지 않는 화가 있도다.

* 사업 진행운(매매, 증권)
  차효는 영위함에 통하지 않는 화가 있을지니 때를 기다림이 가하도다.

* 신수, 가정운
  차효는 무엇을 영위함에 통하지 않는 화가 있을지로다.

* 남녀리합(결혼운, 이성문제)
  차효는 이성을 구하려함에 통하지 않는 화가 있도다.

* 신상문제(건강, 사고, 상해)
  차효는 통하지 않는 화로 인하여 심신이 곤하도다.

* 시비, 송사
  차효는 통하지 않는 화로 인하여 시비가 있을지로다.

* 출산
  차효는 출산하면 득남이나 출산에 고통이 있도다.

* 여행
차효는 집에 있는 자는 동함이 마땅하니 출행이 가하도다.

643

원패 둔 삼효
原卦 屯 三爻 * 1년 중 전반기 운세(음력 1월 - 6월)

육삼 즉록무우 유입우림중 군자기 불여사 왕린
六三, 卽鹿无虞, 惟入于林中, 君子幾, 不如舍, 往吝.
사슴을 쫓음에 몰이꾼이 없느니라. 오직 숲 속으로 들어감이니 군자가 기미를 보아 그치는 것만 같지 못하니 가면 인색하리라.

세운봉지
歲運逢之,
재사 즉초탐오지척 재사 즉초정강지욕
在仕, 則招貪汚之斥. 在士, 則招停降之辱.
재서속 즉조금옥지앙 불여수분안상위가
在庶俗, 則遭禁獄之殃, 不如守分安常爲佳.

* 대시(국회의원 출마, 고등고시 응시, 상류대 입시)
차효는 시운이 불리하여 진취에 성명이 불가하도다.

* 중시(시도 의회 출마, 간부급 공사직 시험, 중류대 입시)
차효는 시운이 불우하여 진취에 성명이 불가하도다.

* 소시(구군의회 선거 출마)
차효는 시운이 불우하여 진취에 정지를 당하거나 떨어지는 욕됨을 부르도다.

* 소시초급 공사직, 삼류대 및 전문대 응시)

차효는 진취에 정지를 당하거나 떨어지는 욕됨을 부를지니 배가의 노력이 가하도다.

* 공, 사직의 재직운, 승진운
차효의 재직자는 오탁된 일을 탐하다가 그로 인하여 배척을 부르도다.

* 사업 시발운(창업, 개업, 전업)
차효는 창시에 감옥의 재앙을 만날지니 분수를 지킴이 가하도다.

* 사업 진행운(사업)
차효는 시행에 감옥의 재앙을 만날지니 분수를 지킴이 가하도다.

* 사업 진행운(매매, 증권)
차효는 시운이 불리하니 분수를 지키고 때를 기다림이 가하도다.

* 신수, 가정운
차효는 무엇을 영위함에 감옥의 재앙을 만날지니 분수를 지킴이 가하도다.

* 남녀리합(결혼운, 이성문제)
차효는 연계하려 함에 감옥의 재앙을 만날지니 분수를 지킴이 가하도다.

* 신상문제(건강, 사고, 상해)
차효는 감옥의 재앙을 만날지니 분수를 지킴이 가하도다.

* 시비, 송사
차효는 감옥의 재앙을 만날지니 분수를 지킴이 가하도다.

* 출산
차효는 출산하면 득녀이도다.

* 여행
차효는 출행에 불리하니 자제함이 가하도다.

변 괘 기 제 삼 효

變卦 旣濟 三爻 ＊1년 중 후반기 운세(음력 7월 - 12월)

구 삼 고 종 벌 귀 방 삼 년 극 지 소 인 물 용

九三, 高宗伐鬼方, 三年克之, 小人勿用.

고종이 귀방을 쳐서 삼 년 만에 이기니 소인은 쓰지 말 것이니라.

세 운 봉 지

歲運逢之,

재 사 유 차 견 정 벌 지 거 재 사 진 취 유 구 이 후 극 지 차

在仕, 有差遣征伐之擧. 在士, 進取有久而後克之嗟.

재 서 속 유 결 원 쟁 송 지 손

在庶俗, 有結怨爭訟之損.

＊ 대시(국회의원 출마, 고등고시 응시, 상류대 입시)
차효는 시운이 불리하여 진취에 성명이 불가하도다.

＊ 중시(시도 의회 출마, 간부급 공사직 시험, 중류대 입시)
차효는 시운이 불우하여 진취에 성명이 불가하도다.

＊ 소시(구군의회 선거 출마)
차효는 시운이 불순하여 진취에 성명이 어렵도다.

＊ 소시초급 공사직, 삼류대 및 전문대 응시)
차효는 진취를 오래 한 후에야 능히 할 수 있는 탄식이 있도다.

＊ 공, 사직의 재직운, 승진운
차효의 재직자는 파견되어 죄를 지은 무리를 바로잡게 되리라.

＊ 사업 시발운(창업, 개업, 전업)
차효는 시운이 불리하여 창시에 원망을 맺고 다투고 송사할 손실이 있을 지니 때를 기다림이 가하도다.

＊ 사업 진행운(사업)
차효는 시행상에 원망을 맺고 다투고 송사하는 손실이 있도다.

＊ 사업 진행운(매매, 증권)

차효는 시운이 불리하니 분수를 지키고 때를 기다림이 가하도다.

* 신수, 가정운
차효는 무엇을 영위함에 원망을 맺고 다투고 송사하는 손실이 있도다.

* 남녀리합(결혼운, 이성문제)
차효는 이성을 연계하려 함에 원망을 맺고 다투는 손실이 있도다.

* 신상문제(건강, 사고, 상해)
차효는 심신이 곤하도다.

* 시비, 송사
차효는 원망을 맺고 다투고 송사하는 손실이 있도다.

* 출산
차효는 출산하면 득녀이나 출산이 어렵도다.

* 여행
차효는 출행에 불리하니 자제함이 가하도다.

651

원괘 정 초효
原卦 井 初爻 * 1년 중 전반기 운세(음력 1월 - 6월)

초육 정니불식 구정무금
初六, 井泥不食, 舊井无禽.
우물에 진흙이 있어 먹지 못함이라. 옛 우물에 새가 없도다.

세운봉지
歲運逢之,

재사 퇴한　구명자 불수　영모자 조체　수흉자 기세
在仕, 退閑.　求名者, 不遂.　營謀者, 阻滯.　數凶者, 棄世.

* 대시(국회의원 출마, 고등고시 응시, 상류대 입시)
차효는 시운이 불리하여 진취에 성명이 불가하도다.

* 중시(시도 의회 출마, 간부급 공사직 시험, 중류대 입시)
차효는 시운이 불우하여 진취에 성명이 불능하도다.

* 소시(구군의회 선거 출마)
차효는 시운이 불조하여 구명이 어렵도다.

* 소시(초급 공사직, 삼류대 및 전문대 응시)
차효는 시운이 불순하여 구명을 이루기 어려우니 배가의 노력만이 가하도다.

* 공, 사직의 재직운, 승진운
차효의 재직자는 한가로이 물러서도다.

* 사업 시발운(창업, 개업, 전업)
차효는 창시에 막힘이 있을지니 때를 기다림이 가하도다.

* 사업 진행운(사업)
차효는 진행상에 막힘이 있도다.

* 사업 진행운(매매, 증권)
차효는 시행에 막힘이 있을지니 때를 기다림이 가하도다.

* 신수, 가정운
차효는 무엇을 영위함에 막힐지로다.

* 남녀리합(결혼운, 이성문제)
차효는 연계를 시도함에 막힘이 있을지로다.

* 신상문제(건강, 사고, 상해)
차효는 하는 일이 여의치가 않아 심신이 곤하도다.

* 시비, 송사
차효는 하는 일이 막히어 시비가 있도다.

* 출산
차효는 출산하면 득녀이나 출산이 어렵도다.

* 여행
차효는 출행에 여의치가 않도다.

변괘 수 초효
變卦 需 初爻 　　* 1년 중 후반기 운세(음력 7월 - 12월)

초구 수우교 리용항 무구
初九, 需于郊, 利用恒, 无咎.
들에서 기다림이라. 항상함을 씀이 이로우니 허물이 없으리라.

세운봉지
歲運逢之,
재사 즉수상직 이출척불가 재사 즉의종외로
在仕, 則守常職, 而黜陟不加. 在士, 則宜從外路,
수유조취이지의불협
雖有造就而志意不愜.
경영자 수구안상 재불범이화불작 여수공자 장우교야
經營者, 守舊安常, 災不犯而禍不作. 如數空者, 葬于郊野.

* 대시(국회의원 출마, 고등고시 응시, 상류대 입시)
차효는 시운이 불리하여 진취에 성명이 불가하도다.

* 중시(시도 의회 출마, 간부급 공사직 시험, 중류대 입시)
차효는 시운이 불우하여 진취에 성명이 불능하도다.

* 소시(구군의회 선거 출마)
차효는 시운이 불조하여 진취에 성명이 어렵도도다.

* 소시(초급 공사직, 삼류대 및 전문대 응시)
차효는 외로를 따르면 마땅하나 비록 성명하여도 자기의 뜻에는 만족하지 못하도다.

* 공, 사직의 재직운, 승진운
  차효의 재직자는 상직을 잘 지켜야 내쫓김을 당하지 않도다.

* 사업 시발운(창업, 개업, 전업)
  차효는 창시에 불리하니 때를 기다림이 가하도다.

* 사업 진행운(사업, 매매, 증권)
  차효는 영위함에 옛대로 잘 지켜라. 자기의 분수를 잘 지켜야 재앙이 범해 오지 않으며 화를 짓지 않도다.

* 신수, 가정운
  차효는 영위함에 옛대로 잘 지켜라. 자기의 분수를 잘 지켜야 재앙이 범해 오지 않으며 화를 짓지 않도다.

* 남녀리합(결혼운, 이성문제)
  차효는 이성을 접함에 자기의 분수를 잘 지켜야 화를 짓지 않도다.

* 신상문제(건강, 사고, 상해)
  차효는 수흉자에 한하여 수명이 불리하도다.

* 시비, 송사
  차효는 무슨 일을 영위함에 분수를 지켜야 시비가 없도다.

* 출산
  차효는 출산하면 득남이나 모체의 건강이 부실하도다.

* 여행
  차효는 시운이 불리하니 분수외의 출행은 자제함이 가하도다.

652

원괘 정 이효
原卦 井 二爻　　＊1년 중 전반기 운세(음력 1월 - 6월)

구이 정곡사부 옹폐루
九二, 井谷射鮒, 甕敝漏.
우물이 골짜기 인지라 미물에게 쏟음이고 항아리가 깨져 새도다.

세운봉지
歲運逢之,
재사 의퇴처이자양 재사 의장기이대시 재서속 의근수이피화
在仕, 宜退處以自養. 在士, 宜藏器以待時.在庶俗, 宜謹守以避禍.

＊ 대시(국회의원 출마, 고등고시 응시, 상류대 입시)
차효는 시운이 불리하여 진취에 성명이 불가하도다.

＊ 중시(시도 의회 출마, 간부급 공사직 시험, 중류대 입시)
차효는 시운이 불우하여 진취에 성명이 불능하도다.

＊ 소시(구군의회 선거 출마, 초급 공사직, 삼류대 및 전문대 응시)
차효는 시운이 불조하니 진취에 기물을 가두고 때를 기다림이 가하도다.

＊ 공, 사직의 재직운, 승진운
차효의 재직자는 마땅히 물러선 곳에서 스스로 다스려야 하도다.

＊ 사업 시발운(창업, 개업, 전업)
차효는 창시에 불리하니 삼가고 지켜야 화를 피하도다.

＊ 사업 진행운(사업)
차효에 시행에 삼가고 지켜야 화를 피하도다.

＊ 사업 진행운(매매, 증권)
차효는 시운이 불리하니 삼가고 지켜야 화를 피하도다.

＊ 신수, 가정운
차효에 무슨 일을 영위함에 마땅히 삼가고 지켜야 화를 피하도다.

＊ 남녀리합(결혼운, 이성문제)
차효는 이성을 연계함에 마땅히 삼가고 지켜야 화를 피하도다.

＊ 신상문제(건강, 사고, 상해)
차효는 마땅히 삼가고 지켜야 화를 피하도다.

＊ 시비, 송사
차효는 마땅히 삼가고 지켜야 시비를 피하도다.

＊ 출산
차효는 출산하면 득남이며 출산에 삼가고 지켜야 화를 피하도다.

＊ 여행
차효는 출행에 삼가고 지켜야 하도다.

변괘 건 이효
變卦 蹇 二爻 ＊ 1년 중 후반기 운세(음력 7월 - 12월)

육이 왕신건건 비궁지고
六二, 王臣蹇蹇, 匪躬之故.
왕의 신하가 어렵고 어려움이 자기의 연고가 아니다.

세운봉지
歲運逢之,
재사 즉효충정지절 이정국가 재사 즉소우비시 이난진취
在仕, 則效忠貞之節, 以靖國家. 在士, 則所遇非時, 而難進取.
재서속 즉섭간력험 이영모유조 수흉자 난이보신
在庶俗, 則涉艱歷險, 而營謀有阻. 數凶者, 難以保身.

＊ 대시(국회의원 출마, 고등고시 응시, 상류대 입시)
차효는 시운이 불리하여 진취에 성명이 불가하도다.

* 중시(시도 의회 출마, 간부급 공사직 시험, 중류대 입시)
차효는 시운이 불우하여 진취에 성명이 불능하도다.

* 소시(구군의회 선거 출마)
차효는 만나는 바가 그 때가 아니므로 진취가 어렵도다.

* 소시(초급 공사직, 삼류대 및 전문대 응시)
차효는 만나는 바가 그 때가 아니므로 진취가 어려우니 배가의 노력이 가하도다.

* 공, 사직의 재직운, 승진운
차효의 재직자는 충실하고 바르게함을 본받아서 집단을 잘 이끌도다.

* 사업 시발운(창업, 개업, 전업)
차효는 창시에 어려움을 지내고 험한 일이 지나가더라도 영모에는 막힘이 있도다.

* 사업 진행운(사업)
차효에 시행에 어려움을 지내고 험한 일이 지나가더라도 영모에는 막힘이 있도다.

* 사업 진행운(매매, 증권)
차효는 시운이 불리하여 영모에 막힘이 있을지니 때를 기다림이 가하도다.

* 신수, 가정운
차효에 무슨 일을 영위함에 어려움을 지내고 험한 일이 지나가더라도 영모에는 막힘이 있도다.

* 남녀리합(결혼운, 이성문제)
차효는 이성을 연계함에 어려움을 지내더라도 막힘이 있도다.

* 신상문제(건강, 사고, 상해)
차효의 수흉자는 그 몸을 보존하기 어렵도다.

* 시비, 송사

차효는 매사에 성의를 다해야 무탈하도다.

* 출산
차효는 출산하면 득남이나 출산에 어렵도다.

* 여행
차효는 출행이 불리하니 자제함이 가하도다.

653

원 괘 정 삼 효
原卦 井 三爻　　* 1년 중 전반기 운세(음력 1월 - 6월)

구 삼 정 설 불 식 위 아 심 측 가 용 급 왕 명 병 수 기 복
九三, 井渫不食, 爲我心惻, 可用汲, 王明並受其福.
우물이 깨끗하되 먹이지 못해서 내 마음을 슬프게 하니 길어서 쓸 수 있다. 왕이 밝으면 같이 복을 받을 것이다.

세 운 봉 지
歲運逢之,
재 사 난 봉 명 주 이 견 기 해 조 지 위 가 재 사 난 봉 가 회
在仕, 難逢明主, 而見機解組之爲佳.　在士, 難逢佳會,
이 양 회 지 시 지 위 미 재 서 속 안 상 수 분 지 위 길 치 수 지 흉 자
而養晦之時之爲美.在庶俗, 安常守分之爲吉.値數之凶者,
주 유 우 참 지 조
主有憂慘之兆.

* 대시(국회의원 출마, 고등고시 응시, 상류대 입시)
차효는 시운이 불리하여 진취에 성명이 불가하도다.

* 중시(시도 의회 출마, 간부급 공사직 시험, 중류대 입시)
차효는 시운이 불우하여 진취에 성명이 불능하도다.

* 소시(구군의회 선거 출마)
차효는 진취에 좋은 기회를 만나기 어려우니 은거하여 덕을 기르면 때가 아름답게 되도다.

* 소시(초급 공사직, 삼류대 및 전문대 응시)
차효는 진취에 좋은 기회를 만나기 어려우니 은거하여 덕을 기르면 때가 아름답게 될 운세이므로 배가의 노력이 가하도다.

* 공, 사직의 재직운, 승진운
차효의 재직자는 좋은 상사를 만나기 어려우니 기회를 보아 결단을 내림이 가하도다.

* 사업 시발운(창업, 개업, 전업)
차효는 시운이 불리하므로 창시를 자제함이 가하도다.

* 사업 진행운(사업)
차효는 운명을 편안히 여기고 분수를 지킴이 길하도다.

* 사업 진행운(매매, 증권)
차효는 시운이 불리하니 시행을 자제함이 가하도다.

* 신수, 가정운
차효는 무엇을 영위함에 명수를 편안히 여기고 분수를 지킴이 길함이 되도다.

* 남녀리합(결혼운, 이성문제)
차효는 연계하려 함에 분수를 지킴이 가하도다.

* 신상문제(건강, 사고, 상해)
차효의 수흉자는 우참의 징조가 있도다.

* 시비, 송사
차효는 수흉자에 한하여 쟁송이 있도다.

* 출산

차효는 출산하면 득녀이도다.

* 여행
차효는 출행에 평온하도다.

변괘 감 삼효
變卦 坎 三爻 * 1년 중 후반기 운세(음력 7월 - 12월)

육삼 래지감감 험차침 입우감담 물용
六三, 來之坎坎, 險且枕, 入于坎窞, 勿用.
오고 감에 구덩이와 구덩이며 험하고 또 험한 것을 베개하여 험한 구덩이로 들어가니 쓰지 말 것이니라.

세운봉지
歲運逢之,
재사 즉의퇴보 재사 유의수장 재서속 다감가쟁송지사
在仕, 則宜退步. 在士, 惟宜修藏. 在庶俗, 多坎坷爭訟之事.

* 대시(국회의원 출마, 고등고시 응시, 상류대 입시)
차효는 시운이 불리하여 진취에 성명이 불가하도다.

* 중시(시도 의회 출마, 간부급 공사직 시험, 중류대 입시)
차효는 시운이 불우하여 진취에 성명이 불능하도다.

* 소시(구군의회 선거 출마, 초급 공사직, 삼류대 및 전문대 응시)
차효는 진취에 시운이 불조하니 마땅히 행장을 거두고 때를 기다림이 가하도다.

* 공, 사직의 재직운, 승진운
차효의 재직자는 마땅히 한걸음 물러서라.

* 사업 시발운(창업, 개업, 전업)
차효는 시운이 불리하므로 창시에 때를 기다림이 가하도다.

* 사업 진행운(사업)

차효는 때를 만나지 못하여 다투고 송사할 일이 많도다.

* 사업 진행운(매매, 증권)
차효는 때가 평탄하지 못하므로 때를 기다림이 가하도다.

* 신수, 가정운
차효는 무엇을 영위함에 평탄하지가 않아 다투고 송사할 일이 많도다.

* 남녀리합(결혼운, 이성문제)
차효는 이성을 연계하기 어려우니 이미 교제중이라도 헤어지는 일을 막아야 하도다.

* 신상문제(건강, 사고, 상해)
차효의 하는 일이 여의치 않으니 심신이 곤하도다.

* 시비, 송사
차효는 하는 일이 평탄하지가 않아 다투고 송사할 일이 많도다.

* 출산
차효는 출산하면 득녀이나 난산이 두렵도다.

* 여행
차효는 출행에 불리하도다.

661

원 괘 감 초 효
原卦 坎 初爻 * 1년 중 전반기 운세(음력 1월 - 6월)

초 육 습 감 입 우 감 담 흉
初六, 習坎, 入于坎窞, 凶.

습감에 험한 구덩이로 들어감이니 흉하니라.

세 운 봉 지
歲運逢之,
재 사 방 빈 척 지 차 재 사 방 출 강 지 욕
在仕, 防擯斥之嗟. 在士, 防黜降之辱.
재 서 속 방 함 닉 지 위 유 승 은 일 자 가 이 면 의
在庶俗, 防陷溺之危. 惟僧隱逸者, 可以免矣.

* 대시(국회의원 출마, 고등고시 응시, 상류대 입시)
차효는 시운이 불리하여 진취에 성명이 불가하도다.

* 중시(시도 의회 출마, 간부급 공사직 시험, 중류대 입시)
차효는 시운이 불우하여 진취에 성명이 불능하도다.

* 소시(구군의회 선거 출마)
차효는 시운이 불조하여 진취에 성명이 어렵도다.

* 소시(초급 공사직, 삼류대 및 전문대 응시)
차효는 시운이 불순하여 진취에 떨어지는 욕됨을 막아야 할지니 배가의 노력이 가하도다.

* 공, 사직의 재직운, 승진운
차효의 재직자는 내쫓기고 물리치는 탄식을 막아야 하도다.

* 사업 시발운(창업, 개업, 전업)
차효는 시운이 불리하여 창시에 불리하니 때를 기다림이 가하도다.

* 사업 진행운(사업)
차효는 시행에 위태로움에 빠지는 일을 막아야 하도다.

* 사업 진행운(매매, 증권)
차효는 시운이 불리하여 때를 기다림이 가하도다.

* 신수, 가정운
차효는 무엇을 영위함에 위태로움에 빠지는 일을 막아야 하도다.

* 남녀리합(결혼운, 이성문제)
차효는 이성을 연계함에 위태로움에 빠지는 일을 막아야 하도다.

* 신상문제(건강, 사고, 상해)
차효는 위태로움에 빠지는 일을 막아야 하도다.

* 시비, 송사
차효는 오직 조용히 분수를 지키는 것이 가하도다.

* 출산
차효는 출산하면 득녀이나 출산산고가 괴롭도다.

* 여행
차효는 목적 이외의 출행은 자제함이 가하도다.

변괘 절 초효
變卦 節 初爻 * 1년 중 후반기 운세(음력 7월 - 12월)

초구 불출호정 무구
初九, 不出戶庭, 无咎.
호정에 나가지 않으니 허물이 없다.

세운봉지
歲運逢之,
재사 입조중자 불출 외군한거 역불천 사인 진취불리
在仕, 入朝中者, 不出. 外郡閑居, 亦不遷. 士人, 進取不利.
상인 수구 수흉자 유감함지조
常人, 守舊. 數凶者, 有坎陷之兆.

* 대시(국회의원 출마, 고등고시 응시, 상류대 입시)
차효는 시운이 불리하여 진취에 성명이 불가하도다.

* 중시(시도 의회 출마, 간부급 공사직 시험, 중류대 입시)
차효는 시운이 불우하여 진취에 성명이 불능하도다.

* 소시(구군의회 선거 출마)
  차효는 시운이 불조하여 진취에 성명이 어렵도도다.

* 소시(초급 공사직, 삼류대 및 전문대 응시)
  차효는 시운의 쇠약으로 진취에 불리하니 배가의 노력이 가하도다.

* 공, 사직의 재직운, 승진운
  차효의 재직자는 승진과 전직에 불가하도다.

* 사업 시발운(창업, 개업, 전업)
  차효는 창시에 시운이 불리하니 옛대로 지킴이 가하도다.

* 사업 진행운(사업, 매매, 증권)
  차효는 영위함에 시운이 불리하니 옛대로 지킴이 가하도다.

* 신수, 가정운
  차효는 영위함에 시운이 불리하니 옛대로 지킴이 가하도다.

* 남녀리합(결혼운, 이성문제)
  차효는 구하는 바가 여의치 않을지니 옛대로 지킴이 가하도다.

* 신상문제(건강, 사고, 상해)
  차효는 수흉자는 험지에 빠질 징조가 있도다.

* 시비, 송사
  차효는 수흉자는 험지에 빠지므로 이로 인한 시비가 있도다.

* 출산
  차효는 출산하면 득남이도다.

* 여행
  차효는 시운이 쇠약하니 호정에 나아가지 않음이 상책이로다.

662

원괘 감 이효
原卦 坎 二爻　　＊1년 중 전반기 운세(음력 1월 - 6월)

구이 감유험 구소득
九二, 坎有險, 求小得.
감에 험함이 있으나 구하는 것을 조금 얻으리라.

세운봉지
歲運逢之,
재사 즉력임소성이미대　재사 즉리어소시이미출신
在仕, 則歷任小成而未大.　在士, 則利於小試而未出身.
재서속 즉경영소취　재여명 혹위시첩
在庶俗, 則經營小就.　在女命, 或爲侍妾.
흉자 방험난 혹생심복혈기지질
凶者, 防險難, 或生心腹血氣之疾.
의이미출중삼자상지 혹사우조중 재사학업중 상인처우가중
宜以未出中三字詳之, 或仕寓朝中, 在士學業中, 常人處于家中.

＊ 대시(국회의원 출마, 고등고시 응시, 상류대 입시)
차효는 시운이 불리하여 진취에 성명이 불가하도다.

＊ 중시(시도 의회 출마, 간부급 공사직 시험, 중류대 입시)
차효는 시운이 불우하여 진취에 성명이 불능하도다.

＊ 소시(구군의회 선거 출마)
차효는 시운이 불조하여 진취에 성명이 어렵도다.

＊ 소시(구군의회 선거 출마, 초급 공사직, 삼류대 및 전문대 응시)
차효는 진취에 소시에는 이로우나 출신은 못하도다.

＊ 공, 사직의 재직운, 승진운
차효의 재직자는 맡은바 소임을 조금 이룰 것이나 크게는 못하도다.

＊ 사업 시발운(창업, 개업, 전업)
차효는 창시에 조금 이루어지도다.

* 사업 진행운(사업)
차효에 경영에 조금 이루어지도다.

* 사업 진행운(매매, 증권)
차효는 경영에 조금 이루어질지니 재고함이 가하도다.

* 신수, 가정운
차효에 무슨 일을 영위함에 조금 이루어지도다.

* 남녀리합(결혼운, 이성문제)
차효는 이성을 연계함에 조금 이루어지도다.

* 신상문제(건강, 사고, 상해)
차효는 수흉자에 한하여 혹 심장이나 복부의 질환이 있도다.

* 시비, 송사
차효는 평온무탈하도다.

* 출산
차효는 출산하면 득녀이며 모녀가 건장하도다.

* 여행
차효는 가정에 처해 있음이 가하도다.

변 괘 비 이 효
變卦 比 二爻　　* 1년 중 후반기 운세(음력 7월 - 12월)

육 이 비 지 자 내 정 길
六二, 比之自內, 貞, 吉.
안으로부터 도움이니 바르니라. 길하도다.

세 운 봉 지
歲運逢之,
재 사 즉 견 내 제　　재 사 자 즉 성 명 불 출 방 주 지 중
在仕, 則見內除.　　在士子, 則成名不出方州之中.

재서속 즉득귀의부 이영모협의 여명 즉득현부지배
在庶俗, 則得貴倚附, 而營謀協意. 女命, 則得賢夫之配.

* 대시(국회의원 출마, 고등고시 응시, 상류대 입시)
차효는 아직 시운이 불조하여 진취에 성명이 어렵도다.

* 중시(시도 의회 출마, 간부급 공사직 시험, 중류대 입시)
차효는 진취에 성명이 지방에서 나가지 못하도다.

* 소시(구군의회 선거 출마, 초급 공사직, 삼류대 및 전문대 응시)
차효는 진취에 성명이 지방에서 나가지 못하도다.

* 공, 사직의 재직운, 승진운
차효의 재직자는 내직으로 가게 됨을 만나도다.

* 사업 시발운(창업, 개업, 전업)
차효는 창시에 귀한 이에 의지하고 붙어서 영모함을 협의하도다.

* 사업 진행운(사업)
차효는 시행에 귀한 이에 의지하고 붙어서 영모함을 협의하도다.

* 사업 진행운(매매, 증권)
차효는 시운이 불리하여 영모함이 큰 이익이 없을지니 때를 기다림이 가하도다.

* 신수, 가정운
차효에 귀한 이에 의지하고 붙어서 영모함을 협의하도다.

* 남녀리합(결혼운, 이성문제)
차효는 이성을 연계함에 귀한 이에 의지하고 붙어서 영모함을 협의하도다.

* 신상문제(건강, 사고, 상해)
차효는 평온무탈하도다.

* 시비, 송사
차효는 평온안정하도다.

* 출산
차효는 출산하면 득녀이며 모녀가 모두 건장하도다.

* 여행
차효는 출행에 자우자재하도다.

663

원 괘 감 삼 효
原卦 坎 三爻 　　* 1년 중 전반기 운세(음력 1월 - 6월)

육 삼 래 지 감 감 험 차 침 입 우 감 담 물 용
六三, 來之坎坎, 險且枕, 入于坎窞, 勿用.
오고 감에 구덩이와 구덩이며 험하고 또 험한 것을 베개하여 험한 구덩이로 들어가니 쓰지 말 것이니라.

세 운 봉 지
歲運逢之,
재 사 즉 의 퇴 보 재 사 유 의 수 장 재 서 속 다 감 가 쟁 송 지 사
在仕, 則宜退步. 在士, 惟宜修藏. 在庶俗, 多坎坷爭訟之事.

* 대시(국회의원 출마, 고등고시 응시, 상류대 입시)
차효는 시운이 불리하여 진취에 성명이 불가하도다.

* 중시(시도 의회 출마, 간부급 공사직 시험, 중류대 입시)
차효는 시운이 불우하여 진취에 성명이 불능하도다.

* 소시(구군의회 선거 출마, 초급 공사직, 삼류대 및 전문대 응시)
차효는 진취에 시운이 불조하니 마땅히 행장을 거두고 때를 기다림이 가하도다.

* 공, 사직의 재직운, 승진운
차효의 재직자는 마땅히 한걸음 물러서라.

* 사업 시발운(창업, 개업, 전업)
차효는 시운이 불리하므로 창시에 때를 기다림이 가하도다.

* 사업 진행운(사업)
차효는 때를 만나지 못하여 다투고 송사할 일이 많도다.

* 사업 진행운(매매, 증권)
차효는 때가 평탄하지 못하므로 때를 기다림이 가하도다.

* 신수, 가정운
차효는 무엇을 영위함에 평탄하지가 않아 다투고 송사할 일이 많도다.

* 남녀리합(결혼운, 이성문제)
차효는 이성을 연계하기 어려우니 이미 교제중이라도 헤어지는 일을 막아야 하도다.

* 신상문제(건강, 사고, 상해)
차효의 하는 일이 여의치 않으니 심신이 곤하도다.

* 시비, 송사
차효는 하는 일이 평탄하지가 않아 다투고 송사할 일이 많도다.

* 출산
차효는 출산하면 득녀이나 난산이 두렵도다.

* 여행
차효는 출행에 불리하도다.

변 괘 정 삼 효
變卦 井 三爻 * 1년 중 후반기 운세(음력 7월 - 12월)

구삼 정설불식 위아심측 가용급 왕명병수기복

九三, 井渫不食, 爲我心惻, 可用汲, 王明並受其福.

우물이 깨끗하되 먹이지 못해서 내 마음을 슬프게 하니 길어서 쓸 수 있다. 왕이 밝으면 같이 복을 받을 것이다.

세운봉지

歲運逢之,

재사 난봉명주 이견기해조지위가 재사 난봉가회

在仕, 難逢明主, 而見機解組之爲佳. 在士, 難逢佳會,

이양회지시지위미 재서속 안상수분지위길 치수지흉자

而養晦之時之爲美. 在庶俗, 安常守分之爲吉. 値數之凶者,

주유우참지조

主有憂慘之兆.

* 대시(국회의원 출마, 고등고시 응시, 상류대 입시)
차효는 시운이 불리하여 진취에 성명이 불가하도다.

* 중시(시도 의회 출마, 간부급 공사직 시험, 중류대 입시)
차효는 시운이 불우하여 진취에 성명이 불능하도다.

* 소시(구군의회 선거 출마)
차효는 진취에 좋은 기회를 만나기 어려우니 은거하여 덕을 기르면 때가 아름답게 되도다.

* 소시(초급 공사직, 삼류대 및 전문대 응시)
차효는 진취에 좋은 기회를 만나기 어려우니 은거하여 덕을 기르면 때가 아름답게 될 운세이므로 배가의 노력이 가하도다.

* 공, 사직의 재직운, 승진운
차효의 재직자는 좋은 상사를 만나기 어려우니 기회를 보아 결단을 내림이 가하도다.

* 사업 시발운(창업, 개업, 전업)
차효는 시운이 불리하므로 창시를 자제함이 가하도다.

* 사업 진행운(사업)

차효는 운명을 편안히 여기고 분수를 지킴이 길하도다.

* 사업 진행운(매매, 증권)
차효는 시운이 불리하니 시행을 자제함이 가하도다.

* 신수, 가정운
차효는 무엇을 영위함에 명수를 편안히 여기고 분수를 지킴이 길함이 되도다.

* 남녀리합(결혼운, 이성문제)
차효는 연계하려 함에 분수를 지킴이 가하도다.

* 신상문제(건강, 사고, 상해)
차효의 수흉자는 우참의 징조가 있도다.

* 시비, 송사
차효는 수흉자에 한하여 쟁송이 있도다.

* 출산
차효는 출산하면 득녀이도다.

* 여행
차효는 출행에 평온하도다.

711

원괘 대축 초효
原卦 大畜 初爻 * 1년 중 전반기 운세(음력 1월 - 6월)

초구 유려 리이
初九, 有厲, 利已.

위태함이 있으리니 그치는 것이 이로우니라.

세 운 봉 지
歲運逢之,
재 사 의 거 위
在仕, 宜去位.
재 사 의 대 시
在士, 宜待時.
재 서 속 의 수 구
在庶俗, 宜守舊.
불 연 변 생 불 측 화 장 림 의
不然變生不測, 禍將臨矣.

* 대시(국회의원 출마, 고등고시 응시, 상류대 입시)
차효는 시운이 불리하여 진취에 성명이 불가하도다.

* 중시(시도 의회 출마, 간부급 공사직 시험, 중류대 입시)
차효는 시운이 불우하여 진취에 성명이 불능하도다.

* 소시(구군의회 선거 출마)
차효는 시운이 불조하여 진취에 성명이 어렵도다.

* 소시(초급 공사직, 삼류대 및 전문대 응시)
차효는 시운이 미흡하여 마땅히 기다려야 할지니 배가의 노력이 가하도다.

* 공, 사직의 재직운, 승진운
차효의 재직자는 마땅히 자리를 떠나야 하도다.

* 사업 시발운(창업, 개업, 전업)
차효는 창시에 시운이 불리하여 불리하니 때를 기다림이 가하도다.

* 사업 진행운(사업)
차효는 시행에 마땅히 옛대로 지켜야 하도다. 그렇지 않으면 변하여 헤아리지 못할 화가 생기어 임하도다.

* 사업 진행운(매매, 증권)
차효는 시운이 불리하여 때를 기다림이 가하도다.

* 신수, 가정운
차효는 마땅히 옛대로 지켜야 하도다. 그렇지 않으면 변하여 헤아리지 못할 화가 생기어 임하도다.

* 남녀리합(결혼운, 이성문제)
  차효는 이성을 연계함에 순탄치 않으니 때를 기다려라.

* 신상문제(건강, 사고, 상해)
  차효는 안정하면 평온하도다.

* 시비, 송사
  차효는 혹 불의의 화로 인한 쟁송이 있을지니 마땅히 지킴이 가하도다.

* 출산
  차효는 출산하면 득남이며 모자가 평온하도다.

* 여행
  차효는 출행이 불리하니 자제가 가하도다.

변 괘 고 초 효
變卦 蠱 初爻 * 1년 중 후반기 운세(음력 7월 - 12월)

초 육 간 부 지 고 유 자 고 무 구 려 종 길
初六, 幹父之蠱, 有子考无咎, 厲, 終吉.
아버지의 일을 주관함이니 아들이 있으면 죽은 아버지가 허물이 없을 것이니 위태롭게 해야 마침내 길할 것이다.

세 운 봉 지
歲運逢之,
재 사 즉 승 조 정 지 중 임 이 혁 간 제 폐
在仕, 則承朝廷之重任, 而革奸除弊.
재 사 속 혹 승 조 부 지 은 혹 자 손 이 승 고 지 혹 모 위 수 의
在士俗, 或承祖父之恩. 或子孫以承考志. 或謀爲遂意.
수 흉 자 유 우 수 로 자 불 수 고 자 지 의 고 야 고 자 우 고 시 지 의
數凶者, 有憂愁. 老者不壽. 考字之義故也. 考字, 又考試之義.

* 대시(국회의원 출마, 고등고시 응시, 상류대 입시)
  차효는 시운이 불리하여 진취에 성명이 불가하도다.

* 중시(시도 의회 출마, 간부급 공사직 시험, 중류대 입시)
  차효는 시운이 불우하여 진취에 성명이 불능하도다.

* 소시(구군의회 선거 출마)
  차효는 시운이 미흡하여 진취에 성명이 어렵도다.

* 소시(초급 공사직, 삼류대 및 전문대 응시)
  차효는 시운이 순조하여 그 뜻을 이룰지나 노력이 가하도다.

* 공, 사직의 재직운, 승진운
  차효의 재직자는 중임에 이어서 간사함을 고치고 폐단을 제거하도다.

* 사업 시발운(창업, 개업, 전업)
  차효는 창시에 모사함이 그 뜻을 이루도다.

* 사업 진행운(사업)
  차효는 영위함에 모사함이 그 뜻을 이룰지나 많은 수익은 어렵도다.

* 사업 진행운(매매, 증권)
  차효는 모사함이 그 뜻을 이룰지나 많은 수익을 기대하기는 어렵도다.

* 신수, 가정운
  차효는 무슨 일을 영위함에 그 뜻을 이룰지며 혹 부모의 은혜를 이어 가도다.

* 남녀리합(결혼운, 이성문제)
  차효는 이성을 연계함에 그 뜻을 이루도다.

* 신상문제(건강, 사고, 상해)
  차효는 수흉자에 늙은이는 수를 못하도다.

* 시비, 송사
  차효는 무사안일하도다.

* 출산
  차효는 출산하면 득남이도다.

* 여행

차효는 원근간에 출행이 가하도다.

712

원 괘 대 축 이 효
原卦 大畜 二爻 ＊1년 중 전반기 운세(음력 1월 - 6월)

구 이 여 탈 복
九二, 輿脫輹
수레의 바큇살을 벗김이로다.

세 운 봉 지 방 실 탈 재 비
歲運逢之, 防失脫災非.

＊ 대시(국회의원 출마, 고등고시 응시, 상류대 입시)
차효는 시운이 불리하여 진취에 성명이 불가하도다.

＊ 중시(시도 의회 출마, 간부급 공사직 시험, 중류대 입시)
차효는 시운이 불우하여 진취에 성명이 불능하도다.

＊ 소시(구군의회 선거 출마, 초급 공사직, 삼류대 및 전문대 응시)
차효는 시운이 불조하여 진취에 성명이 어렵도다.

＊ 공, 사직의 재직운, 승진운
차효의 재직자는 탈락될 재앙의 그릇으로 이를 막아야 하도다.

＊ 사업 시발운(창업, 개업, 전업)
차효는 창시에 실탈됨이 있을지니 때를 기다림이 가하도다.

＊ 사업 진행운(사업)
차효에 영위함에 실탈될 그른 재앙을 막아야 하도다.

* 사업 진행운(매매, 증권)
차효는 시운이 불리하니 때를 기다림이 가하도다.

* 신수, 가정운
차효에 무슨 일을 영위함에 실탈된 그른 재앙을 막아야 하도다.

* 남녀리합(결혼운, 이성문제)
차효는 성사가 불가하도다.

* 신상문제(건강, 사고, 상해)
차효는 실패로 인한 심신이 곤하도다.

* 시비, 송사
차효는 의외의 재앙으로 인한 시비가 있도다.

* 출산
차효는 출산하면 득남이도다.

* 여행
차효는 출행이 불리하도다.

변괘 비 이효
變卦 賁 二爻　　* 1년 중 후반기 운세(음력 7월 - 12월)

육이 비기수
六二, 賁其須.
그 수염을 꾸미도다.

세운봉지
歲運逢之,
재사 즉유인인성사지공 이승천유지　　재사 즉유문장지선
在仕, 則有因人成事之功, 而陞遷有地.　　在士, 則有文章之善,
이득상응원 재서속 득인제거 이영위무조
而得上應援. 在庶俗, 得人提擧, 而營爲無阻.
단변득대축 여탈복지상 역요상시이동　　수유지기
但變得大畜, 輿脫輹之象, 亦要相時而動.　　雖有知己,

불 가 시 세 망 작　이 취 최 억 지 환　　수 흉 자　상 부 이 난 구　약 불 능 립 야
不可恃勢妄作, 以取摧抑之患.　數凶者, 喪仆而難救, 弱不能立也.

* 대시(국회의원 출마, 고등고시 응시, 상류대 입시)
차효는 시운이 미흡하여 진취에 성명이 어렵도다.

* 중시(시도 의회 출마, 간부급 공사직 시험, 중류대 입시)
차효는 시운은 미흡하나 학문을 잘했으므로 윗사람의 응원을 얻을지니 배가의 노력이 가하도다.

* 소시(구군의회 선거 출마)
차효는 시운이 겨우 이르러 윗사람의 응원을 얻도다.

* 소시(초급 공사직, 삼류대 및 전문대 응시)
차효는 학문을 잘했으므로 윗사람의 응원을 얻도다.

* 공, 사직의 재직운, 승진운
차효의 재직자는 사람으로 인하여 성사의 공이 있도다.

* 사업 시발운(창업, 개업, 전업)
차효는 창시에 사람의 제거를 얻어 경영상에 막힘이 없도다.

* 사업 진행운(사업)
차효에 영위함에 사람의 제거를 얻어 경영상에 막힘이 없도다. 때를 잘 타서 동하라. 비록 잘 아는 일이라도 망령되이 하지 말라. 꺾이는 환란을 취하도다.

* 사업 진행운(매매, 증권)
차효는 시운이 불리하니 때를 기다림이 가하도다.

* 신수, 가정운
차효에 무슨 일을 영위함에 때를 잘 타서 동하라. 비록 잘 아는 일이라도 망령되이 하지 말라. 꺾이는 환란을 취하도다.

* 남녀리합(결혼운, 이성문제)
차효는 이성을 연계함에 사람의 도움을 얻어 막힘이 없도다.

* 신상문제(건강, 사고, 상해)
차효의 수흉자는 죽게 되어 구하기 어렵도다.

* 시비, 송사
차효는 세를 믿고 망령되이 한 즉 다투고 송사함이 있도다.

* 출산
차효는 출산하면 득녀이도다.

* 여행
차효는 목적 이외의 출행은 공허하도다.

713

원괘 대축 삼효
原卦 大畜 三爻 　　* 1년 중 전반기 운세(음력 1월 - 6월)

구삼 량마축 리간정 일한여위 리유유왕
九三, 良馬逐, 利艱貞, 日閑輿衛, 利有攸往.
좋은 말로 쫓아감이니 어렵고 바르게 함이 이로우니 날마다 수레 모는 것과 호위하는 것을 익히면 가는 바를 둠이 이로우리라.

세운봉지
歲運逢之,
재사 즉유오마주번지응 재사 즉유비등지응
在仕, 則有五馬朱旛之應. 在士, 則有飛騰之應.
재서속 득존상사용 지기상조 이제기간 혹분주노역
在庶俗, 得尊上使用, 知己相助, 以濟其艱. 或奔走勞役,
이후방가유획
而後方可有獲.

* 대시(국회의원 출마, 고등고시 응시, 상류대 입시)
차효는 시운이 도래하여 진취가 날아오르는데 응하도다.

* 중시(시도 의회 출마, 간부급 공사직 시험, 중류대 입시)
  차효는 시운이 도래하여 진취가 날아오르는데 응하도다.

* 소시(구군의회 선거 출마, 초급 공사직, 삼류대 및 전문대 응시)
  차효는 승운이 도래하여 진취가 날아오르는데 응하도다.

* 공, 사직의 재직운, 승진운
  차효의 재직자는 승진에 응하도다.

* 사업 시발운(창업, 개업, 전업)
  차효는 창시에 존상을 사용하고 지기가 서로 도와 그 어려움을 건너도다.

* 사업 진행운(사업)
  차효는 영위에 존상을 사용하고 지기가 서로 도우면 그 어려움을 건널지며 혹은 분주히 노역한 후에야 가히 얻어지도다.

* 사업 진행운(매매, 증권)
  차효는 어려움이 많을지니 때를 기다림이 가하도다.

* 신수, 가정운
  차효는 무엇을 영위함에 존상을 사용하고 지기가 서로 도우면 그 어려움을 건널지며 혹은 분주히 노역한 후에야 가히 얻어지도다.

* 남녀리합(결혼운, 이성문제)
  차효는 지기를 사용하면 어려움이 지나간 후에 이루어지도다.

* 신상문제(건강, 사고, 상해)
  차효의 안녕무사하도다.

* 시비, 송사
  차효는 안온무사하도다.

* 출산
  차효는 출산하면 득남이나 출산이 어렵도다.

* 여행
차효는 필요이외의 출행은 자제함이 가하도다.

변괘 손 삼효
變卦 損 三爻　　* 1년 중 후반기 운세(음력 7월 - 12월)

육삼 삼인행즉손일인 일인행즉득기우
六三, 三人行則損一人, 一人行則得其友.
세 사람이 감에는 한 사람을 덜고 한 사람이 감엔 그 벗을 얻도다.

세운봉지
歲運逢之,
재사 동인협공 이정사거
在仕, 同寅協恭, 而政事擧.
재사 즉동도위붕 이유려택지익 혹우지기이진취 승등지유뢰
在士, 則同道爲朋, 而有麗澤之益. 或遇知己而進取, 陞騰之有賴.
재서속 즉협력자중 이영모획리자다 미혼자 배합 승도 령중
在庶俗, 則協力者衆, 而營謀獲利者多. 未婚者, 配合. 僧道, 領衆.

* 대시(국회의원 출마, 고등고시 응시, 상류대 입시)
차효는 시운이 미흡하여 진취에 성명이 불능하도다.

* 중시(시도 의회 출마, 간부급 공사직 시험, 중류대 입시)
차효는 시운이 불선하여 진취에 성명이 어렵도다.

* 소시(구군의회 선거 출마)
차효는 같은 길을 가는 벗이 여택의 유익함이 있도다.

* 소시(초급 공사직, 삼류대 및 전문대 응시)
차효는 혹 지기를 만나 진취에 승등을 의뢰함이 있도다.

* 공, 사직의 재직운, 승진운
차효의 재직자는 같은 동료의 협력으로 하는 일을 잘 추진하도다.

* 사업 시발운(창업, 개업, 전업)
차효는 창시에 협력하는 자가 많아서 영모함이 성사가 기하도다.

* 사업 진행운(사업, 매매, 증권)
차효는 시행에 협력자가 많아서 영모함에 이익을 많이 얻도다.

* 신수, 가정운
차효는 무엇을 영위함에 협력자가 많아서 영모함에 이익을 많이 얻도다.

* 남녀리합(결혼운)
차효에 미혼자는 배필을 만나도다.

* 남녀리합(이성문제)
차효는 이성을 접하게 되도다.

* 신상문제(건강, 사고, 상해)
차효의 무사안일하도다.

* 시비, 송사
차효는 평탄무사하도다.

* 출산
차효는 출산하면 득남이며 모자가 건장하도다.

* 여행
차효는 원근간의 출행에 자유자재하도다.

721

원괘 손 초효
原卦 損 初爻 * 1년 중 전반기 운세(음력 1월 - 6월)

초구 이사천왕 무구 작손지
初九, 已事遄往, 无咎, 酌損之.

일을 마치고 빨리 가야 허물이 없으리니 참작하여 더느니라.

세 운 봉 지
歲運逢之,

재 사 즉 국 이 망 가 이 천 총 지 일 가 재 사 즉 상 인 합 지
在仕, 則國而忘家, 而天寵之日加. 在士, 則上人合志,

이 필 득 우 선 재 서 속 즉 회 계 윤 당 이 리 무 불 획
而必得優選. 在庶俗, 則會計允當, 而利無不獲.

수 흉 혹 인 주 식 비 사
數凶, 或因酒食費事.

* 대시(국회의원 출마, 고등고시 응시, 상류대 입시)
차효는 시운이 도래하여 윗사람과 뜻이 맞아 반드시 우수하게 선발이 되도다.

* 중시(시도 의회 출마, 간부급 공사직 시험, 중류대 입시)
차효는 시운이 도래하여 윗사람과 뜻이 맞아 반드시 우수하게 선발이 되도다.

* 소시(구군의회 선거 출마, 초급 공사직, 삼류대 및 전문대 응시)
차효는 호운이 도래하여 윗사람과 뜻이 맞아 반드시 우수하게 선발이 되도다.

* 공, 사직의 재직운, 승진운
차효의 재직자는 상사의 총애가 날로 더하도다.

* 사업 시발운(창업, 개업, 전업)
차효는 창시에 회계를 마땅히 잘하면 이익이 얻어지도다.

* 사업 진행운(사업, 매매, 증권)
차효는 영위함에 회계를 마땅히 잘하면 이익이 얻어지도다.

* 신수, 가정운
차효는 무엇을 영위함에 회계를 마땅히 잘하면 이익이 얻어지도다.

* 남녀리합(결혼운, 이성문제)
차효는 이성을 연계함에 회계를 마땅히 잘하면 성사가 가하도다.

* 신상문제(건강, 사고, 상해)
차효의 수흉자는 혹 주식을 소비할 일이 생기도다.

* 시비, 송사
차효의 수흉자는 시비가 있도다.

* 출산
차효는 출산하면 득남이나 혹 모체체 놀랄 일이 생기도다.

* 여행
차효는 출행에 무사하나 수흉자는 혹 놀랄 일이 있도다.

변괘 몽 초효
變卦 蒙 初爻 　　* 1년 중 후반기 운세(음력 7월 - 12월)

초육 발몽 리용형인 용탈질곡 이왕 린
初六, 發蒙, 利用刑人, 用脫桎梏, 以往, 吝.
몽을 개발할 것이니 사람에게 형벌함을 쓰고 질곡을 벗기는 방법이 이롭고 형벌로써만 해 나가면 인색하리라.

세운봉지
歲運逢之,
재사 즉위장문교지직 혹리형명지임 재사 즉소시유발인지미
在仕, 則爲掌文敎之職, 或理刑名之任. 在士, 則小試有發軔之美.
재서속 다주관송 친붕불화 간과쟁투 암매시비 종득해탈
在庶俗, 多主官訟, 親朋不和, 干戈爭鬪, 暗昧是非, 終得解脫.
흉자유형
凶者有刑.

* 대시(국회의원 출마, 고등고시 응시, 상류대 입시)
차효는 시운이 불리하여 진취에 성명이 불가하도다.

* 중시(시도 의회 출마, 간부급 공사직 시험)
차효는 시운이 미흡하여 진취에 성명이 어렵도다.

* 중시(중류대 입시)

차효는 시운의 약진으로 소시에는 이로우나 배가의 노력이 가하도다.

* 소시(구군의회 선거 출마)
차효는 시운이 불조하여 진취에 성명이 어렵도다.

* 소시(초급 공사직, 삼류대 및 전문대 응시)
차효는 시운이 미흡하여 소시에는 이로우나 배가의 노력이 가하도다.

* 공, 사직의 재직운, 승진운
차효의 재직자는 교육의 직책이나 감독의 직분에 소임되도다.

* 사업 시발운(창업, 개업, 전업)
차효는 창시에 관사나 송사가 있을지니 때를 기다림이 가하도다.

* 사업 진행운(사업)
차효는 영위함에 관사나 송사가 있을지며 분명하지 않은 시비가 있으나 마침내는 해탈됨을 득하도다.

* 사업 진행운(매매, 증권)
차효는 시운이 불리하니 분수를 지키고 때를 기다림이 가하도다.

* 신수, 가정운
차효는 무슨 일을 영위함에 주로 관사내지는 송사가 있을지며 붕우와 불화하여 흉기를 쓰는 다툼이 있도다. 그 시비가 분명치 못한 암수가 있으나 마침내는 해탈되도다.

* 남녀리합(결혼운, 이성문제)
차효는 이미 연계되었던 일에도 와해됨을 막아야 하도다.

* 신상문제(건강, 사고, 상해)
차효는 관재송사, 시비로 하여 심신이 곤하도다.

* 시비, 송사
차효는 주로 관재송사가 있으며 흉기를 쓰는 쟁투가 있고 수흉자는 형벌에 처함이 있도다.

* 출산
차효는 출산하면 득녀이도다.

* 여행
차효는 출행이 불리하니 자제함이 가하도다.

722

원괘 손 이효
原卦 損 二爻　　* 1년 중 전반기 운세(음력 1월 - 6월)

구이 리정 정흉 불손익지
九二, 利貞, 征凶, 弗損益之.
바르고 굳게 함이 이롭고 가면 흉하니 덜지 말아야 더하게 하는 것이리라.

세운봉지
歲運逢之,
재사 고수기직이난천　재사 확수상업이난진
在仕, 固守己職而難遷.　在士, 確守常業而難進.
서속 즉근수상도이난어원모
庶俗, 則謹守常度而難於遠謀.

* 대시(국회의원 출마, 고등고시 응시, 상류대 입시)
차효는 시운이 불리하여 진취에 성명이 불가하도다.

* 중시(시도 의회 출마, 간부급 공사직 시험, 중류대 입시)
차효는 시운이 불우하여 진취에 성명이 불능하도다.

* 소시(구군의회 선거 출마)
차효는 시운이 미흡하니 상업을 굳건히 지켜라. 진취에는 어렵도다.

* 소시(초급 공사직, 삼류대 및 전문대 응시)

차효는 시운이 미흡하여 진취에는 어려우니 배가의 노력이 가하도다.

* 공, 사직의 재직운, 승진운
차효의 재직자는 이직을 굳건히 지켜라. 천직은 어렵도다.

* 사업 시발운(창업, 개업, 전업)
차효는 창시에는 어려우니 상도를 삼가 지켜라.

* 사업 진행운(사업)
차효에 영위함에 상도를 삼가 지켜라. 멀리 모사함은 어렵도다.

* 사업 진행운(매매, 증권)
차효는 시운이 불리하니 때를 기다림이 가하도다.

* 신수, 가정운
차효에 무슨 일을 영위함에 상도를 삼가 지켜라. 멀리 모사함은 어렵도다.

* 남녀리합(결혼운, 이성문제)
차효는 이미 연계된 것을 잘 지켜라. 멀리 꾀함은 어렵도다.

* 신상문제(건강, 사고, 상해)
차효는 소망이 여의치 않아 심신이 곤하도다.

* 시비, 송사
차효는 평온무사하도다.

* 출산
차효는 출산하면 득남이며 모자가 순탄하도다.

* 여행
차효는 상업을 위한 출행은 공허하도다.

변괘 이 이효
變卦 頤 二爻 * 1년 중 후반기 운세(음력 7월 - 12월)

육이 전이 불경 우구이정 흉
六二, 顚頤, 拂經, 于丘頤征, 凶.
거꾸로 기르면 법도에 어긋나고 언덕(상구)에 기르면 가서 흉하리라.

세운봉지
歲運逢之,
재사 방적 재사 방욕 재서속 작사진퇴 시비불일
在仕, 防謫. 在士, 防辱. 在庶俗, 作事進退, 是非不一.

수흉자 다병치사
數凶者, 多病致死.

* 대시(국회의원 출마, 고등고시 응시, 상류대 입시)
  차효는 시운이 불리하니 진취에 성명이 불가하도다.

* 중시(시도 의회 출마, 간부급 공사직 시험, 중류대 입시)
  차효는 시운이 불우하여 진취에 성명이 불능하도다.

* 소시(구군의회 선거 출마)
  차효는 시운이 불조하여 진취에 성명이 어렵도다.

* 소시(초급 공사직, 삼류대 및 전문대 응시)
  차효는 시운이 불순하여 진취에 욕됨을 막아야 할지니 배가의 노력이 가하도다.

* 공, 사직의 재직운, 승진운
  차효의 재직자는 처벌을 막아야 하도다.

* 사업 시발운(창업, 개업, 전업)
  차효는 시운이 불리하니 분수를 지키고 때를 기다림이 가하도다.

* 사업 진행운(사업)
  차효에 영위함에 지어 하는 일이 전진과 후퇴를 반복하며 시비가 한결같지 않도다.

* 사업 진행운(매매, 증권)

차효는 시운이 불리하니 때를 기다림이 가하도다.

* 신수, 가정운
차효에 무슨 일을 영위함에 전진과 후퇴를 반복하며 시비가 한결같지 않도다.

* 남녀리합(결혼운, 이성문제)
차효는 시운이 불리하여 이미 연계되었던 일도 와해될까 두렵도다.

* 신상문제(건강, 사고, 상해)
차효의 수흉자는 큰 병으로 사망하도다.

* 시비, 송사
차효는 지어서 하는 일이 전진과 후퇴를 거듭하며 시비가 한결같지 않도다.

* 출산
차효는 출산하면 득남이도다.

* 여행
차효는 출행이 불리하니 자제함이 가하도다.

723

원괘 손 삼효
原卦 損 三爻 * 1년 중 전반기 운세(음력 1월 - 6월)

육삼 삼인행즉손일인 일인행즉득기우
六三, 三人行則損一人, 一人行則得其友.
세 사람이 감에는 한 사람을 덜고 한 사람이 감엔 그 벗을 얻도다.

세 운 봉 지
歲運逢之,
재 사 동 인 협 공 이 정 사 거
在仕, 同寅協恭, 而政事擧.
재 사 즉 동 도 위 붕 이 유 려 택 지 익 혹 우 지 기 이 진 취
在士, 則同道爲朋, 而有麗澤之益. 或遇知己而進取,
승 등 지 유 뢰
陞騰之有賴.
재 서 속 즉 협 력 자 중 이 영 모 획 리 자 다 미 혼 자 배 합 승 도 령 중
在庶俗, 則協力者衆, 而營謀獲利者多. 未婚者, 配合. 僧道, 領衆.

* 대시(국회의원 출마, 고등고시 응시, 상류대 입시)
차효는 시운이 미흡하여 진취에 성명이 불능하도다.

* 중시(시도 의회 출마, 간부급 공사직 시험, 중류대 입시)
차효는 시운이 불선하여 진취에 성명이 어렵도다.

* 소시(구군의회 선거 출마)
차효는 같은 길을 가는 벗이 여택의 유익함이 있도다.

* 소시(초급 공사직, 삼류대 및 전문대 응시)
차효는 혹 지기를 만나 진취에 승등을 의뢰함이 있도다.

* 공, 사직의 재직운, 승진운
차효의 재직자는 같은 동료의 협력으로 하는 일을 잘 추진하도다.

* 사업 시발운(창업, 개업, 전업)
차효는 창시에 협력하는 자가 많아서 영모함이 성사가 가하도다.

* 사업 진행운(사업, 매매, 증권)
차효는 시행에 협력자가 많아서 영모함에 이익을 많이 얻도다.

* 신수, 가정운
차효는 무엇을 영위함에 협력자가 많아서 영모함에 이익을 많이 얻도다.

* 남녀리합(결혼운)
차효에 미혼자는 배필을 만나도다.

* 남녀리합(이성문제)
차효는 이성을 접하게 되도다.

* 신상문제(건강, 사고, 상해)
차효의 무사안일하도다.

* 시비, 송사
차효는 평탄무사하도다.

* 출산
차효는 출산하면 득남이며 모자가 건장하도다.

* 여행
차효는 원근간의 출행에 자유자재하도다.

변괘 대축 삼효
變卦 大畜 三爻 * 1년 중 후반기 운세(음력 7월 - 12월)

구삼 량마축 리간정 일한여위 리유유왕
九三, 良馬逐, 利艱貞, 日閑輿衛, 利有攸往.
좋은 말로 쫓아감이니 어렵고 바르게 함이 이로우니 날마다 수레 모는 것과 호위하는 것을 익히면 가는 바를 둠이 이로우리라.

세운봉지
歲運逢之,
재사 즉유오마주번지응 재사 즉유비등지응
在仕, 則有五馬朱旛之應. 在士, 則有飛騰之應.
재서속 득존상사용 지기상조 이제기간 혹분주노역
在庶俗, 得尊上使用, 知己相助, 以濟其艱. 或奔走勞役,
이후방가유획
而後方可有獲.

* 대시(국회의원 출마, 고등고시 응시, 상류대 입시)
차효는 시운이 도래하여 진취가 날아오르는데 응하도다.

* 중시(시도 의회 출마, 간부급 공사직 시험, 중류대 입시)
차효는 시운이 도래하여 진취가 날아오르는데 응하도다.

* 소시(구군의회 선거 출마, 초급 공사직, 삼류대 및 전문대 응시)
차효는 승운이 도래하여 진취가 날아오르는데 응하도다.

* 공, 사직의 재직운, 승진운
차효의 재직자는 승진에 응하도다.

* 사업 시발운(창업, 개업, 전업)
차효는 창시에 존상을 사용하고 지기가 서로 도와 그 어려움을 건너도다.

* 사업 진행운(사업)
차효는 영위에 존상을 사용하고 지기가 서로 도우면 그 어려움을 건널지며 혹은 분주히 노역한 후에야 가히 얻어지도다.

* 사업 진행운(매매, 증권)
차효는 어려움이 많을지니 때를 기다림이 가하도다.

* 신수, 가정운
차효는 무엇을 영위함에 존상을 사용하고 지기가 서로 도우면 그 어려움을 건널지며 혹은 분주히 노역한 후에야 가히 얻어지도다.

* 남녀리합(결혼운, 이성문제)
차효는 지기를 사용하면 어려움이 지나간 후에 이루어지도다.

* 신상문제(건강, 사고, 상해)
차효의 안녕무사하도다.

* 시비, 송사
차효는 안온무사하도다.

* 출산
차효는 출산하면 득남이나 출산이 어렵도다.

* 여행
차효는 필요이외의 출행은 자제함이 가하도다.

731

원 괘 비 초 효
原卦 賁 初爻 * 1년 중 전반기 운세(음력 1월 - 6월)

초 구 비 기 지 사 거 이 도
初九, 賁其趾, 舍車而徒.
그 발꿈치를 꾸밈이니 수레를 버리고 걷도다.

세 운 봉 지
歲運逢之,
재 사 방 퇴 직 지 환 재 사 방 출 강 지 욕
在仕, 防退職之患. 在士, 防黜降之辱.
재 서 속 분 주 어 도 로 기 이 종 난 원 친 향 소 정 흉 이 동 길 야
在庶俗, 奔走於道路, 棄易從難, 遠親向疎. 靜凶而動吉也.

* 대시(국회의원 출마, 고등고시 응시, 상류대 입시)
차효는 시운이 불리하여 진취에 성명이 불가하도다.

* 중시(시도 의회 출마, 간부급 공사직 시험, 중류대 입시)
차효는 시운이 불우하여 진취에 성명이 불능하도다.

* 소시(구군의회 선거 출마)
차효는 시운이 불조하여 진취에 성명이 어렵도다.

* 소시(초급 공사직, 삼류대 및 전문대 응시)
차효는 시운이 불선하여 출강의 욕됨을 막아야 할지니 배가의 노력이 가하도다.

* 공, 사직의 재직운, 승진운
차효의 재직자는 퇴직의 근심을 막아야 하도다.

* 사업 시발운(창업, 개업, 전업)
차효는 창시에 시운이 불리하니 때를 기다림이 가하도다.

* 사업 진행운(사업)
차효는 영위함에 도로에서 분주하며 쉬운 일을 버리고 어려움을 좇도다.

* 사업 진행운(매매, 증권)
차효는 시운이 불리하니 때를 기다림이 가하도다.

* 신수, 가정운
차효는 무엇을 영위함에 도로에서 분주하며 쉬운 일을 버리고 어려움을 좇도다.

* 남녀리합(결혼운, 이성문제)
차효는 이성을 연계함에 쉬운 일을 버리고 어려움을 좇으며 친한 이를 멀리하고 성기는데 향하도다.

* 신상문제(건강, 사고, 상해)
차효는 심신이 곤하나 정지함은 흉하고 동하면 길하도다.

* 시비, 송사
차효는 별다른 변란은 없으나 정지함은 흉하고 동한 즉 길하도다.

* 출산
차효는 출산하면 득녀이나 출산에 어려움이 있도다.

* 여행
차효는 출행을 자제하고 안주함이 가하도다.

변괘 간 초효
變卦 艮 初爻　　* 1년 중 후반기 운세(음력 7월 - 12월)

초 육 간 기 지 무 구 이 영 정
初六, 艮其趾, 无咎, 利永貞.
그 발꿈치에 그침이라 허물이 없으니 길이 바르게 함이 이로우니라.

세 운 봉 지
歲運逢之,
재 사 보 수 기 직 이 무 실 재 사 진 취 락 후
在仕, 保守己職而無失. 在士, 進取落後.
재 서 속 안 상 수 분 이 불 함 어 종 욕 지 위
在庶俗, 安常守分而不陷於從欲之危.

* 대시(국회의원 출마, 고등고시 응시, 상류대 입시)
차효는 시운이 불리하여 진취에 성명이 불가하도다.

* 중시(시도 의회 출마, 간부급 공사직 시험, 중류대 입시)
차효는 시운이 불우하여 진취에 성명이 불능하도다.

* 소시(구군의회 선거 출마)
차효는 시운이 불조하여 진취에 성명이 어렵도다.

* 소시(초급 공사직, 삼류대 및 전문대 응시)
차효는 시운의 미흡으로 진취에 뒤떨어질지니 배가의 노력이 가하도다.

* 공, 사직의 재직운, 승진운
차효의 재직자는 이미 가지고 있는 직분을 보존하여 지켜야 실이 없도다.

* 사업 시발운(창업, 개업, 전업)
차효는 창시에 시운이 불리하니 운명을 편안히 여기고 분수를 지켜 때를 기다림이 가하도다.

* 사업 진행운(사업)
차효는 영위함에 운명을 편안히 여기고 분수를 지켜야 욕심을 따르는 위태로움에 빠지지 않도다.

* 사업 진행운(매매, 증권)
차효는 시운이 불리하니 분수를 지키고 때를 기다림이 가하도다.

* 신수, 가정운
차효는 무엇을 영위함에 운명을 편안히 여기고 분수를 지켜야 욕심을 따르는 위태로움에 빠지지 않도다.

* 남녀리합(결혼운, 이성문제)
차효는 운명을 편안히 여기고 분수를 지켜야 욕심을 따르는 위태로움에 빠지지 않도다.

* 신상문제(건강, 사고, 상해)
차효는 운명을 편안히 여기고 분수를 지켜야 안일무사하도다.

* 시비, 송사
차효는 운명을 편안히 여기고 분수를 지켜야 무사안온하도다.

* 출산
차효는 출산하면 득녀이도다.

* 여행
차효는 분수를 지키는 출행에는 가하도다.

732

원괘 비 이효
原卦 賁 二爻　　* 1년 중 전반기 운세(음력 1월 - 6월)

육이 비기수
六二, 賁其須.
그 수염을 꾸미도다.

세운봉지
歲運逢之,

재사 즉유인인성사지공 이승천유지 재사 즉유문장지선
在仕, 則有因人成事之功, 而陞遷有地. 在士, 則有文章之善,
이득상응원
而得上應援.
재서속 득인제거 이영위무조
在庶俗, 得人提擧, 而營爲無阻.
단변득대축 여탈복지상 역요상시이동
但變得大畜, 輿脫輹之象, 亦要相時而動.
수유지기 불가시세망작 이취최억지환 수흉자 상부이난구
雖有知己, 不可恃勢妄作, 以取摧抑之患. 數凶者, 喪仆而難救,
약불능립야
弱不能立也.

* 대시(국회의원 출마, 고등고시 응시, 상류대 입시)
  차효는 시운이 미흡하여 진취에 성명이 어렵도다.

* 중시(시도 의회 출마, 간부급 공사직 시험, 중류대 입시)
  차효는 시운은 미흡하나 학문을 잘했으므로 윗사람의 응원을 얻을지니 배가의 노력이 가하도다.

* 소시(구군의회 선거 출마)
  차효는 시운이 겨우 이르러 윗사람의 응원을 얻도다.

* 소시(초급 공사직, 삼류대 및 전문대 응시)
  차효는 학문을 잘했으므로 윗사람의 응원을 얻도다.

* 공, 사직의 재직운, 승진운
  차효의 재직자는 사람으로 인하여 성사의 공이 있도다.

* 사업 시발운(창업, 개업, 전업)
  차효는 창시에 사람의 제거를 얻어 경영상에 막힘이 없도다.

* 사업 진행운(사업)
  차효에 영위함에 사람의 제거를 얻어 경영상에 막힘이 없도다. 때를 잘 타서 동하라. 비록 잘 아는 일이라도 망령되이 하지 말라. 꺾이는 환란을 취하도다.

* 사업 진행운(매매, 증권)

차효는 시운이 불리하니 때를 기다림이 가하도다.

* 신수, 가정운
차효에 무슨 일을 영위함에 때를 잘 타서 동하라. 비록 잘 아는 일이라도 망령되이 하지 말라. 꺾이는 환란을 취하도다.

* 남녀리합(결혼운, 이성문제)
차효는 이성을 연계함에 사람의 도움을 얻어 막힘이 없도다.

* 신상문제(건강, 사고, 상해)
차효의 수흉자는 죽게 되어 구하기 어렵도다.

* 시비, 송사
차효는 세를 믿고 망령되이 한 즉 다투고 송사함이 있도다.

* 출산
차효는 출산하면 득녀이도다.

* 여행
차효는 목적 이외의 출행은 공허하도다.

변괘 대축 이효
變卦 大畜 二爻 * 1년 중 후반기 운세(음력 7월 - 12월)

구이 여탈복
九二, 輿脫輹
수레의 바큇살을 벗김이로다.

세운봉지 방실탈재비
歲運逢之, 防失脫災非.

* 대시(국회의원 출마, 고등고시 응시, 상류대 입시)
차효는 시운이 불리하여 진취에 성명이 불가하도다.

* 중시(시도 의회 출마, 간부급 공사직 시험, 중류대 입시)
  차효는 시운이 불우하여 진취에 성명이 불능하도다.

* 소시(구군의회 선거 출마, 초급 공사직, 삼류대 및 전문대 응시)
  차효는 시운이 불조하여 진취에 성명이 어렵도다.

* 공, 사직의 재직운, 승진운
  차효의 재직자는 탈락될 재앙의 그름으로 이를 막아야 하도다.

* 사업 시발운(창업, 개업, 전업)
  차효는 창시에 실탈됨이 있을지니 때를 기다림이 가하도다.

* 사업 진행운(사업)
  차효에 영위함에 실탈될 그른 재앙을 막아야 하도다.

* 사업 진행운(매매, 증권)
  차효는 시운이 불리하니 때를 기다림이 가하도다.

* 신수, 가정운
  차효에 무슨 일을 영위함에 실탈된 그른 재앙을 막아야 하도다.

* 남녀리합(결혼운, 이성문제)
  차효는 성사가 불가하도다.

* 신상문제(건강, 사고, 상해)
  차효는 실패로 인한 심신이 곤하도다.

* 시비, 송사
  차효는 의외의 재앙으로 인한 시비가 있도다.

* 출산
  차효는 출산하면 득남이도다.

* 여행
  차효는 출행이 불리하도다.

733

원괘 비 삼효
原卦 賁 三爻 ＊1년 중 전반기 운세(음력 1월 - 6월)

구삼 비여유여 영정 길
九三, 賁如濡如, 永貞, 吉.
꾸밈이 윤택하니 오래하고 바르게 하면 길하리라.

세운봉지
歲運逢之,
재사 즉찬조유인 이미직시임 재사 즉제원자다이명가성
在仕, 則贊助有人, 而美職是任. 在士, 則堤援者多而名可成.
재서속 즉여지협력자중 불필노기력이자연영성
在庶俗, 則與之協力者衆, 不必勞己力而自然榮盛.
종유외요시비 종불위해야
縱有外撓是非, 縱不爲害也.

＊ 대시(국회의원 출마, 고등고시 응시)
차효는 시운이 미흡하여 진취에 성명이 어렵도다.

＊ 대시(상류대 입시)
차효는 시운이 도래하니 이끌어 주는 자가 많아 그 이름을 가히 이룰지나 가일층의 노력이 가하도다.

＊ 중시(시도 의회 출마, 간부급 공사직 시험, 중류대 입시)
차효는 시운이 도래하여 이끌어 주는 자가 많아 그 이름을 가히 이룰지나 가일층의 노력이 가하도다.

＊ 소시(구군의회 선거 출마, 초급 공사직, 삼류대 및 전문대 응시)
차효는 승운이 도래하여 이끌어 주는 자가 많아 그 이름을 가히 이루도다.

＊ 공, 사직의 재직운, 승진운
차효의 재직자는 도와주는 사람이 있어서 좋은 직에 소임되도다.

＊ 사업 시발운(창업, 개업, 전업)

차효는 창시에 협력하는 자가 많아 반드시 자기의 힘을 수고로이 하지 않아도 자연히 영성하도다.

* 사업 진행운(사업, 매매)
차효는 영위함에 협력하는 자가 많아 반드시 자기의 힘을 수고로이 하지 않아도 자연히 영성하도다.

* 사업 진행운(증권)
차효는 협력하는 자가 있어 반드시 자기의 힘을 수고로이 하지 않아도 자연히 영성할지나 큰 이익은 기대하기 어렵도다.

* 신수, 가정운
차효는 무엇을 영위함에 협력자가 많아서 자연히 영성하도다.

* 남녀리합(결혼운, 이성문제)
차효는 협력자가 많아 자기의 노력이 아니더라도 성사가 가하도다.

* 신상문제(건강, 사고, 상해)
차효의 평온안일하도다.

* 시비, 송사
차효는 비록 밖에서 시비가 어지러우나 마침내는 해롭지 않도다.

* 출산
차효는 출산하면 득녀이며 모녀가 모두 건장하도다.

* 여행
차효는 출행에 자유자재하도다.

변괘 이 삼효
變卦 頤 三爻　　* 1년 중 후반기 운세(음력 7월 - 12월)

육삼 불이정흉 십년물용 무유리
六三, 拂頤貞凶, 十年勿用, 无攸利.
기르는 바를 거스르면 바르게 하더라도 흉해서 십년을 쓰지 못한다. 이로운 바가 없느니라.

세 운 봉 지
歲運逢之,

재 사 유 상 명 실 절 지 환
在仕, 有喪名失節之患.

재 사 유 종 욕 패 도 지 우
在士, 有縱欲敗道之虞.

재 서 속 유 황 음 무 기 지 화
在庶俗, 有荒淫无忌之禍.

심 즉 상 신 비 상 지 지
甚則喪身, 悲傷之至.

* 대시(국회의원 출마, 고등고시 응시, 상류대 입시)
  차효는 시운이 불리하여 진취에 성명이 불가하도다.

* 중시(시도 의회 출마, 간부급 공사직 시험, 중류대 입시)
  차효는 시운이 불우하여 진취에 성명이 불능하도다.

* 소시(구군의회 선거 출마)
  차효는 시운이 불조하여 진취에 성명이 어렵도다.

* 소시(초급 공사직, 삼류대 및 전문대 응시)
  차효는 진취에 비록 하고자 하나 도에 패하는 걱정이 있을지니 배가의 노력만이 가하도다.

* 공, 사직의 재직운, 승진운
  차효의 재직자는 그 이름을 상하게 하고 절조를 잃는 환란이 있도다.

* 사업 시발운(창업, 개업, 전업)
  차효는 시운이 불리하니 분수를 지키고 때를 기다림이 가하도다.

* 사업 진행운(사업)
  차효는 영위함에 황당한 음행에 기탄없는 화가 있도다.

* 사업 진행운(매매, 증권)
  차효는 시운이 불리하니 분수를 지키고 때를 기다림이 가하도다.

* 신수, 가정운
  차효는 황당한 음행에 기탄없는 화가 있을지니 심한 즉 몸을 상하게 하여 비참한데 이르도다.

＊ 남녀리합(결혼운)
차효는 시운이 불리하니 분수를 지키고 때를 기다림이 가하도다.

＊ 남녀리합(이성문제)
황당한 음행에 기탄없는 화가 있을지니 심한 즉 몸을 상하게 하여 비참한 데 이르도다.

＊ 신상문제(건강, 사고, 상해)
차효는 지나친 음행에 몸을 상하게 하는 슬픔이 있도다.

＊ 시비, 송사
차효는 비흉비길 하도다.

＊ 출산
차효는 출산하면 득남하도다.

＊ 여행
차효는 출행에 황당한 음행으로 몸을 상하지 않도록 삼감이 가하도다.

741

원 괘　이　초 효
原卦 頤 初爻　　＊ 1년 중 전반기 운세(음력 1월 - 6월)

초 구　사 이 령 구　관 아 타 이　흉
初九, 舍爾靈龜, 觀我朶頤, 凶.
네 신령스런 거북이를 놓아두고 나를 보고서 턱을 벌림이니 흉하니라.

세운봉지
歲運逢之,

재사 즉조실렴지욕
在仕, 則遭失廉之辱.

재사 즉유황음지초
在士, 則有荒淫之誚.

재서속 즉유패역쟁재지화 대저 유수정도즉길
在庶俗, 則有悖逆爭財之禍, 大抵, 惟守正道則吉.

사자진취 유식름지조 개인타이욕식고야
士子進取, 有食廩之兆, 蓋因朶頤欲食故也.

* 대시(국회의원 출마, 고등고시 응시, 상류대 입시)
  차효는 시운이 미흡하여 진취에 성명이 불능하도다.

* 중시(시도 의회 출마)
  차효는 시운이 불조하여 진취에 성명이 어렵도다.

* 중시(간부급 공사직 시험, 중류대 입시)
  차효는 진취에 성명의 징조가 있으나 시운이 약하니 가일층의 노력이 가하도다.

* 소시(구군의회 선거 출마)
  차효는 시운이 불합하여 진취에 성명이 불순하도다.

* 소시(초급 공사직, 삼류대 및 전문대 응시)
  차효는 진취에 성명의 징조가 있으나 시운이 미흡하니 가일층의 노력이 가하도다.

* 공, 사직의 재직운, 승진운
  차효의 재직자는 염치를 잃는 욕됨을 만나며 황당한 음행에 꾸지람이 있도다.

* 사업 시발운(창업, 개업, 전업)
  차효는 창시에 시기가 불의하니 때를 기다림이 가하도다.

* 사업 진행운(사업)
  차효는 영위함에 패역으로 인한 재물다툼의 화가 있도다.

* 사업 진행운(매매, 증권)

차효는 시기가 불의하니 때를 기다림이 가하도다.

* 신수, 가정운
차효는 패역으로 인한 재물다툼의 화가 있을지니 대저 오직 바르게 지킨즉 길하도다.

* 남녀리합(결혼운)
차효는 시기가 불의하니 때를 기다림이 가하도다.

* 남녀리합(이성문제)
차효는 패역으로 인한 재물다툼의 화가 있도다.

* 신상문제(건강, 사고, 상해)
차효는 무사안일하도다.

* 시비, 송사
차효는 패역으로 인한 재물다툼의 화가 있도다.

* 출산
차효는 출산하면 득남이도다.

* 여행
차효는 출행이 불리하나 근신하면 가하도다.

변괘 박 초효
變卦 剝 初爻　　* 1년 중 후반기 운세(음력 7월 - 12월)

초육 박상이족 멸정 흉
初六, 剝床以足, 蔑貞, 凶.
상의 다리를 깎음이니 바른 것을 멸하면 흉하리라.

세운봉지
歲運逢之,
재사자 즉진의견기상시 이관기용사지도
在仕者, 則進宜見機相時, 以觀其用舍之道.

기여즉 혹수족지재 노비지손 혹형제불목
其餘則, 或手足之災, 奴婢之損, 或兄弟不睦.
유리어수조 흥토목지사 흉즉신망가파 영모불수
惟利於修造, 興土木之事. 凶則身亡家破, 營謀不遂.

* 대시(국회의원 출마, 고등고시 응시, 상류대 입시)
차효는 시운이 불리하니 진취에 성명이 불가하도다.

* 중시(시도 의회 출마, 간부급 공사직 시험, 중류대 입시)
차효는 시운이 불우하여 진취에 성명이 불능하도다.

* 소시(구군의회 선거 출마, 초급 공사직, 삼류대 및 전문대 응시)
차효는 시운이 불조하여 진취에 성명이 어렵도다.

* 공, 사직의 재직운, 승진운
차효의 재직자는 나아가려함에 기회를 보고 때를 타서 거취의 도를 정하라.

* 사업 시발운(창업, 개업, 전업)
차효는 시운이 불리하여 영위함에 손재가 있을지니 때를 기다림이 가하도다.

* 사업 진행운(사업)
차효에 시운이 불리하여 경영하고 모사함이 이루어지지 않도다.

* 사업 진행운(매매, 증권)
차효는 시운이 불리하니 분수를 지키고 때를 기다림이 가하도다.

* 신수, 가정운
차효는 오직 축조나 수리에 유리하니 토목의 일을 일으킬지로다.

* 남녀리합(결혼운, 이성문제)
차효는 이성을 연계함에 조화롭지 못하다.

* 신상문제(건강, 사고, 상해)
차효는 혹 수족에 재앙이 있을지며 수흉자는 몸을 망치도다.

* 시비, 송사
차효는 혹 형제가 불목하도다.

* 출산
차효는 출산하면 득남이도다.

* 여행
차효는 출행이 불리하니 자제함이 가하도다.

742

원 괘 이 이 효
原卦 頤 二爻 * 1년 중 전반기 운세(음력 1월 - 6월)

육 이 전 이 불 경 우 구 이 정 흉
六二, 顚頤, 拂經, 于丘頤征, 凶.
거꾸로 기르면 법도에 어긋나고 언덕(상구)에 기르면 가서 흉하리라.

세 운 봉 지
歲運逢之,
재 사 방 적 재 사 방 욕
在仕, 防謫. 在士, 防辱.
재 서 속 작 사 진 퇴 시 비 불 일 수 흉 자 다 병 치 사
在庶俗, 作事進退, 是非不一. 數凶者, 多病致死.

* 대시(국회의원 출마, 고등고시 응시, 상류대 입시)
차효는 시운이 불리하니 진취에 성명이 불가하도다.

* 중시(시도 의회 출마, 간부급 공사직 시험, 중류대 입시)
차효는 시운이 불우하여 진취에 성명이 불능하도다.

* 소시(구군의회 선기 출마)

차효는 시운이 불조하여 진취에 성명이 어렵도다.

* 소시(초급 공사직, 삼류대 및 전문대 응시)
차효는 시운이 불순하여 진취에 욕됨을 막아야 할지니 배가의 노력이 가하도다.

* 공, 사직의 재직운, 승진운
차효의 재직자는 처벌을 막아야 하도다.

* 사업 시발운(창업, 개업, 전업)
차효는 시운이 불리하니 분수를 지키고 때를 기다림이 가하도다.

* 사업 진행운(사업)
차효에 영위함에 지어 하는 일이 전진과 후퇴를 반복하며 시비가 한결같지 않도다.

* 사업 진행운(매매, 증권)
차효는 시운이 불리하니 때를 기다림이 가하도다.

* 신수, 가정운
차효에 무슨 일을 영위함에 전진과 후퇴를 반복하며 시비가 한결같지 않도다.

* 남녀리합(결혼운, 이성문제)
차효는 시운이 불리하여 이미 연계되었던 일도 와해될까 두렵도다.

* 신상문제(건강, 사고, 상해)
차효의 수흉자는 큰 병으로 사망하도다.

* 시비, 송사
차효는 지어서 하는 일이 전진과 후퇴를 거듭하며 시비가 한결같지 않도다.

* 출산
차효는 출산하면 득남이도다.

＊ 여행
차효는 출행이 불리하니 자제함이 가하도다.

변 괘 손 이 효
變卦 損 二爻 ＊ 1년 중 후반기 운세(음력 7월 - 12월)

구 이 리 정 정 흉 불 손 익 지
九二, 利貞, 征凶, 弗損益之.
바르고 굳게 함이 이롭고 가면 흉하니 덜지 말아야 더하게 하는 것이리라.

세 운 봉 지
歲運逢之,
재 사 고 수 기 직 이 난 천 재 사 확 수 상 업 이 난 진
在仕, 固守己職而難遷. 在士, 確守常業而難進.
서 속 즉 근 수 상 도 이 난 어 원 모
庶俗, 則謹守常度而難於遠謀.

＊ 대시(국회의원 출마, 고등고시 응시, 상류대 입시)
차효는 시운이 불리하여 진취에 성명이 불가하도다.

＊ 중시(시도 의회 출마, 간부급 공사직 시험, 중류대 입시)
차효는 시운이 불우하여 진취에 성명이 불능하도다.

＊ 소시(구군의회 선거 출마)
차효는 시운이 미흡하니 상업을 굳건히 지켜라. 진취에는 어렵도다.

＊ 소시(초급 공사직, 삼류대 및 전문대 응시)
차효는 시운이 미흡하여 진취에는 어려우니 배가의 노력이 가하도다.

＊ 공, 사직의 재직운, 승진운
차효의 재직자는 이직을 굳건히 지켜라. 천직은 어렵도다.

＊ 사업 시발운(창업, 개업, 전업)
차효는 창시에는 어려우니 상도를 삼가 지켜라.

* 사업 진행운(사업)
  차효에 영위함에 상도를 삼가 지켜라. 멀리 모사함은 어렵도다.

* 사업 진행운(매매, 증권)
  차효는 시운이 불리하니 때를 기다림이 가하도다.

* 신수, 가정운
  차효에 무슨 일을 영위함에 상도를 삼가 지켜라. 멀리 모사함은 어렵도다.

* 남녀리합(결혼운, 이성문제)
  차효는 이미 연계된 것을 잘 지켜라. 멀리 꾀함은 어렵도다.

* 신상문제(건강, 사고, 상해)
  차효는 소망이 여의치 않아 심신이 곤하도다.

* 시비, 송사
  차효는 평온무사하도다.

* 출산
  차효는 출산하면 득남이며 모자가 순탄하도다.

* 여행
  차효는 상업을 위한 출행은 공허하도다.

743

원괘 이 삼효
原卦 頤 三爻 　　* 1년 중 전반기 운세(음력 1월 - 6월)

육삼 불이정흉 십년물용 무유리
六三, 拂頤貞凶, 十年勿用, 无攸利.

기르는 바를 거스르면 바르게 하더라도 흉해서 십년을 쓰지 못한다. 이로운 바가 없느니라.

세 운 봉 지
歲運逢之,
재 사 유 상 명 실 절 지 환 재 사 유 종 욕 패 도 지 우
在仕, 有喪名失節之患. 在士, 有縱欲敗道之虞.
재 서 속 유 황 음 무 기 지 화 심 즉 상 신 비 상 지 지
在庶俗, 有荒淫无忌之禍. 甚則喪身, 悲傷之至.

* 대시(국회의원 출마, 고등고시 응시, 상류대 입시)
  차효는 시운이 불리하여 진취에 성명이 불가하도다.

* 중시(시도 의회 출마, 간부급 공사직 시험, 중류대 입시)
  차효는 시운이 불우하여 진취에 성명이 불능하도다.

* 소시(구군의회 선거 출마)
  차효는 시운이 불조하여 진취에 성명이 어렵도다.

* 소시(초급 공사직, 삼류대 및 전문대 응시)
  차효는 진취에 비록 하고자 하나 도에 패하는 걱정이 있을지니 배가의 노력만이 가하도다.

* 공, 사직의 재직운, 승진운
  차효의 재직자는 그 이름을 상하게 하고 절조를 잃는 환란이 있도다.

* 사업 시발운(창업, 개업, 전업)
  차효는 시운이 불리하니 분수를 지키고 때를 기다림이 가하도다.

* 사업 진행운(사업)
  차효는 영위함에 황당한 음행에 기탄없는 화가 있도다.

* 사업 진행운(매매, 증권)
  차효는 시운이 불리하니 분수를 지키고 때를 기다림이 가하도다.

* 신수, 가정운
  차효는 황당한 음행에 기탄없는 화가 있을지니 심한 즉 몸을 상하게

하여 비참한데 이르도다.

* 남녀리합(결혼운)
차효는 시운이 불리하니 분수를 지키고 때를 기다림이 가하도다.

* 남녀리합(이성문제)
황당한 음행에 기탄없는 화가 있을지니 심한 즉 몸을 상하게 하여 비참한데 이르도다.

* 신상문제(건강, 사고, 상해)
차효는 지나친 음행에 몸을 상하게 하는 슬픔이 있도다.

* 시비, 송사
차효는 비흉비길 하도다.

* 출산
차효는 출산하면 득남하도다.

* 여행
차효는 출행에 황당한 음행으로 몸을 상하지 않도록 삼감이 가하도다.

변괘 비 삼효
變卦 賁 三爻 * 1년 중 후반기 운세(음력 7월 - 12월)

구삼 비여유여 영정 길
九三, 賁如濡如, 永貞, 吉.
꾸밈이 윤택하니 오래하고 바르게 하면 길하리라.

세운봉지
歲運逢之,
재사 즉찬조유인 이미직시임 재사 즉제원자다이명가성
在仕, 則贊助有人, 而美職是任. 在士, 則提援者多而名可成.
재서속 즉여지협력자중 불필노기력이자연영성
在庶俗, 則與之協力者衆, 不必勞己力而自然榮盛.
종유외요시비 종불위해야
縱有外撓是非, 縱不爲害也.

* 대시(국회의원 출마, 고등고시 응시)
차효는 시운이 미흡하여 진취에 성명이 어렵도다.

* 대시(상류대 입시)
차효는 시운이 도래하니 이끌어 주는 자가 많아 그 이름을 가히 이룰지나 가일층의 노력이 가하도다.

* 중시(시도 의회 출마, 간부급 공사직 시험, 중류대 입시)
차효는 시운이 도래하여 이끌어 주는 자가 많아 그 이름을 가히 이룰지나 가일층의 노력이 가하도다.

* 소시(구군의회 선거 출마, 초급 공사직, 삼류대 및 전문대 응시)
차효는 승운이 도래하여 이끌어 주는 자가 많아 그 이름을 가히 이루도다.

* 공, 사직의 재직운, 승진운
차효의 재직자는 도와주는 사람이 있어서 좋은 직에 소임되도다.

* 사업 시발운(창업, 개업, 전업)
차효는 창시에 협력하는 자가 많아 반드시 자기의 힘을 수고로이 하지 않아도 자연히 영성하도다.

* 사업 진행운(사업, 매매)
차효는 영위함에 협력하는 자가 많아 반드시 자기의 힘을 수고로이 하지 않아도 자연히 영성하도다.

* 사업 진행운(증권)
차효는 협력하는 자가 있어 반드시 자기의 힘을 수고로이 하지 않아도 자연히 영성할지나 큰 이익은 기대하기 어렵도다.

* 신수, 가정운
차효는 무엇을 영위함에 협력자가 많아서 자연히 영성하도다.

* 남녀리합(결혼운, 이성문제)
차효는 협력자가 많아 자기의 노력이 아니더라도 성사가 가하도다.
* 신상문제(건강, 사고, 상해)

차효의 평온안일하도다.

* 시비, 송사
차효는 비록 밖에서 시비가 어지러우나 마침내는 해롭지 않도다.

* 출산
차효는 출산하면 득녀이며 모녀가 모두 건강하도다.

* 여행
차효는 출행에 자유자재하도다.

751

원괘 고 초효
原卦 蠱 初爻　　* 1년 중 전반기 운세(음력 1월 - 6월)

초육 간부지고 유자고무구 려 종길
初六, 幹父之蠱, 有子考无咎, 厲, 終吉.
아버지의 일을 주관함이니 아들이 있으면 죽은 아버지가 허물이 없을 것이니 위태롭게 해야 마침내 길할 것이다.

세운봉지
歲運逢之,
재사 즉승조정지중임 이혁간제폐
在仕, 則承朝廷之重任, 而革奸除弊.
재사속 혹승조부지은 혹자손이승고지 혹모위수의
在士俗, 或承祖父之恩.　或子孫以承考志.　或謀爲遂意.
수흉자 유우수 로자불수 고자지의고야 고자 우고시지의
數凶者, 有憂愁. 老者不壽. 考字之義故也.　考字, 又考試之義.

* 대시(국회의원 출마, 고등고시 응시, 상류대 입시)
차효는 시운이 불리하여 진취에 성명이 불가하도다.

* 중시(시도 의회 출마, 간부급 공사직 시험, 중류대 입시)
차효는 시운이 불우하여 진취에 성명이 불능하도다.

* 소시(구군의회 선거 출마)
차효는 시운이 미흡하여 진취에 성명이 어렵도다.

* 소시(초급 공사직, 삼류대 및 전문대 응시)
차효는 시운이 순조하여 그 뜻을 이룰지나 노력이 가하도다.

* 공, 사직의 재직운, 승진운
차효의 재직자는 중임에 이어서 간사함을 고치고 폐단을 제거하도다.

* 사업 시발운(창업, 개업, 전업)
차효는 창시에 모사함이 그 뜻을 이루도다.

* 사업 진행운(사업)
차효는 영위함에 모사함이 그 뜻을 이룰지나 많은 수익은 어렵도다.

* 사업 진행운(매매, 증권)
차효는 모사함이 그 뜻을 이룰지나 많은 수익을 기대하기는 어렵도다.

* 신수, 가정운
차효는 무슨 일을 영위함에 그 뜻을 이룰지며 혹 부모의 은혜를 이어가도다.

* 남녀리합(결혼운, 이성문제)
차효는 이성을 연계함에 그 뜻을 이루도다.

* 신상문제(건강, 사고, 상해)
차효는 수흉자에 늙은이는 수를 못하도다.

* 시비, 송사
차효는 무사안일하도다.

* 출산

차효는 출산하면 득남이도다.

* 여행
  차효는 원근간에 출행이 가하도다.

변 괘 대 축 초 효
變卦 大畜 初爻 * 1년 중 후반기 운세(음력 7월 - 12월)

초 구 유 려 리 이
初九, 有厲, 利已.
위태함이 있으리니 그치는 것이 이로우니라.

세 운 봉 지
歲運逢之,
재 사 의 거 위 재 사 의 대 시
在仕, 宜去位. 在士, 宜待時.
재 서 속 의 수 구 불 연 변 생 불 측 화 장 림 의
在庶俗, 宜守舊. 不然變生不測, 禍將臨矣.

* 대시(국회의원 출마, 고등고시 응시, 상류대 입시)
  차효는 시운이 불리하여 진취에 성명이 불가하도다.

* 중시(시도 의회 출마, 간부급 공사직 시험, 중류대 입시)
  차효는 시운이 불우하여 진취에 성명이 불능하도다.

* 소시(구군의회 선거 출마)
  차효는 시운이 불조하여 진취에 성명이 어렵도다.

* 소시(초급 공사직, 삼류대 및 전문대 응시)
  차효는 시운이 미흡하여 마땅히 기다려야 할지니 배가의 노력이 가하도다.

* 공, 사직의 재직운, 승진운
  차효의 재직자는 마땅히 자리를 떠나야 하도다.

* 사업 시발운(창업, 개업, 전업)

차효는 창시에 시운이 불리하여 불리하니 때를 기다림이 가하도다.

* 사업 진행운(사업)
차효는 시행에 마땅히 옛대로 지켜야 하도다. 그렇지 않으면 변하여 헤아리지 못할 화가 생기어 임하도다.

* 사업 진행운(매매, 증권)
차효는 시운이 불리하여 때를 기다림이 가하도다.

* 신수, 가정운
차효는 마땅히 옛대로 지켜야 하도다. 그렇지 않으면 변하여 헤아리지 못할 화가 생기어 임하도다.

* 남녀리합(결혼운, 이성문제)
차효는 이성을 연계함에 순탄치 않으니 때를 기다려라.

* 신상문제(건강, 사고, 상해)
차효는 안정하면 평온하도다.

* 시비, 송사
차효는 혹 불의의 화로 인한 쟁송이 있을지니 마땅히 지킴이 가하도다.

* 출산
차효는 출산하면 득남이며 모자가 평온하도다.

* 여행
차효는 출행이 불리하니 자제가 가하도다.

752

原卦 蠱 二爻　　＊1년 중 전반기 운세(음력 1월 - 6월)

九二, 幹母之蠱, 不可貞.

어머니의 일을 주관함이니 곧게 할 수 없느니라.

歲運逢之,

在仕, 幹辯舊緖之有餘, 而祿位穩固.　在庶俗士子,

爲營父母遠大之事,

改舊更新, 无不如意.　女命, 勤儉持家, 而性忠直, 多富.

＊ 대시(국회의원 출마, 고등고시 응시, 상류대 입시)
차효는 시운이 불리하여 진취에 성명이 불가하도다.

＊ 중시(시도 의회 출마, 간부급 공사직 시험, 중류대 입시)
차효는 시운이 불우하여 진취에 성명이 불능하도다.

＊ 소시(구군의회 선거 출마)
차효는 시운이 미흡하여 진취에 성명이 어렵도다.

＊ 소시(초급 공사직, 삼류대 및 전문대 응시)
차효는 진취에 옛 것을 고쳐 새롭게 함에 뜻을 이루도다.

＊ 공, 사직의 재직운, 승진운
차효의 재직자는 옛 일을 잘 판단하여 여유가 있으니 록의 자리가
편안하고 굳건하도다.

＊ 사업 시발운(창업, 개업, 전업)
차효는 옛 것을 고쳐 새롭게 함이 여의하게 되도다.

* 사업 진행운(사업, 매매, 증권)
차효는 옛 것을 고쳐 새롭게 함이 여의치 아니함이 없을지나 큰 이익의 기대는 불가하도다.

* 신수, 가정운
차효는 옛 것을 고쳐 새롭게 함이 여의치 아니함이 없으며 부모의 원대지사를 영위하도다.

* 남녀리합(결혼운, 이성문제)
차효는 옛 것을 고쳐 새롭게 함이 여의치 아니함이 없도다.

* 신상문제(건강, 사고, 상해)
차효의 평온무사하도다.

* 시비, 송사
차효는 무사안일하도다.

* 출산
차효는 출산하면 득남이며 모자가 모두 건장하도다.

* 여행
차효는 원근간에 출행이 자우자제하도다.

변 괘 간 이 효
變卦 艮 二爻　　* 1년 중 후반기 운세(음력 7월 - 12월)

육 이 간 기 비 불 증 기 수 기 심 불 쾌
六二, 艮其腓, 不拯其隨, 其心不快.

그 장딴지에 그침이니 그 따름을 구원하지 못하는지라. 그 마음이 유쾌하지 아니하도다.

세 운 봉 지
歲運逢之,
재 사 무 부 위 지 전 지 재 재 사 무 기 회 지 미 재 서 속 무 구 모 지 수
在仕, 無扶危持顚之才. 在士, 無機會之美. 在庶俗, 無求謀之遂.

혹 치 타 군　이 고 우 노 역　혹 유 족 질　이 동 지 난 안
或馳他郡, 而苦于勞役. 或有足疾, 而動止難安.
혹 위 가 환　이 심 유 불 쾌
或爲家患,而心有不快.

* 대시(국회의원 출마, 고등고시 응시, 상류대 입시)
  차효는 시운이 불리하여 진취에 성명이 불가하도다.

* 중시(시도 의회 출마, 간부급 공사직 시험, 중류대 입시)
  차효는 시운이 불우하여 진취에 성명이 불능하도다.

* 소시(구군의회 선거 출마)
  차효는 시운이 불조하여 진취에 성명이 어렵도다.

* 소시(초급 공사직, 삼류대 및 전문대 응시)
  차효는 시운이 미흡하여 진취에 기회의 아름다움이 없을지니 배가의 노력이 가하도다.

* 공, 사직의 재직운, 승진운
  차효의 재직자는 위태함을 붙들고 엎어짐을 유지케 하는 재능이 없도다.

* 사업 시발운(창업, 개업, 전업)
  차효는 창시에 구하고 모사함을 이룰 수가 없을지니 때를 기다림이 가하도다.

* 사업 진행운(사업)
  차효는 영위함에 구하고 모사함이 이루어짐이 없도다.

* 사업 진행운(매매, 증권)
  차효는 구하고 모사함이 이루어짐이 없으며 혹은 타지에 나아가 노역에 고생하도다.

* 신수, 가정운
  차효는 구하고 모사함이 이루어짐이 없으며 혹은 타지에 나아가 노역에 고생하도다.

* 남녀리합(결혼운, 이성문제)
차효는 이성과 결합함에 구하고 모사함이 이루어지지 않도다.

* 신상문제(건강, 사고, 상해)
차효는 혹 발병으로 움직임이 편안하지 않으며 혹은 가환으로 마음이 불쾌하도다.

* 시비, 송사
차효는 구함에 뜻을 이루지 못하는 시비가 있도다.

* 출산
차효는 출산하면 득남하도다.

* 여행
차효는 목적 이외의 출행은 가하도다.

753

원 괘 고 삼 효
原卦 蠱 三爻　　* 1년 중 전반기 운세(음력 1월 - 6월)

구 삼 간 부 지 고 소 유 회 무 대 구
九三, 幹父之蠱, 小有悔, 无大咎.
아버지의 일을 주관함이니 조금 뉘우침이 있으나 큰 허물은 없으리라.

세 운 봉 지
歲運逢之,
재 사 유 건 립 주 장 대 과 지 건 재 사 서 수 위 유 불 려 조 급 지 실
在仕, 有建立主張大過之愆. 在士庶, 修爲, 有拂戾躁急之失.
대 범 궁 행 왕 도 물 신 사 언 면 회
大凡躬行王道, 勿信邪言, 免悔.

* 대시(국회의원 출마, 고등고시 응시, 상류대 입시)

차효는 시운이 불리하여 진취에 성명이 불가하도다.

* 중시(시도 의회 출마, 간부급 공사직 시험, 중류대 입시)
차효는 시운이 불우하여 진취에 성명이 불능하도다.

* 소시(구군의회 선거 출마)
차효는 시운이 불조하여 진취에 성명이 어렵도다.

* 소시(초급 공사직, 삼류대 및 전문대 응시)
차효는 진취에 조급하면 어그러지니 대범하게 왕도처럼 행해야 하도다.

* 공, 사직의 재직운, 승진운
차효의 재직자는 건립을 주장하다가 큰 허물이 있도다.

* 사업 시발운(창업, 개업, 전업)
차효는 창시에 조급하면 어그러질지니 대범하게 왕도처럼 행할지며 간사한 말을 믿지 말아야 후회를 면하도다.

* 사업 진행운(사업)
차효는 영위함에 조급하면 어그러질지니 대범하게 왕도처럼 행할지며 간사한 말을 믿지 말아야 후회를 면하도다.

* 사업 진행운(매매, 증권)
차효는 시운이 미흡하니 분수를 지키고 때를 기다림이 가하도다.

* 신수, 가정운
차효는 무엇을 영위함에 조급하면 어그러질지니 대범하게 왕도처럼 행할지며 간사한 말을 믿지 말아야 후회를 면하도다.

* 남녀리합(결혼운, 이성문제)
차효는 이성을 연계함에 어그러짐이 있을지니 조급하지 말라. 대범하게 왕도처럼 행할지며 간사한 말을 믿지 말라.

* 신상문제(건강, 사고, 상해)
차효는 무슨 일을 함에 실이 있도다.

* 시비, 송사
  차효는 무슨 일을 함에 실이 있도다.

* 출산
  차효는 출산하면 득남하도다.

* 여행
  차효는 출행에 느긋함이 가하도다.

변 괘 몽 삼 효

變卦 蒙 三爻　　* 1년 중 후반기 운세(음력 7월 - 12월)

육 삼 물 용 취 녀 견 금 부 불 유 궁 무 유 리

六三, 勿用取女, 見金夫, 不有躬, 無攸利.

여자를 취하지 말지니 돈이 많은 사내를 보고 몸을 두지 못하니 이로울 바가 없느니라.

세 운 봉 지

歲運逢之,

재 사 즉 탐 람 취 욕 지 척　　재 사 즉 유 연 벽 폐 학 지 차

在仕, 則貪婪取辱之斥.　　在士, 則有燕僻廢學之嗟.

재 서 속 즉 생 시 비　　혹 음 인 불 목 이 유 주 색 성 음 지 구

在庶俗, 則生是非.　或陰人不睦, 而有酒色聲音之咎.

대 저 의 정 이 근 방 위 가

大抵宜靜而謹防爲佳.

* 대시(국회의원 출마, 고등고시 응시, 상류대 입시)
  차효는 시운이 불리하여 진취에 성명이 불가하도다.

* 중시(시도 의회 출마, 간부급 공사직 시험, 중류대 입시)
  차효는 시운이 불우하여 진취에 성명이 불능하도다.

* 소시(구군의회 선거 출마)
  차효는 시운이 불조하여 진취에 성명이 어렵도다.

* 소시(초급 공사직, 삼류대 및 전문대 응시)

차효는 시운이 불조하여 제비처럼 학업만 폐지하도다.

* 공, 사직의 재직운, 승진운
차효의 재직자는 탐내다가 욕됨을 취하고 내쫓기는 탄식이 있도다.

* 사업 시발운(창업, 개업, 전업)
차효는 시운이 불리하니 분수를 지키고 때를 기다림이 가하도다.

* 사업 진행운(사업)
차효는 시비가 생길지니 대저 삼가 막아야 가하도다.

* 사업 진행운(매매, 증권)
차효는 시운이 불리하니 분수를 지키고 때를 기다림이 가하도다.

* 신수, 가정운
차효는 시비가 생길지며 혹 내연이 불목하고 주색으로 인한 말썽의 재앙이 있을지니 대체로 조용히 삼가며 막음이 가하도다.

* 남녀리합(결혼운)
차효는 이미 결합된 혼인일지라도 차단됨을 막아야 하도다.

* 남녀리합(이성문제)
차효는 내연이 불목하여 여색으로 인한 말썽의 재앙이 있도다.

* 신상문제(건강, 사고, 상해)
차효는 심신이 곤하도다.

* 시비, 송사
차효는 시비가 생기며 내연이 불목하도다.

* 출산
차효는 출산하면 득녀하도다.

* 여행
차효는 출행이 불의하니 삼감이 가하도다.

761

원 괘 몽 초 효
原卦 蒙 初爻　　* 1년 중 전반기 운세(음력 1월 - 6월)

초 육 발 몽 리 용 형 인 용 탈 질 곡 이 왕 린
初六, 發蒙, 利用刑人, 用脫桎梏, 以往, 吝.
몽을 개발할 것이니 사람에게 형벌함을 쓰고 질곡을 벗기는 방법이 이롭고 형벌로써만 해 나가면 인색하리라.

세 운 봉 지
歲運逢之,
재 사 즉 위 장 문 교 지 직 혹 리 형 명 지 임 재 사 즉 소 시 유 발 인 지 미
在仕, 則爲掌文敎之職, 或理刑名之任. 在士, 則小試有發軔之美.
재 서 속 다 주 관 송 친 붕 불 화 간 과 쟁 투 암 매 시 비 종 득 해 탈
在庶俗, 多主官訟, 親朋不和, 干戈爭鬪, 暗昧是非, 終得解脫.
흉 자 유 형
凶者有刑.

* 대시(국회의원 출마, 고등고시 응시, 상류대 입시)
차효는 시운이 불리하여 진취에 성명이 불가하도다.

* 중시(시도 의회 출마, 간부급 공사직 시험)
차효는 시운이 미흡하여 진취에 성명이 어렵도다.

* 중시(중류대 입시)
차효는 시운의 약진으로 소시에는 이로우나 배가의 노력이 가하도다.

* 소시(구군의회 선거 출마)
차효는 시운이 불조하여 진취에 성명이 어렵도다.

* 소시(초급 공사직, 삼류대 및 전문대 응시)
차효는 시운이 미흡하여 소시에는 이로우나 배가의 노력이 가하도다.

* 공, 사직의 재직운, 승진운
차효의 재직자는 교육의 직책이나 감독의 직분에 소임되도다.

* 사업 시발운(창업, 개업, 전업)
차효는 창시에 관사나 송사가 있을지니 때를 기다림이 가하도다.

* 사업 진행운(사업)
차효는 영위함에 관사나 송사가 있을지며 분명하지 않은 시비가 있으나 마침내는 해탈됨을 득하도다.

* 사업 진행운(매매, 증권)
차효는 시운이 불리하니 분수를 지키고 때를 기다림이 가하도다.

* 신수, 가정운
차효는 무슨 일을 영위함에 주로 관사내지는 송사가 있을지며 붕우와 불화하여 흉기를 쓰는 다툼이 있도다. 그 시비가 분명치 못한 암수가 있으나 마침내는 해탈되도다.

* 남녀리합(결혼운, 이성문제)
차효는 이미 연계되었던 일에도 와해됨을 막아야 하도다.

* 신상문제(건강, 사고, 상해)
차효는 관재송사, 시비로 하여 심신이 곤하도다.

* 시비, 송사
차효는 주로 관재송사가 있으며 흉기를 쓰는 쟁투가 있고 수흉자는 형벌에 처함이 있도다.

* 출산
차효는 출산하면 득녀이도다.

* 여행
차효는 출행이 불리하니 자제함이 가하도다.

變卦(변괘) 損(손) 初爻(초효)　　* 1년 중 후반기 운세(음력 7월 - 12월)

초 구 이 사 천 왕 무 구 작 손 지
初九, 已事遄往, 无咎, 酌損之.
일을 마치고 빨리 가야 허물이 없으리니 참작하여 더느니라.

세 운 봉 지
歲運逢之,
재 사 즉 국 이 망 가 이 천 총 지 일 가 재 사 즉 상 인 합 지
在仕, 則國而忘家, 而天寵之日加. 在士, 則上人合志,
이 필 득 우 선 재 서 속 즉 회 계 윤 당 이 리 무 불 획
而必得優選. 在庶俗, 則會計允當, 而利無不獲.
수 흉 혹 인 주 식 비 사
數凶, 或因酒食費事.

* 대시(국회의원 출마, 고등고시 응시, 상류대 입시)
차효는 시운이 도래하여 윗사람과 뜻이 맞아 반드시 우수하게 선발이 되도다.

* 중시(시도 의회 출마, 간부급 공사직 시험, 중류대 입시)
차효는 시운이 도래하여 윗사람과 뜻이 맞아 반드시 우수하게 선발이 되도다.

* 소시(구군의회 선거 출마, 초급 공사직, 삼류대 및 전문대 응시)
차효는 호운이 도래하여 윗사람과 뜻이 맞아 반드시 우수하게 선발이 되도다.

* 공, 사직의 재직운, 승진운
차효의 재직자는 상사의 총애가 날로 더하도다.

* 사업 시발운(창업, 개업, 전업)
차효는 창시에 회계를 마땅히 잘하면 이익이 얻어지도다.

* 사업 진행운(사업, 매매, 증권)
차효는 영위함에 회계를 마땅히 잘하면 이익이 얻어지도다.

* 신수, 가정운
차효는 무엇을 영위함에 회계를 마땅히 잘하면 이익이 얻어지도다.

* 남녀리합(결혼운, 이성문제)
차효는 이성을 연계함에 회계를 마땅히 잘하면 성사가 가하도다.

* 신상문제(건강, 사고, 상해)
차효의 수흉자는 혹 주식을 소비할 일이 생기도다.

* 시비, 송사
차효의 수흉자는 시비가 있도다.

* 출산
차효는 출산하면 득남이나 혹 모체체 놀랄 일이 생기도다.

* 여행
차효는 출행에 무사하나 수흉자는 혹 놀랄 일이 있도다.

762

원 괘 몽 이 효
原卦 蒙 二爻 * 1년 중 전반기 운세(음력 1월 - 6월)

구 이 포 몽 길 납 부 길 자 극 가
九二, 包蒙吉, 納婦吉, 子克家.
몽을 감쌈이니 길하고 지어미를 들이니 길하며 자식이 집을 다스림이라.

세 운 봉 지
歲運逢之,
재 사 즉 수 관 직 재 사 즉 위 사 범 재 서 속 즉 인 정 화 협
在仕, 則守官職. 在士, 則爲師範. 在庶俗, 則人情和協,
이 백 위 유 성 혹 결 혼 인 혹 생 자 손 존 현 교 접 행 장 수 지
而百爲有成. 或結婚姻, 或生子孫. 尊賢交接, 行藏遂志,
동 지 평 안
動止平安.

* 대시(국회의원 출마, 고등고시 응시, 상류대 입시)
차효는 시운이 미약하여 진취에 배가의 노력이 가하도다.

* 중시(시도 의회 출마, 간부급 공사직 시험, 중류대 입시)
차효는 시운이 도래하여 진취에 그 이름을 이루도다.

* 소시(구군의회 선거 출마)
차효는 진취에 사람들의 모범이 될지며 그 이름을 이루도다.

* 소시(초급 공사직, 삼류대 및 전문대 응시)
차효는 시운이 도래하여 사람의 모범이 되도다.

* 공, 사직의 재직운, 승진운
차효의 재직자는 그 직분을 굳건히 지켜라.

* 사업 시발운(창업, 개업, 전업)
차효는 창시에 인정이 화합하여 백가지 하는 일이 이루어지도다.

* 사업 진행운(사업, 매매, 증권)
차효는 시행에 인정이 화합하여 백가지 하는 일이 이루어지도다.
그러나 큰 이익의 기대는 어렵도다.

* 신수, 가정운
차효는 무엇을 영위함에 인정이 화합하여 백가지 하는 일이 이루어지도다.

* 남녀리합(결혼운)
차효는 결혼에 이롭도다.

* 남녀리합(이성문제)
차효는 존현과 교접함에 행하고 그침이 뜻을 이루며 동하고 그침이 평안하도다.

* 신상문제(건강, 사고, 상해)
차효의 안강무사하도다.

* 시비, 송사
차효는 무사평탄하도다.

* 출산
차효는 출산하면 득녀이며 모녀가 모두 건강하도다.

* 여행
차효는 원근간에 출행에 자유자제하도다.

변괘 박 이효
變卦 剝 二爻 * 1년 중 후반기 운세(음력 7월 - 12월)

육이 박상이변 멸정 흉
六二, 剝床以辨, 蔑貞, 凶.
상의 판을 깎음이니 바른 것을 멸하면 흉하다.

세운봉지
歲運逢之,
재사 방출강 사자 진취난성
在仕, 防黜降. 士子, 進取難成.
상인 간모불수 혹비자침릉 존자시기
常人, 幹謀不遂. 或卑者侵凌, 尊者猜忌.

* 대시(국회의원 출마, 고등고시 응시, 상류대 입시)
차효는 시운이 불리하여 진취에 성명이 불가하도다.

* 중시(시도 의회 출마, 간부급 공사직 시험, 중류대 입시)
차효는 시운이 불우하여 진취에 성명이 불능하도다.

* 소시(구군의회 선거 출마)
차효는 시운이 불조하여 진취에 성명이 어렵도다.

* 소시(초급 공사직, 삼류대 및 전문대 응시)
차효는 시운이 미흡하여 진취에 성명이 어려우니 배가의 노력이 가하도다.

* 공, 사직의 재직운, 승진운
차효의 재직자는 내쫒김을 막아야 하도다.

* 사업 시발운(창업, 개업, 전업)
차효는 창시에 간여하고 모사함이 이루어지지 않으니 때를 기다림이 가하도다.

* 사업 진행운(사업)
차효는 영위함에 간여하고 모사함이 이루어지지 않도다.

* 사업 진행운(매매, 증권)
차효는 시운이 불리하니 분수를 지키고 때를 기다림이 가하도다.

* 신수, 가정운
차효는 무엇을 영위함에 간여하고 모사함이 이루어지지 않도다.

* 남녀리합(결혼운)
차효는 결합이 어렵도다.

* 남녀리합(이성문제)
차효는 결합이 어렵고 이미 이루어진 곳에는 아랫사람이 능멸하고 윗사람이 시기하도다.

* 신상문제(건강, 사고, 상해)
차효는 출혈의 사고를 막아야 하도다.

* 시비, 송사
차효는 사고로 인하여 혹 시비가 있도다.

* 출산
차효는 출산하면 득녀이며 난산이 우려되도다.

* 여행
차효는 출행이 불호하니 자제함이 가하도다.

763

원괘 몽 삼효
原卦 蒙 三爻　　* 1년 중 전반기 운세(음력 1월 - 6월)

육삼 물용취녀 견금부 불유궁 무유리
六三, 勿用取女, 見金夫, 不有躬, 無攸利.
여자를 취하지 말지니 돈이 많은 사내를 보고 몸을 두지 못하니 이로울 바가 없느니라.

세운봉지
歲運逢之,
재사 즉탐람취욕지척　　재사 즉유연벽폐학지차
在仕, 則貪婪取辱之斥.　　在士, 則有燕僻廢學之嗟.
재서속 즉생시비　　혹음인불목 이유주색성음지구
在庶俗, 則生是非.　　或陰人不睦, 而有酒色聲音之咎.
대저의정이근방위가
大抵宜靜而謹防爲佳.

* 대시(국회의원 출마, 고등고시 응시, 상류대 입시)
  차효는 시운이 불리하여 진취에 성명이 불가하도다.

* 중시(시도 의회 출마, 간부급 공사직 시험, 중류대 입시)
  차효는 시운이 불우하여 진취에 성명이 불능하도다.

* 소시(구군의회 선거 출마)
  차효는 시운이 불조하여 진취에 성명이 어렵도다.

* 소시(초급 공사직, 삼류대 및 전문대 응시)
  차효는 시운이 불조하여 제비처럼 학업만 폐지하도다.

* 공, 사직의 재직운, 승진운
  차효의 재직자는 탐내다가 욕됨을 취하고 내쫓기는 탄식이 있도다.

* 사업 시발운(창업, 개업, 전업)
  차효는 시운이 불리하니 분수를 지키고 때를 기다림이 가하도다.

＊ 사업 진행운(사업)
차효는 시비가 생길지니 대저 삼가 막아야 가하도다.

＊ 사업 진행운(매매, 증권)
차효는 시운이 불리하니 분수를 지키고 때를 기다림이 가하도다.

＊ 신수, 가정운
차효는 시비가 생길지며 혹 내연이 불목하고 주색으로 인한 말썽의 재앙이 있을지니 대체로 조용히 삼가며 막음이 가하도다.

＊ 남녀리합(결혼운)
차효는 이미 결합된 혼인일지라도 차단됨을 막아야 하도다.

＊ 남녀리합(이성문제)
차효는 내연이 불목하여 여색으로 인한 말썽의 재앙이 있도다.

＊ 신상문제(건강, 사고, 상해)
차효는 심신이 곤하도다.

＊ 시비, 송사
차효는 시비가 생기며 내연이 불목하도다.

＊ 출산
차효는 출산하면 득녀하도다.

＊ 여행
차효는 출행이 불의하니 삼감이 가하도다.

변괘 고 삼효
變卦 蠱 三爻 ＊ 1년 중 후반기 운세(음력 7월 - 12월)

구삼 간부지고 소유회 무대구
九三, 幹父之蠱, 小有悔, 无大咎.

아버지의 일을 주관함이니 조금 뉘우침이 있으나 큰 허물은 없으리라.

세 운 봉 지
歲運逢之,

재 사 유 건 립 주 장 대 과 지 건 재 사 서 수 위 유 불 려 조 급 지 실
在仕, 有建立主張大過之愆. 在士庶, 修爲, 有拂戾躁急之失.

대 범 궁 행 왕 도 물 신 사 언 면 회
大凡躬行王道, 勿信邪言, 免悔.

* 대시(국회의원 출마, 고등고시 응시, 상류대 입시)
  차효는 시운이 불리하여 진취에 성명이 불가하도다.

* 중시(시도 의회 출마, 간부급 공사직 시험, 중류대 입시)
  차효는 시운이 불우하여 진취에 성명이 불능하도다.

* 소시(구군의회 선거 출마)
  차효는 시운이 불조하여 진취에 성명이 어렵도다.

* 소시(초급 공사직, 삼류대 및 전문대 응시)
  차효는 진취에 조급하면 어그러지니 대범하게 왕도처럼 행해야 하도다.

* 공, 사직의 재직운, 승진운
  차효의 재직자는 건립을 주장하다가 큰 허물이 있도다.

* 사업 시발운(창업, 개업, 전업)
  차효는 창시에 조급하면 어그러질지니 대범하게 왕도처럼 행할지며 간사한 말을 믿지 말아야 후회를 면하도다.

* 사업 진행운(사업)
  차효는 영위함에 조급하면 어그러질지니 대범하게 왕도처럼 행할지며 간사한 말을 믿지 말아야 후회를 면하도다.

* 사업 진행운(매매, 증권)
  차효는 시운이 미흡하니 분수를 지키고 때를 기다림이 가하도다.

* 신수, 가정운
  차효는 무엇을 영위함에 조급하면 어그러질지니 대범하게 왕도처럼 행할지며 간사한 말을 믿지 말아야 후회를 면하도다.

* 남녀리합(결혼운, 이성문제)
차효는 이성을 연계함에 어그러짐이 있을지니 조급하지 말라. 대범하게 왕도처럼 행할지며 간사한 말을 믿지 말라.

* 신상문제(건강, 사고, 상해)
차효는 무슨 일을 함에 실이 있도다.

* 시비, 송사
차효는 무슨 일을 함에 실이 있도다.

* 출산
차효는 출산하면 득남하도다.

* 여행
차효는 출행에 느긋함이 가하도다.

811

원 괘 태 초 효
原卦 泰 初爻 * 1년 중 전반기 운세(음력 1월 - 6월)

초 구 발 모 여 이 기 휘 정 길
初九, 拔茅茹, 以其彙, 征吉.
띠 뿌리를 뽑음이니 그 무리로써 하면 가는 것이 길하리라.

세 운 봉 지
歲運逢之,
재 사 즉 동 인 협 공 이 초 천 유 기 재 사 즉 동 도 상 덕
在仕, 則同寅協恭, 而超遷有基. 在士, 則同道尙德,
이 비 등 유 일 재 서 속 즉 동 지 합 모 즉 재 리 일 증
而飛騰有日. 在庶俗, 則同志合謀, 則財利日增.

* 대시(국회의원 출마, 고등고시 응시)
차효는 진취에 같은 길의 덕을 숭상하여 비등할 날이 있을지나 배가의 노력만이 가하도다.

* 대시(상류대 입시)
차효는 진취에 같은 길의 덕을 숭상하여 비등할 날이 있도다.

* 중시(시도 의회 출마, 간부급 공사직 시험, 중류대 입시)
차효는 진취에 같은 길의 덕을 숭상하여 비등할 날이 있도다.

* 소시(구군의회 선거 출마, 초급 공사직, 삼류대 및 전문대 응시)
차효는 진취에 같은 길의 덕을 숭상하여 비등할 날이 있도다.

* 공, 사직의 재직운, 승진운
차효의 재직자는 동료의 협력으로 뛰어 옮길 기틀이 있도다.

* 사업 시발운(창업, 개업, 전업)
차효는 창시에 동지와 뜻을 합하여 모사한 즉 재리가 날로 더하도다.

* 사업 진행운(사업)
차효는 영위함에 동지와 뜻을 합하여 모사한 즉 재리가 날로 더하도다.

* 사업 진행운(매매, 증권)
차효는 시행에 동지와 뜻을 합하여 모사한 즉 재리가 날로 더할지나 큰 이익의 기대는 어렵도다.

* 신수, 가정운
차효는 영위에 동지와 뜻을 합하여 모사한 즉 재리가 날로 더하도다.

* 남녀리합(결혼운, 이성문제)
차효는 이성과 연계함에 동지와 뜻을 합하여 모사한 즉 이루어지도다.

* 신상문제(건강, 사고, 상해)
차효는 안일무사하도다.

* 시비, 송사
차효는 무사평온하도다.

* 출산
차효는 출산하면 득남이며 모자가 모두 건강하도다.

* 여행
차효는 출행에 자우자재하도다.

변 괘　승　초 효
變卦 升 初爻　　* 1년 중 후반기 운세(음력 7월 - 12월)

초 육　윤 승　대 길
初六, 允升, 大吉.
미덥게 해서 올라감이니 크게 길하리라.

세 운 봉 지
歲運逢之,
재 사　초 천
在仕, 超遷.
재 사　고 천
在士, 高薦.
재 서 속　영 모 칭 심
在庶俗, 營謀稱心.

* 대시(국회의원 출마, 고등고시 응시)
차효는 시운이 미약하여 진취에 높이 천거되나 성명하기는 미흡하니 배가의 노력이 가하도다.

* 대시(상류대 입시)
차효는 시운의 점진으로 진취에 높이 천거되도다.

* 중시(시도 의회 출마, 간부급 공사직 시험, 중류대 입시)
차효는 시운이 순조하여　진취에 높이 천거되도다.

* 소시(구군의회 선거 출마, 초급 공사직, 삼류대 및 전문대 응시))
차효는 시운이 도래하여 진취에 높이 천거되도다.

* 공, 사직의 재직운, 승진운

차효의 재직자는 계층을 뛰어 옮기도다.

* 사업 시발운(창업, 개업, 전업)
차효는 창시에 경영하고 모사함이 마음과 같이 되도다.

* 사업 진행운(사업)
차효는 영위에 경영하고 모사함이 마음과 같이 되도다.

* 사업 진행운(매매, 증권)
차효는 시행에 경영하고 모사함이 마음과 같이 될지나 큰 이익의 기대에는 미치지 못하도다.

* 신수, 가정운
차효는 영위에 경영하고 모사함이 마음과 같이 되도다.

* 남녀리합(결혼운, 이성문제)
차효는 이성을 구함에 마음과 같이 되도다.

* 신상문제(건강, 사고, 상해)
차효는 평온안일하도다.

* 시비, 송사
차효는 무사평탄하도다.

* 출산
차효는 출산하면 득남이며 모자가 모두 건강하도다.

* 여행
차효는 출행에 자유안락하도다.

812

원괘 태 이효
原卦 泰 二爻　　＊1년 중 전반기 운세(음력 1월 - 6월)

구이 포황 용빙하 불하유 붕망 득상어중행
九二, 包荒, 用憑河, 不遐遺, 朋亡, 得尙於中行.

거친 것을 포용하면서 걸어서 하수를 건너는 것을 쓰며 먼 것을 버리지 않으면서 붕당을 없애면 중도로 행함에 합치됨을 얻을 것이다.

세운봉지
歲運逢之,

재사 즉유어변강 수강호　혹대중 중봉 중서성지류
在仕, 則有禦邊疆, 守江湖.　或大中, 中奉, 中書省之類.

재사 즉진취성명 영모자획리 상속 필우존귀 여불입국 불늑위
在士, 則進取成名, 營謀者獲利. 常俗, 必遇尊貴, 如不入局, 不得位.

즉변명이이효 방장상유손 언어유상
則變明夷二爻, 防長上有損, 言語有傷.

＊ 대시(국회의원 출마, 고등고시 응시, 상류대 입시)
차효는 시운이 도래하여 진취에 성명하도다.

＊ 중시(시도 의회 출마, 간부급 공사직 시험, 중류대 입시)
차효는 호운이 도래하여 진취에 성명하도다.

＊ 소시(구군의회 선거 출마, 초급 공사직, 삼류대 및 전문대 응시)
차효는 승운이 도래하여 진취에 성명하도다.

＊ 공, 사직의 재직운, 승진운
차효의 재직자는 좋은 승진이 있도다.

＊ 사업 시발운(창업, 개업, 전업)
차효는 창시에 이익을 크게 획득하도다.

＊ 사업 진행운(사업)
차효는 영위함에 이익을 크게 획득하며 제2의 창업이 있도다.

* 사업 진행운(매매, 증권)
차효는 시행에 이익을 크게 획득하도다.

* 신수, 가정운
차효는 무엇을 영위함에 큰 이익을 획득하며 전원에 투자를 생각하게 되도다.

* 남녀리합(결혼운, 이성문제)
차효는 반드시 귀인을 만날지나 판에는 들어가지 못하도다.

* 신상문제(건강, 사고, 상해)
차효의 무사안온하도다.

* 시비, 송사
차효는 평온무사하도다.

* 출산
차효는 출산하면 득남이며 모자가 모두 건강하도다.

* 여행
차효는 출행에 자유자재하도다.

변괘 명이 이효
變卦 明夷 二爻 * 1년 중 후반기 운세(음력 7월 - 12월)

육이 명이우좌고 용증마장 길
六二, 明夷于左股, 用拯馬壯, 吉.
명이에 왼 다리를 상함이니 구원하는 말이 건장하면 길하리라.

세운봉지
歲運逢之,
재사당권 유곤수지임 재사 유득대괴지희 재서속 유재생지초
在仕當權, 有閫帥之任. 在士, 有得大魁之喜. 在庶俗, 有災眚之招.

* 대시(국회의원 출마, 고등고시 응시, 상류대 입시)
차효는 승운이 도래하여 진취에 큰 장원의 기쁨을 득함이 있도다.

* 중시(시도 의회 출마, 간부급 공사직 시험, 중류대 입시)
차효는 호운이 도래하여 진취에 큰 장원의 기쁨을 득함이 있도다.

* 소시(구군의회 선거 출마, 초급 공사직, 삼류대 및 전문대 응시)
차효는 대운이 도래하여 진취에 큰 장원의 기쁨을 득함이 있도다.

* 공, 사직의 재직운, 승진운
차효의 재직자는 권도에 당하는 소임에 나아가도다.

* 사업 시발운(창업, 개업, 전업)
차효는 창시에 불의하니 분수를 지키고 때를 기다림이 가하도다.

* 사업 진행운(사업)
차효는 영위함에 재앙을 부르도다.

* 사업 진행운(매매, 증권)
차효는 시운이 불리하니 분수를 지키고 때를 기다림이 가하도다.

* 신수, 가정운
차효는 재앙을 부르도다.

* 남녀리합(결혼운, 이성문제)
차효는 이성을 연계함에 재앙을 부를지니 때를 기다림이 가하도다.

* 신상문제(건강, 사고, 상해)
차효는 재앙을 부를지니 근신함이 가하도다.

* 시비, 송사
차효는 재앙을 부를지니 삼감이 가하도다.

* 출산
차효는 출산하면 득녀이며 출산이 어렵도다.

* 여행
차효는 출행이 불리하니 자제함이 가하도다.

813

원 괘 태 삼 효
原卦 泰 三爻　　* 1년 중 전반기 운세(음력 1월 - 6월)

구 삼 무 평 불 피 무 왕 불 복 간 정 무 구 물 휼 기 부 우 식 유 복
九三, 无平不陂, 无往不復, 艱貞无咎, 勿恤其孚, 于食有福.
평평한 것은 기울어지지 않음이 없으며 간 것은 돌아오지 않는 것이 없으니 어렵게 하고 바르게 하면 허물이 없고 그 믿음을 근심하지 않으면 먹는데 복이 있으리라.

세 운 봉 지
歲運逢之,
재 사 의 극 간 궐 임 당 방 소 인 투 기 지 간 재 사 의 보 기 소 고 유
在仕, 宜克艱闕任, 當防小人妬忌之奸. 在士, 宜保其所固有,
불 가 도 행 진 지 명 재 서 속 의 전 긍 자 지 이 보 기 신 가
不可圖倖進之名. 在庶俗, 宜戰兢自持, 以保其身家.
대 저 의 간 난 중 퇴 보 즉 유 공 근 후 즉 안 불 연 소 인 침 릉 매 사 견 조
大抵宜艱難中退步則有功. 謹厚則安. 不然, 小人侵凌, 每事見阻.

* 대시(국회의원 출마, 고등고시 응시, 상류대 입시)
차효는 시운이 불리하여 진취에 성명이 불가하도다.

* 중시(시도 의회 출마)
차효는 시운이 불우하여 진취에 성명이 불능하도다.

* 중시(간부급 공사직 시험, 중류대 입시)
차효는 그 하는 바를 굳건히 지켜라. 요행수를 꾀하여 성명하려함은 불가

하도다.

* 소시(구군의회 선거 출마, 초급 공사직, 삼류대 및 전문대 응시)
차효는 그 하는 바를 굳건히 지켜라. 요행수를 꾀하여 성명하려함은 불가하도다.

* 공, 사직의 재직운, 승진운
차효의 재직자는 어려운 소임을 마땅히 잘 이겨내야 하며 소인이 투기하는 간교함을 막아야 하도다.

* 사업 시발운(창업, 개업, 전업)
차효는 시운이 불리하니 분수를 지키고 때를 기다림이 가하도다.

* 사업 진행운(사업)
차효는 영위함에 두렵게 매우 조심해야 보존하며 매사에 막힘을 만나도다.

* 사업 진행운(매매, 증권)
차효는 시운이 불리하니 분수를 지키고 때를 기다림이 가하도다.

* 신수, 가정운
차효는 마땅히 두렵게 매우 조심해야 몸과 가정을 잘 지킬지며 매사에 막히도다.

* 남녀리합(결혼운, 이성문제)
차효는 이성을 연계함에 마땅히 매우 조심해야 하며 일이 막히도다.

* 신상문제(건강, 사고, 상해)
차효는 매우 조심해야 몸과 가정을 잘 지킬지며 출혈의 사고가 두렵도다.

* 시비, 송사
차효는 어려운 가운데 물러선 즉 공이 있을지니 그렇지 않은 즉 막히도다.

* 출산
차효는 출산하면 득남이며 난산을 막아야 하도다.

* 여행
차효는 출행이 불리하니 자제함이 가하도다.

變卦 臨 三爻　　* 1년 중 후반기 운세(음력 7월 - 12월)

六三, 甘臨, 无攸利, 旣憂之, 无咎.
달게 임함이라. 이로울 것이 없으니 이미 근심하는지라 허물이 없으리라.

歲運逢之,
在仕, 則有讒邪佞口之譖. 在士, 有諂諛奔走之失. 庶俗, 有悲愁怨苦之虞.

* 대시(국회의원 출마, 고등고시 응시, 상류대 입시)
차효는 시운이 불리하여 진취에 성명이 불가하도다.

* 중시(시도 의회 출마, 간부급 공사직 시험, 중류대 입시)
차효는 시운이 불우하여 진취에 성명이 불능하도다.

* 소시(구군의회 선거 출마)
차효는 시운이 미흡하여 진취에 아첨하느라 분주하게 잘못됨이 있도다.

* 소시(초급 공사직, 삼류대 및 전문대 응시)
차효는 진취에 아첨하느라 분주하게 잘못됨이 있을지니 배가의 노력이 가하도다.

* 공, 사직의 재직운, 승진운
차효의 재직자는 거짓되고 사악하게 아첨하는 참소가 있도다.

* 사업 시발운(창업, 개업, 전업)
차효는 창시에 시운이 불리하니 분수를 지키고 때를 기다림이 가하도다.

* 사업 진행운(사업)
차효는 영위함에 슬프고 근심스러우며 원망스럽고 고욕스러운 걱정이 있도다.

* 사업 진행운(매매, 증권)
차효는 시운이 불리하니 분수를 지키고 때를 기다림이 가하도다.

* 신수, 가정운
차효는 영위함에 슬프고 근심스러우며 원망스럽고 고욕스러운 걱정이 있도다.

* 남녀리합(결혼운, 이성문제)
차효는 이미 성립되었던 일사도 단절될까 두렵도다.

* 신상문제(건강, 사고, 상해)
차효는 심신이 곤하도다.

* 시비, 송사
차효는 슬프고 근심스러우며 원망스럽고 고욕스러운 걱정이 있도다.

* 출산
차효는 출산하면 득남이도다.

* 여행
차효는 출행이 불리하니 자제함이 가하도다.

821

원괘 림 초효
原卦 臨 初爻 * 1년 중 전반기 운세(음력 1월 - 6월)

초 구 함 림 정 길
初九, 咸臨, 貞吉.
다 임함이니 바르게 해서 길하니라.

세 운 봉 지
歲運逢之,
재 사 자 지 기 상 종 득 인 공 제 이 직 위 고 천
在仕者, 知機相從, 得人共濟, 而職位高遷.
재 사 고 교 필 림 어 제 사 지 수 이 공 명 필 수 재 서 속 필 림 유 도
在士, 考校必臨於諸士之首, 而功名必遂. 在庶俗, 必臨有道,
이 영 모 칭 의
而營謀稱意.

* 대시(국회의원 출마, 고등고시 응시, 상류대 입시)
  차효는 시운이 도래하여 진취에 모든 선비의 수위(首位)가 되어 공명을 반드시 이루도다.

* 중시(시도 의회 출마, 간부급 공사직 시험, 중류대 입시)
  차효는 호운이 도래하여 진취에 모든 선비에 앞서게 되어 공명을 반드시 이루도다.

* 소시(구군의회 선거 출마, 초급 공사직, 삼류대 및 전문대 응시)
  차효는 승운이 도래하여 진취에 모든 선비에 앞서게 되어 공명을 반드시 이루도다.

* 공, 사직의 재직운, 승진운
  차효의 재직자는 기미를 알아서 서로 좇고 남의 도움을 얻어서 직위를 높이 옮기도다.

* 사업 시발운(창업, 개업, 전업)
  차효는 창시에 반드시 임하는 도가 있으면 경영하는 모사가 뜻대로 되도다.

* 사업 진행운(사업, 매매, 증권)
  차효는 영위함에 반드시 임하는 도가 있으면 경영하는 모사가 뜻대로 될지나 이익에 큰 기대는 어렵도다.

* 신수, 가정운
차효는 반드시 임하는 도가 있으면 경영하는 모사가 뜻대로 되도다.

* 남녀리합(결혼운, 이성문제)
차효는 이성과 연계함에 반드시 임하는 도가 있으면 뜻대로 되도다.

* 신상문제(건강, 사고, 상해)
차효는 무사안온하도다.

* 시비, 송사
차효는 무사평탄하도다.

* 출산
차효는 출산하면 득남이며 모자가 모두 건강하도다.

* 여행
차효는 출행이 뜻대로 되도다.

변괘 사 초효
變卦 師 初爻 * 1년 중 후반기 운세(음력 7월 - 12월)

초육 사출이률 부장흉
初六, 師出以律, 否臧凶.
군사를 내는 데 율법으로써 함이니 착하지 못하면 흉하니라.

세운봉지
歲運逢之,
재사 즉극진신도 이천총일가 재사 즉문의합식
在仕, 則克盡臣道, 而天寵日加. 在士, 則文義合式,
이공명가취 재서속 즉경영유법 이재화일증
而功名可取. 在庶俗, 則經營有法, 而財貨日增.
단경어동자 성소패다 수흉자 행험상수
但輕於動者, 成少敗多. 數凶者, 行險傷壽.

* 대시(국회의원 출마, 고등고시 응시)
차효는 시운이 불조하여 진취에 성명은 미흡하도다.

* 대시(고등고시 응시, 상류대 입시)
  차효는 시운이 순조하여 진취에 학문이 법식에 합하므로 공명을 가히 취하도다.

* 중시(시도 의회 출마, 간부급 공사직 시험, 중류대 입시)
  차효는 호운이 도래하여 진취에 학문이 법식에 합하므로 공명을 가히 취하도다.

* 소시(구군의회 선거 출마, 초급 공사직, 삼류대 및 전문대 응시))
  차효는 승운이 순조하여 진취에 학문이 법식에 합하므로 공명을 가히 취하도다.

* 공, 사직의 재직운, 승진운
  차효의 재직자는 자기의 도리를 다하니 윗사람의 총애가 날로 더하도다.

* 사업 시발운(창업, 개업, 전업)
  차효는 창시에 경영상의 법식을 지켜서 하면 재화가 날로 더하도다. 다만 가볍게 움직이는 자는 성사됨은 적고 패함은 많도다.

* 사업 진행운(사업, 매매, 증권)
  차효는 경영에 법식을 지켜서 하면 재화가 날로 더하도다. 다만 가볍게 움직이는 자는 성사됨은 적고 패함은 많도다.

* 신수, 가정운
  차효는 경영에 법식을 지켜서 하면 재화가 날로 더하도다. 다만 가볍게 움직이는 자는 성사됨은 적고 패함은 많도다.

* 남녀리합(결혼운, 이성문제)
  차효는 이성결합에 법식을 지켜서 하면 점진하여 성사되도다.
  다만 가볍게 움직이면 성사됨은 적고 패함은 많도다.

* 신상문제(건강, 사고, 상해)
  차효는 수흉자는 험하게 행하게 되어 수를 상하도다.

* 시비, 송사

차효는 무사평탄하도다.

* 출산
차효는 출산하면 득녀이며 모녀가 모두 건장하도다.

* 여행
차효는 출행에 자유안락하도다.

822

원 괘 림 이 효
原卦 臨 二爻　　＊1년 중 전반기 운세(음력 1월 - 6월)

구 이 함 림 길 무 불 리
九二, 咸臨, 吉, 无不利.
다 임함이니 길해서 이롭지 않음이 없으리라.

세 운 봉 지
歲運逢之,
재 사 즉 거 사 보 정 이 지 위 청 고 재 사 즉 진 취 리 달
在仕, 則去邪輔正, 而地位淸高.　在士, 則進取利達,
이 무 소 조 체 재 서 속 영 모 획 리 대 저 요 짐 작 시 의 불 연
而無所阻滯. 在庶俗, 營謀獲利, 大抵, 要斟作時宜. 不然,
미 순 명 지 사 역 미 중 부 족 계 지
未順命之辭, 亦美中不足戒之.

* 대시(국회의원 출마)
차효는 시운이 순조하여 진취에 이롭게 달하여 막힐 바가 없으나 가중의 노력이 가하도다.

* 대시(고등고시 응시, 상류대 입시)
차효는 시운이 노래하여 진취에 이롭게 달하니 막힐 바가 없도다.

* 중시(시도 의회 출마, 간부급 공사직 시험, 중류대 입시)
차효는 호운이 도래하여 진취에 이롭게 달하니 막힐 바가 없도다.

* 소시(구군의회 선거 출마, 초급 공사직, 삼류대 및 전문대 응시)
차효는 승운이 도래하여 진취에 이롭게 달하니 막힐 바가 없도다.

* 공, 사직의 재직운, 승진운
차효의 재직자는 사악함을 제거하고 바르게 보필하니 지위가 맑고 높도다.

* 사업 시발운(창업, 개업, 전업)
차효는 창시에 영모함이 큰 이익을 얻을지나 대체로 시의에 맞도록 하여야 할지니 그렇지 않으면 아름다움 중에 부족함이 있도다.

* 사업 진행운(사업, 매매, 증권)
차효는 영모함에 큰 이익을 얻을지나 대체로 시의에 맞도록 하여야 할지니 그렇지 않으면 아름다움 중에 부족함이 있도다.

* 신수, 가정운
차효는 영모함에 큰 이익을 획득하여 전원에 투자함도 이루어지리라.

* 남녀리합(결혼운, 이성문제)
차효는 구하면 얻어질지니라.

* 신상문제(건강, 사고, 상해)
차효는 무사안녕하도다.

* 시비, 송사
차효는 무사평탄하도다.

* 출산
차효는 출산하면 득녀이며 모녀가 모두 건강하도다.

* 여행
차효는 출행이 자유자재하도다.

변괘 복 이효
變卦 復 二爻 * 1년 중 후반기 운세(음력 7월 - 12월)

육이 휴복 길
六二, 休復, 吉.
아름답게 회복함이니 길하니라.

세운봉지
歲運逢之,
재사 적폄자복직 재사 정강자복취 재서속
在仕, 謫貶者復職. 在士, 停降者復取. 在庶俗,
득의부호이획리
得倚富豪而獲利.
림위자 득안 유질자 득유 혹수지흉자 유휴관하제지조
臨危者, 得安. 有疾者, 得愈. 或數之凶者, 有休官下第之兆.

* 대시(국회의원 출마, 고등고시 응시, 상류대 입시)
  차효는 시운이 불리하여 진취에 성명이 불가하도다.

* 중시(시도 의회 출마, 간부급 공사직 시험, 중류대 입시)
  차효는 시운이 불조하여 진취에는 미흡하도다.

* 소시(구군의회 선거 출마, 초급 공사직, 삼류대 및 전문대 응시)
  차효는 시운이 도래하여 나아감에 취함을 회복할 것이나 가중의 노력이 가하도다.

* 공, 사직의 재직운, 승진운
  차효의 재직자는 해임되었던 자는 복직되도다.

* 사업 시발운(창업, 개업, 전업)
  차효는 창시에 부호에 의지함을 득하면 이익을 획득하도다.

* 사업 진행운(사업, 매매, 증권))
  차효는 영위함에 부호에 의지함을 득하면 이익을 획득하도다.

* 신수, 가정운
  차효는 영위함에 부호에 의지함을 득하면 이익을 획득하도다.

* 남녀리합(결혼운, 이성문제)
차효는 이성을 구함에 성립이 가하도다.

* 신상문제(건강, 사고, 상해)
차효는 질환이 있는 자는 낫게 된다.

* 시비, 송사
차효는 위태로운데 있던 자는 편안함을 득하도다.

* 출산
차효는 출산하면 득녀이며 모녀가 안정하도다.

* 여행
차효는 출행이 여의하도다.

823

원 괘 림 삼 효
原卦 臨 三爻　　＊1년 중 전반기 운세(음력 1월 - 6월)

육 삼 감 림 무 유 리 기 우 지 무 구
六三, 甘臨, 无攸利, 旣憂之, 无咎.
달게 임함이라. 이로울 것이 없으니 이미 근심하는지라 허물이 없으리라.

세 운 봉 지
歲運逢之,
재 사 즉 유 참 사 녕 구 지 참 재 사 유 첨 유 분 주 지 실
在仕, 則有讒邪佞口之譖.　在士, 有諂諛奔走之失.
서 속 유 비 수 원 고 지 우
庶俗, 有悲愁怨苦之虞.

* 대시(국회의원 출마, 고등고시 응시, 상류대 입시)
차효는 시운이 불리하여 진취에 성명이 불가하도다.

* 중시(시도 의회 출마, 간부급 공사직 시험, 중류대 입시)
차효는 시운이 불우하여 진취에 성명이 불능하도다.

* 소시(구군의회 선거 출마)
차효는 시운이 미흡하여 진취에 아첨하느라 분주하게 잘못됨이 있도다.

* 소시(초급 공사직, 삼류대 및 전문대 응시)
차효는 진취에 아첨하느라 분주하게 잘못됨이 있을지니 배가의 노력이 가하도다.

* 공, 사직의 재직운, 승진운
차효의 재직자는 거짓되고 사악하게 아첨하는 참소가 있도다.

* 사업 시발운(창업, 개업, 전업)
차효는 창시에 시운이 불리하니 분수를 지키고 때를 기다림이 가하도다.

* 사업 진행운(사업)
차효는 영위함에 슬프고 근심스러우며 원망스럽고 고욕스러운 걱정이 있도다.

* 사업 진행운(매매, 증권)
차효는 시운이 불리하니 분수를 지키고 때를 기다림이 가하도다.

* 신수, 가정운
차효는 영위함에 슬프고 근심스러우며 원망스럽고 고욕스러운 걱정이 있도다.

* 남녀리합(결혼운, 이성문제)
차효는 이미 성립되었던 일사도 단절될까 두렵도다.

* 신상문제(건강, 사고, 상해)
차효는 심신이 곤하도다.

* 시비, 송사
차효는 슬프고 근심스러우며 원망스럽고 고욕스러운 걱정이 있도다.
* 출산
차효는 출산하면 득남이도다.

* 여행
차효는 출행이 불리하니 자제함이 가하도다.

변괘 태 삼효
變卦 泰 三爻　　＊1년 중 후반기 운세(음력 7월 - 12월)

구삼 무평불피 무왕불복 간정무구 물휼기부 우식유복
九三, 无平不陂, 无往不復, 艱貞无咎, 勿恤其孚, 于食有福.
평평한 것은 기울어지지 않음이 없으며 간 것은 돌아오지 않는 것이 없으니 어렵게 하고 바르게 하면 허물이 없고 그 믿음을 근심하지 않으면 먹는데 복이 있으리라.

세운봉지
歲運逢之,
재사 의극간궐임 당방소인투기지간 재사 의보기소고유
在仕, 宜克艱闕任, 當防小人妬忌之奸. 在士, 宜保其所固有,
불가도행진지명
不可圖倖進之名.
재서속 의전긍자지 이보기신가
在庶俗, 宜戰兢自持, 以保其身家.
대저의간난중퇴보즉유공 근후즉안 불연 소인침릉 매사견조
大抵宜艱難中退步則有功. 謹厚則安. 不然, 小人侵淩, 每事見阻.

* 대시(국회의원 출마, 고등고시 응시, 상류대 입시)
차효는 시운이 불리하여 진취에 성명이 불가하도다.

* 중시(시도 의회 출마)
차효는 시운이 불우하여 진취에 성명이 불능하도다.

* 중시(간부급 공사직 시험, 중류대 입시)
차효는 그 하는 바를 굳건히 지켜라. 요행수를 꾀하여 성명하려함은 불가

하도다.

* 소시(구군의회 선거 출마, 초급 공사직, 삼류대 및 전문대 응시)
차효는 그 하는 바를 굳건히 지켜라. 요행수를 꾀하여 성명하려함은 불가하도다.

* 공, 사직의 재직운, 승진운
차효의 재직자는 어려운 소임을 마땅히 잘 이겨내야 하며 소인이 투기하는 간교함을 막아야 하도다.

* 사업 시발운(창업, 개업, 전업)
차효는 시운이 불리하니 분수를 지키고 때를 기다림이 가하도다.

* 사업 진행운(사업)
차효는 영위함에 두렵게 매우 조심해야 보존하며 매사에 막힘을 만나도다.

* 사업 진행운(매매, 증권)
차효는 시운이 불리하니 분수를 지키고 때를 기다림이 가하도다.

* 신수, 가정운
차효는 마땅히 두렵게 매우 조심해야 몸과 가정을 잘 지킬지며 매사에 막히도다.

* 남녀리합(결혼운, 이성문제)
차효는 이성을 연계함에 마땅히 매우 조심해야 하며 일이 막히도다.

* 신상문제(건강, 사고, 상해)
차효는 매우 조심해야 몸과 가정을 잘 지킬지며 출혈의 사고가 두렵도다.

* 시비, 송사
차효는 어려운 가운데 물러선 즉 공이 있을지니 그렇지 않은 즉 막히도다.

* 출산
차효는 출산하면 득남이며 난산을 막아야 하도다.

＊ 여행
차효는 출행이 불리하니 자제함이 가하도다.

831

원 괘 명 이 초 효
原卦 明夷 初爻 ＊ 1년 중 전반기 운세(음력 1월 - 6월)

초 구 명 이 우 비 수 기 익 군 자 우 행 삼 일 불 식 유 유 왕 주 인 유 언
初九, 明夷于飛, 垂其翼, 君子于行, 三日不食, 有攸往, 主人有言.
명이가 나는 데 그 날개를 드리움이니 군자가 가는 데 사흘을 먹지 않아서 가는 바를 둠에 주인이 말이 있도다.

세 운 봉 지
歲運逢之,
재 사 위 총 마 오 마 지 영 대 즉 위 고 굉 지 신 근 방 암 주 지 상
在仕, 爲驄馬五馬之榮. 大則爲股肱之臣, 謹防暗主之傷.
재 사 즉 유 첩 보 지 조
在士, 則有捷報之兆.
재 상 인 즉 유 재 생 수 족 지 상 수 길 즉 부 인 진 마 필 지 응
在常人, 則有災眚手足之傷. 數吉則, 富人進馬匹之應.

＊ 대시(국회의원 출마)
차효는 시운이 미흡하여 진취에 성명이 불능하도다.

＊ 대시(고등고시 응시, 상류대 입시)
차효는 시운이 도래하여 진취에 빠른 소식으로 전달받도다.

＊ 중시(시도 의회 출마)
차효는 시운이 불조하여 진취에 성명이 어렵도다.

＊ 중시(간부급 공사직 시험, 중류대 입시)

차효는 시운이 도래하여 진취에 빠른 소식으로 전달받도다.

* 소시(구군의회 선거 출마, 초급 공사직, 삼류대 및 전문대 응시)
차효는 시운이 도래하여 진취함에 빠른 소식으로 전달받도다.

* 공, 사직의 재직운, 승진운
차효의 재직자는 영예의 특진으로 요직에 나아가도다.

* 사업 시발운(창업, 개업, 전업)
차효는 창시에 시운이 불리하니 분수를 지키고 때를 기다림이 가하도다.

* 사업 진행운(사업)
차효는 영위함에 재앙이 있을지니 운수가 길한 즉 재산에 응하도다.

* 사업 진행운(매매, 증권)
차효는 시운이 불리하니 때를 기다림이 가하도다.

* 신수, 가정운
차효는 재앙이 있어 손이나 발에 상함이 있으며 웃수가 길한 즉 재산이 증식되도다.

* 남녀리합(결혼운, 이성문제)
차효는 시운이 불조하니 때를 기다림이 가하도다.

* 신상문제(건강, 사고, 상해)
차효는 재앙으로 손이나 발이 상하도다.

* 시비, 송사
차효는 무사평탄하도다.

* 출산
차효는 출산하면 득녀이도다.

* 여행
차효는 출행이 불리하니 자제힘이 가하도디.

변괘 겸 초효
變卦 謙 初爻 ＊1년 중 후반기 운세(음력 7월 - 12월)

초육 겸겸군자 용섭대천 길
初六, 謙謙君子, 用涉大川, 吉.
겸손하고 겸손한 군자이니 써 큰 내를 건넘이 길하니라.

세운봉지
歲運逢之,
재사 위목민지직 재사 의회진대빙
在仕, 爲牧民之職. 在士, 宜懷珍待聘.
재서속 의원섭강호 이작상려 흉자변명이지상야
在庶俗, 宜遠涉江湖, 以作商旅. 凶者變明夷之傷也.

＊ 대시(국회의원 출마, 고등고시 응시, 상류대 입시)
차효는 시운이 불리하여 진취에 성명이 불가하도다.

＊ 중시(시도 의회 출마, 간부급 공사직 시험, 중류대 입시)
차효는 시운이 불우하여 진취에 성명이 불능하도다.

＊ 소시(구군의회 선거 출마)
차효는 시운이 불조하여 진취에 성명이 어렵도다.

＊ 소시(초급 공사직, 삼류대 및 전문대 응시)
차효는 진취함에 참됨을 품고 때를 기다려야 할지니 배가의 노력이 가하도다.

＊ 공, 사직의 재직운, 승진운
차효의 재직자는 현직을 잘 지킴이 가하도다.

＊ 사업 시발운(창업, 개업, 전업)
차효는 창시에 불의하니 때를 기다림이 가하도다.

＊ 사업 진행운(사업)
차효는 영위함에 기대만큼 소득이 어렵도다.

＊ 사업 진행운(매매, 증권)

차효는 시행에 기대만큼 소득이 어렵도다.

* 신수, 가정운
차효는 마땅히 강과 호수를 멀리 건너서 장사나 나그네가 되도다.

* 남녀리합(결혼운, 이성문제)
차효는 마땅히 강과 호수를 멀리 건너 노력하여 성사되도다.

* 신상문제(건강, 사고, 상해)
차효의 수흉자는 상하게 되는 걱정이 있도다.

* 시비, 송사
차효는 무사평탄하도다.

* 출산
차효는 출산하면 득녀이도다.

* 여행
차효는 마땅히 강과 호수를 멀리 건너 나그네가 되도다.

832

원 괘 명 이 이 효
原卦 明夷 二爻 * 1년 중 전반기 운세(음력 1월 - 6월)

육 이 명 이 우 좌 고 용 증 마 장 길
六二, 明夷于左股, 用拯馬壯, 吉.
명이에 왼 다리를 상함이니 구원하는 말이 건장하면 길하리라.

세 운 봉 지
歲運逢之,

재사당권 유곤수지임 재사 유득대괴지희 재서속 유재생지초
在仕當權, 有閫帥之任. 在士, 有得大魁之喜. 在庶俗, 有災眚之招.

＊ 대시(국회의원 출마, 고등고시 응시, 상류대 입시)
차효는 승운이 도래하여 진취에 큰 장원의 기쁨을 득함이 있도다.

＊ 중시(시도 의회 출마, 간부급 공사직 시험, 중류대 입시)
차효는 호운이 도래하여 진취에 큰 장원의 기쁨을 득함이 있도다.

＊ 소시(구군의회 선거 출마, 초급 공사직, 삼류대 및 전문대 응시)
차효는 대운이 도래하여 진취에 큰 장원의 기쁨을 득함이 있도다.

＊ 공, 사직의 재직운, 승진운
차효의 재직자는 권도에 당하는 소임에 나아가도다.

＊ 사업 시발운(창업, 개업, 전업)
차효는 창시에 불의하니 분수를 지키고 때를 기다림이 가하도다.

＊ 사업 진행운(사업)
차효는 영위함에 재앙을 부르도다.

＊ 사업 진행운(매매, 증권)
차효는 시운이 불리하니 분수를 지키고 때를 기다림이 가하도다.

＊ 신수, 가정운
차효는 재앙을 부르도다.

＊ 남녀리합(결혼운, 이성문제)
차효는 이성을 연계함에 재앙을 부를지니 때를 기다림이 가하도다.

＊ 신상문제(건강, 사고, 상해)
차효는 재앙을 부를지니 근신함이 가하도다.

＊ 시비, 송사
차효는 재앙을 부를지니 삼감이 가하도다.

* 출산
차효는 출산하면 득녀이며 출산이 어렵도다.

* 여행
차효는 출행이 불리하니 자제함이 가하도다.

변 괘 태 이 효
變卦 泰 二爻　　* 1년 중 후반기 운세(음력 7월 - 12월)

구 이 포 황 용 빙 하 불 하 유 붕 망 득 상 어 중 행
九二, 包荒, 用馮河, 不遐遺, 朋亡, 得尙於中行.
거친 것을 포용하면서 걸어서 하수를 건너는 것을 쓰며 먼 것을 버리지 않으면서 붕당을 없애면 중도로 행함에 합치됨을 얻을 것이다.

세 운 봉 지
歲運逢之,
재 사 즉 유 어 변 강 수 강 호 혹 대 중 중 봉 중 서 성 지 류
在仕, 則有禦邊疆, 守江湖.　或大中, 中奉, 中書省之類.
재 사 즉 진 취 성 명 영 모 자 획 리
在士, 則進取成名, 營謀者獲利.
상 속 필 우 존 귀 여 불 입 국 불 득 위 즉 변 명 이 이 효 방 장 상 유 손
常俗, 必遇尊貴, 如不入局, 不得位.　則變明夷二爻, 防長上有損,
언 어 유 상
言語有傷.

* 대시(국회의원 출마, 고등고시 응시, 상류대 입시)
차효는 시운이 도래하여 진취에 성명하도다.

* 중시(시도 의회 출마, 간부급 공사직 시험, 중류대 입시)
차효는 호운이 도래하여 진취에 성명하도다.

* 소시(구군의회 선거 출마, 초급 공사직, 삼류대 및 전문대 응시)
차효는 승운이 도래하여 진취에 성명하도다.

* 공, 사직의 재직운, 승진운
차효의 재직자는 좋은 승진이 있노다.

* 사업 시발운(창업, 개업, 전업)
차효는 창시에 이익을 크게 획득하도다.

* 사업 진행운(사업)
차효는 영위함에 이익을 크게 획득하며 제2의 창업이 있도다.

* 사업 진행운(매매, 증권)
차효는 시행에 이익을 크게 획득하도다.

* 신수, 가정운
차효는 무엇을 영위함에 큰 이익을 획득하며 전원에 투자를 생각하게 되도다.

* 남녀리합(결혼운, 이성문제)
차효는 반드시 귀인을 만날지나 판에는 들어가지 못하도다.

* 신상문제(건강, 사고, 상해)
차효의 무사안온하도다.

* 시비, 송사
차효는 평온무사하도다.

* 출산
차효는 출산하면 득남이며 모자가 모두 건장하도다.

* 여행
차효는 출행에 자유자재하도다.

833

원괘 명이 삼효
原卦 明夷 三爻　　＊1년 중 전반기 운세(음력 1월 - 6월)

구삼 명이우남수 득기대수 불가질정
九三, 明夷于南狩, 得其大首, 不可疾貞.
명이에 남쪽으로 사냥해서 그 큰 머리를 얻으니 빨리 바르게 할 수 없음이라.

세운봉지
歲運逢之
재사 재사 재서속 필주유우수분장지응야
在仕, 在士, 在庶俗 必主有憂愁分張之應也.

＊ 대시(국회의원 출마, 고등고시 응시, 상류대 입시)
차효는 세운이 도래하여 진취에 명을 이루기에는 미흡하다.

＊ 대시(고등고시 응시, 상류대 입시)
차효는 시운이 순조로워 진취에는 명을 가히 이룰지나 가중의 노력이 가하도다.

＊ 중시(시도 의회 출마, 간부급 공사직 시험, 중류대 입시)
차효는 시운이 도래하여 하여 진취에 명을 가히 이루도다.

＊ 소시(구군의회 선거 출마, 초급 공사직, 삼류대 및 전문대 응시)
차효는 승운이 도래하여 하여 진취에 명을 가히 이루도다.

＊ 공, 사직의 재직운, 승진운
차효의 재직자는 떠나는데 응하게 됨이 근심스럽도다.

＊ 사업 시발운(창업, 개업, 전업)
차효는 창시에 시운이 불리하니 분수를 지키고 때를 기다림이 가하도다.

＊ 사업 진행운(사업)
차효는 영위함에 막힘이 있어 밝게하기가 어렵도다.

* 사업 진행운(매매, 증권)
차효는 시운이 불리하니 분수를 지키고 때를 기다림이 가하도다.

* 신수, 가정운
차효는 서로 이별하는데 응하게 됨이 걱정스럽도다.

* 남녀리합(결혼운, 이성문제)
차효는 결합은 불가하며 기존의 만남도 나뉘는데 응하게 됨이 걱정스럽도다.

* 신상문제(건강, 사고, 상해)
차효는 심신이 곤하도다.

* 시비, 송사
차효는 시시비비가 우려되도다.

* 출산
차효는 출산하면 득녀이도다.

* 여행
차효는 동한 즉 길하고 정한 즉 암담하도다.

변괘 복 삼효
變卦 復 三爻 * 1년 중 후반기 운세(음력 7월 - 12월)

육삼 빈복 려 무구
六三, 頻復, 厲, 无咎.
자주 회복함이니 위태하나 허물이 없으리라.

세운봉지
歲運逢之,
재사 작난온 경변무정 재사 즉변명이 유득기대수지상
在仕, 爵難穩. 更變無定. 在士, 則變明夷, 有得其大首之象,

이명가성 재서속 구속응지 사다반복 의혹차착 이무정주
而名可成. 在庶俗, 求速應遲, 事多反復, 疑惑差錯, 而無定主.

* 대시(국회의원 출마)
차효는 시운이 순조로워 진취에 성명이 가하나 가중의 노력이면 금상첨화이도다.

* 대시(고등고시 응시, 상류대 입시)
차효는 시운이 순조로워 진취에 성명하도다.

* 중시(시도 의회 출마, 간부급 공사직 시험, 중류대 입시)
차효는 시운이 도래하여 진취에 성명하도다.

* 소시(구군의회 선거 출마, 초급 공사직, 삼류대 및 전문대 응시)
차효는 승운이 도래하여 진취에 성명하도다.

* 공, 사직의 재직운, 승진운
차효의 재직자는 그 자리가 편안하기 어려워서 고쳐 변하여 정할 수가 없도다.

* 사업 시발운(창업, 개업, 전업)
차효는 창시에는 불리하니 분수를 지키고 때를 기다림이 가하도다.

* 사업 진행운(사업)
차효는 영위함에 속히 구하면 더디게 응하고 일이 마침내는 반복되어 의혹스럽게 어그러져서 주장하여 정할 수가 없도다.

* 사업 진행운(매매, 증권)
차효는 시행에 시운이 불리하니 때를 기다림이 가하도다.

* 신수, 가정운
차효는 영위함에 속히 구하면 더디게 응하고 일이 마침내는 반복되어 의혹스럽게 어그러져서 주장하여 정할 수가 없도다.

* 남녀리합(결혼운, 이성문제)

차효는 영위함에 속히 구하면 더디게 응하고 일이 마침내는 반복되어 의혹스럽게 어그러져서 주장하여 정할 수가 없도다.

* 신상문제(건강, 사고, 상해)
차효는 심신이 곤하도다.

* 시비, 송사
차효는 평지풍파로 시시비비하도다.

* 출산
차효는 출산하면 득녀이도다.

* 여행
차효는 출행에 불리하니 자제함이 가하도다.

841

원 괘 복 초 효
原卦 復 初爻 * 1년 중 전반기 운세(음력 1월 - 6월)

초 구 불 원 복 무 지 회 원 길
初九 不遠復, 无祇悔元吉.
머지않아 회복할 것이다. 후회하는 데 이르지 않을 것이니 크게 착하고 길하다.

세 운 봉 지
歲運逢之,
재 사 즉 위 고 청 이 근 군 찬 화 재 사 즉 진 취 탈 고 괴 경 영 획 리
在仕, 則位高淸而近君贊化. 在士, 則進取奪高魁. 經營獲利.

* 대시(국회의원 출마, 고등고시 응시, 상류대 입시)

차효는 승운이 도래하여 진취에 높은 장원을 탈취하도다.

* 중시(시도 의회 출마, 간부급 공사직 시험, 중류대 입시)
  차효는 길운이 도래하여 진취에 높은 장원을 탈취하도다.

* 소시(구군의회 선거 출마, 초급 공사직, 삼류대 및 전문대 응시)
  차효는 대운이 도래하여 진취에 높은 장원을 탈취하도다.

* 공, 사직의 재직운, 승진운
  차효의 재직자는 그 자리가 높이 밝아서 상사의 찬성에 가까이 하도다.

* 사업 시발운(창업, 개업, 전업)
  차효는 창시에 경영함이 큰 이익이 얻어지도다.

* 사업 진행운(사업, 매매, 증권)
  차효는 경영함에 큰 이익이 얻어져서 전원에 투자함도 가하도다.

* 신수, 가정운
  차효는 경영함에 큰 이익이 얻어져서 전원에 투자함도 가하도다.

* 남녀리합(결혼운, 이성문제)
  차효는 결합이 가하도다.

* 신상문제(건강, 사고, 상해)
  차효는 안온무사하도다.

* 시비, 송사
  차효는 무사평탄하도다.

* 출산
  차효는 출산하면 득녀이며 모녀가 모두 건장하도다.

* 여행
  차효는 출행에 자유쾌락하도다.

변괘 곤 초효
變卦 坤 初爻　　＊1년 중 후반기 운세(음력 7월 - 12월)

초육 리상견빙지
初六, 履霜堅氷至.
서리를 밟으면 굳은 얼음에 이르느니라.

세운봉지
歲運逢之,
재사 즉방참녕지화　　재사 즉방투기지차　　재서속
在仕, 則防讒佞之禍.　在士, 則防妬忌之嗟.　在庶俗,
즉방구원지우　　유음명즉대흥가업 곤도방장고야
則防仇怨之虞.　惟陰命則大興家業, 坤道方長故也.

＊ 대시(국회의원 출마, 고등고시 응시, 상류대 입시)
차효는 시운이 불리하여 진취에 성명이 불가하도다.

＊ 중시(시도 의회 출마, 간부급 공사직 시험, 중류대 입시)
차효는 시운이 불우하여 진취에는 미흡하도다.

＊ 소시(구군의회 선거 출마)
차효는 시운이 불조하여 진취에 질투하고 시샘함을 막아야 하도다.

＊ 소시(초급 공사직, 삼류대 및 전문대 응시)
차효는 시운이 불순하여 진취에 질투하고 시샘함을 막아야 할지니 가중의 노력만이 가하도다.

＊ 공, 사직의 재직운, 승진운
차효의 재직자는 헐뜯고 아첨하는 화를 막아야 하도다.

＊ 사업 시발운(창업, 개업, 전업)
차효는 창시에 시운이 불리하니 분수를 지키고 때를 기다림이 가하도다.

＊ 사업 진행운(사업)
차효는 영위함에 원한의 걱정을 막아야 하도다.

＊ 사업 진행운(매매, 증권))

차효는 시운이 불리하니 분수를 지키고 때를 기다림이 가하도다.

* 신수, 가정운
차효는 원망과 원한의 걱정을 막아야 하도다.

* 남녀리합(결혼운, 이성문제)
차효는 이성간에 원망과 원한의 걱정을 막아야 하도다.

* 신상문제(건강, 사고, 상해)
차효는 심신이 곤하도다.

* 시비, 송사
차효는 시비와 쟁송을 막아야 하도다.

* 출산
차효는 출산하면 득녀이도다.

* 여행
차효는 출행이 불리하니 자제함이 가하도다.

842

원괘 복 이효
原卦 復 二爻 * 1년 중 전반기 운세(음력 1월 - 6월)

육이 휴복 길
六二, 休復, 吉.
아름답게 회복함이니 길하니라.

세 운 봉 지
歲運逢之,
재 사 적 폄 자 복 직 재 사 정 강 자 복 취 재 서 속
在仕, 謫貶者復職. 在士, 停降者復取. 在庶俗,
득 의 부 호 이 획 리
得倚富豪而獲利.
림 위 자 득 안 유 질 자 득 유 혹 수 지 흉 자 유 휴 관 하 제 지 조
臨危者, 得安. 有疾者, 得愈. 或數之凶者, 有休官下第之兆.

* 대시(국회의원 출마, 고등고시 응시, 상류대 입시)
차효는 시운이 불리하여 진취에 성명이 불가하도다.

* 중시(시도 의회 출마, 간부급 공사직 시험, 중류대 입시)
차효는 시운이 불조하여 진취에는 미흡하도다.

* 소시(구군의회 선거 출마, 초급 공사직, 삼류대 및 전문대 응시)
차효는 시운이 도래하여 나아감에 취함을 회복할 것이나 가중의 노력이 가하도다.

* 공, 사직의 재직운, 승진운
차효의 재직자는 해임되었던 자는 복직되도다.

* 사업 시발운(창업, 개업, 전업)
차효는 창시에 부호에 의지함을 득하면 이익을 획득하도다.

* 사업 진행운(사업, 매매, 증권)
차효는 영위함에 부호에 의지함을 득하면 이익을 획득하도다.

* 신수, 가정운
차효는 영위함에 부호에 의지함을 득하면 이익을 획득하도다.

* 남녀리합(결혼운, 이성문제)
차효는 이성을 구함에 성립이 가하도다.

* 신상문제(건강, 사고, 상해)
차효는 질환이 있는 자는 낫게 된다.

* 시비, 송사
　차효는 위태로운데 있던 자는 편안함을 득하도다.

* 출산
　차효는 출산하면 득녀이며 모녀가 안정하도다.

* 여행
　차효는 출행이 여의하도다.

변 괘 림 이 효
變卦 臨 二爻　　* 1년 중 후반기 운세(음력 7월 - 12월)

구 이 함 림 길 무 불 리
九二, 咸臨, 吉, 无不利.
다 임함이니 길해서 이롭지 않음이 없으리라.

세 운 봉 지
歲運逢之,
재 사 즉 거 사 보 정 이 지 위 청 고 재 사 즉 진 취 리 달
在仕, 則去邪輔正, 而地位淸高.　在士, 則進取利達,
이 무 소 조 체 재 서 속 영 모 획 리 대 저 요 짐 작 시 의 불 연
而無所阻滯. 在庶俗, 營謀獲利, 大抵, 要斟作時宜. 不然,
미 순 명 지 사 역 미 중 부 족 계 지
未順命之辭, 亦美中不足戒之.

* 대시(국회의원 출마)
　차효는 시운이 순조하여 진취에 이롭게 달하여 막힐 바가 없으나 가중의 노력이 가하도다.

* 대시(고등고시 응시, 상류대 입시)
　차효는 시운이 도래하여 진취에 이롭게 달하니 막힐 바가 없도다.

* 중시(시도 의회 출마, 간부급 공사직 시험, 중류대 입시)
　차효는 호운이 도래하여 진취에 이롭게 달하니 막힐 바가 없도다.

* 소시(구군의회 선거 출마, 초급 공사직, 삼류대 및 전문대 응시)

차효는 승운이 도래하여 진취에 이롭게 달하니 막힐 바가 없도다.

* 공, 사직의 재직운, 승진운
차효의 재직자는 사악함을 제거하고 바르게 보필하니 지위가 맑고 높도다.

* 사업 시발운(창업, 개업, 전업)
차효는 창시에 영모함이 큰 이익을 얻을지나 대체로 시의에 맞도록 하여야 할지니 그렇지 않으면 아름다움 중에 부족함이 있도다.

* 사업 진행운(사업, 매매, 증권)
차효는 영모함에 큰 이익을 얻을지나 대체로 시의에 맞도록 하여야 할지니 그렇지 않으면 아름다움 중에 부족함이 있도다.

* 신수, 가정운
차효는 영모함에 큰 이익을 획득하여 전원에 투자함도 이루어지리라.

* 남녀리합(결혼운, 이성문제)
차효는 구하면 얻어질지니라.

* 신상문제(건강, 사고, 상해)
차효는 무사안녕하도다.

* 시비, 송사
차효는 무사평탄하도다.

* 출산
차효는 출산하면 득녀이며 모녀가 모두 건강하도다.

* 여행
차효는 출행이 자유자재하도다.

843

원괘 복 삼효
原卦 復 三爻 ＊1년 중 전반기 운세(음력 1월 - 6월)

육삼 빈복 려 무구
六三, 頻復, 厲, 无咎.
자주 회복함이니 위태하나 허물이 없으리라.

세운봉지
歲運逢之,
재사 작난온 경변무정 재사 즉변명이 유득기대수지상
在仕, 爵難穩. 更變無定. 在士, 則變明夷, 有得其大首之象,
이명가성 재서속 구속응지 사다반복 의혹차착 이무정주
而名可成. 在庶俗, 求速應遲, 事多反復, 疑惑差錯, 而無定主.

＊ 대시(국회의원 출마)
차효는 시운이 순조하여 진취에 성명이 가하나 가중의 노력이면 금상첨화이도다.

＊ 대시(고등고시 응시, 상류대 입시)
차효는 시운의 순조로 진취에 성명하도다.

＊ 중시(시도 의회 출마, 간부급 공사직 시험, 중류대 입시)
차효는 시운이 도래하여 진취에 성명하도다.

＊ 소시(구군의회 선거 출마, 초급 공사직, 삼류대 및 전문대 응시)
차효는 승운이 도래하여 진취에 성명하도다.

＊ 공, 사직의 재직운, 승진운
차효의 재직자는 그 자리가 편안하기 어려워 고쳐 변함에 정할 수가 없도다.

＊ 사업 시발운(창업, 개업, 전업)
차효는 창시에 불리하니 분수를 지키고 때를 기다림이 가하도다.

* 사업 진행운(사업)
차효는 영위함에 속히 구하면 더디게 응하고 일이 마침내 반복되어 의혹스럽게 어그러져서 주장하여 정할 수가 없도다.

* 사업 진행운(매매, 증권)
차효는 시행에 시운이 불리하니 분수를 지키고 때를 기다림이 가하도다.

* 신수, 가정운
차효는 속히 구하면 더디게 응하고 일이 마침내 반복되어 의혹스럽게 어그러져서 주장하여 정할 수가 없도다.

* 남녀리합(결혼운, 이성문제)
차효는 이성을 속히 구하려함에 더디게 응하고 일이 마침내 반복되어 의혹스럽게 어그러져서 주장하여 정할 수가 없도다.

* 신상문제(건강, 사고, 상해)
차효는 심신이 곤하도다.

* 시비, 송사
차효는 평지풍파로 시시비비하도다.

* 출산
차효는 출산하면 득녀이도다.

* 여행
차효는 출행에 불리하니 자제함이 가하도다.

변 괘 명 이 삼 효
變卦 明夷 三爻 * 1년 중 후반기 운세(음력 7월 - 12월)

구 삼 명 이 우 남 수 득 기 대 수 불 가 질 정
九三, 明夷于南狩, 得其大首, 不可疾貞.
명이에 남쪽으로 사냥해서 그 큰 머리를 얻으니 빨리 바르게 할 수 없음이라.

세 운 봉 지 불 협 기 수 자
歲運逢之(不叶其數者),
재 사 재 사 재 서 속 필 주 유 우 수 분 장 지 응 야
在仕, 在士, 在庶俗 必主有憂愁分張之應也.

* 대시(국회의원 출마)
차효는 세운이 도래하여 진취에 명을 이루기에는 미흡하다.

* 대시(고등고시 응시, 상류대 입시)
차효는 시운이 순조로워 진취에는 명을 가히 이룰지나 가중의 노력이 가하도다.

* 중시(시도 의회 출마, 간부급 공사직 시험, 중류대 입시)
차효는 시운이 도래하여 하여 진취에 명을 가히 이루도다.

* 소시(구군의회 선거 출마, 초급 공사직, 삼류대 및 전문대 응시)
차효는 승운이 도래하여 하여 진취에 명을 가히 이루도다.

* 공, 사직의 재직운, 승진운
차효의 재직자는 떠나는데 응하게 됨이 근심스럽도다.

* 사업 시발운(창업, 개업, 전업)
차효는 창시에 시운이 불리하니 분수를 지키고 때를 기다림이 가하도다.

* 사업 진행운(사업)
차효는 영위함에 막힘이 있어 밝게하기가 어렵도다.

* 사업 진행운(매매, 증권)
차효는 시운이 불리하니 분수를 지키고 때를 기다림이 가하도다.

* 신수, 가정운
차효는 서로 이별하는데 응하게 됨이 걱정스럽도다.

* 남녀리합(결혼운, 이성문제)
차효는 결합은 불가하며 기존의 만남도 나뉘는데 응하게 됨이 걱정스럽도다.

* 신상문제(건강, 사고, 상해)
차효는 심신이 곤하도다.

* 시비, 송사
차효는 시시비비가 우려되도다.

* 출산
차효는 출산하면 득녀이도다.

* 여행
차효는 동한 즉 길하고 정한 즉 암담하도다.

851

원괘 승 초효
原卦 升 初爻　　＊1년 중 전반기 운세(음력 1월 - 6월)

초육 윤승 대길
初六, 允升, 大吉.
미덥게 해서 올라감이니 크게 길하리라.

세운봉지
歲運逢之,
재사 초천　재사 고천　재서속 영모칭심
在仕, 超遷.　在士, 高薦.　在庶俗, 營謀稱心.

* 대시(국회의원 출마, 고등고시 응시)
차효는 시운이 미약하여 진취에 높이 천거되나 성명하기는 미흡하니 배가의 노력이 가하도다.

* 대시(상류대 입시)

차효는 시운의 점진으로 진취에 높이 천거되도다.

* 중시(시도 의회 출마, 간부급 공사직 시험, 중류대 입시)
차효는 시운이 순조하여 진취에 높이 천거되도다.

* 소시(구군의회 선거 출마, 초급 공사직, 삼류대 및 전문대 응시))
차효는 시운이 도래하여 진취에 높이 천거되도다.

* 공, 사직의 재직운, 승진운
차효의 재직자는 계층을 뛰어 옮기도다.

* 사업 시발운(창업, 개업, 전업)
차효는 창시에 경영하고 모사함이 마음과 같이 되도다.

* 사업 진행운(사업)
차효는 영위에 경영하고 모사함이 마음과 같이 되도다.

* 사업 진행운(매매, 증권)
차효는 시행에 경영하고 모사함이 마음과 같이 될지나 큰 이익의 기대에는 미치지 못하도다.

* 신수, 가정운
차효는 영위에 경영하고 모사함이 마음과 같이 되도다.

* 남녀리합(결혼운, 이성문제)
차효는 이성을 구함에 마음과 같이 되도다.

* 신상문제(건강, 사고, 상해)
차효는 평온안일하도다.

* 시비, 송사
차효는 무사평탄하도다.

* 출산
차효는 출산하면 득남이며 보자가 모두 건장하도다.

* 여행
차효는 출행에 자유안락하도다.

변괘 태 초효
變卦 泰 初爻 ＊1년 중 후반기 운세(음력 7월 - 12월)

초구 발모여 이기휘 정길
初九, 拔茅茹, 以其彙, 征吉.
띠 뿌리를 뽑음이니 그 무리로써 하면 가는 것이 길하리라.

세운봉지
歲運逢之,
재사 즉동인협공 이초천유기 재사 즉동도상덕
在仕, 則同寅協恭, 而超遷有基. 在士, 則同道尙德,
이비등유일 재서속 즉동지합모 즉재리일증
而飛騰有日. 在庶俗, 則同志合謀, 則財利日增.

* 대시(국회의원 출마, 고등고시 응시)
차효는 진취에 같은 동료의 덕을 숭상하여 비등할 날이 있을지나 배가의 노력만이 가하도다.

* 대시(상류대 입시)
차효는 진취에 같은 동료의 덕을 숭상하여 비등할 날이 있도다.

* 중시(시도 의회 출마, 간부급 공사직 시험, 중류대 입시)
차효는 진취에 같은 동료의 덕을 숭상하여 비등할 날이 있도다.

* 소시(구군의회 선거 출마, 초급 공사직, 삼류대 및 전문대 응시)
차효는 진취에 같은 동료의 덕을 숭상하여 비등할 날이 있도다.

* 공, 사직의 재직운, 승진운
차효의 재직자는 동료의 협력으로 뛰어 옮길 기틀이 있도다.

* 사업 시발운(창업, 개업, 전업)
차효는 창시에 동지와 뜻을 합하여 모사한 즉 재리가 날로 더하도다.

* 사업 진행운(사업)
차효는 영위함에 동지와 뜻을 합하여 모사한 즉 재리가 날로 더하도다.

* 사업 진행운(매매, 증권)
차효는 시행에 동지와 뜻을 합하여 모사한 즉 재리가 날로 더할지나 큰 이익의 기대는 어렵도다.

* 신수, 가정운
차효는 영위에 동지와 뜻을 합하여 모사한 즉 재리가 날로 더하도다.

* 남녀리합(결혼운, 이성문제)
차효는 이성과 연계함에 동지와 뜻을 합하여 모사한 즉 이루어지도다.

* 신상문제(건강, 사고, 상해)
차효는 안일무사하도다.

* 시비, 송사
차효는 무사평온하도다.

* 출산
차효는 출산하면 득남이며 모자가 모두 건강하도다.

* 여행
차효는 출행에 자우자재하도다.

852

원 괘 승 이 효
原卦 升 二爻　　* 1년 중 전반기 운세(음력 1월 - 6월)

구 이 부 내 리 용 약 무 구
九二, 孚乃利用禴, 无咎.
미덥게 해서 간략한 제사를 지냄이 이로우니 허물이 없으리라.

세 운 봉 지
歲運逢之,
재 사 유 승 혹 위 제 주 배 향 지 직 사 자 성 명
在仕, 有陞, 或爲祭酒配享之職.　　士子, 成名.
상 인 유 희 질 자 안 이 용 자 달 수 흉 자 유 상 제 지 조
常人, 有喜.　　疾者安而用者達.　　數凶者, 有喪祭之兆.

* 대시(국회의원 출마, 고등고시 응시, 상류대 입시)
차효는 시운이 도래하여 진취에 성명하도다.

* 중시(시도 의회 출마, 간부급 공사직 시험, 중류대 입시)
차효는 호운이 도래하여 진취에 성명하도다.

* 소시(구군의회 선거 출마, 초급 공사직, 삼류대 및 전문대 응시)
차효는 승운이 도래하여 진취에 성명하도다.

* 공, 사직의 재직운, 승진운
차효의 재직자는 승진이 있도다.

* 사업 시발운(창업, 개업, 전업)
차효는 창시에 기쁨이 있도다.

* 사업 진행운(사업)
차효는 영위함에 기쁨이 있도다.

* 사업 진행운(매매, 증권)
차효는 시행함에 기쁨이 있으나 이익에는 큰 기대가 어렵도다.

* 신수, 가정운
차효는 기쁨이 있으며 무슨 일에 쓰일 자는 달하도다.

* 남녀리합(결혼운, 이성문제)
차효는 이성을 연계함에 기쁨이 있도다.

* 신상문제(건강, 사고, 상해)
차효는 질환이 있던 자는 편안해지고 수흉자는 사망하도다.

* 시비, 송사
차효는 무사평탄하도다.

* 출산
차효는 출산하면 득남이며 모자가 모두 건강하도다.

* 여행
차효는 출행이 무사안락하도다.

변 괘 겸 이 효
變卦 謙 二爻 　　* 1년 중 후반기 운세(음력 7월 - 12월)

육 이 명 겸 정 길
六二, 鳴謙, 貞吉.
겸으로 울림이니 바르고 굳어서 길하니라.

세 운 봉 지
歲運逢之,
재 사 천 직 　　재 사 진 취 성 명 　　서 속 미 가 경 거 유 의 퇴 수
在仕, 遷職. 　　在士, 進取成名. 　　庶俗, 未可輕擧, 惟宜退守.

* 대시(국회의원 출마, 고등고시 응시, 상류대 입시)
차효는 시운이 도래하여 진취에 성명하도다.

* 중시(시도 의회 출마, 간부급 공사직 시험, 중류대 입시)
차효는 호운이 도래하여 진취에 성명하도다.

* 소시(구군의회 선거 출마, 초급 공사직, 삼류대 및 전문대 응시)
차효는 승운이 도래하여 진취에 성명하도다.

* 공, 사직의 재직운, 승진운
차효의 재직자는 그 직분을 옮기도다.

* 사업 시발운(창업, 개업, 전업)
차효는 시운이 불리하니 분수를 지키고 때를 기다림이 가하도다.

* 사업 진행운(사업)
차효는 가히 가볍게 거사하지 말라. 오직 물러서서 지킴이 가하도다.

* 사업 진행운(매매, 증권)
차효는 시운이 불리하니 분수를 지키고 때를 기다림이 가하도다.

* 신수, 가정운
차효는 가히 가볍게 거사하지 말라. 오직 물러서서 지킴이 가하도다.

* 남녀리합(결혼운, 이성문제)
차효는 이성을 구함에 가히 가볍게 거사하지 말라. 오직 물러서서 지킴이 가하도다.

* 신상문제(건강, 사고, 상해)
차효는 가히 가볍게 거사하지 말라. 오직 물러서서 지킴이 가하도다.

* 시비, 송사
차효는 가히 가볍게 거사하지 말라. 쟁송이 두렵도다.

* 출산
차효는 출산하면 득남이도다.

* 여행
차효는 출행에 유유안락하도다.

853

원 괘 승 삼 효
原卦 升 三爻　　＊1년 중 전반기 운세(음력 1월 - 6월)

구 삼 승 허 읍
九三, 升虛邑.
빈 읍에 오름이로다.

세 운 봉 지
歲運逢之,
재 사 승 천 필 거 대 군 재 사 성 명 재 서 속 영 모 수 의
在仕, 陞遷, 必居大郡.　在士, 成名.　在庶俗, 營謀遂意.
수 흉 자 변 위 사 혹 여 시 지 상
數凶者, 變爲師或輿尸之象.

＊ 대시(국회의원 출마, 고등고시 응시, 상류대 입시)
차효는 시운이 도래하여 진취에 성명하도다.

＊ 중시(시도 의회 출마, 간부급 공사직 시험, 중류대 입시)
차효는 호운이 도래하여 진취에 성명하도다.

＊ 소시(구군의회 선거 출마, 초급 공사직, 삼류대 및 전문대 응시)
차효는 승운이 도래하여 진취에 성명하도다.

＊ 공, 사직의 재직운, 승진운
차효의 재직자는 승진과 동시에 옮겨가도다.

＊ 사업 시발운(창업, 개업, 전업)
차효는 창시에 경영하고 모사함에 그 뜻을 이루도다.

＊ 사업 진행운(사업, 매매, 증권)
차효는 영위함에 모사함이 그 뜻을 이룰지나 큰 이익에는 기대가 어렵도다.

＊ 신수, 가정운

차효는 경영하고 모사함이 그 뜻을 이루도다.

* 남녀리합(결혼운, 이성문제)
차효는 이성을 구함에 그 뜻을 이루도다.

* 신상문제(건강, 사고, 상해)
차효는 무사안강하도다.

* 시비, 송사
차효는 무사평탄하도다.

* 출산
차효는 출산하면 득녀이며 모녀가 모두 건강하도다.

* 여행
차효는 출행이 자유안락하도다.

변괘 사 삼효
變卦 師 三爻　　＊1년 중 후반기 운세(음력 7월 - 12월)

육삼 사혹여시 흉
六三, 師或輿尸, 凶.
군사가 혹 송장을 싣고 오니 흉하리라.

세운봉지
歲運逢之,
비우다지 혹복정우 여여명상합자 변승삼효 유승허읍지사
悲憂多至, 或服丁憂.　如與命相合者, 變升三爻, 有升虛邑之辭.
미사자 불조 이사자 수직대결 십이월생인 우귀이길
未仕者, 不阻.　已仕者, 受職待缺.　十二月生人, 又貴而吉.

* 대시(국회의원 출마)
차효는 시운이 불조하여 진취성명에는 미흡하도다.

* 대시(고등고시 응시, 상류대 입시)

차효는 시운이 겨우 이르러 진취에는 막히지 않을지나 배가의 노력만이 가하도다.

* 중시(시도 의회 출마, 간부급 공사직 시험, 중류대 입시)
차효는 시운이 도래하여 진취에 막히지 않도다.

* 소시(구군의회 선거 출마, 초급 공사직, 삼류대 및 전문대 응시)
차효는 호운이 도래하여 진취에 막히지 않도다.

* 공, 사직의 재직운, 승진운
차효의 재직자는 직분을 받음에 결원을 기다려야 하도다.

* 사업 시발운(창업, 개업, 전업)
차효는 창시가 불리하니 분수를 지키고 때를 기다림이 가하도다.

* 사업 진행운(사업)
차효는 영위함에 슬픈 걱정이 많이 이르도다.

* 사업 진행운(매매, 증권)
차효는 시위에 불리하니 분수를 지키고 때를 기다림이 가하도다.

* 신수, 가정운
차효는 슬픈 걱정이 많이 이르도다.

* 남녀리합(결혼운, 이성문제)
차효는 이성을 연계함에 슬픈 걱정이 많이 이르도다.

* 신상문제(건강, 사고, 상해)
차효는 슬픈 걱정이 많이 이를지며 혹은 부모의 상복을 입을까 근심이 되도다.

* 시비, 송사
차효는 무사평탄하도다.

* 출산

차효는 출산하면 득녀이도다.

* 여행
차효는 출행이 불리하니 자제함이 가하도다.

861

원 괘 사 초 효
原卦 師 初爻 　＊1년 중 전반기 운세(음력 1월 - 6월)

초 육 사 출 이 률 부 장 흉
初六, 師出以律, 否臧凶.
군사를 내는 데 율법으로써 함이니 착하지 못하면 흉하니라.

세 운 봉 지
歲運逢之,
재 사 즉 극 진 신 도 이 천 총 일 가 재 사 즉 문 의 합 식 이 공 명 가 취
在仕, 則克盡臣道, 而天寵日加. 在士, 則文義合式, 而功名可取.
재 서 속 즉 경 영 유 법 이 재 화 일 증 단 경 어 동 자 성 소 패 다
在庶俗, 則經營有法, 而財貨日增. 但輕於動者, 成少敗多.
수 흉 자 행 험 상 수
數凶者, 行險傷壽.

* 대시(국회의원 출마, 고등고시 응시)
차효는 시운이 불조하여 진취에 성명은 미흡하도다.

* 대시(고등고시 응시, 상류대 입시)
차효는 시운이 순조하여 진취에 학문이 법식에 합하므로 공명을 가히 취하도다.

* 중시(시도 의회 출마, 간부급 공사직 시험, 중류대 입시)
차효는 호운이 도래하여 진취에 학문이 법식에 합하므로 공명을 가히

취하도다.

* 소시(구군의회 선거 출마, 초급 공사직, 삼류대 및 전문대 응시)
차효는 승운이 순조하여 진취에 학문이 법식에 합하므로 공명을 가히 취하도다.

* 공, 사직의 재직운, 승진운
차효의 재직자는 자기의 도리를 다하니 윗사람의 총애가 날로 더하도다.

* 사업 시발운(창업, 개업, 전업)
차효는 창시에 경영상의 법식을 지켜서 하면 재화가 날로 더하도다. 다만 가볍게 움직이는 자는 성사됨은 적고 패함은 많도다.

* 사업 진행운(사업, 매매, 증권)
차효는 경영에 법식을 지켜서 하면 재화가 날로 더하도다. 다만 가볍게 움직이는 자는 성사됨은 적고 패함은 많도다.

* 신수, 가정운
차효는 경영에 법식을 지켜서 하면 재화가 날로 더하도다. 다만 가볍게 움직이는 자는 성사됨은 적고 패함은 많도다.

* 남녀리합(결혼운, 이성문제)
차효는 이성결합에 법식을 지켜서 하면 점진하여 성사되도다. 다만 가볍게 움직이면 성사됨은 적고 패함은 많도다.

* 신상문제(건강, 사고, 상해)
차효는 수흉자는 험하게 행하게 되어 수를 상하도다.

* 시비, 송사
차효는 무사평탄하도다.

* 출산
차효는 출산하면 득녀이며 모녀가 모두 건강하도다.

* 여행

차효는 출행에 자유안락하도다.

변 괘 림 초 효
變卦 臨 初爻　　＊1년 중 후반기 운세(음력 7월 - 12월)

초 구 함림 정길
初九, 咸臨, 貞吉.
다 임함이니 바르게 해서 길하니라.

세 운 봉 지
歲運逢之,
재 사 자 지 기 상 종 득 인 공 제 이 직 위 고 천
在仕者, 知機相從, 得人共濟, 而職位高遷.
재 사 고 교 필 림 어 제 사 지 수 이 공 명 필 수 재 서 속 필 림 유 도
在士, 考校必臨於諸士之首, 而功名必遂.　在庶俗, 必臨有道,
이 영 모 칭 의
而營謀稱意.

＊ 대시(국회의원 출마, 고등고시 응시, 상류대 입시)
차효는 시운이 도래하여 진취에 모든 선비의 수위(首位)가 되어 공명을 반드시 이루도다.

＊ 중시(시도 의회 출마, 간부급 공사직 시험, 중류대 입시)
차효는 호운이 도래하여 진취에 모든 선비에 앞서게 되어 공명을 반드시 이루도다.

＊ 소시(구군의회 선거 출마, 초급 공사직, 삼류대 및 전문대 응시)
차효는 승운이 도래하여 진취에 모든 선비에 앞서게 되어 공명을 반드시 이루도다.

＊ 공, 사직의 재직운, 승진운
차효의 재직자는 기미를 알아서 서로 좇고 남의 도움을 얻어서 직위를 높이 옮기도다.

＊ 사업 시발운(창업, 개업, 전업)
차효는 창시에 반드시 임하는 도가 있으면 경영하는 모사가 뜻대로 되도다.

* 사업 진행운(사업, 매매, 증권)
차효는 영위함에 반드시 임하는 도가 있으면 경영하는 모사가 뜻대로 될지나 이익에 큰 기대는 어렵도다.

* 신수, 가정운
차효는 반드시 임하는 도가 있으면 경영하는 모사가 뜻대로 되도다.

* 남녀리합(결혼운, 이성문제)
차효는 이성과 연계함에 반드시 임하는 도가 있으면 뜻대로 되도다.

* 신상문제(건강, 사고, 상해)
차효는 무사안온하도다.

* 시비, 송사
차효는 무사평탄하도다.

* 출산
차효는 출산하면 득남이며 모자가 모두 건강하도다.

* 여행
차효는 출행이 뜻대로 되도다.

862

원괘 사 이효
原卦 師 二爻　　* 1년 중 전반기 운세(음력 1월 - 6월)

구이 재사중길 무구 왕삼석명
九二, 在師中吉, 无咎, 王三錫命.
사괘의 중에 있어서 길하고 허물이 없으니 왕이 세 번 명을 주도다.

세 운 봉 지
歲運逢之,
재 사 즉 필 가 총 석 천 서 작 명 재 외 입 조 재 내 출 사
在仕, 則必加寵錫天書爵命. 在外入朝, 在內出師.
재 사 필 성 명 이 괴 해 가 득 재 서 속 즉 필 우 귀 이 백 모 칭 심
在士, 必成名而魁解可得. 在庶俗, 則必遇貴, 而百謀稱心.
승 도 수 은 여 명 수 봉
僧道, 受恩. 女命, 受封.

* 대시(국회의원 출마, 고등고시 응시, 상류대 입시)
차효는 시운이 도래하여 진취에 반드시 성명하되 으뜸으로 풀림을 가히 득하도다.

* 중시(시도 의회 출마, 간부급 공사직 시험, 중류대 입시)
차효는 호운이 도래하여 진취에 반드시 성명하되 으뜸으로 풀림을 가히 득하도다.

* 소시(구군의회 선거 출마, 초급 공사직, 삼류대 및 전문대 응시)
차효는 승운이 도래하여 진취에 반드시 성명하되 으뜸으로 풀림을 가히 득하도다.

* 공, 사직의 재직운, 승진운
차효의 재직자는 반드시 승진하되 밖에 있던 자는 안으로, 안에 있던 자는 밖으로 나아가도다.

* 사업 시발운(창업, 개업, 전업)
차효는 창시에 반드시 귀인을 만나 백가지 모사함이 뜻대로 되도다.

* 사업 진행운(사업)
차효는 영위함에 반드시 귀인을 만나 백가지 모사함이 뜻을 이루도다.

* 사업 진행운(매매, 증권)
차효는 시행함에 반드시 귀인을 만나 백가지 모사함이 뜻을 이룰지나 이익에 큰 기대는 어렵도다.

* 신수, 가정운
차효는 무엇을 영위함에 반드시 귀인을 만나 백가지 모사함이 뜻을 이루

도다.

* 남녀리합(결혼운, 이성문제)
차효는 이성을 구함에 반드시 귀인을 만나 성사되도다.

* 신상문제(건강, 사고, 상해)
차효는 평온안강하도다.

* 시비, 송사
차효는 무사평탄하도다.

* 출산
차효는 출산하면 득녀이며 모녀가 모두 건장하도다.

* 여행
차효는 출행에 자유자재하도다.

변괘 곤 이효
變卦 坤 二爻 * 1년 중 후반기 운세(음력 7월 - 12월)

육이 직방대 불습 무불리
六二, 直方大, 不習, 无不利.
곧고 모나며 큰지라, 익히지 않아도 이롭지 않음이 없느니라.
세운봉지
歲運逢之,
재사 즉위고천 재사 즉위명상달 재서속 즉속백다증
在仕, 則位高遷. 在士, 則偉名上達. 在庶俗, 則粟帛多增.
재여명 즉위현량기가
在女命, 則爲賢良起家.

* 대시(국회의원 출마, 고등고시 응시)
차효는 시운의 불순으로 진취에 성명함은 미흡하도다.

* 대시(상류대 입시)
차효는 시운이 도래하여 진취에 빼어나는 이름이 상부에 전달되나 가일층

의 노력이 가하도다.

* 중시(시도 의회 출마)
차효는 시운이 도래하여 진취에 빼어나는 이름이 상부에 전달되나 배가의 노력이 가하도다.

* 중시(간부급 공사직 시험, 중류대 입시)
차효는 시운의 순조로 진취에 빼어나는 이름이 상부에 전달되도다.

* 소시(구군의회 선거 출마, 초급 공사직, 삼류대 및 전문대 응시)
차효는 호운이 도래하여 진취에 빼어나는 이름이 상부에 전달되도다.

* 공, 사직의 재직운, 승진운
차효의 재직자는 그 지위를 높이 옮기도다.

* 사업 시발운(창업, 개업, 전업)
차효는 창시에 재산이 많이 더해지도다.

* 사업 진행운(사업, 매매, 증권)
차효는 영위함에 재산이 많이 더해지도다.

* 신수, 가정운
차효는 무엇을 영위함에 재산이 많이 더해지도다.

* 남녀리합(결혼운, 이성문제)
차효는 이성을 구함에 그 뜻을 이루도다.

* 신상문제(건강, 사고, 상해)
차효는 평온무사하도다.

* 시비, 송사
차효는 무사평탄하도다.

* 출산

차효는 출산하면 득녀이며 모녀가 모두 건강하도다.

* 여행
  차효는 출행에 여의무사하도다.

863

원 괘 사 삼 효
原卦 師 三爻　　* 1년 중 전반기 운세(음력 1월 - 6월)

육 삼 사 혹 여 시 흉
六三, 師或輿尸, 凶.
군사가 혹 송장을 싣고 오니 흉하리라.

세 운 봉 지
歲運逢之,
비 우 다 지 혹 복 정 우　여 여 명 상 합 자 변 승 삼 효 유 승 허 읍 지 사
悲憂多至, 或服丁憂.　如與命相合者, 變升三爻, 有升虛邑之辭.
미 사 자 불 조　이 사 자 수 직 대 결　십 이 월 생 인 우 귀 이 길
未仕者, 不阻.　已仕者, 受職待缺.　十二月生人, 又貴而吉.

* 대시(국회의원 출마)
  차효는 시운이 불조하여 진취성명에는 미흡하도다.

* 대시(고등고시 응시, 상류대 입시)
  차효는 시운이 겨우 이르러 진취에는 막히지 않을지나 배가의 노력만이 가하도다.

* 중시(시도 의회 출마, 간부급 공사직 시험, 중류대 입시)
  차효는 시운이 도래하여 진취에 막히지 않도다.

* 소시(구군의회 선거 출마, 초급 공사직, 삼류대 및 전문대 응시)

차효는 호운이 도래하여 진취에 막히지 않도다.

* 공, 사직의 재직운, 승진운
차효의 재직자는 직분을 받음에 결원을 기다려야 하도다.

* 사업 시발운(창업, 개업, 전업)
차효는 창시가 불리하니 분수를 지키고 때를 기다림이 가하도다.

* 사업 진행운(사업)
차효는 영위함에 슬픈 걱정이 많이 이르도다.

* 사업 진행운(매매, 증권)
차효는 시위에 불리하니 분수를 지키고 때를 기다림이 가하도다.

* 신수, 가정운
차효는 슬픈 걱정이 많이 이르도다.

* 남녀리합(결혼운, 이성문제)
차효는 이성을 연계함에 슬픈 걱정이 많이 이르도다.

* 신상문제(건강, 사고, 상해)
차효는 슬픈 걱정이 많이 이를지며 혹은 부모의 상복을 입을까 근심이 되도다.

* 시비, 송사
차효는 무사평탄하도다.

* 출산
차효는 출산하면 득녀이도다.

* 여행
차효는 출행이 불리하니 자제함이 가하도다.

변 괘 승 삼 효
變卦 升 三爻　　＊1년 중 후반기 운세(음력 7월 - 12월)

구 삼 승 허 읍
九三, 升虛邑.
빈 읍에 오름이로다.

세 운 봉 지
歲運逢之,
재 사 승 천 필 거 대 군 재 사 성 명 재 서 속 영 모 수 의
在仕, 陞遷, 必居大郡.　在士, 成名.　在庶俗, 營謀遂意.
수 흉 자 변 위 사 혹 여 시 지 상
數凶者, 變爲師或輿尸之象.

＊ 대시(국회의원 출마, 고등고시 응시, 상류대 입시)
차효는 시운이 도래하여 진취에 성명하도다.

＊ 중시(시도 의회 출마, 간부급 공사직 시험, 중류대 입시)
차효는 호운이 도래하여 진취에 성명하도다.

＊ 소시(구군의회 선거 출마, 초급 공사직, 삼류대 및 전문대 응시)
차효는 승운이 도래하여 진취에 성명하도다.

＊ 공, 사직의 재직운, 승진운
차효의 재직자는 승진과 동시에 옮겨가도다.

＊ 사업 시발운(창업, 개업, 전업)
차효는 창시에 경영하고 모사함에 그 뜻을 이루도다.

＊ 사업 진행운(사업, 매매, 증권)
차효는 영위함에 모사함이 그 뜻을 이룰지나 큰 이익에는 기대가 어렵도다.

＊ 신수, 가정운
차효는 경영하고 모사함이 그 뜻을 이루도다.

＊ 남녀리합(결혼운, 이성문제)

차효는 이성을 구함에 그 뜻을 이루도다.

* 신상문제(건강, 사고, 상해)
  차효는 무사안강하도다.

* 시비, 송사
  차효는 무사평탄하도다.

* 출산
  차효는 출산하면 득녀이며 모녀가 모두 건장하도다.

* 여행
  차효는 출행이 자유안락하도다.

부 록 (附 錄)

※ 토정비결(土停秘訣)에 숨어 있는 괘상(卦象)의 비화(秘話)

머리의 주제(主題)에 비화(秘話)를 알아본다.

우리 한민족(韓民族)은 구랍(舊臘)이 지나가고 신정(新正)이 돌아오면 의례적(儀禮的)으로 삼삼오오 모이는 곳 마다 토정비결을 펼쳐 놓고 각기 자기 나름대로의 길흉화복 간에 미래를 점쳐서 새로운 한해를 설계함에 마음적으로 자구의 노력과 피흉의 경계를 삼아왔다.

토정비결의 구본(舊本)을 펼쳐 보면 매 괘마다. 원괘(原卦)와 변괘(變卦)가 자리하고 있으며 바로 그 옆에는 괘상(卦象)이라 기록되어 있고 한자 네 글자씩의 사자어로써 그 괘상에 따른 한 해의 운명론이 표기 되어 있음을 볼 수가 있다.

그러면 위에서 언급한 괘상이란 명칭에 대하여 우선 그의 원리를 살펴보자.

토정비결을 이지함(李芝函)선생께서 서술하실 때에 복서(卜筮)적인 원서(原書)의 대전(大典)인 주역(周易)에 그 근간(根幹)을 두고 서술하신 것이다.

그러면 왜 매괘(每卦)마다 괘상(卦象)이라. 기록되었을까? 이 비화(秘話)에 대하여 그 논리 속에 숨어 있는 심층적 논조를 표출시켜 분석해 본다.

대체로 주역에는 괘사(卦辭)의 논리와 괘상(卦象)에 따른 논리가 각기 구현되어 있으니 이는 두 개의 논리 중 후자에 속하는 것이다.

그러면 괘사(卦辭)와 괘상(卦象)의 실질적 논리의 개요에 대하여 알아본다.

괘사(卦辭)는 역경(易經)의 매 괘마다 그 괘의 서두에 기술 되어 있으니 중국의 주문왕(周文王)이 서술한바 내외괘(內外卦)의 상탕(相盪)된 원리에서 시발하여 주역의 괘가 형성된 천리를 담고 있다 하겠다.

허나 토정비결의 괘상은 이와는 달리 이지함 선생께서 내외(內外)의 두 괘와 이에 수반된 납갑(納甲) 밑 이에 따른 육친(六親)과 신살(神殺) 또한 주역 전체에서 도출된 특유(特有)의 괘상(卦象)을 관측(觀測)하여 도출(導出)시킨 것이니, 이를 풍부한 역량과 마치 풍운(風雲)조화를 일으키는 문장(文章)력 으로써 조리 있게 구사하여 네 글자씩의 사자어(四字語)로써 구현(俱現)해서 몽매(蒙昧)한 창생(蒼生)들의 앞날을 조명(照明)하는데 크게 기여 한바 있으니 그의 큰 기량(器量)과 풍운조화를 이룬 논조(論調)에 대하여는 높은 경의를 표히는 바이며, 다음의 몇괘에 걸쳐 그 격조 높은 논조를 괘상 해설을 통해 알아보기로 한다.

다음은 토정비결(土亭秘訣) 첫째 장에 수록돼 있는 중건괘(重乾卦)의 초구

(1) 초구(初九)효가 변하여 구초육(姤初六)효가 된 사례 도표(1)

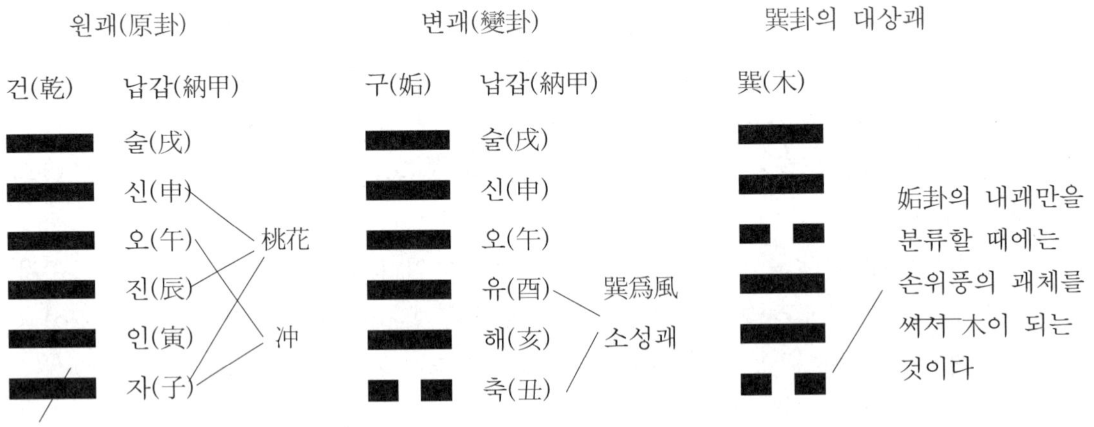

괘상 본문
동풍해동((東風解凍) : 동녘 바람에 얼음이 풀리니

어원의 분석
이상의 표에 나타나 있는 바와 같이 주제의 원괘(原卦)는 중건괘(重乾卦)이다. 이의 초효(初爻)가 변(變)하여 천풍구(天風姤)를 이루었음을 볼 수가 있다.
그러면 이 괘상의 동풍(東風)에 어원(語源)을 살표 보자.
건(乾)의 초구(初九)는 주역의 세응정국(世應定局) 변성(變成) 법칙에 따라 양효(陽爻)가 음효(陰爻)로 변하니 소상내괘(小象內卦)가 손풍(巽風)이 된다. 손(巽)은 곧 이십사왕의 방향적(方向的)으로 보아 동남간방(東南間方)이며, 손위풍괘(巽爲風卦)의 풍(風)을 인용하여 동풍(東風)이라 지칭한 것이다.
다음은 해동(解凍)의 어원에 대하여 알아본다. 역경하권(易經下卷)의 설괘전(說卦傳)을 살펴보면 건(乾)은 위빙(爲氷) 곧 얼음으로도 본다고 되어있다. 그럼으로 이상의 논리를 정리해보면 동녘 바람에 어름이 풀리니의 문사(文辭)로써 표현한 것이다.

괘상 본문
고목봉충(枯木逢春) : 마른 나무가 봄을 만났다.

어원의 분석

다음은 고목(枯木)에 대한 어원(語源)을 살펴보자.

위에 부설되어 있는 원괘(原卦)는 건괘(乾卦)이다. 건(乾)은 일명 마르다는 뜻으로도 되어 있으며 목(木)은 도표에 나타나 있듯이 변내괘(變內卦)의 손풍괘체(巽風卦體)가 목(木)임으로 고목(枯木)이라 지칭한 것이다. 다음은 봉춘(逢春)에 대하여 이는 봄을 만났다는 뜻으로 지금에 손방(巽方)에 이르렀다는 뜻이니 늦은 봄을 의미하는 것이다.

괘상 본문

수류성변(水流城邊) : 물이 흐르는 성가에

어원의 분석

다음은 성변(城邊)의 어원에 대하여

보다시피 원괘(原卦)의 중건괘(重乾卦)는 여섯 개의 양효(陽爻)로써 구성되 있음으로 이를 성돌이라 지칭한 것이며,

수류(水流)의 어원은 앞의 건괘(乾卦)표에서 보다시피 제일 하단에 위치한 납갑(納甲)이 자수(子水)이다. 그러므로 물이 흐르는 것으로 보아 물 흐르는 성가이다. 지칭한 것이다.

괘상 본문

적소성대(積小成大) : 적은 것을 쌓아서 크게 이루도다.

어원의 분석

다음은 적소(積小)의 어원(語源)을 분석해 본다.

본 괘는 표에서 보는 바와 같이 중건천(重乾天)의 초효(初爻)가 변하여 손풍괘(巽風卦)로 바꾸어졌다. 곧 다시 말해서 초구(初九)의 양효(陽爻)가 제일 밑에서 음육(陰六)으로 변했음으로 이는 세응정국(世應定局)상의 순서로 보아 앞으로 이효(二爻) 삼효(三爻) 사효(四爻) 오효(五爻) 순으로 음(陰)이 쌓아질 것임을 예측하여 처음에 초효에 적은 것으로부터 시작하여 점진하게 됨으로 적소(積小)로써 성대(成大)됨을 예측한 것이다.

괘상본문

호화춘모(好花春暮) : 좋은 꽃에 봄이 저무니

어원의 분석

다음은 호화(好花)의 어원을 분석해 본다.

전장의 표에서 보는 바와 같이 원괘(原卦) 중건(重乾)의 납갑(納甲) 신자진 (申子辰.... 九五, 初九, 九三)효에 도화(桃花)가 변구(變姤)의 유(酉,,,,,,九三)를 만나서 광채가 나니, 좋은 꽃이라

지칭했고
춘모(春暮)의 어원은 간인(艮寅)방으로부터 초춘이 시작되어 갑묘(甲卯)의 중춘(仲春)을 지나 지금에 진손(辰巽)의 계춘(季春)에 이르렀으니 만발한 좋은 꽃에 봄이 저물어 감을 표의한 것이다.

괘상본문
몽각남천(夢覺南天) : 꿈은 남천에 깨였도다

어원의 분석
괘상으로 보아 건천초구(乾天初九)의 납갑(納甲)인 자(子)는 응(應)자리인 구사(九四)의 남방(南方)에 오(午)와 상충(相冲)하니 잠잠하고 나른했든 봄꿈은 자오(子午)의 상충(相冲)으로 깨어났다는 어의임을 상상해본다.

괘상 본문
낙양성동(洛陽城東) : 낙양성 동편에는

어원의 분석
락양(洛陽)의 어원을 분석해 보자.
지금의 중국하남성(中國河南省)에 옛 고도(古都)를 말함이니 중국의 지리적(地理的)으로 보아 동남간방(東南間方)에 위치(位置)하고 있으며 이 성(城)이라 함은 앞에서 언급한 바와 같이 건괘(乾卦)에 여섯 개의 양효(陽爻)를 성(城)돌로 본 것이라 하겠으며 동(東)이라 함은 곧 손방(巽方)을 말하고 있는 것이다.

괘상 본문
도화생광(桃花生光) : 복숭아 꽃이 빛나도다.

어원의 분석
도화(桃花)의 어원을 분석해 본다.
본 괘는 중건(重乾)의 납갑(納甲) 신자진(申子辰)의 도화(桃花)가 변하여 구괘(姤卦)의 구삼납갑(九三納甲)인 유(酉)를 만났으니 광채가 더욱 돋보인다는 어의이다.

다음은 토정비결(土亭秘訣) 제 2 쪽에 수록되어 있는 중건괘(重乾卦) 구이(九二)

효가 변하여 동인육이(同人六二) 효가 된 사례이다.

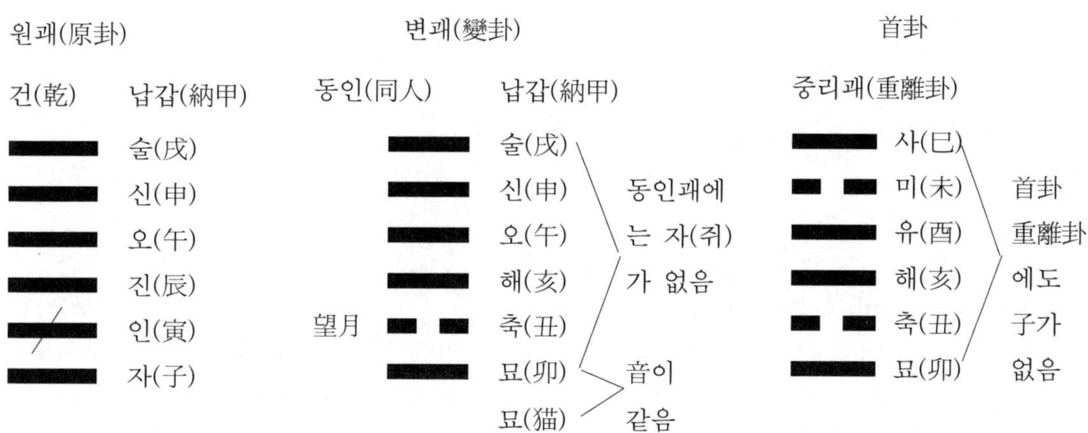

괘상 본문

망월원만(望月圓滿) : 보름달이 둥글고 가득 하니

어원의 분석

망월(望月)의 어원(語源)을 분석(分析)해 보자.

망월(望月) 이는 보름달을 말함이니, 동인괘(同人卦)에 음이효(陰二爻)가 세 개의 효점(爻点) 중간에 높이 떠 있음을 말한 것이다.

태극도설(太極圖說)에 의하면 해(日)는 양(陽)이고 달(月)은 음(陰)으로 정의(定義)하고 있으니 동인육이(同人六二)가 음효(陰爻)로써 소상내괘(小象內卦)의 중간에 떠 있으니 이를 망월(望月,,,,,,보름달)이라 했으며 원만(圓滿) 이는 둥글고 가득하다는 어의로써 동인육이(同人六二) 효는 초구(初九)와 구삼(九三)효 중간에 아무 곳에도 치우치지 않았으니 이를 가득차고 둥글다의 망월(보름달)로 지칭한 것이다.

괘상 본문

갱유휴시(更有虧時) : 다시 이지러질 때가 올 것이다.

어원의 분석

갱유휴시(更有虧時)를 뷰석(分析) 해 본다.

역(易)의 변성(變成)하는 순서에 따라 다시 삼효(三爻,,,,,,陰爻)로 옮기어 가면 둥글던 보름달이 기망(旣望,,,,,,열엿새)을 지나 중순이 넘어지면 가득한 모양이 한쪽으로부터 이지러져 다시 기우는 때가 온다고 하는 논리이다. 역(易)에 말하기를 사극즉필변(事極則必變,,,,,,일이 극도에 달하면 반듯이 변하고 物極則必反(물극즉필반,,,,,,물건은 극도에 달하면 반듯이 되돌아간다)의 천리를 드러내고 있다 하겠다.

괘상 본문
서입심고(鼠入深庫) : 쥐가 깊은 창고에 드니

어원의 분석
서입신고(鼠入深庫)를 분석(分析)해 본다.
이는 쥐가 창고에 깊이 들어가 있다고 하는 말이니 이 동인괘(同人卦)에는 십이지(十二支) 중의 쥐에 해당하는 납갑(納甲)의 자(子)가 나타나 있지 않으며 (도표참조) 또한 동인(同人)의 수괘(首卦) 중리괘(重離卦)에서도 이 쥐(子)를 찾아볼 수가 없으므로 쥐가 곳간에 깊이 들어가 있다고 하는 강도 높은 논조(論調)는 폭넓은 시야(視野)가 돋보이는 바이다.

괘상 본문
반묘거문(班猫踞門) : 아롱진 고양이가 문간에 걸터앉아 있도다.

어원의 분석
우선 반묘(班猫)를 분석(分析)해 보자.
이는 알록달록한 아롱진 고양이의 모양을 말함이니 실제 상함을 분석해본다.
동인소상내괘(同人小象內卦)는 초구(初九)와 구삼(九三)이 같은 양효(陽爻)로써 동질색(同質色)인가하면 육이효(六二爻)는 색채가 다른 음효이기 때문에 아롱지다는 묘의(妙意......묘한 뜻)로써, 표현한 것이며 또한 고양이란 말은 음사동종(音似同宗)으로 구사한 말이다. 곧 동인초구(同人初九)의 납갑(納甲)이 묘(卯)임으로 묘(卯)의 음(音)을 살려 고양이묘(猫)로 표의(表意)한 것이다.
거문(踞門)을 분석해 본다.
이는 문가에 걸터앉아 있다는 말로써 초구납갑(初九納甲)인 묘(卯)의 위치가 이 괘의 첫 자리이기 때문에 문(門)에 걸터앉아 있다고 묘리 있는 표의로써 나타낸 것이다.

괘상 본문
계명산하(鷄鳴山下) : 닭이 우는 산 아래에

어원의 분석.

계명(鷄鳴)의 어원을 분석(分析)해 본다.

이 동인괘(同人卦)에는 납갑(納甲)중에 유(酉)가 은복(隱伏)되어 있음으로 수괘(首卦)를 빌려 살펴보면 리괘구삼효(離卦九三爻)로써 복신(伏神)으로써 숨어 있으니, 이 닭의 울음은 필시 자경(子境)을 지나 축시(丑時)일 것이다.

이어서 산하(山下)의 어원을 분석(分析)해 본다. 중리구사효(重離九四爻) 밑에 복신(伏神)을 찾아내기 위하여 발동(發動)하므로 호괘(互卦...六四, 六五, 上九)상으로 보아 간산소상호괘(艮山小象互卦)가 이루어진 것임으로 산하(山下)라 지칭한 것이다.

다음의 도표로써 나타내 본다.

토정비결 본문의
동인이효(同人二爻)

원괘(原卦)

건(乾)	납갑(納甲)
▬▬▬	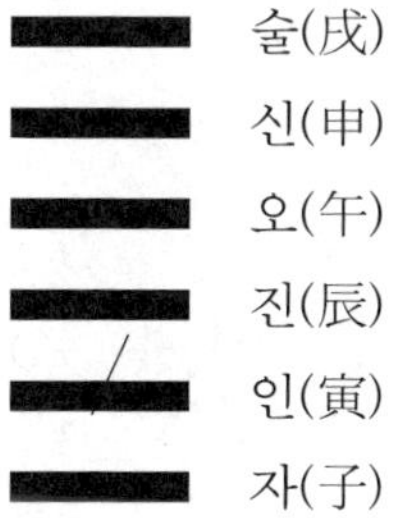 술(戌)
▬▬▬	신(申)
▬▬▬	오(午)
▬▬▬	진(辰)
▬▬▬ (/)	인(寅)
▬▬▬	자(子)

아래와 같이 닭(酉)이
은복되었음

변괘(變卦)

	동인(同人)	납갑(納甲)	
	▬▬▬	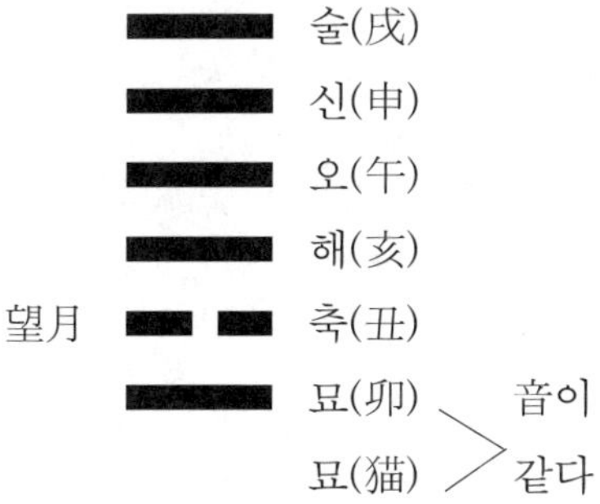 술(戌)	
	▬▬▬	신(申)	
	▬▬▬	오(午)	
	▬▬▬	해(亥)	
望月	▬ ▬	축(丑)	
	▬▬▬	묘(卯)	音이
		묘(猫)	같다

닭(酉)을 찾기위해 수괘(首卦)를
찾음

은복된 닭(酉)을 찾기 위한

	수괘리(首卦離)	납갑(納甲)
	▬▬▬	사(巳)
	▬ ▬	미(未)
새벽에	▬▬▬	유(酉)伏神

닭(酉)을 찾은 뒤에 간산(艮山)이
된다

닭(酉)을 찾은 뒤에 간산(艮山)

艮山

▬▬▬	艮山卦
▬ ▬	
▬ ▬	

첫닭소리

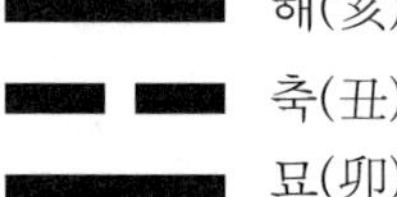

괘상 본문

감동초심(感動楚心) : 초나라 사람의 마음을 감동케 하도다.

어원의 분석

감동초심(感動楚心)을 분석(分析)해 본다.

초(楚)나라는 중국의 춘추전국시대(春秋戰國時代)에 진(秦)에 의해 패망했으니, 이때를 당하여 초(楚)나라 백성들은 날이 밝으면 혹독한 전쟁에 시달려야 했기 때문에 이는 새벽 첫닭이 우는 소리에 마음이 긴장 됐다는 뜻으로 감동초심(感動楚心)으로 나타낸 것이다. 이는 수괘의 리구사(離九四)에 복신(伏神) 유(酉)를 들어 지칭한 것이다.

괘상 본문

희희락락(喜喜樂樂) : 기쁘고 즐거워하며.

어원의 분석

희희락락(喜喜樂樂)에 분석(分析)을 가해본다.

이는 매우 기쁘고 즐겁다는 뜻이다.

이 어원(語源)은 본 동인육이효(同人六二爻)는 역경학(易經學)상으로 보아, 음효(陰爻)가 음자리에 거처 했으며 중정(中正)한 중여(中女)이다.

그에 알맞는 구오효(九五爻) 역시 중덕(中德)의 지존(至尊)한 중남(中男)과 서로 정응(正應)하고 있으니, 어찌 매우 기쁘고 즐겁지 않겠는가 말이다.

괘상 본문.

불지포사(不知褒姒) : 포사의 일을 알지 못하도다.

어원의 분석.

불지포사(不知褒姒)의 어원(語源)을 분석(分析)해본다.

이 포사(褒姒)란 중국(中國)에 고사성어(故事成語)의 한 일화이다.

포사(褒姒) 이는 주(周)나라 유왕(幽王)의 총희(寵姬)였으니 본시 웃기를 좋아 하지 않는 그의 웃음을 보기 위하여 유왕(幽王)이 제후(諸侯)들을 참집(參集)시키고 봉화(烽火)를 올려 이 여인을 웃겼다는 이야기는 그 후 날에 유명하다. 그러나 그 후(後)에 폐후(廢后)한 사실이 있으니 원인은 신후(申后)의 아버지가 병란(兵亂)을 일으켜 유왕(幽王)을 죽이고 왕의 총희(寵姬)였든 포사(褒姒)는 포로가 되었다고 하는 고사(古事)를 인용하여 만사(萬事)가 무상(無常)함을 말해주고 있는 것이라 하겠다.

다음은 토정비결(土亭秘訣) 제 3쪽에 수록되어 있는 중건괘(重乾卦)구삼효(九三爻)가 변하여 리육삼(履六三) 효가 된 사례

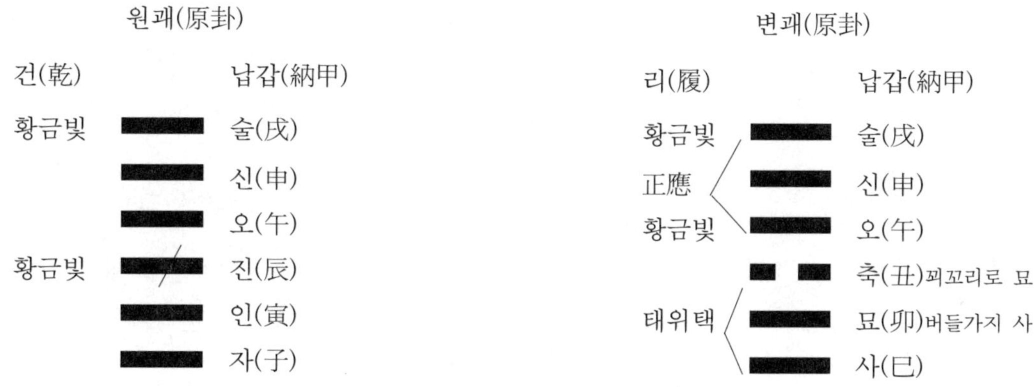

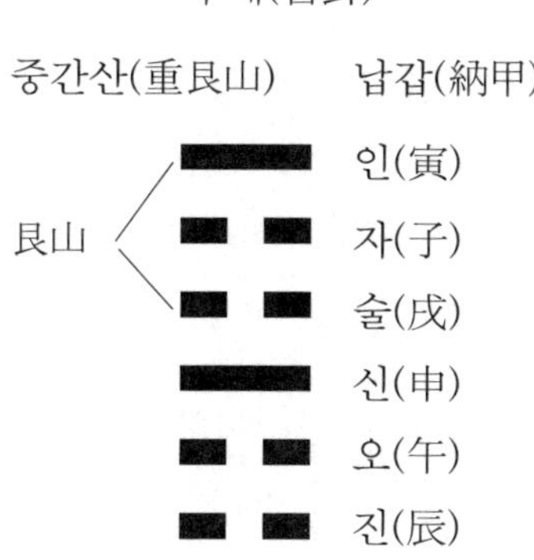

괘상 본문.

앵서류지(鶯栖柳枝) : 버들가지에 꾀꼬리가 깃드리니.

어원의 분석.
우선 꾀꼬리가 깃들었다였고 하는 앵서(鶯栖)의 어원(語源)을 분석(分析)해 보자.
본 리괘(履卦)의 구삼(九三)에 납갑(納甲)인 축토(丑土)는 오행학(五行學)상으로 보아 중앙(中央) 토(土)이다.
이를 오색(五色)으로 분류해 보면 중앙토(中央土)는 황색(黃色)이며 또한 봄철에 나타나서 고운목소리로 울어대는 꾀꼬리 역시, 황금색(黃金色)으로 단장 되었으므로 이를 꾀꼬리에 비유한 것이다.
다음은 류지(柳枝,,,,,,버들가지)의 어원(語源)을 분석(分析)해 본다.
본 리괘(履卦) 구이납갑(九二納甲)은 묘(卯)이다. 또한 버드나무의 류(柳)는 파자(破字)로 보아, 목(木)에 묘(卯)를 더했음으로 이를 버들(柳)로 지칭한 것이다.
그러므로 버들격인 구이납갑(九二納甲) 묘(卯,,,,,,버들가지)위에 구삼납갑(九三納甲)에 축토(丑土,,,,,,황금빛의 꾀꼬리)가 깃들였다고 하는 격조높은 구사력(構思力)에는 감탄을 자아내게 하는 바이다.

괘상 본문.
편편황금(片片黃金) : 조각조각이 황금빛이로다.

어원의 분석.
편편황금(片片黃金) 이는 조각조각 누런 황금(黃金) 빛이란 말로 이 어원(語源)을 분석(分析)해 본다.
본 리괘(履卦)에는 납갑(納甲)중에 구삼(九三)의 축토(丑土)가 있고 상구(上九)의 술토(戌土)가 자리하고 있으니, 이가 모두 중앙토(中央土)이며 오색(五色)상의 황금색(黃金色)이니, 이를 일러 조각조각 황금(黃金) 빛이라. 지칭 한 것이다.
괘상 본문
우후강홍(雨後江興) : 비가온 뒤에 강물이 불어나도다.

어원의 분석.
우후강홍(雨後江興) 이는 비온 뒤에 강물이 불어나다의 뜻으로써 이의 어원(語源)을 살펴보자.
앞의 도표 3에서 보는 바와 같이 리(履)의 음효(陰爻)는 응(應)자리인 상구(上九) 양효(陽爻)와 정응(正應)이 된다.
주역(周易)에 말하기를 음양교이후우(陰陽交而後雨)라 하니 곧 풀어 말하면 음의 기운과 양의 기운이 서로 사귀면 그 뒤에 비가 온다 하니, 곧 이를 두고 하는 말이며 육삼(六三)과 상구(上九)의 정응에 결과를 일컫는 것이다.

또한 강홍(江興)의 어원(語源)을 살펴본다.
본 리(履)의 소상내괘(小象內卦)는 태위택(兌爲澤) 괘이다. 글자 그대로 보면 태괘(兌卦) 이는 태위택(兌爲澤) 연못이 되기도 한다 하니, 정리해보면 음양이 사귀어서 비를 내리니 태(兌)의 연못물이 불어난다고 하는 격조 높은 구사력(構思力)을 엿볼 수가 있다 하겠다.

괘상 본문.
태호시절(太昊時節) : 태고의 시절에.

어원의 분석.
태호시절(太昊時節)의 어원(語源)을 살펴본다.
이는 큰 하늘이라는 말로써 아주 옛날을 의미하기도 한다. 본 리괘(履卦)의 원괘(原卦)인 중건괘(重乾卦)는 큰 하늘이라는 의미로써 곧 아주옛날의 의미로 통하는 바가 있으니. 이 시절(時節)에

괘상 본문.
시획팔괘(始劃八卦) : 비로소 팔괘를 그었도다.

어원의 분석.
시획팔괘(始劃八卦)에 대하여
이는 비로소 팔괘를 그었다는 뜻으로서 태오시절(太昊時節)에 복희(伏羲)씨가 팔괘(八卦)를 그었다 함은 역(易)의 역사상에 의문에 여지가 없다 사료되는 바이다.

본 책자의 내용에 대하여 궁금한 독자께서는
아래 전화번호로 문의하시기 바랍니다.

고명 하락이수 연구학회
고명 주역 연구원
학역재(學易齋)
연락처 02 - 852 - 9527

도서출판 청연

河洛 歲運訣

초판 1쇄 인쇄 | 2013년 4월 22일
초판 1쇄 발행 | 2013년 4월 26일

편 저 자 | 서정기
펴 낸 곳 | 도서출판 청연
출판등록 | 제 18-75호

주 소 | 서울시 금천구 독산동 967번지 2층
전 화 | (02)851-8643
팩 스 | (02)851-8644

가격과 바코드는 뒤표지에 있습니다.

이메일 | chungyoun@naver.com